G. Henrion – A. Henrion – R. Henrion
Beispiele zur Datenanalyse mit BASIC-Programmen

Beispiele zur Datenanalyse mit BASIC-Programmen

von G. Henrion
   A. Henrion
   R. Henrion

mit 89 Abbildungen, 75 Tabellen und 12 Programmen

VEB Deutscher Verlag der Wissenschaften
Berlin 1988

ISBN 3-326-00272-6

Verlagslektor: Ingrid Wenig
Verlagshersteller: Norma Braun
Umschlaggestaltung: Werner Fahr
Schreibsatz: Helga Schambien, Günter Hoff
© 1988 VEB Deutscher Verlag der Wissenschaften, DDR—1080 Berlin, Postfach 1216
Lizenz-Nr. 206 · 435/138/88
Printed in the German Democratic Republic
Gesamtherstellung: (52) Nationales Druckhaus, Berlin, Betrieb der VOB National
LSV. 1234
Bestellnummer: 571 591 5
03400

Vorwort

Die breite Einführung der Kleincomputer und Personalcomputer hat auch auf dem Gebiet der Speicherung und Verarbeitung großer Datenmengen zu einer ganz neuen Situation geführt. So ist es heute ohne weiteres möglich, für die Mustererkennung mit oft recht umfangreichen Programmen und „riesigen" Datensätzen (z. B. 100 Objekte und 15 Parameter) auch Kleincomputer erfolgreich einzusetzen, wobei die Einsatzgebiete nicht mehr so sehr durch die Hardware, sondern weithin durch die Entwicklung geeigneter Software bestimmt werden.

Am Anfang auch unserer Tätigkeit standen Rechenstab und Logarithmentafel sowie das schon klassische Werk von K. DOERFFEL „Statistik in der analytischen Chemie" [2.2]. Inzwischen gibt es umfangreiche Literatur zu den mathematischen Grundlagen und zur multivariaten Statistik für Chemiker. Vor etwa 3 Jahren konnten wir einen ZX 81 Sinclair einsetzen, der uns bei der Lösung unserer analytisch-chemischen Probleme nützlich war. Wir glauben, daß unsere dabei gewonnenen praktischen Erfahrungen auch anderen helfen können, wobei wir weder ein Lehrbuch der Statistik noch zur Programmierung vorlegen wollen. Vielmehr möchten wir auf einem knappen mathematischen Hintergrund Programme und ihre Einsatzmöglichkeiten an Hand konkreter Beispiele vorstellen, die neben der univariaten Datenanalyse vor allem die Mustererkennung betreffen. Wegen der immer noch weiten Verbreitung des ZX 81 sind die im Anhang abgedruckten Programme in diesem BASIC-Dialekt geschrieben. Inzwischen wurden auch ausgezeichnete Erfahrungen mit dem KC 85/2 und dem PC° 1715 in BASIC und Turbo-Pascal gemacht, was an einigen Varianten gezeigt wird.

Unsere Programme ließen sich bei der Arbeit stets weiter verbessern. Dies ist auch eine Herausforderung an andere Nutzer. Darüber hinaus hat es sich gezeigt, daß die aus vorwiegend analytisch-chemischen Fragestellungen hervorgegangenen Programme auch auf viele andere Gebiete übertragbar sind, wo umfangreiche Beobachtungs- und Meßreihen ausgewertet werden müssen. Dies ist die andere Herausforderung an die Nutzer aus Chemie, Physik, Elektronik, Mineralogie, Geologie, Biologie, Landwirtschaft, Medizin, Pharmazie, Ökonomie, Psychologie, Kriminalistik, Archäologie u. a.

Einige Anwendungsbeispiele stammen von langjährigen Kooperationspartnern (z. B. VEB Kombinat NARVA und Institut für Wasserwirtschaft, Berlin; Universität Warschau). Ihnen und vielen anderen sowie den Gutachtern, Herrn Prof. DOERFFEL und Herrn Prof. EHRLICH, sei herzlich gedankt. Darüber hinaus sollen dankend hervorgehoben werden Frau Dipl.-Chem. I. FABIAN für Literaturarbeit, Frau B. BOEDEN für Mitgestaltung des Manuskripts und Herr PETR URBAN für modifizierende Beiträge zu anderen Programmvarianten und Rechnungen. Schließlich danken wir dem VEB Deutscher Verlag der Wissenschaften, besonders Herrn Dr. B. FICHTE, Frau Dipl.-Ing. I. WENIG und Frau M. MIEDLICH, für Entgegenkommen und verständnisvolle Zusammenarbeit.

Berlin, im Frühjahr 1987

GÜNTER HENRION
ANDRÉ HENRION
RENÉ HENRION

Inhalt

Verzeichnis der verwendeten Abkürzungen 10

1. Einige Aspekte der Datenanalyse 11

2. Ein Programm zur statistischen Auswertung univariater Analysendaten 20
2.1. Statistische Auswertung von Analysenergebnissen 21
2.2. Anwendungen 27
2.2.1. Datensatz „Getreide" 28
2.2.2. Molybdängehalte von Wolframmaterialien 32
2.2.3. Auswertung von Ringanalysen 33

3. Clusteranalyse 36
3.1. Überblick 37
3.2. Merkmalsarten 40
3.3. Ähnlichkeit und Abstand 42
3.4. Abstandsberechnung 44
3.4.1. Metrische Variablen 44
3.4.2. Nominale Variablen 46
3.4.3. Ordinale Variablen 48
3.4.4. Gemischte Variablen 50
3.5. Hierarchische Methoden 50
3.5.1. Agglomerationsverfahren 51
3.5.2. Anwendungsbeispiel für HIERAG 63
3.6. Nichthierarchische Methoden 71
3.6.1. Potential- oder Punktdichteclusterung 73
3.6.2. Anwendungsbeispiele für CLUPOT 76
3.6.3. Optimierende Clusterung 77
3.6.4. Anwendungsbeispiel für MINDIST 85

4. Multiple lineare Regression 89
4.1. Einleitung 89
4.2. Grundlagen 90
4.3. Anwendungsbeispiele 96

5.	Hauptkomponentenanalyse	105
5.1.	Einleitung	105
5.2.	Grundlagen	105
5.3.	Zahl der zu extrahierenden Hauptkomponenten	111
5.4.	Anwendungen	113
5.4.1.	Hauptkomponentenregressionsanalyse (PCRA)	113
5.4.2.	Hauptkomponentenmodelle	116
6.	Varianz- und Diskriminanzanalyse	120
6.1.	Grundzüge	120
6.2.	Varianzanalyse	121
6.2.1.	Multivariates Trennmaß	121
6.2.2.	Merkmalsreduktion und Mittelwertvergleiche	124
6.3.	Diskriminanzanalyse	128
6.3.1.	Nichtelementare Diskriminanzmerkmale (NED)	128
6.3.2.	Klassifizierung neuer Objekte	130
6.3.3.	Schätzung des Diskriminationsfehlers	133
7.	Klassifizierungsmethoden	136
7.1.	Bayessche Klassifizierungsmethode	136
7.2.	Methode der k-nächsten Nachbarn (KNN)	143
8.	Display-Methoden	148
8.1.	Hauptkomponentendarstellung	149
8.2.	Nonlinear Mapping	158
9.	Komplexe Anwendungsbeispiele	166
9.1.	Ringanalyse Wasser	166
9.2.	Mineralisationsmethoden zur Bestimmung von Schwermetallen in Getreidearten	178
9.2.1.	Univariate Analyse der Ergebnisse mit dem Programm EXTRAKT	179
9.2.2.	Multivariate Auswertung der Ergebnisse mit der Hauptkomponentenanalyse	183
9.2.3.	Multivariate Auswertung der Ergebnisse mit der Varianz- und Diskriminanzanalyse	190
9.3.	Gaschromatographische Charakterisierung von Branntweinen	211
10.	Anhang	223
10.1.	Programme	225
	Programm 1: EXTRAKT – Univariate Datenbereinigung und -auswertung	225
	Programm 2.1: HIERAG – 8 Verfahren zum Sortieren von Objekten mittels hierarchischer Clusterung	239
	Programm 2.2: HIERAG – 8 Verfahren zum Sortieren von Objekten mittels hierarchischer Clusterung mit Dendrogrammausdruck	245

Programm 2.3:	HIERAG — 8 Verfahren zum Sortieren von Objekten mittels hierarchischer Clusterung mit Dendrogrammausdruck	249
Programm 3:	CLUPOT — Nichthierarchische Potentialmethode zur Clusterung	254
Programm 4:	MINDIST — Nichthierarchische Clusterung unter Verbesserung einer Anfangspartition	259
Programm 5:	MULTIREG — Multiple lineare Regression mit statistischer Bewertung der Ergebnisse	264
Programm 6.1:	HKA — Hauptkomponentenanalyse	271
Programm 6.2:	HKA — Hauptkomponentenanalyse mit Objektdisplay	278
Programm 7:	VARDIS — Varianz- und (lineare) Diskriminanzanalyse	282
Programm 8:	CLASS — Klassifizierungsmethoden (Bayessche und k-nächste Nachbarn)	300
Programm 9:	NLM — Nonlinear Mapping zum Display mit optimaler Abstandsübertragung	308

10.2. Datensätze und statistische Tabellen 313

Literatur 354

Sachverzeichnis 361

Verzeichnis der verwendeten Abkürzungen

HKA	Hauptkomponentenanalyse
HKD	Hauptkomponentendarstellung
KNN	*k*-nächste Nachbarn
LDA	lineare Diskriminanzanalyse
MDS	multidimensional scaling (mehrdimensionale Skalierung)
NED	nichtelementare Diskriminanzmerkmale
NLM	Nonlinear Mapping
OLS	ordinary least squares (gewöhnliche kleinste Quadrate)
PC	principal components (Hauptkomponenten)
PCRA	principal components regression analysis (Hauptkomponentenregressionsanalyse)
SIMCA	Soft independent modelling of class analogy

1. Einige Aspekte der Datenanalyse

Moderne Methoden der Messung ermöglichen die Gewinnung großer Mengen von Daten zu einem Untersuchungsgegenstand in kurzer Zeit. Solche Daten tragen in vielen Fällen zunächst lediglich den Charakter eines Rohmaterials, das noch in geeigneter Weise aufgearbeitet werden muß.

Es sind im wesentlichen zwei Gesichtspunkte, die Anlaß hierzu geben: Einmal können es Erfordernisse der Datenverwaltung sein (Übersichtlichkeit eines Versuchsprotokolls, Kostenersparnis bei Speicherung), die eine Verdichtung und Reduktion des vorliegenden Zahlenmaterials auf möglichst wenige Informationseinheiten wünschen lassen. Zum anderen sind es Belange der Interpretation, die bei größerer Datenflut vom „unbewaffneten" Menschen kaum noch bewältigt werden.

Wenngleich in diesem Buch der Interpretationsaspekt im Vordergrund steht, wird jederzeit die enge Verwandtschaft und Nützlichkeit sämtlicher dargestellten Verfahren auch zur Datenreduktion leicht zu erkennen sein. Ganz allgemein formuliert wird es um Objekte gehen, die durch Beobachtungen (Messungen, Realisierungen) einer Reihe von Merkmalen (Variablen, synonym auch „Parameter") charakterisiert sind.

Die Informationsextraktion erfordert Verfahren der multivariaten Analyse, wenn mehrere Variablen simultan in die Auswertung einbezogen werden sollen. Will man andererseits die Objekte bezüglich nur eines (ausgewählten) Merkmals vergleichen, kommen Methoden der univariaten Analyse zur Anwendung.

Bei der *univariaten Auswertung,* die im Kapitel 2 besprochen wird, erfolgt eine Datenreduktion durch Ersatz ganzer Meßwertgruppen durch deren statistischen „Extrakt"-Mittelwert, Standardabweichung und Zahl der zugrunde liegenden Freiheitsgrade. Daran anschließend kann die Frage gestellt werden, ob die Gruppen, nunmehr repräsentiert durch jeweils Mittelwert und Standardabweichung, sich tatsächlich bezüglich des gewählten Merkmals voneinander unterscheiden, oder ob die von Gruppe zu Gruppe beobachteten Unterschiede in den Einzelbeobachtungen (Messungen) zufälligen Charakters sind. Trifft letzteres für zwei oder mehr, unter Umständen auch für alle Gruppen zu, so spricht nichts gegen eine Zusammenfassung zu einer gemeinsamen größeren Gruppe, die ihrerseits durch Mittelwert, Standardabweichung und Zahl der Freiheitsgrade ersetzt werden kann. Während die Tatsache der Nichtunterscheidbarkeit gewisser Meßwertgruppen Aufschluß für die Interpretation gibt, führt die damit mögliche Beschreibung mehrerer Gruppen (durch nur einmal Mittelwert, Standardabweichung und Zahl der Freiheitsgrade) zu einer weiteren Datenverdichtung.

Die Methoden der *multivariaten Datenauswertung,* insbesondere die Clusteranalyse

(Kap. 3), die Varianz- und Diskriminanzanalyse (Kap. 6) sowie die Klassifizierungsmethoden (Kap. 7) und die Display-Methoden (Kap. 8) gehören zum Instrumentarium der „Mustererkennung" (pattern recognition), eines wichtigen Anwendungsziels der Dateninterpretation. Es wird versucht, Objekte an Hand ihrer „Muster" verschiedenen Klassen oder Kategorien zuzuordnen. Unter dem *Muster* wird dabei die geordnete Gesamtheit der Beobachtungs- bzw. Meßergebnisse für die verschiedenen Merkmale (Variablen, Parameter) verstanden. Abbildung 1.1 veranschaulicht dies für ein Beispiel mit drei Objekten (Analysenproben) und vier Merkmalen (Fläche unter bestimmten Peaks im Gaschromatogramm). Jedes der Gaschromatogramme gibt einen für die Probe charakteristischen „Fingerabdruck", also ein für das Objekt typisches Muster. Analog lassen sich Spektren (Massenspektren, Infrarotspektren usw.) behandeln, wobei natürlich an Stelle von Flächen auch andere Merkmale, etwa Peakhöhen oder Peaklagen (Wellenzahlen) und ähnliches, herangezogen werden können. Schließlich kann eine Übertragung auf Objekte ganz allgemeiner Art erfolgen, die dem jeweiligen Zusammenhang entsprechend Muster geben und bei weitem nicht immer (chemische) Analysenproben zu sein brauchen.

Unter der Voraussetzung, daß jedes Objekt ein für seine Klasse (Kategorie) typisches Muster aufweist, sollte sich das Vorhandensein mehrerer Klassen innerhalb

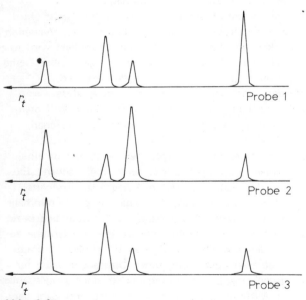

Abb. 1.1
Beziehung zwischen Objekt und Muster am Beispiel der Charakterisierung von Analysenproben durch Flächen von Peaks im Chromatogramm

1. Einige Aspekte der Datenanalyse

einer Menge von Objekten im Vorhandensein ebenso vieler Musterklassen widerspiegeln. Damit aber kann die Erkennung von Objektklassen auf eine Erkennung von Musterklassen zurückgeführt werden. Man kann die Klasse, zu der ein Objekt gehört, ihrerseits als ein Objektmerkmal auffassen. Es handelt sich dann um eine „kategoriale" (auch „nominale", vgl. Abschn. 3.2. und 3.4.2.) Variable. Jedes Objekt wird durch Nennung der Kategorie, zu der es gehört, charakterisiert.

In der Praxis kommen häufig Problemstellungen vor, bei denen für gewisse Objekte die Kategorie, der sie angehören, gesucht wird, jedoch auf direktem Wege nur sehr umständlich (hohe Kosten) bestimmbar ist. In diesem Zusammenhang kann eine Vorhersage der Objektklasse (Kategorie) aus der Musterklasse von großem Gewinn sein. Man wird dabei bestrebt sein, die die Muster bildenden Merkmale so auszuwählen, daß sie möglichst einfach (schnell) bestimmbar sind, gleichzeitig aber ihre Gesamtheit möglichst sicher auf die Objektklasse schließen läßt (vgl. Abb. 3.2). Das „teuere" kategoriale Merkmal ist somit durch Vermittlung billiger Merkmale erhältlich.

Es müssen nicht immer nur Kosten und Aufwand sein, die eine Vorhersage von Objektklassen aus Musterklassen motivieren. Es kann beispielsweise auch darum gehen, die Wirkung eines Präparats (etwa Kategorien „gut", „unwirksam", „schädlich") an Hand physikalisch-chemischer Charakterisierungen (Substituentenkonstanten, Merkmale aus den Spektren) vorherzusagen, bevor umfangreiche Tests vorgenommen werden. Es gibt erfolgversprechende Versuche, dies so weit zu treiben, daß an Hand der Struktur von Substanzen, die noch nicht einmal synthetisiert wurden, also hypothetisch sind, deren wahrscheinliche Wirkung vorhergesagt wird. Manchmal, wie in dem weiter unten angesprochenen Beispiel der Freund-Feind-Identifizierung, ist die Vorhersage von Objektkategorien für eine schnelle Findung richtiger Entscheidungen notwendig, wozu man verläßliche, besonders schnell registrierbare Merkmale sucht.

Um eine Vorstellung von der außerordentlichen Leistungsfähigkeit der Mustererkennung zu geben, seien einige (wenige) Beispiele aus dem Mosaik ihrer Anwendungen aufgeführt:

— *Medizinische Diagnostik.* Die Patienten werden an Hand einer Reihe meßtechnisch leicht erhältlicher Befunde bestimmten Krankheitsarten bzw. der Kategorie „gesund" zugeordnet.
— *Qualitätskontrollen im Produktionsprozeß.* An einem Erzeugnis (z. B. einer Charge Spezialglas) wird routinemäßig ein Satz geeigneter physikalischer Parameter gemessen. Dieses Muster wird mit denen anderer Produkte derselben Art (etwa Glasproben anderen Fabrikationsdatums) verglichen, deren Gebrauchseigenschaften ein Anwender beispielsweise als „gut", „mittel" bzw. „schlecht" eingeschätzt hatte. Die Einordnung des zu kontrollierenden Produkts in eine der drei Kategorien entspricht einer Qualitätsvorhersage.
— *„Optimierung" von Prozeßparametern.* Ein Produktionsprozeß (z. B. Synthesefasern) wird versuchsweise bei von Fall zu Fall verschiedenen Prozeßparametern (Bedingungen bei der Polymerisation; Parameter, bei denen die Anlagen gefahren werden, ...) durchgeführt und die jeweils resultierende Produktqualität registriert. Im nachhinein kann festgestellt werden, welche Parameter für die Qualität von Bedeutung waren und wie die Parameter eingestellt werden müssen, um eine gewünschte Produktqua-

lität (z. B. „gut für Hemden", „gut für Strümpfe" ...) zu erzielen. Charakteristisch ist, daß die Art des Zusammenhangs zwischen dem Muster (hier: Prozeßparameter) und der Kategorie (hier: Qualität) nicht bekannt zu sein braucht, also lediglich seine Existenz vorausgesetzt wird.
— *Aufklärung der Herkunft archäologischer Funde* (Zuordnung zu bestimmten Epochen bzw. Kulturen). Als Merkmale können z. B. die Gehalte an verschiedenen chemischen Elementen dienen.
— *Auswertung von Luftaufnahmen zur Bildinterpretation.* Als Merkmale dienen Schwärzungsgrade bzw. Intensitäten verschiedener Spektralfarben in bestimmten Bildpositionen. Ähnlich könnte die Interpretation von Röntgenbildern zur Diagnostik automatisiert werden.
— *Klassifizierung fliegender Objekte* in „Freund" oder „Feind" an Hand funkmeßtechnischer Daten.
— *Strukturaufklärung komplizierter organischer Moleküle,* beispielsweise um chemisch sehr ähnliche Isomere zu unterscheiden. Als Merkmale kommen mit Hilfe der Molekülspektroskopie zu gewinnende Meßwerte in Frage.

An einigen der genannten Beispiele wird deutlich, daß der Mensch auch ohne rechentechnische Hilfsmittel Muster klassifiziert (der Arzt bei der Diagnose, der Chemiker bei der Spektreninterpretation, der Facharbeiter in der Industrie, der einer Charge die zu erwartende Qualität „ansieht"). Er leistet dabei vielfach Erstaunliches. Die menschliche Leistungsfähigkeit ist vor allem dort ausgeprägt, wo es um den Vergleich von Bildern oder auch von Objekten geht, die durch nur wenige Merkmale charakterisiert sind; z. B. Caesar soll einige tausend seiner Soldaten am Gesicht erkannt und beim Namen genannt haben.

Die Methoden der maschinellen Mustererkennung sind zu einem guten Teil menschlichen Vorgehensweisen „nachempfunden" oder ähneln ihnen zumindest bis zu einem gewissen Grade. Ihre Anwendung erweist sich besonders dort als vorteilhaft, wo viele Variablen simultan verarbeitet werden müssen und die menschliche Anschauung wegen zu hoher „Dimensionalität" versagt. Sie werden zur „künstlichen Intelligenz" gezählt.

Üblicherweise wird von einer Repräsentation der Muster als Vektoren ausgegangen, deren Komponenten die Beobachtungsergebnisse für die einzelnen Merkmale sind. Die Gaschromatogramme in Abbildung 1.1 könnten etwa folgendermaßen umgesetzt werden (der erste Index zählt das Objekt, der zweite die Variable):

$\underline{x}_1^T = (x_{11}, x_{12}, x_{13}, x_{14}) = (1, 2, 1, 3)$ ⟨Objekt 1⟩

$\underline{x}_2^T = (x_{21}, x_{22}, x_{23}, x_{24}) = (2, 1, 3, 1)$ ⟨Objekt 2⟩

$\underline{x}_3^T = (x_{31}, x_{32}, x_{33}, x_{34}) = (3, 2, 1, 1)$ ⟨Objekt 3⟩

Jedem „Mustervektor" entspricht ein Punkt im p-dimensionalen Raum, wenn p die Variablenzahl ist (im Beispiel hätte man $p = 4$). Ähnliche Muster bedeuten ähnliche Realisierungen verschiedener Objekte auf allen Variablen und damit geringen Abstand der „Musterpunkte" zueinander. Abbildung 1.2 veranschaulicht dies für drei Objekte bei zwei Variablen, also an einem zweidimensionalen Fall. Die Objekte *2* und *3* sind, nach ihrem Muster zu urteilen, verwandt, Objekt *1* dagegen liegt klar abseits.

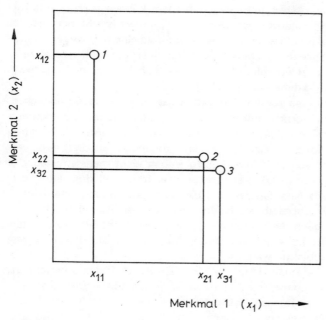

Abb. 1.2
Darstellung von Objektmustern als Punkte im „Merkmalsraum" für ein zweidimensionales Beispiel

Es muß hier eingefügt werden, daß diese Betrachtungsweise auf sehr viele, jedoch nicht auf alle Situationen ohne weiteres übertragbar ist. Sie ist streng nur für *metrische Variablen* möglich, auf denen die Objekte durch reelle Zahlen beschrieben sind, so daß die Differenz zweier Objekte auf solchen Variablen wieder eine reelle Zahl gibt, die aussagt, um wieviel beide sich unterscheiden. Im Gegensatz dazu könnten auch qualitative Variablen vorliegen. Die Objekte werden wiederum durch Zahlen charakterisiert, die jedoch nur Kategorien angeben, in denen sie sich befinden.

Solche *nominalen Merkmale* wurden bereits angesprochen. Die Differenz der Werte zweier Objekte bezüglich einer nominalen Variablen sagt jedoch kaum etwas über den „Grad" der Verschiedenheit. Definiert man etwa die Variable „Ehestand" und läßt die Ausprägungen „ledig", „verheiratet" und „geschieden" zu und numeriert die Kategorien mit 1, 2 und 3, so wäre bei Differenzbildung ein größerer Unterschied zwischen ledig und geschieden als zwischen ledig und verheiratet. Bei willkürlich anderer Numerierung der Kategorien könnten die Verhältnisse beliebig umgekehrt werden, was ebensowenig zu begründen ist.

Bei *ordinalen Merkmalen,* sie zählen ebenfalls zu den qualitativen, kann zumindest eine Rangfolge der Objekte angegeben werden. Beispiel könnte etwa das Merkmal „Geschmack" einer Reihe von Nahrungsmitteln sein, die durch paarweisen Vergleich in eine Folge von „am schwächsten süß" bis „am stärksten süß" gebracht wurden.

Für jedes Objekt wird der Platz, auf dem es sich in der Reihe befindet, angegeben. Es ist leicht einzusehen, daß auch hier die Differenz je zweier Objekte viel geringere Aussagekraft besitzt als bei metrischen Variablen. Trotzdem können auch qualitative Variablen zur Mustererkennung herangezogen werden. Beispielsweise läßt sich die Vorstellung bzw. Definition des Abstandes entsprechend verallgemeinern (Abschn. 3.4.). Darüber hinaus gibt es Möglichkeiten, nichtmetrische Variablen auf metrische abzubilden, sie also in metrische umzuwandeln. Hierzu eignen sich Verfahren der „mehrdimensionalen Skalierung" (multidimensional scaling, MDS).

Nach dem weiter oben Gesagten sollten sich Musterklassen als Gruppen ähnlicher Muster, also dicht beisammen liegender Punkte, in einem „Musterraum" zu erkennen geben, der ebensoviele Dimensionen hat, wie Variablen verwandt wurden, d. h. durch die Variablen „aufgespannt" wird. In Räumen größerer Dimension als drei, d. h. bei mehr als drei Merkmalen, sind solche Punkte-Wolken jedoch nicht mehr anschaulich.

Um Anschaulichkeit zu erreichen, könnte man die zwei (eventuell drei) am wichtigsten erscheinenden Merkmale herausgreifen und die restlichen einfach ignorieren, damit die Darstellung in einer Ebene (bzw. im dreidimensionalen Raum) möglich wäre. Auf diese Art würde jedoch die Information, die in den nicht berücksichtigten Variablen steckt, völlig verschenkt, abgesehen davon, daß die Auswahl der zu verwendenden Merkmale sicherlich subjektiv wäre.

Einen Ausweg bieten hier „Display-Methoden" (s. Kap. 8). Ihr Prinzip besteht darin, die Musterpunkte aus dem p-dimensionalen Raum so in die Ebene (eventuell in den dreidimensionalen Raum) zu bringen, daß dabei so wenig wie möglich an Information über die ursprünglichen Relationen zwischen ihnen verlorengeht. Es wird sozusagen das Vieldimensionale sichtbar gemacht. Häufig angewandte Verfahren sind die „Hauptkomponentendarstellung" (principal components plot), „Nonlinear Mapping" und das „LDA-Display" (Display der linearen Diskriminanzanalyse). Eine Alternative für nichtmetrische Variablen läßt sich aus Verfahren der mehrdimensionalen Skalierung gewinnen.

Bei der *Hauptkomponentendarstellung* werden die Punkte auf eine möglichst günstig gewählte Ebene projiziert. Beim *Nonlinear Mapping* dagegen werden sie zunächst mehr oder weniger willkürlich in der Ebene angeordnet und dann so lange gegeneinander verschoben, bis die Punktabstände weitgehend den Originalabständen im p-dimensionalen Raum ähneln. Beim *LDA-Display* schließlich werden die Punkte linear auf eine Ebene abgebildet, die so gewählt ist, daß von vornherein bekannte Musterklassen möglichst gut voneinander getrennte Punktegruppen geben. Die genannten Verfahren sind ebenso für dreidimensionale Räume denkbar, was jedoch im Gegensatz zu Darstellungen in der Ebene eine selten genutzte Variante ist.

Auf der Basis von Displays kann der Mensch „interaktiv" mustererkennend wirksam werden. Man gewinnt an Hand der Anschauung eine Vorstellung von der „Struktur" des Datensatzes. Als Beispiel seien die entsprechenden Abbildungen in Kapitel 8 zitiert. Dennoch ist darauf hinzuweisen, daß die Dimensionsreduktion, die, wie man bemerkt, auch unter dem Aspekt der Datenverdichtung diskutiert werden kann, nicht ohne Folgen bleibt. Der im allgemeinen nicht völlig zu vermeidende (lediglich minimierte) Verlust an „Information" kann mitunter auch zu Fehleinschätzungen bei der visuellen Beurteilung führen. Daher ist es nötig, über Display-Methoden hinaus auch Verfahren anzuwenden, die in Räumen beliebig großer Dimension operieren können, selbst wenn dies nicht unmittelbar anschaulich nachverfolgbar ist.

Clusteranalyse-Algorithmen (Kap. 3) suchen eine gegebene Menge von Objekten in „natürliche" Klassen zu zerlegen, wobei die Ähnlichkeit der Muster zum Maßstab genommen wird. Es erfolgt eine „automatische Klassifikation", d. h. ein Sortieren der Objekte in Gruppen jeweils verwandter Muster. *Clusteranalysen* sind vor allem dann sinnvoll, wenn man es mit bislang unbekannten oder zumindest nicht genügend systematisierten Objekten zu tun hat und eine Basis für die wissenschaftliche Interpretation gewinnen will. Ein illustrativer Anwendungsfall ist das Sortieren aufgefundener Bruchstücke von Meteoriten nach Zusammengehörigkeit, also gleicher Herkunft.

In einem Beispiel aus der Kriminalistik könnte vorrangig die „natürliche" Zahl von Klassen interessieren: Angenommen, es sei irgendwo eine Menge von Haaren (Objekten) sichergestellt worden und man wollte wissen, von wieviel verschiedenen Personen sie stammen. Haare ein und derselben Person sollten ähnliche Muster geben und damit Punktaggregate im Musterraum, sogenannte Cluster bilden. Man wird versuchen, aus der Zahl der Cluster auf die Zahl der Personen zu schließen.

Die Clusteranalyse kann ganz erheblich zur Datenreduktion beitragen. Ist einmal bekannt, daß eine Menge von möglicherweise sehr vielen Objekten in wenige Gruppen unterteilt werden kann, innerhalb derer sich die Objekte wenig unterscheiden, so sollte es nicht nötig sein, sämtliche Objektmuster zu archivieren. Unter Umständen genügt es, zu jeder Klasse das Muster eines typischen Objekts oder ein mittleres Muster aufzubewahren.

Während es bei der Clusteranalyse um die Detektion zunächst nicht bekannter Klassen im zu untersuchenden Datenmaterial geht, ist ein anderes wichtiges Problem der Datenanalyse die korrekte Zuweisung von Objekten zu einer von mehreren a priori bekannten Klassen. Es wird somit eine Identifizierung versucht, wobei möglichst sicher entschieden werden soll.

Das Prinzip besteht darin, neue Objekte an Hand ihrer Muster in die richtige Musterklasse und damit schließlich in die richtige Objektklasse einzuordnen. Es muß gewährleistet sein, daß die Musterpunkte von Objekten derselben Klasse in eine eng begrenzbare Region des Musterraumes, die von Objekten verschiedener Klassen dagegen in möglichst weit auseinanderliegende Regionen fallen (Abb. 1.3). Ein neues Objekt wird dann derjenigen Klasse zugeordnet, in deren Region sein Musterpunkt zu liegen kommt. Da zuvor an Hand einer Anzahl von Objekten bekannter Einordnung gelernt werden muß, welche Region zu welcher Objektklasse gehört, wird von einem „beaufsichtigten" Lernen (supervised learning) gesprochen, das der routinemäßigen Objektzuordnung vorangeht. Hierzu gehört auch, festzustellen, ob verschiedenen Objektklassen überhaupt verschiedene Muster entsprechen, ob die Muster also die Klassen indizieren. Auskunft hierüber gibt die *Varianzanalyse* (Kap. 6).

Ist der Befund negativ, so ist die herangezogene Merkmalskombination ungeeignet, und man wird eine bessere suchen. Aber selbst wenn sie geeignet ist, so wird man versuchen, durch Extraktion der viel zur Trennung der Musterregionen beitragenden Variablen, Verwerfen der unnötigen und eventuelle Hinzunahme neuer, bislang unberücksichtigter Merkmale, eine „optimale" Kombination zu finden. Es wird angestrebt, mit einer minimalen Anzahl von Variablen eine maximale „Trefferrate" bei der Iden-

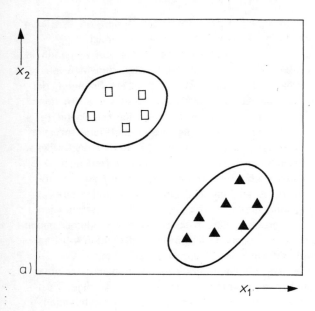

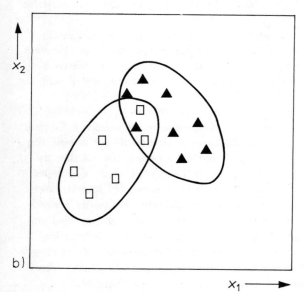

Abb. 1.3
Unterscheidung von Objektkategorien an Hand der Regionen, in die die jeweiligen Objekte (□ und △) fallen, in einem günstigen (a) und einem weniger günstigen Beispiel (b)

1. Einige Aspekte der Datenanalyse

tifizierung zu erhalten. Dabei hilft die *Diskriminanzanalyse,* auf die ebenfalls im Kapitel 6 eingegangen wird. Die im Kapitel 7 dargestellten *Klassifizierungsmethoden* unterscheiden sich in der Art der Ableitung des „Klassifikators", einer Regel, nach der dann die Zuordnung der neuen Objekte erfolgen soll.

Dem beaufsichtigten Lernen zur Vorbereitung des Einsortierens unbekannter Objekte in bekannte Klassen steht ein „unbeaufsichtigtes" Lernen (non supervised learning) bei der Clusteranalyse gegenüber, wo Objektklassen erst erlernt werden sollen. Es handelt sich damit um Mustererkennung auf verschiedenen Niveaus der A-priori-Information. In der Praxis kann es sein, daß zunächst Klassen erlernt werden müssen, um in der Folge neue Objekte den nunmehr bekannten Klassen zuzuweisen.

In den Kapiteln 4 und 5 sind mit der multiplen linearen Regression und der Hauptkomponentenanalyse Methoden angesprochen, die geeignet sind, Aussagen über das Verhältnis der Variablen zu gewinnen, falls zwischen diesen ein genäherter linearer Zusammenhang besteht. Bei der *Hauptkomponentenanalyse* werden aus den gegebenen Variablen neue konstruiert, die „ideale" Eigenschaften aufweisen: Solche „Hauptkomponenten" sind untereinander unkorreliert und bilden damit eine orthogonale Basis für ein Hauptkomponentenkoordinatensystem, durch das man das alte (durch Korrelationen „verzerrte") Merkmalskoordinatensystem ersetzen kann. Darüber hinaus konzentriert sich meist ein beträchtlicher Teil der Gesamtdatenvarianz auf nur wenigen der erhaltenen Hauptkomponenten.

Es gibt bei den neuen Variablen also eine Polarisation zwischen den auf der einen Seite viel und auf der anderen Seite kaum zur Beschreibung des Datensatzes beitragenden Variablen. Durch Weglassen der wenig informativen Hauptkomponenten erreicht man oft eine beträchtliche Datenreduktion. Eine solche Informationsverdichtung kann zur Unterstützung anderer statistischer Verfahren (vgl. Hauptkomponentenregressionsanalyse, PCRA; Abschn. 5.4.1.) dienen. Eine Eintragung der Objektmuster in das System der ersten beiden (wichtigsten) Hauptkomponenten gibt das bereits erwähnte Hauptkomponentendisplay. Daneben ergibt sich aus der Hauptkomponentenanalyse auch ein Variablendisplay, wobei jede Variable als Punkt abgebildet wird und Punktwolken unter gewissen Voraussetzungen als Gruppen positiv korrelierter Variablen interpretierbar sind.

Bei der *multiplen linearen Regression* (Kap. 4) wird versucht, die Abhängigkeit der für eine Variable zu beobachtenden Werte von den für die restlichen realisierten Werten zu beschreiben. Wiederum erfolgt eine Reduktion der Merkmalsmenge, indem nur solche einbezogen werden, die tatsächlich Einfluß auf die zu beschreibende Variable ausüben. Wurde der Zusammenhang richtig erfaßt, so kann die für die abhängige Variable zu erwartende Beobachtung aus den für die restlichen Variablen registrierten Werten vorhergesagt werden.

2. Ein Programm zur statistischen Auswertung univariater Analysendaten

Analysenergebnisse werden nach einem bestimmten Analysenverfahren mit detailliert festgelegter Arbeitsvorschrift erhalten. Sie beinhalten die Arbeitsstufen der Probenahme, Probevorbehandlung, Bestimmung und Datenauswertung. Auch bei sorgfältiger Arbeitsweise sind Streuungen der in der Arbeitsvorschrift festgelegten Arbeitsparameter und Arbeitsoperationen unvermeidlich [2.1].

Charakteristisch für die klassische analytische Chemie und ihre Techniken (vornehmlich Gravimetrie) war es, bei der Probe von Grammengen auszugehen, für die Probevorbehandlung und die Bestimmung Tage zu brauchen und im Bereich der Hauptbestandteile oft recht präzise ($\pm 0,1$ %) Ergebnisse zu liefern. Die Datenauswertung durfte und mußte sich deshalb beschränken, z. B. auf die Angabe eines Medians (Anordnung der Ergebnisse in steigender Reihe; bei ungerader Anzahl Angabe des mittleren Wertes, bei gerader Anzahl Angabe des arithmetischen Mittels der beiden mittleren Werte) bzw. eines arithmetischen Mittels und einer Spannweite (Differenz zwischen größtem und kleinstem Ergebnis).

Dort, wo in kurzer Zeit zuerst viele Messungen erfolgen konnten (z. B. Physik, Technik), wurden anspruchsvollere Methoden der Datenauswertung eingesetzt. Sie konnten und mußten auf die Messungen und Ergebnisse der neueren analytischen Chemie übertragen werden. Das war in dem Maße der Fall, wie kurze Analysenzeiten zahlreiche Wiederholungsmessungen ermöglichten, die Präzision der Einzelergebnisse bei Fortschreiten im Spurenbereich abnahm, eine Vielzahl neuer Analysenprinzipien und -methoden zu zahlreich variierten Verfahren mit unterschiedlicher Streuung führte, die zu vergleichen waren, die immer kleiner werdenden Probenmengen die Frage nach der Probeninhomogenität und der repräsentativen Durchschnittsprobe aufwerfen ließen, Ringanalysen den Vergleich von Mittelwerten erforderten, die mit Analysenverfahren unterschiedlicher Präzision gewonnen wurden, usw.

Die Statistik in der analytischen Chemie wurde uns durch inzwischen „klassische" Bücher (DOERFFEL [2.2]; ECKSCHLAGER [2.3]) und neuere Literatur (DOERFFEL und ECKSCHLAGER [2.4]; DOERFFEL und GEYER [2.5]; DANZER, THAN und MOLCH [2.6]) und viele andere Publikationen nahegebracht, und doch ist ihre konsequente Anwendung noch wenig verbreitet.

Seit die Rechentechnik mit Klein- und Personalcomputern an Laborplätze und Schreibtische vordringt, ist mit BASIC-Programmen, die den Dialog ermöglichen, ein schneller Fortschritt zu erwarten. Ein entsprechender Programmvorschlag soll hier entwickelt und erläutert werden.

2.1. Statistische Auswertung von Analysenergebnissen

Ziel des vorgelegten BASIC-Programms EXTRAKT (HENRION u. a. [2.7]) ist die Verdichtung der Information aus Gruppen von Analysenergebnissen (bedingt auch aus manchen anderen Meßergebnissen) bei gleicher Matrix und ähnlichen Gehalten der zu bestimmenden Komponente (also allgemein: vergleichbaren Bedingungen).

Im Vordergrund steht dabei die Gewinnung von gesicherten Verfahrensstandardabweichungen, engen Vertrauensintervallen und optimalen Mittelwert-t-Tests auf der Grundlage einer Normalverteilung. Hierbei wurde in enger Anlehnung an GOTTSCHALK [2.1] vorgegangen. Alternativ ist der parameterfreie U-Test (nach WILCOXON, MANN und WHITNEY) der Meßwertgruppen in Anlehnung an SACHS [2.8] vorgesehen.

Folgende Schritte werden durchlaufen:
1. Berechnung der arithmetischen Mittel und Standardabweichungen der Wertegruppen nach:

$$\overline{x} = \frac{1}{n} \sum_{i=1}^{n} x_i \quad \text{und}$$

$$s = \sqrt{\frac{1}{n-1} \sum_{i=1}^{n} (x_i - \overline{x})^2} = \sqrt{\frac{1}{f} \sum_{i=1}^{n} d_i^2}$$

n Anzahl der Werte in der Gruppe; $f = n - 1$ Freiheitsgrade; $d_i = x_i - \overline{x}$ Abweichung vom arithmetischen Mittel; s Standardabweichung

Dabei handelt es sich um die besten Schätzwerte für die gesuchten „wahren" Werte μ (Mittelwert der Grundgesamtheit) und σ (Streuung der Grundgesamtheit) im untersuchten Objekt, sofern keine systematischen Abweichungen aufgetreten sind und die n Einzeldaten der jeweiligen Gruppe ausreißerfrei, trendfrei und normalverteilt waren. Diese 3 Voraussetzungen sind keinesfalls regelmäßig erfüllt. Deshalb schließt sich an:

2. Test auf Ausreißer. Dazu wird die Prüfgröße (PG) d_{max}/s nach GRUBBS (s. auch GOTTSCHALK [2.1]) gebildet ($d_{max} = x_{max} - \overline{x}$ bzw. $\overline{x} - x_{min}$) und mit der tabellierten (Tab. 10.13) Vergleichsgröße r_m in Abhängigkeit von verschiedenen statistischen Sicherheiten P für $n \geqslant 3$ gegenübergestellt. Bei $PG < r_m$ (90) ist ein Ausreißer nicht festgestellt, und die ermittelten Kenndaten n, $\overline{x}$, s sind in dieser Hinsicht einwandfrei. Für r_m (90) $\leqslant PG \leqslant r_m$ (95) ist ein Ausreißer wahrscheinlich. Werden dafür auch aus dem Versuchsprotokoll Argumente gefunden, dann kann der Wert eliminiert werden, jedenfalls bei der Berechnung der Werte $\overline{x}$ und s der betreffenden Gruppe. Erst recht kann bei r_m (95) $\leqslant PG < r_m$ (99) und bei $PG \geqslant r_m$ (99) so verfahren werden. Allerdings ist vor der Situation $n = 3$ $x_1 = x_2 \neq x_3$ zu warnen, die durch Rundung auftreten kann und x_3 in jedem Falle als Ausreißer anzeigen würde. Man beachte allgemein, daß Ausreißertests keine sinnvollen Aussagen ergeben, wenn bei n Daten $n - 1$ gleiche Werte und nur ein abweichender vorliegen. Dann muß der Rundungsfehler berücksichtigt werden.

Im Programm werden jedenfalls die entsprechenden Einzelwerte und die Wahrscheinlichkeit, daß es sich um Ausreißer handelt, angezeigt. Vorsichtig sollte man mit der Löschung sein, wenn weiter eine Verfahrensstandardabweichung angestrebt wird. Hier zeigt sich, daß durch Eliminierung nicht hochsignifikanter ($PG < r_m$ (99)) Ausreißer eine zu kleine Gruppenstandardabweichung erhalten wird, die später beim Bartlett-Test eliminiert wird. Überhaupt ist die Anzeige von Ausreißern, Trends und Abweichungen von der Normalverteilung sehr wichtig zur Einschätzung des Datensatzes, während die Eliminierungen in Abhängigkeit vom Problem und auf der Grundlage der Erfahrungen des Auswerters erfolgen sollten. Hier wurde bewußt auf eine denkbare Automatik verzichtet und die letztlich subjektive Entscheidung vorgesehen.

In jedem Falle werden nach Entfernung eines Ausreißers arithmetisches Mittel $\bar{x}$, Standardabweichung s und die Prüfgröße PG neu berechnet, und dann wird nach weiteren Ausreißern gesucht.

3. Der Trendtest schließt sich an, denn wenn im zeitlichen Verlauf einer Untersuchung $n \geqslant 4$ aufeinanderfolgende wachsende oder fallende Werte gefunden werden, dann kann ein Trend vorliegen, der $\bar{x}$ und s fragwürdig werden läßt. $\bar{x}$ würde sich bei Anhalten des Trends immer weiter verschieben und s immer weiter vergrößern. Der Trendtest erfolgt im vorliegenden Programm nach NEUMANN und MOORE (s. auch GOTTSCHALK [2.1]) als sukzessiver Differenzentest. Dazu wird die Prüfgröße

$$\frac{\Sigma(x_i - x_{i+1})^2}{(n-1) \cdot s^2} = PG$$

für die gesamte Meßwertgruppe und für beliebige Untergruppen $n \geqslant 4$ (z. B. 1 bis 4, 2 bis 5, 3 bis 6, 1 bis 5, 2 bis 6 usw.) gebildet und den tabellierten (Tab. 10.14) Vergleichsgrößen gegenübergestellt. Bei $PG \leqslant W$ (99) oder gar $PG \leqslant W$ (99,9) liegt ein signifikanter bzw. hochsignifikanter Trend vor.

4. Schließlich folgt ein Ergänzungstest auf Normalität nach DAVID, HARTLEY und PEARSON (s. auch GOTTSCHALK [2.1]) unter Bildung der Prüfgröße:

$$\frac{x_{max} - x_{min}}{s} = \frac{R}{s} = PG$$

R = Spannweite

Der Test gilt für $n \geqslant 3$. Dabei soll die Prüfgröße zwischen der unteren Schranke β_u (90) und der oberen Schranke β_o (90) (Tab. 10.15) liegen, wenn es sich um Normalverteilung handelt. Wird die obere Schranke überschritten, ist es eine Überbreite der Verteilung, wird die untere Schranke unterschritten, sprechen wir von einer überhöhten Verteilung, und die Verwendung der Daten für weitergehende Tests scheint problematisch und bedarf differenzierter Erwägung.

Erforderlichenfalls kann man auch die Schritte 1 bis 4 noch einmal mit den Logarithmen der Meßwerte durchlaufen, was bei Vorliegen „logarithmischer Normalverteilung" vorteilhaft sein könnte. Jedoch liegen dazu noch keine eigenen positiven Erfahrungen der Autoren vor.

5. Nach Durchlaufen der Schritte 1 bis 4 für alle vorliegenden Meßwertgruppen resultieren (nach eventueller Eliminierung von Ausreißern, Trendgruppen oder trend-

2.1. Statistische Auswertung von Analysenergebnissen

behafteten Gruppensegmenten und nicht normalverteilten Gruppen) Restgruppen, aus deren Gruppenstandardabweichungen leicht Vertrauensintervalle für die Mittelwerte berechnet werden können. Im Programm wird jedoch vorher ein anderer Weg eingeschlagen. Aus den K Gruppen wird eine gemeinsame Standardabweichung gebildet:

$$s_I = \sqrt{\frac{1}{f_I}(f_1 s_1^2 + f_2 s_2^2 + \ldots + f_K s_K^2)}$$

$f_I = n - K$
n Gesamtzahl aller Meßwerte, also $n = n_1 + n_2 + \ldots + n_K$

Sie stellt einen guten Schätzwert für die Verfahrensstandardabweichung s_v (auch Wiederholstandardabweichung genannt) dar. Voraussetzung für ihre Errechnung sind auf Grund der vorangestellten Verläßlichkeitstests einwandfreie Kenndaten sowie „Homogenität" der Gruppenstandardabweichungen s_j, die zu s_I zusammengefaßt werden. Sie kann mit dem Bartlett-Test geprüft werden:

$$PG = \frac{2,3026}{\alpha_f}(f_I \cdot \lg s_I^2 - \sum_{j=1}^{K} f_j \lg s_j^2)$$

mit $\quad \alpha_f = 1 + \dfrac{1}{3(K-1)} \cdot (\sum_{j=1}^{K} \dfrac{1}{f_j} - \dfrac{1}{f_I})$,

indem man mit der χ^2-Verteilung (Subroutine im Programm) für eine vorgegebene statistische Sicherheit P vergleicht. Üblicherweise wählt man $P = 0,95$. Die Freiheitsgrade folgen aus $f = K-1$. Bei $PG < \chi_f^2(95)$ wird die Zusammenfassung als erlaubt angesehen. Anderenfalls werden vom Programm schrittweise diejenigen Teilstandardabweichungen s_j der Gruppen (zu kleine und/oder zu große) in der Reihenfolge eliminiert, die am schnellsten zur Erfüllung obiger Bedingung führt. So kann oft ein hinreichend umfangreiches „homogenes" Material herausgefiltert werden. Man beachte aber, daß der Gruppenumfang $n_j > 4$ sein sollte, da sonst die Aussagekraft des Bartlett-Tests vermindert ist. Abschließend werden die Vertrauensintervalle zu den Gruppenmittelwerten aus der Verfahrensstandardabweichung und der Gruppenwertezahl sowie der t-Verteilung (Subroutine im Programm) nach

$$\Delta_x = \frac{s_y \, t(P, f_j)}{\sqrt{n_j}}$$

berechnet. Im Falle zu großer Gruppenstandardabweichung, die beim Bartlett-Test eliminiert wurde, wird natürlich s_j und $t(P, f_j)$ verwendet und ein deutlich größeres Vertrauensintervall erhalten.

6. Es wird versucht, die Mittelwerte der Gruppen zusammenzufassen, die nach dem Bartlett-Test in die Verfahrensstandardabweichung eingebracht wurden (eventuell unter Einbeziehung auch der Gruppen, deren Streuung nach dem Bartlett-Test als zu klein gefunden wurde, d. h. die Zusammenfassung aller Mittelwerte außer denen, deren zugehörige Gruppenstandardabweichung nach dem Bartlett-Test zu groß war). Die Einbeziehung der Gruppenmittelwerte mit zu kleinen Streuungen (die also nicht in die Verfahrensstandardabweichung eingebracht wurden) erfolgt manchmal aus

sachlogischen Erwägungen in der chemisch-analytischen Praxis und bewußt abweichend von der üblichen und theoretisch begründeten Verfahrensweise. Zur Zusammenfassung dient:

$$\bar{\bar{x}} = \frac{1}{n}(n_1\bar{x}_1 + \ldots + n_K\bar{x}_K).$$

Es muß aber geprüft werden, ob die K-Abweichungen $d_j = \bar{x}_j - \bar{\bar{x}}$ der Gruppenmittelwerte vom Gesamtmittelwert als zufällig interpretiert werden können. Hierfür wird eine Standardabweichung zwischen den Gruppen mit $f_z = K-1$ gebildet:

$$s_z = \sqrt{\frac{1}{f_z}\{n_1(\bar{x}_1 - \bar{\bar{x}})^2 + \ldots + n_K(\bar{x}_K - \bar{\bar{x}})^2\}}$$

Für $s_z \approx s_l$ kann das Datenmaterial auch hinsichtlich der Mittelwerte als „homogen" gelten. Anderenfalls ($s_z > s_l$) wird gebildet $PG = s_z^2/s_l^2$ und mit der F-Verteilung (Subroutine im Programm) verglichen, wobei $f_z = K-1$ und $f_l = n-K$. Es wird angezeigt, mit welcher statistischen Sicherheit P ein Unterschied (Inhomogenität) behauptet werden darf. Von hier aus ergeben sich Aussagen über die Homogenitätsanalyse (DANZER [2.9]) und über die repräsentative Durchschnittsanalyse (WILSON [2.10]).

Für $P < 0,95$ ist ein Unterschied zwischen s_z und s_l nicht feststellbar, die Zusammenfassung der Mittelwerte also zulässig. Dabei ergibt sich außer dem Gesamtmittelwert $\bar{\bar{x}}$ eine weitere Näherung der Verfahrensstandardabweichung, die wir mit s'_v bezeichnen wollen.

$$s'_v = \sqrt{\frac{1}{f'_v}\{(n-K)s_l^2 + (K-1)s_z^2\}} \quad \text{mit } f'_v = n-1$$

Da sie sich aus s_l und s_z zusammensetzt, ist sie meist ein wenig größer als s_l, aber auch mit einer höheren Zahl von Freiheitsgraden f'_v gesichert. Ist $n = 50$ und $K = 10$ (n = Gesamtwertezahl; K = Anzahl der Wertegruppen), dann folgt, wenn keine Eliminierungen von Werten oder Gruppen erforderlich sind, nach dem Bartlett-Test für s_l das zugehörige $f_l = 40$, nach Zusammenfassung der Mittelwerte aber zu s'_v das zugehörige f'_v zu $n-1 = 49$.

Die Vertrauensintervalle, die sich für $\bar{\bar{x}}$ aus s'_v errechnen, sind meist deutlich kleiner als die für die $\bar{x}_j$ aus s_v, weil $\sqrt{n} > \sqrt{n_j}$. Während, wie bereits ausgeführt, s_v bzw. s_l eine „Wiederholstandardabweichung" darstellen, findet man für s'_v auch die Bezeichnung „Vergleichsstandardabweichung". Sie ist meistens größer als die Wiederholstandardabweichung.

Zur Auswertung von Ringanalysen wurde noch ein weiterer Schritt im Programm vorgesehen: Nämlich (analog zur Vorgehensweise bei der Zusammenfassung von Standardabweichungen) die Eliminierung zu kleiner und/oder zu großer Gruppenmittelwerte gegen den Gesamtmittelwert $\bar{\bar{x}}$, der nach jeder Eliminierung neu zu berechnen ist. Das geschieht so lange, bis die Zusammenfassung zu einem „homogenen" Datenrest bei einer (wählbaren) statistischen Sicherheit P möglich wird oder alternativ gegen einen von außen eingebbaren theoretischen Mittelwert x_{soll}, der natürlich bei den Eliminierungen unverändert bleibt. Hieraus könnte man auch die sogenannte „Richtigkeitsstandardabweichung" berechnen.

7. Der F-Test für die Standardabweichungen aller Ausgangsgruppen gegeneinander schließt sich an (Subroutine für die F-Verteilung) und wird als Feld in Form eines „Schachbretts" auf den interessierenden Niveaus der statistischen Sicherheit P abge-

2.1. Statistische Auswertung von Analysenergebnissen

bildet. Hier wie auch weiter in den Bildern wird jeder signifikante Unterschied aus pragmatischen Gründen doppelt eingetragen. Die Diagonale ist natürlich Symmetrieachse (Abb. 2.1).

	1	2	3	4	5	6	7	8	9
1	–		◐						
2		–							
3	◐		–	◐		◐			◐
4			◐	–					
5					–				
6			◐			–			
7							–		
8								–	
9			◐						–

Abb. 2.1
Ergebnisse der *F*-Tests der 9 Resultategruppen von Kupfer gegeneinander

◐ zeigt $0{,}99 < P < 0{,}999$ für die Verschiedenheit der Standardabweichungen an

8. Danach erfolgt der Mittelwert-*t*-Test aller Gruppen gegeneinander mit

$$t = \frac{|\bar{x}_1 - \bar{x}_2|}{s} \sqrt{\frac{n_1 \cdot n_2}{n_1 + n_2}}$$

als Prüfgröße. Vergleichsgröße ist die *t*-Verteilung (Subroutine im Programm).

Bei den „Bartlett-Gruppen" wird hierzu die Verfahrensstandardabweichung s_I benutzt und der *t*-Wert mit f_I verwendet. Das ermöglicht eine besonders „scharfe" Unterscheidung. Bei den Gruppen ohne signifikanten Unterschied im *F*-Test wird, wenn sie nicht beide den „Bartlett-Gruppen" angehören, die gemeinsame zusammengefaßte Standardabweichung s_d der beiden nach

$$s_d = \sqrt{\frac{1}{f_d}(f_1 s_1^2 + f_2 s_2^2)}$$

$$f_d = n_1 + n_2 - 2$$

zugrunde gelegt. Unterscheiden sich beide Gruppen signifikant beim *F*-Test, dann wird eine Formel mit reduziertem Freiheitsgrad gemäß der Fisher-Behrens-Näherung nach WELCH (GOTTSCHALK [2.1]; SACHS [2.8]) herangezogen:

$$PG = \frac{\bar{x}_1 - \bar{x}_2}{s_{\bar{d}}}$$

mit

$$s_{\bar{d}}^2 = \frac{s_1^2}{n_1} + \frac{s_2^2}{n_2} = s_{\bar{x}_1}^2 + s_{\bar{x}_2}^2$$

und

$$f \cong \frac{s_{\bar{d}}^4}{s_{\bar{x}_1}^4/(n_1+1) + s_{\bar{x}_2}^4/(n_2+1)}$$

Es erfolgt also trotz Verschiedenheit der Streuung ein modifizierter Mittelwert-t-Test. Über die hier beschriebenen Varianten entscheidet das Programm selbständig. Auch ist es möglich, den Mittelwert-t-Test auf der Grundlage einer bereits anderweitig erarbeiteten und hoch gesicherten, extern einzugebenden, Verfahrensstandardabweichung durchführen zu lassen. Die Abbildung der Ergebnisse erfolgt wieder auf den interessierenden Niveaus der statistischen Sicherheit als „Schachbrett" (Abb. 2.2).

	1	2	3	4	5	6	7	8	9
1	−		◐	◐	●	◐	●	◐	◐
2		−	◐	●	●	●	●	◐	◐
3	◐	◐	−	●	●	●	●		◐
4	◐	●	●	−			●	●	●
5	●	●	●		−		●	●	●
6	◐	●	●			−	●	●	●
7	●	●	●	●	●	●	−	◐	
8	◐	◐		●	●	●	◐	−	◐
9	◐	◐	◐	●	●	●		◐	−

Abb. 2.2
Ergebnisse der Mittelwert-t-Tests der 9 Resultategruppen von Cadmium gegeneinander
◐ zeigt $0{,}99 < P < 0{,}999$ und ● $0{,}999 < P$ für die Verschiedenheit der Mittelwerte an

9. Während in den Schritten 1 bis 8 Normalverteilung unterstellt bzw. durch Eliminierung von Ausreißern sowie trendbehafteten oder anders abweichenden Gruppen wenigstens für einen Teil des Datenmaterials gesichert wurde, wird nun anschließend mit den Ausgangsdaten (ohne Ausreißer) direkt ein parameterfreier Test vorgenommen, der als verteilungsunabhängiges Gegenstück zum parametrischen t-Test bezeichnet werden kann. Solche Tests sind konservativer, vorsichtiger. Die asymptotische Effizienz des U-Tests liegt bei 95 %, d. h., daß er bei 1000 Werten die gleiche Teststärke aufweist wie die Anwendung des t-Tests bei ca. 950 Werten, wenn in Wirklichkeit Normalverteilung vorliegt, aber auf diese Voraussetzung verzichtet wurde. Vorausgesetzt wird allerdings, daß die zu vergleichenden Stichproben die gleiche Verteilungsform aufweisen. Der U-Test prüft, ob die Wahrscheinlichkeit, daß eine Beobachtung der 1. Grundgesamtheit größer ist als eine beliebig bezogene Beobachtung der 2. Grundgesamtheit, ungleich 1/2 ist. Zur Berechnung der Prüfgröße U werden die $m + n$ Stichprobenwerte in eine gemeinsame aufsteigende Rangfolge gebracht und zu jeder Rangzahl vermerkt, aus welcher der beiden Stichproben der betreffende Wert stammt. R_1 sei die Summe der Rangzahlen in Stichprobe 1, R_2 die Summe der Rangzahlen in Stichprobe 2; man berechnet:

$$U_1 = mn + \frac{m(m + 1)}{2} - R_1$$

und

$$U_2 = mn + \frac{n(n + 1)}{2} - R_2$$

Der kleinere der beiden U-Werte ist die gesuchte Prüfgröße. Unterschreitet er die tabellierte Vergleichsgröße $U(m, n, \alpha = 1 - P)$ (Tab. 10.16), dann kann ein Unterschied mit dem Risiko α angenommen werden. Natürlich ist hier, wie auch beim t-Test, zwischen ein- und zweiseitiger Fragestellung zu unterscheiden. Kommt in den Reihenfolgen ein bestimmter Wert mehrfach vor, dann spricht man von Bindungen. Die numerisch gleich großen Einzelwerte erhalten in diesem Falle die mittlere Rangzahl, usw. (vgl. SACHS [2.8]).

Die Prüfgrößen werden auf dem Bildschirm ausgegeben. Das „Schachbrett" kann auf den interessierenden Signifikanzniveaus durch Vergleich mit den tabellierten Werten konstruiert werden (Abb. 2.3).

2.2. Anwendungen

An einigen Beispielen sollen die wesentlichen Möglichkeiten des Programms illustriert werden.

	1	2	3	4	5	6	7	8	9
1	–		○	○	◐	◐	○	○	◐
2		–	◐	◐	◐	◐			◐
3	○	◐	–	◐	◐	◐	◐		◐
4	○	◐	◐	–		◐	◐		◐
5	◐	◐	◐		–	◐	◐		◐
6	◐	◐	◐	◐		–	◐	◐	◐
7	○	◐	◐	◐	◐	◐	–		
8	○		◐	◐	◐			–	◐
9	◐	◐	◐	◐	◐	◐	◐	◐	–

Abb. 2.3
Ergebnisse der *U*-Tests der 9 Resultategruppen von Cadmium gegeneinander
○ zeigt $0{,}95 < P < 0{,}99$ und ◐ $0{,}99 < P$ für die Verschiedenheit an

2.2.1. Datensatz „Getreide"

Bei der inversvoltammetrischen Analyse von Cadmium und Kupfer in unterschiedlich aufgeschlossenen wäßrigen Lösungen (RUBEL u. a. [2.11]) wurden an je 9 Probengruppen (Tab. 2.1 und 2.2) je 3 bis 15 Bestimmungen ausgeführt. Die beiden Tabellen 2.3 und 2.4 geben die Gruppennummer, die Werteanzahl n_j, die arithmetischen Mittel $\bar{x}_j$ in ppm, die Standardabweichungen s_j der Einzelgruppen, Nummer und Wahrscheinlichkeit von Ausreißern, Wahrscheinlichkeit eines Trends, Erfüllung (+) bzw. Abweichungen von der Normalverteilung, Zusammenfaßbarkeit der Standardabweichungen gemäß Bartlett-Test und Vertrauensintervalle zu den Mittelwerten mit 95%iger Sicherheit (Δx_{95}) auf der Grundlage der Verfahrensstandardabweichungen s_v bzw. Gruppenstandardabweichung s_j an.

Bei Kupfer (Tab. 2.3) wird auf der Grundlage des Bartlett-Tests Gruppe 3 nicht mit in die Verfahrensstandardabweichung einbezogen. Diese ergibt sich zu $s_v = 1{,}01$ mit $f_v = 68$ (aus $91 - 15 - 8$). Die Mittelwerte aller Gruppen (außer Gruppe 3) erwiesen sich als zusammenfaßbar zu $\bar{\bar{x}} = 5{,}06$. Die Folge ist für diese Kollektive eine neue Verfahrensstandardabweichung $s'_v = 0{,}98$ mit $f'_v = 75$ (aus $91 - 15 - 1$). Das Vertrauensintervall für den Gesamtmittelwert $\bar{\bar{x}}$ ergibt sich jetzt zu $\Delta x_{95} = 0{,}22$ aus:

$$\frac{t(P, f'_v) \cdot s'_v}{\sqrt{76}}$$

2.2.1. Datensatz „Getreide"

Tabelle 2.1
Ausschnitt aus dem Datensatz „Getreide". Kupfer-Gehalte von Weizen (1, 2, 3), Gerste (4, 5, 6) und Hafer (7, 8, 9)

Nr.	\	\	\	\	ppm Cu	\	\	\	\
	1	2	3	4	5	6	7	8	9
1	6,6	5,3	5,3	6,1	5,1	3,8	4,1	4,2	3,8
2	6,4	5,1	5,3	5,2	4,4	4,1	4,8	4,7	3,8
3	6,5	3,4	5,0	7,0	5,5	7,3	5,2	3,6	3,3
4	3,4	4,6	5,0	6,1	5,0	4,7	–	5,3	4,3
5	4,4	5,7	6,1	6,4	4,9	4,0	–	5,3	3,0
6	4,1	5,2	4,8	3,8	5,0	5,2	–	6,3	6,2
7	–	5,5	4,5	4,4	4,6	5,5	–	5,7	6,8
8	–	5,9	5,7	4,2	4,6	5,1	–	5,4	4,9
9	–	5,2	4,8	4,6	5,6	6,9	–	6,7	6,3
10	–	4,9	4,9	–	3,8	3,9	–	–	5,5
11	–	4,8	5,6	–	6,5	5,2	–	–	5,2
12	–	–	5,1	–	4,1	4,7	–	–	4,9
13	–	–	6,2	–	5,7	5,5	–	–	–
14	–	–	5,3	–	–	–	–	–	–
15	–	–	4,8	–	–	–	–	–	–

Tabelle 2.2
Ausschnitt aus dem Datensatz „Getreide". Cadmium-Gehalte von Weizen (1, 2, 3), Gerste (4, 5, 6) und Hafer (7, 8, 9)

Nr.	\	\	\	\	ppm Cd	\	\	\	\
	1	2	3	4	5	6	7	8	9
1	0,07	0,09	0,14	0,09	0,04	0,05	0,14	0,10	0,16
2	0,06	0,09	0,09	0,08	0,03	0,06	0,14	0,10	0,22
3	0,09	0,08	0,11	0,06	0,04	0,06	0,17	0,09	0,06
4	0,10	0,10	0,09	0,06	0,05	0,06	–	0,08	0,16
5	0,09	0,10	0,12	0,06	0,04	0,05	–	0,10	0,17
6	0,09	0,08	0,13	0,06	0,04	0,05	–	0,13	0,12
7	–	0,11	0,11	0,03	0,03	0,03	–	0,10	0,22
8	–	0,08	0,09	0,03	0,03	0,07	–	0,18	0,36
9	–	0,09	0,11	0,03	0,04	0,06	–	0,11	0,21
10	–	0,08	0,12	–	0,08	0,05	–	–	0,16
11	–	0,08	0,12	–	0,06	0,08	–	–	0,17
12	–	–	0,11	–	0,05	0,04	–	–	0,14
13	–	–	0,09	–	0,04	0,07	–	–	–
14	–	–	0,09	–	–	–	–	–	–
15	–	–	0,10	–	–	–	–	–	–

Tabelle 2.3
Zwischenergebnis der Rechnungen mit dem Programm EXTRAKT für die Kupfer-Bestimmungen

Gruppe	n_j	$\bar{x}_j$ in ppm	s_j	Ausreißer	Trend	Normalverteilung	Bartlett-Test	Δx_{95} [1]	s_v oder[2] s_j
1	6	5,23	1,43			hoch	+	0,83	s_v
2	11	5,05	0,67	3 (95)		breit	+	0,61	s_v
3	15	5,23	0,49			+	−	0,27	s_j
4	9	5,31	1,13			+	+	0,67	s_v
5	13	4,98	0,72			+	+	0,56	s_v
6	13	5,07	1,08			+	+	0,56	s_v
7	3	4,70	0,56			+	+	1,17	s_v
8	9	5,24	0,97		95 %	+	+	0,67	s_v
9	12	4,83	1,23			+	+	0,58	s_v

[1] Vertrauensintervall
[2] Erläuterung s. Abschn. 2.2.1.

Tabelle 2.4
Zwischenergebnis der Rechnungen mit dem Programm EXTRAKT für die Cadmium-Bestimmungen

Gruppe	n_j	$\bar{x}_j$ in ppm	s_j	Ausreißer	Trend	Normalverteilung	Bartlett-Test	Δx_{95} [1]	s_v oder[2] s_j
1	6	0,083	0,015			+	+	0,014	s_v
2	11	0,089	0,010			+	+	0,011	s_v
3	15	0,108	0,016			+	+	0,009	s_v
4	9	0,056	0,022		99 %	+	+	0,012	s_v
5	13	0,044	0,014	10 (99)		+	+	0,010	s_v
6	13	0,056	0,013			+	+	0,010	s_v
7	3	0,150	0,017	3 (95)		hoch	+	0,020	s_v
8	9	0,110	0,030	8 (99)		+	+	0,012	s_v
9	12	0,179	0,072	8 (95)		breit	−	0,046	s_j

[1] Vertrauensintervall
[2] Erläuterung s. Abschn. 2.2.1.

2.2.1. Datensatz „Getreide"

Diese Homogenität der gesamten Meßserie für Kupfer drückt sich auch in den F-Tests aus (Abb. 2.1). Die vom Bartlett-Test abgewiesene Gruppe 3 weist zu den Gruppen 1, 4, 6 und 9 mit mehr als 99 % gesicherte Unterschiede auf. Die Schranke 99,9 % wird aber in keinem Falle überschritten. Die Mittelwert-t-Tests der Cu-Gruppen zeigen keine signifikanten Unterschiede.

Komplizierter ist die Situation bei den Cd-Werten (Tab. 2.4). Läßt man die mehrfach erkennbaren Ausreißer und den Trend in der Rechnung, dann folgt nach Herausnahme der Meßwertgruppe 9 durch den Bartlett-Test die Verfahrensstandardabweichung $s_v = 0{,}017$ mit $f_v = 71$. Im F-Test treten bei den Gruppen 8 und 9 gegenüber den anderen einige 99%ig gesicherte Unterschiede auf. Größer als 99,9 % sind sie nur bei den Werten der Gruppe 9 zu den Gruppen 2, 3, 5 und 6. Die Mittelwert-t-Tests zeigen viele 99%ig gesicherte Unterschiede und auch 99,9%ig gesicherte Differenzen (Abb. 2.2). Die Ergebnisse sind stark inhomogen. Diese Inhomogenitäten erscheinen auch beim alternativ angewandten, konservativeren, dafür aber auch keine Normalverteilung voraussetzenden U-Test (Abb. 3.1), wenn auch überwiegend auf einem etwas geringeren Niveau der statistischen Sicherheit, so daß sich die Aussagen beider Varianten vorzüglich stützen.

Verfährt man bei der Bereinigung der Daten bezüglich Ausreißer ($P > 0{,}99$), Trend und Abweichungen von der Normalverteilung konsequent, dann wird aus Tabelle 2.4 die Tabelle 2.5. Gruppe 4 wird wegen Trend eliminiert, die Gruppen 8

Tabelle 2.5
Alternatives Zwischenergebnis der Rechnungen mit dem Programm EXTRAKT für die Cadmium-Bestimmungen bei Eliminierung von Ausreißern, Trend und Abweichungen von der Normalverteilung

Gruppe	n_j	$\bar{x}_j$ in ppm	s_j	Ausreißer	Trend	Normalverteilung	Bartlett-Test	Δx_{95} [1]
1	6	0,083	0,015			+	+	0,011
2	11	0,089	0,010			+	+	0,008
3	15	0,108	0,016			+	+	0,007
4	9	0,056	0,022		99,9 %	+	−	−
5	13	0,044	0,014	10 (99)				
	12	0,041	0,009			+	+	0,008
6	13	0,056	0,013			+	+	0,007
7	3	0,150	0,017	3 (95)		hoch	+	0,015
8	9	0,11	0,030	8 (99)				
	8	0,101	0,015	6 (90)		breit	−	−
9	12	0,179	0,072	8 (95)		breit	−	−

[1] Vertrauensintervall

und 9 wegen Überbreite. Gruppe 7 wird trotz scheinbarer Überhöhung nicht entfernt wegen $x_1 = x_2 \neq x_3$.

Beim Bartlett-Test werden alle verbleibenden Gruppen (1, 2, 3, 4, 5, 6, 7) als zusammenfaßbar gefunden. Es folgt $s_v = 0{,}013$ mit $f_v = 54$ und daraus die (wegen unterschiedlicher n_j variierenden) Vertrauensintervalle zu den Mittelwerten ($P = 0{,}95$).

2.2.2. Molybdäniumgehalte von Wolframmaterialien

In der Absicht, auf eventuell auftretende signifikante Unterschiede der Mo-Gehalte in Wolframmaterialien sehr ähnlicher Herkunft zu prüfen, wurden 11 Proben je 5fach ($n_j = 5$) mit der OES (optische Emissionsspektralanalyse) analysiert. Tabelle 2.6 zeigt die erhaltenen Werte in ppm, die Gruppenmittelwerte, die Standardabweichungen der Gruppen, Ausreißer, Trend, Normalverteilung bzw. Abweichungen und Zusammenfaßbarkeit der Standardabweichungen. Die Vertrauensintervalle sind für alle Gruppen 20 ppm. Der Trend der Gruppe 9 lokalisiert sich in den Werten 1 bis 4 mit 95 %, in 2 bis 5 wird er nicht gefunden. Wenn keine Eliminierungen vorgenommen werden, folgt $s_v = 22{,}25$ mit $f_v = 44$. Es ergibt sich, daß alle Mittelwerte zusammenfaßbar sind zu $\bar{\bar{x}} = 151{,}8 \pm 6{,}41$ bei $P = 0{,}95$. Dabei folgt als weitere Näherung der Verfahrensstandardabweichung $s'_v = 23{,}7$ mit $f'_v = 54$. Das enge Vertrauensintervall 6,41 er-

Tabelle 2.6
Zwischenergebnis der Rechnungen mit dem Programm EXTRAKT für Molybdäniumgehalte in Wolframmaterialien

Gruppe	ppm Mo	$\bar{x}_j$	s_j	Ausreißer	Trend	Normalverteilung	Bartlett-Test
1	169,6 171,1 146,0 150,9 158,3	159,2	11,11			+	+
2	125,5 144,1 108,4 108,7 145,0	126,3	18,01			hoch	+
3	153,0 159,3 138,3 130,4 112,9	138,8	18,46		95 %	+	+
4	148,1 156,4 140,9 181,4 154,4	153,5	17,53			+	+
5	140,5 138,0 189,1 154,4 153,5	155,1	20,40	3 (90)		+	+
6	193,2 158,8 191,1 144,1 190,6	175,6	22,6			hoch	+
7	125,0 150,6 162,2 143,5 137,4	143,7	14,0			+	+
8	215,9 161,8 137,7 114,6 161,3	158,3	37,7			+	+
9	184,7 175,1 143,1 113,4 121,8	147,6	31,6		99 %	+	+
10	123,1 170,5 158,7 165,9 173,0	158,2	20,4	1 (95)		+	+
11	138,3 150,4 174,3 119,8 150,9	146,7	19,9			breit	+

gibt sich aus $n = 55$ statt $n_j = 5$. Signifikante Unterschiede der Mo-Gehalte in den Wolframmaterialien wurden bei den vorliegenden 11 Proben und 55 Analysenwerten also nicht gefunden.

2.2.3. Auswertung von Ringanalysen

Auf die komplexe Auswertung einer Ringanalyse von Metallen wie Cr, Ni, Cd, Pb, Cu, Zn in Wasser, an der 12 Labors teilnahmen, soll später ausführlich eingegangen werden. Aus dem Datensatz „Ringanalyse Wasser 1" (Tab. 10.2) soll hier nur das Beispiel Cd (theoret. Gehalt 900 $\mu g \cdot l^{-1}$) behandelt werden. Tabelle 2.7 zeigt die Ergebnisse der Analysen und der Rechnungen mit dem Programm EXTRAKT: Hochsignifikante Ausreißer ($P > 0{,}99$) treten nicht auf, desgleichen wird kein Trend beobachtet. Die Ergebnisse der Labors 2 und 6 weichen von der Normalverteilung ab. Sie sind überhöht. Beim Bartlett-Test werden 3, 1 und 7 wegen zu großer Standardabweichung abgewiesen, 4 wegen zu kleiner. Die betreffenden Vertrauensintervalle sind also aus den Gruppenwerten berechnet. Die Standardabweichungen der verbleibenden 8 Labors lassen sich zusammenfassen zu $s_v = 25{,}5$ und $f_v = 30$. Daraus folgen die Vertrauensintervalle Δx_{95} zu 23,3 bei $n_j = 5$, im Falle von Labor 11 aber wegen $n_j = 3$ zu 30,1.

Bei der Zusammenfassung der Mittelwerte werden die Labors 3, 1 und 7 wegen zu großer Streuung nicht berücksichtigt, wohl aber das Labor 4. Diese Zusammenfassung kann auf unterschiedlichen Niveaus der statistischen Sicherheit P versucht werden. Man beachte dabei, daß 95 % bedeutet, Unterschiede sind mit 95%iger statistischer Sicherheit nachweisbar, also die Inhomogenität der Mittelwerte, und eine Zusammenfassung wird als Folge davon abgelehnt. Stellt man die Bedingung, daß Inhomogenität der Mittelwerte mit 99%iger statistischer Sicherheit nachgewiesen werden muß, um gegen die Zusammenfassung zu sprechen, dann wird letztere leichter erreicht. Im vorliegenden Beispiel wird sowohl bei 95 % und bei 99 % eine Zu-

Tabelle 2.7
Cadmium-Gehalte, gefunden von den Labors bei der „Ringanalyse Wasser 1" (Tab. 10.2) und Zwischenergebnisse mit dem Programm EXTRAKT

Labor	900 $\mu g \cdot l^{-1}$ Cd					$\bar{x}_j$	s_j	Ausreißer	Trend	Normalverteilung	Bartlett-Test	Δx_{95} [1]
1	1160	965	930	965	1040	1012	92	1 (90)		+	−	114
2	770	740	770	730	760	754	18,2			hoch	+	23,3
3	889	1227	1000	882	926	985	143	2 (95)		+	−	178
4	930	940	950	930	940	938	8,37			+	+	10,4
5	480	420	500	500	480	476	32,9	2 (95)		+	+	23,3
6	910	930	950	910	950	930	20			hoch	+	23,3
7	750	850	850	900	800	830	57			+	−	71
8	927	921	921	920	940	926	8,41	5 (95)		+	+	23,3
9	940	918	905	909	851	905	33	5 (90)		+	+	23,3
10	905	948	872	890	925	908	30			+	+	23,3
11	920	990	910			940	43,6			+	+	23,3
12	910	890	890	885	890	893	9,7	1 (95)		+	+	23,3

[1] Vertrauensintervall

sammenfassung abgelehnt. Das Programm schlägt (zufällig) auf beiden Niveaus die Eliminierung der Mittelwerte der Labors 5 und 2 vor. Es verbleiben die Labors 4, 6, 8, 9, 10, 11 und 12 und ergeben $\bar{\bar{x}}$ = 918,7 mit Δx_{95} = 10,1 bzw. Δx_{99} = 13,6 bei s'_v = 28,5 und f'_v = 32 in beiden Fällen.

Macht man von der Möglichkeit Gebrauch, den theoretischen Wert 900 $\mu g \cdot l^{-1}$ einzuführen, dann werden bei 95 % die Labors 5, 2, 11, 4 und 6 eliminiert. Es verbleiben also 8, 9, 10, 12 mit Δx_{95} = 12,9 und bei 99 % werden nur die Labors 5, 2, 11 und 4 herausgenommen. In diesem Falle verbleiben also 6, 8, 9, 10, 12 mit Δx_{99} = 16,8.

Verfährt man alternativ und löscht die von der Normalverteilung abweichenden zu hohen Gruppen 2 und 6, dann werden durch den Bartlett-Test 3, 1, 4 und 8 eliminiert. Es verbleiben 5, 7, 9, 10, 11, 12 und liefern s_v = 36,5; f_v = 22 sowie die Vertrauensintervalle

1) 114,2   3) 177,9   4) 10,4   5) 33,9   7) 33,9
8) 10,4   9) 33,9   10) 33,9   11) 43,7   12) 33,9

Der zusammenfaßbare Rest der Mittelwerte ergibt sich bei 95 % aus den Labors 4, 8, 9, 10, 11, 12 zu 916,7 ± 14,5 mit s'_v = 37,3; f'_v = 27 und bei 99 % aus denselben Labors zu 916,7 ± 19,5. Bei Einführung des theoretischen Wertes (externer Mittelwert) verbleiben dieselben Labors.

Tabelle 2.8
Nickel-Gehalte, gefunden von den Labors bei der „Ringanalyse Wasser 1" und Zwischenergebnisse mit dem Programm EXTRAKT

Labor	8100 $\mu g \cdot l^{-1}$ Ni				$\bar{x}_j$	s_j	Ausreißer	Trend	Normalverteilung	Bartlett-Test
1	8130	8520	8325	8210	8390	8315	152,5			+	
3	8600	7857	8095	7692	8536	8156	403,1			+	
4	8500	8650	7830	7750	8500	8246	421,7			hoch	
6	8030	8050	8000	8030	7940	7830	442	5 (99)			
						8027	20,6			+	–
7	6500	7000	6500	6500	7000	6700	274			hoch	
8	8120	8140	8180	8180	7930	8110	104	5 (95)		+	
9	7860	7850	7900	7870	7460	7788	184	5 (99)			
						7870	21,6			+	–
10	7950	7900	7817	7900	8000	7913	68			+	–
11	8100	7800	8000			7967	153			+	
12	8000	8000	7950	8000	8000	7990	22,4			+	–

2.2.3. Auswertung von Ringanalysen

An einem anderen Beispiel aus dem Datensatz „Ringanalyse Wasser 1" (Tab. 2.8) soll die mögliche Auswirkung der Löschung von Ausreißern gezeigt werden. Eliminiert werden aus der Wertegruppe von Labor 6 der Wert 5 (99 %) und aus 9 der Wert 5 (99 %). Die Mittelwerte sind danach etwas verändert, die Standardabweichungen wesentlich kleiner. Beim Bartlett-Test werden eliminiert 12, 6, 9, 10, und es folgt s_v = 289,5 mit f_v = 22. Bei der Zusammenfassung der Mittelwerte verbleiben 1, 3, 4, 6, 8, 9, 10, 11, 12 und ergeben $\bar{\bar{x}}$ = 8076; Δx_{99} = 125,6; s'_v = 297; f'_v = 40. Bei Verwendung des theoretischen Wertes von 8100 $\mu g \cdot l^{-1}$ wird ebenfalls nur das Labor 7 vor der Zusammenfassung eliminiert und das Ergebnis mit 8100 ± 126$_{99}$ angegeben.

Man kann auf diese Weise mit dem Programm EXTRAKT die Ergebnisserien der 12 Labors Element für Element bewerten, bereinigen und zu einem Mittelwert des Ringversuches für jedes Element (meist unter Reduktion der Labors) kombinieren. Unter Verwendung des theoretisch bekannten Wertes (der mit dem Mittelpunkt $\bar{\bar{x}}$ verglichen wird) läßt sich eine Reduzierung der Labors bis auf eine hinreichend präzise und richtig arbeitende Restgruppe vornehmen. Daraus kann man eine Bewertung der Labors für jedes Element erarbeiten (HEININGER u. a. [2.12]), auf die später (Kap. 9) noch einmal in Zusammenhang mit einer multivariaten Alternative (HENRION u. a. [2.13]) eingegangen wird.

3. Clusteranalyse

Clusteranalysen werden sinnvoll durchgeführt, wenn eine Menge von (endlich vielen) Objekten systematisiert und eine vorhandene Ordnung aufgedeckt werden soll. Dabei wird grundsätzlich versucht, die Gesamtmenge in kleinere, möglichst homogene Gruppen (Cluster) zu zerlegen. In ein und derselben Gruppe befindliche Objekte sollen möglichst ähnlich, aus verschiedenen Gruppen stammende dagegen wenig ähnlich sein.

Abbildung 3.1a z. B. zeigt eine aus 23 Objekten (hier: Punkten in der Ebene) bestehende Menge, und es ist offensichtlich, daß eine Zerlegung in vier relativ homogene Teilmengen vorgenommen werden kann (Abb. 3.1b). Damit wird eine Informationsverdichtung erreicht. Die Vielfalt der 23 einzelnen Objekte ist auf die vier mit A, B, C und D bezeichneten Grundtypen reduzierbar, und für eine kurze Beschreibung würde es genügen, aus jeder Gruppe einen charakteristischen Vertreter zu nennen, etwa Objekt 2 für Gruppe A, 10 für B, 8 für C und 19 für D. Daneben ergibt sich die ebenso wichtige Aussage, welche Objekte einander „verwandt" sind, also zu demselben Grundtyp gehören.

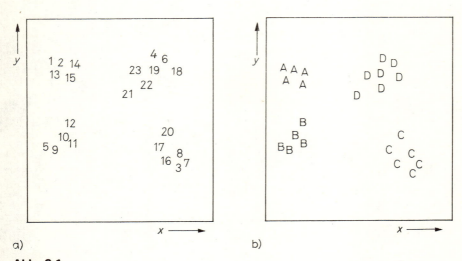

Abb. 3.1
Clusterbildungen bei 23 verschiedenen Punkten (Objekten) in einer Ebene (a) und Reduktion der Vielfalt auf die Grundtypen A, B, C, D (b)

Oftmals sind die Verhältnisse nicht sofort so übersichtlich wie in diesem (für das Auge konstruierten) Beispiel. Um zu Systematisierungen zu gelangen, erweist sich dann die Anwendung speziell ausgearbeiteter Algorithmen für die Suche nach der „richtigen" Aufteilung der Objekte auf die „richtige" Zahl verschiedener Gruppen als angebracht, für die neben *Clusteranalyse* auch die Bezeichnung *automatische Klassifikation* üblich ist, da das Auffinden der günstigsten Zerlegung objektiviert und automatisiert wird.

3.1. Überblick

Clusteranalyse-Algorithmen stehen in enger Beziehung zu den Vorgehensweisen bei der Mustererkennung (Pattern Recognition) [3.1—3.4]. Jedes Objekt wird durch Beobachtungen einer vorher festgelegten Reihe von Merkmalen, ein *Muster*, charakterisiert. Für die Punkte in Abbildung 3.1 ließen sich beispielsweise die Merkmale x-Koordinate und y-Koordinate verwenden, und jeweils das geordnete Paar (x_i, y_i) könnte als das Muster des i-ten Objekts angesehen werden. Im allgemeinen Falle werden die Merkmale bestimmte, vom Anwender für wesentlich erachtete Variablen $x_1, x_2, \ldots, x_p$ und das i-te Objektmuster durch die entsprechenden Beobachtungen, Messungen oder auch Realisierungen $x_{i1}, x_{i2}, \ldots, x_{ip}$ festgelegt sein.

Bei der Mustererkennung wird davon ausgegangen, daß sich verschiedene Klassen von Objekten in verschiedenen Klassen von Objektmustern widerspiegeln, und die Erkennung von Objektklassen somit auf die Erkennung von Musterklassen zurückgeführt werden kann (vgl. Abb. 3.2). Es wird versucht, die Kategorie, zu der ein Objekt gehört, aus dessen Muster vorherzusagen. Hier besteht eine Analogie zur linearen Regression (Kap. 4), die man nutzt, um den für eine (abhängige) Variable zu erwartenden Beobachtungswert aus denen einer Reihe anderer Variablen vorherzusagen. Dies erweist sich als sehr brauchbar besonders dann, wenn derart mit Hilfe leicht meßbarer (also „billiger") Variablen die Bestimmung schwer zugänglicher Variablen (bei der Mustererkennung: Objektkategorie) umgangen werden kann. Dementsprechend

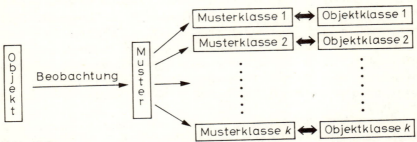

Abb. 3.2
Prinzip der Erkennung von Objektklassen an Hand von Musterklassen

gibt es erfolgreiche Anwendungen in praktisch allen experimentellen Wissenschaften. Für die Chemie beispielsweise sind sie in [3.5] im Überblick referiert.

Je nach Ausgangssituation und Problemstellung werden zwei Herangehensweisen unterschieden:

a) Die möglichen Objektklassen (-kategorien) sind von vornherein bekannt, und es geht darum, unbekannte Objekte richtig zuzuweisen. Das Bemühen ist zunächst darauf gerichtet, an Hand möglichst vieler Objekte bekannter Einordnung (markierter Objekte) das für die jeweilige Kategorie typische Muster zu „erlernen" und Entscheidungsregeln für die Einsortierung neuer Objekte abzuleiten. Eine sichere Einordnung unbekannter Objekte setzt eine gute Trennung der den Objektklassen entsprechenden Musterklassen (Abb. 3.2) voraus. Die Entscheidungsfindung für die Objektzuweisung steht im Mittelpunkt (daher: "decision theoretic approach") und wird unterstützt durch Lernen mit Hilfe bekannter Objekte (supervised learning). Auf einige Methoden dieser Art wird im Kapitel 6 näher eingegangen.

b) Es liegt ein Satz unbekannter Objekte vor, der in kleinere Gruppen aufgeteilt werden soll, die vorhandene, zunächst jedoch nicht bekannte „natürliche" Klassen von Objekten gut widerspiegeln. In diesem Falle wird ohne irgendwelche Vorinformation (non supervised learning) nach Musterklassen gesucht, um Objektklassen zu erkennen. Hier ordnen sich die Verfahren zur Clusteranalyse ein, die in diesem Kapitel beschrieben werden.

Die Entwicklung von *Clusteranalyse-Algorithmen* wurde besonders in den Anfängen stark durch das Bestreben in der Biologie vorangebracht (s. z. B. SNEATH [3.6–3.7]), Lebewesen nach Verwandtschaften in Gattungen und Familien zu ordnen (*Typenkonstruktion,* auch: *Taxonomie*). Eine traditionelle und bewährte Darstellungsform sind Dendrogramme, die, von oben kommend gelesen, die Menge der Objekte Schritt für Schritt systematisch in kleinere Gruppen untereinander verwandter Objekte zerlegen (Abb. 3.3). Andersherum läßt sich, aufwärts gelesen, von den Einzelobjekten ausgehend, eine schrittweise Zusammenfassung in der Reihenfolge der Verwandtschaft (Ähnlichkeit) nachvollziehen. Schließlich kann in beliebiger Höhe eine Waagerechte festgelegt werden, die das Dendrogramm schneidet, wodurch sich eine Einteilung der Gesamtmenge in eine entsprechende Anzahl kleinerer Gruppen ergibt, etwa {A, B, C}, {D, E, F, G} und {H, I, K, L, M, N} für die gestrichelte Linie in der Abbildung 3.3.

Durch ein *Dendrogramm* wird eine Hierarchie "erklärt": Gewisse Untermengen der Menge aller betrachteten Objekte werden auf verschiedenen Niveaus zueinander in Beziehung gesetzt, und „spätere" Gruppierungen ergeben sich in bestimmter Weise aus „vorangegangenen" (beispielsweise ist es, wie man an Hand des Dendrogramms leicht einsieht, nicht möglich, daß das Objekt D oberhalb der gezeichneten Waagerechten in einer Gruppe gefunden wird, der nicht gleichzeitig auch E, F und G zugehören). Clusteranalyseverfahren, die ohne weiteres zu Dendrogrammen führen, werden dementsprechend als hierarchisch bezeichnet.

Auf der anderen Seite gibt es eine Reihe von nichthierarchischen Verfahren. Sie liefern verschiedene Zerlegungen der Gesamtmenge der Objekte, die völlig unabhängig voneinander sind. Häufig muß vom Anwender eine Gruppenzahl k (mitunter auch andere,

3.1. Überblick

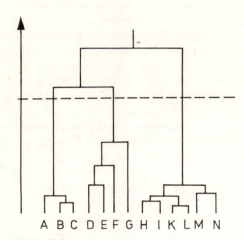

Abb. 3.3
Darstellung von Verwandtschaftsbeziehungen zwischen Objekten durch ein Dendrogramm

mit ihr jedoch zusammenhängende Parameter) vorgegeben werden, und das Verfahren ermittelt eine weitgehend „optimale" Verteilung der Objekte auf die Gruppen. Für die Menge der in Abbildung 3.3 hierarchisch dargestellten Objekte könnte man beispielsweise erhalten:

$k = 3$: {A, B, C} {D, E, F, G} {H, I, K, L, M, N},

wie mit dem hierarchischen Verfahren, jedoch im Gegensatz zu diesem:

$k = 2$: {A, B, C, D, E} {F, G, H, I, K, L, M, N}.

Die Objektgruppe {D, E, F, G} verhält sich beim Übergang von $k = 3$ nach $k = 2$ nicht einheitlich, und eine gemeinsame Darstellung beider Zerlegungen im Dendrogramm ist nicht möglich.

Die Automatisierung der Suche nach homogenen Teilgruppen innerhalb einer größeren Menge ist daran gebunden, daß die Begriffe Verwandtschaft bzw. Ähnlichkeit quantifiziert werden können. Bei dem eingangs besprochenen Beispiel (Abb. 3.1) liegt es nahe, den Abstand je zweier Objekte als indirektes Maß für deren Ähnlichkeit zu verwenden: Ähnliche Punkte haben geringen, wenig ähnliche Punkte dagegen großen Abstand zueinander.

Dies läßt sich auf den allgemeinen Fall von Objekten übertragen, deren Muster sich aus Werten verschiedenster Variablen $x_i, ..., x_p$ zusammensetzen, wenn diese wie Punktkoordinaten behandelt werden. Jedem Objekt *entspricht* dann also ein Punkt, und wiederum liegen die Punkte ähnlicher Objekte dicht beisammen, so daß es sinnvoll ist, einen „Objektabstand" zu berechnen, der natürlich nicht nur für

Punkte in einer Ebene, sondern generell für Punkte im p-dimensionalen Raum definiert sein muß. Es gibt eine Reihe verschiedener solcher Abstandsmaße (komplementär dazu sind auch Ähnlichkeitsmaße möglich), zwischen denen der Anwender zweckentsprechend wählen muß. Darauf wird im Abschnitt 3.4. eingegangen.

Wenn es gelingt, die Objektpunkte unter nur geringem Informationsverlust aus dem p-dimensionalen Raum in die Ebene zu übertragen, erreicht man eine Visualisierung der Verhältnisse. Klassen ähnlicher Objektmuster sind dann unter Umständen bereits direkt (als Punkthäufungen) erkennbar. Displaymethoden, wie z. B. die Hauptkomponentendarstellung und Nonlinear Mapping, die so etwas ermöglichen, sind im Kapitel 8 ausführlicher behandelt. Trotzdem erweist es sich, schon wegen der auftretenden Informationsverluste in den meisten Fällen als angebracht, die mittels Display erhaltenen Aussagen durch die Ergebnisse zusätzlich durchgeführter Clusteranalysen zu bestätigen.

Ein generelles Problem bei der Clusteranalyse ist, daß die Ergebnisse wesentlich sowohl von einer eventuell durchgeführten Datenvorbehandlung als auch durch die Wahl der zur Objektcharakterisierung herangezogenen Merkmale beeinflußt werden. Der Einfluß der Datenvorbehandlung wird in Abschnitt 3.4. besprochen. Was die Merkmalsauswahl betrifft, soll folgendes einfaches Beispiel gegeben werden: Angenommen, man würde die Menge der in der DDR zugelassenen Kraftfahrzeuge einmal nach Herstellern und zum anderen nach Farben systematisieren, so ergäben sich sicherlich zwei völlig verschiedene Klassifikationsergebnisse, die aber — jedes für sich — unter einem bestimmten Blickwinkel sinnvoll sind, so daß vom Verfahren her keine Aussage erwartet werden kann, welches von beiden vorzuziehen ist. Diese Entscheidung ist allein Sache des Anwenders, sofern er sie nicht von vornherein durch eine seiner Fragestellung angemessene Merkmalsauswahl vorwegnimmt.

Das Kapitel 3 gibt einen Überblick über einige hierarchische sowie auch nichthierarchische Clusteranalyse-Algorithmen. Die Grundlagen werden im Detail beschrieben, insbesondere soweit sie zum Verständnis und zur Handhabung der Programme HIERAG, für einen Komplex hierarchisch-agglomerativer Methoden, CLUPOT, ein Beispiel für eine (nichthierarchische) Potentialmethode und MINDIST, ein Minimaldistanzverfahren, das ebenfalls eine nichthierarchische Sequenz von Objektgruppierungen liefert, notwendig sind. Die entsprechenden Programmlistings sind im Anhang unter 2.1, 2.2, 2.3, 3 und 4 zu finden. Für ausführliche Darstellungen zur Clusteranalyse verweisen wir auf ANDERBERG, SPÄTH, STEINHAUSEN und LANGER [3.8—3.10] und für Anwendungsbeispiele zur Interpretation analytisch-chemischer Daten (nebst guter Literaturübersicht) auf MASSART und KAUFMAN [3.11].

3.2. Merkmalsarten

Die zur Objektcharakterisierung herangezogenen Merkmale können sich auf verschiedenen *Skalenniveaus* befinden, deren Unterscheidung nötig ist, da von ihnen die jeweils passende Definition des Abstandes je zweier Objekte (Abschn. 3.3.) abhängt.

Bei „nominal" skalierten Merkmalen (Variablen) wird jedes Objekt durch genau eine von endlich vielen Realisierungsmöglichkeiten charakterisiert, d. h. jedes Objekt in eine

3.2. Merkmalsarten

Kategorie bezüglich dieser Variablen einsortiert. Beispielsweise ist das Merkmal „Hersteller" bei der Klassifikation von Kraftfahrzeugen nominal. Da die Kategorien durchnumeriert werden können (z. B. Hersteller 1, 2, ..., k), sind die Objekte auf solchen Variablen durch ganze Zahlen beschreibbar. Bei einem Vergleich zweier Objekte i und j hinsichtlich einer nominalen Variablen x kann lediglich festgestellt werden, ob $x_i = x_j$ oder $x_i \neq x_j$ zutrifft. *Binäre Variablen* sind ein Spezialfall nominaler Variablen mit nur zwei Realisierungsmöglichkeiten (etwa: Merkmal vorhanden / nicht vorhanden). Dementsprechend kommt man bei der Objektcharakterisierung mit zwei ganzen Zahlen aus (man wählt meist 0 und 1).

Läßt sich die Menge der Objekte auf Grund des Merkmals (chemische Substanzen nach dem Geruch, Arzneimittel nach der durch Patienten eingeschätzten Heilwirkung, Schauspieler nach Beliebtheit usw.) in eine Reihenfolge bringen, so handelt es sich um "ordinale" Skalierung, die eine Aussage $x_i > x_j$, $x_i = x_j$ oder $x_i < x_j$ zuläßt. Jedes Objekt erhält eine *Rangzahl,* die seinen Platz in der Reihe aller Objekte angibt. Wiederum genügen also ganze Zahlen zur Objektcharakterisierung.

Auf *Intervallskalen* wird jedem Objekt eine reelle Zahl zugeordnet, und es kann sinnvoll von Differenzen $x_i - x_j$ zwischen zwei Objekten gesprochen werden. Beispiel ist die in Grad Celsius gemessene Temperatur. Ist zusätzlich ein (absoluter) Nullpunkt definiert (etwa in Grad Kelvin gemessene Temperatur, Masse oder Geschwindigkeit von Körpern usw.), so wird von „rational" skalierten Merkmalen gesprochen, da Verhältnisbildungen x_i / x_j sinnvoll sind. So hat ein Körper von 400 K den doppelten Wärmeinhalt eines solchen von 200 K. Bei Verwendung der Celsius-Skala träfe die analoge Aussage nicht zu. Da es für die vorzustellenden Clusteranalyseverfahren vor allem darauf ankommen wird, ob der Unterschied zweier Objekte bezüglich des betrachteten Merkmals durch eine reelle Zahl bewertet werden kann und die Möglichkeit der Verhältnisbildung in diesem Zusammenhang weniger bedeutsam ist, wird der Bezeichnungsweise von SPÄTH [3.9] folgend, zusammenfassend von „metrisch" skalierten Variablen gesprochen.

Die Merkmalsskalen, wie sie hier genannt wurden, sind aufsteigend angeordnet: Nominale Variablen tragen die geringste, rationale die größte Information. Die Umwandlung informativer Merkmale in weniger informative (Niveauregression) ist erlaubt, wobei man Informationen verschenkt. Zum Beispiel ist es möglich, eine Variable metrischer Skalierung durch Einteilung der Zahlengerade in eine passende Anzahl von Intervallen (die numeriert werden können) in eine ordinale oder bei Nichtberücksichtigung der enthaltenen Ordnungsrelation in eine nominale Variable umzuwandeln. Eine *Niveauprogression* ist dagegen nur möglich, wenn gewisse Zusatzinformation vorhanden ist: Zur Umwandlung nominaler Merkmale in ordinale müssen die Objekte in eine Ordnung gebracht werden. Um schließlich eine metrische Variable zu erhalten, ist darüber hinaus die Quantifizierung der Unterschiede zwischen den Objekten erforderlich.

3.3. Ähnlichkeit und Abstand

Eine automatische Klassifikation (Clusteranalyse) setzt voraus, daß die Ähnlichkeit je zweier Objekte in geeigneter Weise bewertet werden kann. Die Verallgemeinerung eines zu Beginn des Kapitels gegebenen anschaulichen Beispiels (Punktemenge in der Ebene, Abb. 3.1) führt zur Verwendung von Abständen als indirekte Maße der Ähnlichkeit.

Bei Interpretation des Objektmusters (Beobachtungsergebnisse für p festgelegte Merkmale im i-ten Objekt $x_{i1}, x_{i2}, \ldots, x_{ip}$) als Koordinaten eines Objektpunktes im p-dimensionalen Raum kann z. B. ganz einfach die Länge der Verbindungslinie je zweier solcher Punkte, der *euklidische Abstand* (Abb. 3.4) genutzt werden. Dies beschränkt sich jedoch streng genommen auf den (bei naturwissenschaftlichen Anwendungen allerdings sehr häufigen) Datentyp metrisch skalierter Beobachtungen, wie etwa Messungen physikalischer Größen, Konzentrationen usw.

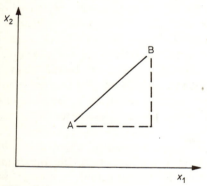

Abb. 3.4
Veranschaulichung des euklidischen Abstandes (⎯⎯⎯) zweier Punkte A und B in der Ebene

Ungeachtet dessen läßt sich das Konzept der Objektabstände durch Verallgemeinerung des Begriffs und im konkreten Falle dem jeweiligen Datentyp angemessene Definition beibehalten, auch wenn es sich um ordinal, nominal oder gemischt skalierte Variablen handelt.

Ganz allgemein wird eine Funktion (Formel, Rechenvorschrift) d, die jedem Paar (x_i, x_j) von Objekten eine reelle Zahl $d(x_i, x_j)$ zuordnet, als Abstandsfunktion bezeichnet, wenn sie folgenden Anforderungen genügt:

$$d(x_i, x_j) \geqslant 0 \quad (3.1)$$
$$d(x_i, x_j) = d(x_j, x_i) \quad (3.2)$$
und
$$d(x_i, x_i) = 0 \quad (3.3)$$

3.3. Ähnlichkeit und Abstand

für alle möglichen i, j. Bei metrischen Abstandsfunktionen wird darüber hinaus d ausschließlich dann Null, wenn $x_i = x_j$; es wird die (anschaulich interpretierbare) Dreiecksungleichung $d(x_i, x_j) \leq d(x_i, x_k) + d(x_j, x_k)$ für beliebige i, j, k erfüllt.

Ebensogut lassen sich auch Ähnlichkeitsfunktionen s allgemein definieren. Im Unterschied zur Abstandsfunktion wird s durch einen Maximalwert begrenzt, und es soll gelten:

$$s(x_i, x_j) \leq s_{max}, \tag{3.4}$$

und
$$s(x_i, x_j) = s(x_j, x_i) \tag{3.5}$$

$$s(x_i, x_i) = s_{max} \tag{3.6}$$

Ähnlichkeitsfunktionen, die ihren Maximalwert nur für $x_i = x_j$ annehmen und darüber hinaus die der Dreiecksgleichung entsprechende Forderung

$$[s(x_i, x_j) + s(x_j, x_k)] \cdot s(x_i, x_k) \geq s(x_i, x_j) \cdot s(x_j, x_k)$$

erfüllen, heißen wiederum metrisch.

Der so gegebene Rahmen läßt eine Vielzahl verschiedener Definitionen von Ähnlichkeit s bzw. Abstand d zu, deren Anwendung neben dem Skalenniveau auch dem jeweiligen Untersuchungsziel anzupassen sein wird. Dabei ist es letzlich unerheblich, ob die Objektverwandtschaften durch Ähnlichkeits- oder Abstandsfunktionen charakterisiert werden: Große Ähnlichkeit entspricht geringem Abstand, und es gibt eine Reihe von Möglichkeiten der wechselseitigen Transformation, z. B.:

$$s = 1 - d/d_{max},$$
$$d = 1 - s/s_{max},$$
$$s = \exp(-d),$$
$$d = -\ln(s - s_{min})$$

Das Verhältnis eines jeden Objekts zu jedem anderen wird durch eine Abstandsmatrix $\underline{D}$, d. h. ein Zahlenschema der in Gleichung (3.7) aufgeschriebenen Form erfaßt, wobei d_{ij} den Abstand zwischen jeweils i-tem und j-tem Objekt (Gesamtzahl n) bezeichnet. Für eine Ähnlichkeitsmatrix $\underline{S}$ ist lediglich d_{ij} durch s_{ij} zu ersetzen.

$$\underset{(n,n)}{\underline{D}} = (d_{ij}) = \begin{pmatrix} d_{11} & d_{12} & d_{13} & \cdots & d_{1n} \\ d_{21} & d_{22} & d_{23} & \cdots & d_{2n} \\ d_{31} & d_{32} & d_{33} & \cdots & d_{3n} \\ \cdot & \cdot & \cdot & & \\ \cdot & \cdot & \cdot & & \\ \cdot & \cdot & \cdot & & \\ d_{n1} & d_{n2} & d_{n3} & \cdots & d_{nn} \end{pmatrix} \tag{3.7}$$

Wegen der Bedingungen (3.2) bzw. (3.5) sind die Matrizen $\underline{D}$ bzw. $\underline{S}$ stets symmetrisch. Des weiteren enthält die Hauptdiagonale (Matrixelemente direkt über der gestrichelten Linie) den Abstand bzw. die Ähnlichkeit der Objekte zu sich selbst, also Null (nach (3.3)) bzw. s_{max} (nach (3.6)), was unabhängig vom Datensatz stets gültig ist. Die gesamte zur Beschreibung der konkreten Situation nötige Information ist somit bereits in der linken unteren Dreiecksmatrix (links unterhalb der gestrichelten Linie) enthalten, so daß im Rechner rationellerweise anstatt $n \cdot n$ nur $n(n-1)/2$ Zahlen abgespeichert zu werden brauchen.

3.4. Abstandsberechnung

Es sei nun davon ausgegangen, daß ein experimentell oder auf andere Art erhaltener Datensatz vorliegt, bei dem n Objekte (Untersuchungsgegenstände) durch Beobachtungen (Realisierungen) von p im voraus festgelegten Merkmalen (Variablen, im folgenden stellenweise auch als Parameter bezeichnet) charakterisiert sind. Die Beobachtungsergebnisse können in einer Datenmatrix $\underline{X}$ zusammengefaßt werden, wobei jede Zeile zu einem Objekt und jede Spalte zu einer Variablen gehört:

$$\underline{X} = (x_{ij}) = \begin{pmatrix} x_{11} & x_{12} & \cdots & x_{1p} \\ x_{21} & x_{22} & \cdots & x_{2p} \\ \cdot & \cdot & & \cdot \\ \cdot & \cdot & & \cdot \\ \cdot & \cdot & & \cdot \\ x_{n1} & x_{n2} & \cdots & x_{np} \end{pmatrix} = \begin{pmatrix} \text{Objektmuster 1} \\ \text{Objektmuster 2} \\ \cdot \\ \cdot \\ \cdot \\ \text{Objektmuster } n \end{pmatrix} = \begin{pmatrix} \text{Variable 1} & \text{Variable 2} & \cdots & \text{Variable } p \end{pmatrix} \quad (3.8)$$

Im allgemeinen werden mit der Clusteranalyse die Beziehungen der Objektmuster zueinander untersucht (Q-Technik). Mitunter kann jedoch auch eine Systematisierung der Variablen (R-Technik) von Interesse sein. In diesem Falle stellt jede Spalte von Gleichung (3.8) ein zu klassifizierendes Objekt dar, d. h. Objekte und Variablen vertauschen die Rollen, was formal durch Transposition (Spiegelung der Matrixelemente an der Hauptdiagonalen), also Umwandlung von $\underline{X}$ in $\underline{X}^T$ erreicht wird.

3.4.1. Metrische Variablen

Enthält $\underline{X}$ ausschließlich metrisch skalierte Variablen, so stellt der bereits erwähnte euklidische Abstand ein passendes und sehr gebräuchliches Maß dar. Die Abbildung 3.4 macht anschaulich, daß der euklidische Abstand für den Fall nur zweier Variablen gemäß (3.9) zu berechnen ist und (3.10) eine Erweiterung auf Fälle mit beliebig vielen Variablen gibt:

$$d_{AB} = \sqrt{(x_{A1} - x_{B1})^2 + (x_{A2} - x_{B2})^2} \quad (3.9)$$

$$d_{AB} = \left[\sum_{j=1}^{p} (x_{Aj} - x_{Bj})^2 \right]^{1/2} \quad (3.10)$$

3.4.1. Metrische Variablen

Der euklidische Abstand ist ein Spezialfall eines allgemeiner definierten Maßes, der *Minkowski-* oder L_r-*Metrik*:

$$d_{AB} = [\sum_{j=1}^{p} |x_{Aj} - x_{Bj}|^r]^{1/r} \tag{3.11}$$

Von praktischer Bedeutung ist jedoch neben $r = 2$ nur noch der Fall $r = 1$, für den es sich einfach um die variablenweise summierten Differenzen zwischen den Objekten A und B, den Manhattan- oder City-Block-Abstand handelt. In der Abbildung 3.5 ist der Unterschied verdeutlicht: Während die euklidischen Abstände von B und C zu A gleich sind, hat B einen größeren Manhattan-Abstand zu A als zu C. Einmal nämlich ist der Abstand „per Luftlinie" gemessen, das andere Mal ist es der Weg, den ein Fußgänger oder ein Fahrzeug in einem streng rechteckig angelegten Stadtviertel zurücklegen müßte. Dementsprechend kommt der Manhattan-Abstand für speziellere Probleme, etwa bei der städtischen Standortplanung (Telefone, Feuermelder usw.), zur Anwendung.

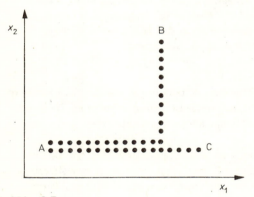

Abb. 3.5
Veranschaulichung des Manhattan-Abstandes (. . . .) zwischen den Punkten A und B sowie A und C

Ein Nachteil des euklidischen Abstandes (allgemein der L_r-Metrik) ist, daß die Ergebnisse von den Einheiten abhängen, in denen die Variablen ausgedrückt werden. Wird etwa das Merkmal „Masse" statt in Gramm in Kilogramm angegeben, so bewirkt dies eine erhebliche „Stauchung" der zugehörigen Variablenachse. Den Einfluß solcher Stauchungen bzw. Streckungen auf das Klassifizierungsresultat illustriert Abbildung 3.6.

Eine Möglichkeit, solchen Effekten zu begegnen und allen Variablen unabhängig von der Größenordnung der Zahlenwerte, die sie im jeweiligen Datensatz annehmen, einigermaßen vergleichbaren Einfluß auf den berechneten Abstand zu sichern, ist die *Standardisierung* der Datenmatrix (auch Autoskalierung, z-Transformation genannt). Dadurch wird unter anderem eine Angleichung der Streuungen der verschiedenen Variablen (Spalten von $\underline{X}$) erreicht. Näheres dazu sowie eine Veranschaulichung (Abb. 5.1) findet sich in Kapitel 5.

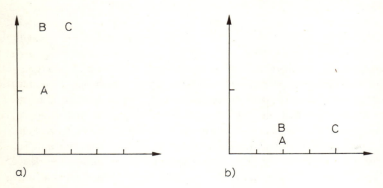

Abb. 3.6
Auswirkung des Wechsels der Einheiten, in denen die Variablen gemessen sind, auf die euklidischen Abstände

Ein Abstandsmaß, das „von Natur aus" allgemein durch (nichtsinguläre) lineare Transformation des Datensatzes, wie speziell die Multiplikation jeder Spalte mit einem konstanten Faktor (etwa infolge einer Änderung der Maßeinheit) nicht beeinflußt wird, das also invariant ist, ist der *Mahalanobis-Abstand:*

$$d_{AB} = (\underline{x}_A - \underline{x}_B)^T \underline{S}^{-1} (\underline{x}_A - \underline{x}_B) \qquad (3.12)$$

Hierbei bedeuten $\underline{x}_A$ und $\underline{x}_B$ die zu den Objekten A und B gehörenden Spaltenvektoren von $\underline{X}$, $\underline{x}_A - \underline{x}_B$ den durch komponentenweise Subtraktion erhaltenen Differenzvektor und $\underline{S}^{-1}$ die Inverse der gemäß (5.2) zugänglichen Schätzung der *Kovarianzmatrix* (Kap. 5).

Bei Anwendung des Mahalanobis-Abstandes ist eine Standardisierung der Daten, die ebenfalls eine lineare Transformation darstellt, natürlich unnötig. Ein weiterer Vorteil ist, daß Verzerrungen der Verhältnisse, die durch eventuelle Korrelationen einzelner Merkmale oder Merkmalsgruppen entstehen können, vermieden werden. Unabhängig davon, ob z. B. zwei Variablen stark miteinander korrelieren, werden beim euklidischen Abstand (3.10) beide „mitgezählt", obwohl es sich um nur eine Information handelt.

3.4.2. Nominale Variablen

Es sei nun angenommen, daß die Datenmatrix nur nominal skalierte und für den Moment speziell sogar binäre Variablenspalten enthält. Zwei Zeilenvektoren von $\underline{X}$ könnten dann etwa folgendermaßen aussehen:

$$x_A^T = (0; 1; 1; 0; 0; 1; 0; 0; 0)$$
$$x_B^T = (1; 1; 0; 0; 0; 0; 1; 0; 0)$$

3.4.2. Nominale Variablen

Bedeutet Eins „Merkmal vorhanden", Null dagegen „nicht vorhanden", so tritt das erste Merkmal nur beim Objekt B, das zweite bei beiden, das dritte nur bei A auf, usw.

Ein anschauliches Beispiel ist der Vergleich von Substanzen an Hand der Infrarotspektren mit dem Ziel, festzustellen, ob sie zur gleichen Strukturklasse gehören oder nicht. Dieser Vergleich erfolgt mit Hilfe bestimmter im Spektrum möglicher Banden, die irgendwie mit der Struktur im Zusammenhang stehen. Geht man davon aus, daß in erster Linie die An- bzw. Abwesenheit charakteristischer Banden auf die Strukturklasse schließen läßt, so sollte die Verwendung binärer Variablen (Bande tritt auf / tritt nicht auf) angebracht sein. Die obenstehenden Mustervektoren $\underline{x}_A$ und $\underline{x}_B$ könnten also die Umsetzung der Spektren zweier Substanzen A und B sein, wobei hier neun Banden, die für bestimmte Strukturen typisch sind, „in die Wertung" eingingen. Abbildung 3.7 zeigt zwei (ausgedachte) Spektren, aus denen $\underline{x}_A$ und $\underline{x}_B$ gewonnen sein könnten.

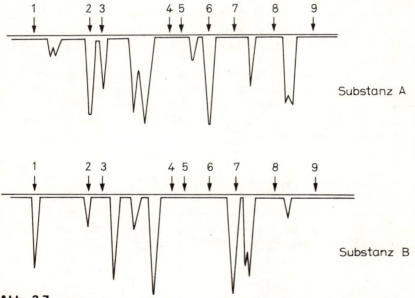

Abb. 3.7
Umsetzung der Spektren zweier Substanzen in Binärvektoren an Hand von (in diesem Beispiel 9) binären Variablen (Bande vorhanden/nicht vorhanden)

Für den Vergleich zweier Binärvektoren $\underline{x}_A$ und $\underline{x}_B$ sei folgende Bezeichnungsweise vereinbart:

a Zahl der Merkmale, die sowohl bei A als auch bei B vorkommen,
b Zahl der Merkmale, die nur bei A vorhanden sind,

c Zahl der Merkmale, die nur bei B vorhanden sind,
e Zahl der Merkmale, die weder A noch B aufweist.

Im genannten Beispiel etwa hätte man $a = 1$, $b = 2$, $c = 2$, $e = 4$.

Die für Binärdaten gebräuchlichen Abstands- bzw. Ähnlichkeitsfunktionen (Tab. 3.1 gibt eine Zusammenstellung) verarbeiten die Kennzahlen *a, b, c* und *e* mit jeweils anderer Wichtung. STEINHAUSEN und LANGER [3.10] verweisen darüber hinaus auf die Möglichkeit einer Parametrisierung mit reellen Zahlen $\lambda > 0$ und $\delta (0 \leq \delta \leq 1)$, durch die eine unterschiedlich starke Einbeziehung von Nichtübereinstimmungen $(b + c)$ sowie gemeinsamen Fehlens von Merkmalen (e) erreicht wird:

$$S_{AB} = \frac{a + \delta e}{a + \delta e + \lambda (b + c)} \tag{3.13}$$

Die „richtige" Wichtung hängt vom Untersuchungsziel ab. Ist von dorther nichts abzuleiten, so kann man sich für den Tanimoto-Abstand (Tab. 3.1, Formel 1) als „Mittelweg" entscheiden.

Beobachtungsergebnisse auf nominalen Variablen mit mehr als zwei Kategorien können binär „kodiert" werden, womit die genannten Abstands- bzw. Ähnlichkeitsmaße verwendbar bleiben.

Hierzu denkt man sich jede einzelne der Variablen in soviel binäre Merkmale zerlegt, wie Kategorien bei ihr möglich sind, etwa k_{max}. Wird auf der Originalvariablen die *k*-te Kategorie realisiert, so ist die *k*-te Binärvariable gleich Eins zu setzen, die $k_{max} - 1$ restlichen dagegen gleich Null. Die für die verschiedenen Nominalvariablen erhaltenen Binärvektoren werden hintereinander geschrieben. Aus dem Objektvektor $\underline{x}_A^T = (2; 3; 2)$, wobei für die drei Merkmale drei, sechs und vier Kategorien möglich seien, wird also:

$$\underline{x}_A^T = (0; 1; 0; \quad 0; 0; 1; 0; 0; 0; \quad 0; 1; 0; 0)$$

mit Spaltenblöcken der Größe 2, 3, 2.

Weitere Möglichkeiten der Behandlung nominaler Variablen, insbesondere unter direkter Verallgemeinerung der für Binärvektoren gegebenen Abstands- und Ähnlichkeitsmaße, sind bei ANDERBERG [3.8], 122ff. diskutiert.

3.4.3. Ordinale Variablen

Ebensogut wie nominale können auch ordinale Variablen auf Binärvektoren abgebildet werden. Das Vorgehen ist analog, nur werden nunmehr alle Positionen bis einschließlich *k* mit Eins aufgefüllt, wobei *k* den Rang des betreffenden Objekts in der geordneten Reihe aller angibt. Sind etwa sechs Rangplätze auf drei ordinalen Variablen vorhanden, so wird aus $\underline{x}_A^T = (3; 5; 1)$

3.4.3. Ordinale Variablen

Tabelle 3.1
Abstands- bzw. Ähnlichkeitsfunktionen für den Fall binärer Variablen

Nr.	Abstands-funktion d	Ähnlichkeits-funktion s	Bemerkung
1	$\dfrac{b+c}{a+b+c}$	$\dfrac{a}{a+b+c}$	Tanimoto-Koeffizient; metrisch
2	$\dfrac{b+c}{a+b+c+e}$	$\dfrac{a+e}{a+b+c+e}$	„Simple Matching"; metrisch; d entspricht dem durch p geteilten Manhattan-Abstand bei metrischen Daten
3	$\dfrac{b+c+e}{a+b+c+e}$	$\dfrac{a}{a+b+c+e}$	s ist ein Schätzer für die Wahrscheinlichkeit, daß ein zufällig bestimmtes Merkmal bei beiden Objekten vorhanden ist
4	$\dfrac{2(b+c)}{a+2(b+c)}$	$\dfrac{a}{a+2(b+c)}$	Nichtübereinstimmungen doppelt gewertet
5	$\dfrac{2(b+c)}{a+e+2(b+c)}$	$\dfrac{a+e}{a+e+2(b+c)}$	
6	$\dfrac{b+c}{2a+b+c}$	$\dfrac{2a}{2a+b+c}$	übereinstimmend vorhandene Merkmale doppelt gewertet
7	—	$\dfrac{ae-bc}{(a+c)(b+e)(a+b)(c+e)}$	φ-Korrelationskoeffizient

$$\underline{x}_A^T = (1;\ 1;\ 1;\ 0;\ 0;\ 0;\ \overset{3}{\ }\ 1;\ 1;\ 1;\ 1;\ 1;\ 0;\ \overset{5}{\ }\ 1;\ 0;\ 0;\ 0;\ 0;\ 0),\ \overset{1}{\ }$$

und es kann wiederum auf die bekannten Berechnungsformeln zurückgegriffen werden.

3.4.4. Gemischte Variablen

Enthält die Datenmatrix Variablen verschiedener Skalierungsniveaus, so kann beispielsweise eine Nivellierung vorgenommen werden, was jedoch, wie bereits bemerkt (Abschn. 3.2.), strenggenommen nur „erlaubt" ist, wenn höher stehende Merkmale in niedriger stehende umgewandelt werden (etwa metrische in nominale). Varianten für solche Skalenumwandlungen sind in [3.8] beschrieben.

Eine Möglichkeit, ohne sie auszukommen ist, die Spalten von $\underline{X}$ (gedanklich) so zu sortieren, daß ganz links die nominalen, in der Mitte die ordinalen und rechts die metrischen Merkmale angeordnet sind. Die erhaltenen Teilmatrizen

$$\underline{X}_N, \quad \underline{X}_O, \quad \underline{X}_M$$
$$(n, p_N) \quad (n, p_O) \quad (n, p_M)$$

p_N, p_O, p_M Zahl der nominalen, ordinalen, metrischen Variablen

werden für sich behandelt und die resultierenden Abstandsmatrizen, gewichtet mit Faktoren φ_N, φ_O und φ_M, addiert:

$$\underline{D} = \varphi_N \cdot \underline{D}_N + \varphi_O \cdot \underline{D}_O + \varphi_M \cdot \underline{D}_M \qquad (3.14)$$

Eine geeignete Wichtung wäre etwa $\varphi_N = p_N/p$, $\varphi_O = p_O/p$ und $\varphi_M = p_M/p$.

3.5 Hierarchische Methoden

Hierarchische Clusteranalyseverfahren zeichnen sich, wie eingangs schon angesprochen, dadurch aus, daß sie zwanglos zu einem Dendrogramm (z. B. Abb. 3.3) führen, mit dem ein ganzes System von Verwandtschaften sowohl einzelner Objekte als auch von Objektgruppen beschrieben wird. Sie gehen so vor, daß entweder beginnend mit den für sich isoliert stehenden Objekten (unteres Ende des Dendrogramms) durch schrittweises Verschmelzen eine Synthese der Gesamtmenge (oberes Ende), oder andersherum, von dieser ausgehend eine systematische Aufspaltung in Splittergruppen, vergleichbar einer Analyse, vorgenommen wird. Ersterer Weg wird als *agglomerativ*, letzterer dagegen als *divisiv* bezeichnet.

Divisive Methoden sind leistungsfähiger, jedoch auch wesentlich rechenzeitaufwendiger als agglomerative. In jedem Schritt wird die günstigste Verteilung der Objekte einer Gruppe (eines Clusters) auf zwei kleinere Gruppen gesucht, wogegen die Agglomeration nur jeweils die Suche der zwei am günstigsten zusammenzufassenden Objekte (Gruppen) erfordert. Agglomerative Verfahren haben weitere Verbreitung gefunden als die divisiven, so daß als Beispiel für letztere hier nur eine Methode nach MACNAUGHTON-SMITH [3.12] genannt sein soll.

3.5.1. Agglomerationsverfahren

Die bekanntesten Agglomerationsalgorithmen sind in Tabelle 3.2 zusammengestellt. Es wird vorausgesetzt, daß eine Abstandsmatrix $\underline{D}$ vorliegt, unabhängig davon, auf welche Weise sie gewonnen wurde. Hat man an ihrer Stelle eine Ähnlichkeitsmatrix $\underline{S}$, so bedeutet dies keine Einschränkung, da eine Transformation in Abstände vorgenommen werden kann. Folgender allgemeiner Agglomerationsalgorithmus läßt sich angeben:

1. Suche den kleinsten vorkommenden Abstand d_{ij};
2. Fasse die Objekte i und j zusammen, um sie wie ein einziges neues Objekt zu behandeln, das nunmehr i und j vertritt;
3. Aktualisiere die Abstandsmatrix durch Berechnung der Abstände aller verbleibenden alten Objekte zum neuen;
4. Zurück nach 1, falls noch nicht $n - 1$ Zusammenfassungen erfolgt sind.

Die einzelnen Agglomerationsverfahren unterscheiden sich in der Art der Abstandsneuberechnung (Schritt 3). Die jeweils zu verwendenden Rekursionsformeln sind in Tabelle 3.2 mit angegeben.

Beim *Single Linkage* wird nach Zusammenfassung zweier Objekte B und C zu BC der kleinere der beiden ursprünglichen Abstände d_{AB} und d_{AC} als neuer Abstand $d_{A,BC}$ verwandt, beim *Complete Linkage* dagegen der größere. Dadurch wird im ersten Falle stets der Abstand der dichtest benachbarten, im zweiten Falle der Abstand der am weitesten voneinander entfernten Objekte zweier verschiedener Cluster als deren Abstand ausgelegt (Abb. 3.8). Ein mittlerer Abstand wird beim *Average Linkage* berechnet. Je nach der genutzten Rekursionsformel unterscheidet man zwei Varianten:

$$d_{A,BC} = \frac{d_{AB} + d_{AC}}{2} \qquad \text{(gewichtet)} \qquad (3.15)$$

$$d_{A,BC} = \frac{n_B d_{AB} + n_C d_{AC}}{n_B + n_C} \qquad \text{(ungewichtet)} \qquad (3.16)$$

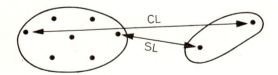

Abbildung 3.8
Abstand zweier Cluster, wie er bei Single Linkage (SL) und Complete Linkage (CL) „gesehen" wird

Tabelle 3.2
Rekursionsformeln zur Aktualisierung der Abstände nach Zusammenfassung von Objekten (oder Clustern) B und C zu BC für die bekanntesten Agglomerationsverfahren ($n:=n_B + n_C$). Die Parameter α_B, α_C, β und γ stellen die Beziehung zu (3.17) her.

Methode	α_B	α_C	β	γ	$d_{A,BC}$
Single Linkage	1/2	1/2	0	–1/2	$\min(d_{BA}, d_{CA})$
Complete Linkage	1/2	1/2	0	1/2	$\min(d_{BA}, d_{CA})$
Average Linkage (gewichtet)	1/2	1/2	0	0	$1/2\,(d_{BA} + d_{CA})$
Average Linkage (ungewichtet)	$\dfrac{n_B}{n}$	$\dfrac{n_C}{n}$	0	0	$\dfrac{1}{n}(n_B d_{BA} + n_C d_{CA})$
Median	1/2	1/2	$-\dfrac{1}{4}$	0	$\dfrac{1}{2}(d_{BA} + d_{CA}) - \dfrac{1}{4} d_{BC}$
Centroid Linkage	$\dfrac{n_B}{n}$	$\dfrac{n_C}{n}$	$\dfrac{-n_B n_C}{n^2}$	0	$\dfrac{1}{n}(n_B d_{BA} + n_C d_{CA}) - \dfrac{n_B n_C}{n^2} d_{BC}$
Wards Methode	$\dfrac{n_A + n_B}{n + n_A}$	$\dfrac{n_A + n_C}{n + n_A}$	$\dfrac{-n_A}{n + n_A}$	0	$\dfrac{1}{n + n_A}\left((n_A + n_B) d_{BA} + (n_A + n_C) d_{AC} - n_A d_{BC}\right)$
Flexible Strategie	α	α	$1 - 2\alpha$	0	$\alpha(d_{BA} + d_{CA}) + (1 - 2\alpha) d_{BC}$

3.5.1. Agglomerationsverfahren

Die Einbeziehung der Anzahlen n_B und n_C der in den zusammenzufassenden Clustern bereits enthaltenen Objekte bei Gleichung (3.16) dient dazu, eine durch eventuelle Unterschiedlichkeit von n_B und n_C bei Verwendung von Gleichung (3.15) eintretende ungleiche Wichtung „herauszukorrigieren".

Bei den nächsten drei Verfahren *Median, Centroid Linkage* und *Wards Methode* wird im allgemeinen an Stelle der Originalabstände mit Abstandsquadraten gearbeitet, (d_{ij}) also zunächst in $(d_{ij})^2$ umgewandelt. Unter diesen Umständen bewirken die in Tabelle 3.2 angegebenen Aktualisierungsformeln folgendes: Median ersetzt zwei zusammengefaßte Cluster B und C durch den Mittelpunkt ihrer Verbindungslinie, Centroid Linkage dagegen durch den Schwerpunkt des entstandenen Clusters BC (Abb. 3.9). Wiederum wird also einmal das Verhältnis zwischen n_B und n_C

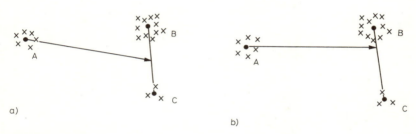

Abbildung 3.9
Prinzip der Abstandsaktualisierung nach Agglomeration zweier Objekte (Cluster) bei Median (a) und Centroid Linkage (b)

ignoriert (Median), das andere Mal jedoch berücksichtigt (Centroid Linkage). Wards Methode faßt so zusammen, daß die „Heterogenität" (Summe der Varianzen innerhalb der Cluster) möglichst wenig zunimmt. Anders formuliert wird versucht, die vorhandene „Homogenität" so lange wie möglich zu wahren. In der durch Abbildung 3.10a wiedergegebenen Situation etwa ist die Fusion von B und C (Abb. 3.10b) günstiger als die von A und B (Abb. 3.10c), da AB eine viel größere Heterogenität aufweisen würde als BC, was ähnlich auch für AC zutrifft.

Da jede der genannten Methoden einen etwas anderen Zugang zur Erzeugung des Dendrogramms gibt, ist bei Wechsel des Verfahrens eine Nuancierung des Ergebnisses zu erwarten. Single Linkage „sieht" zwei Cluster unrealistisch dicht beisammen, Complete Linkage andererseits als zu weit voneinander entfernt. Ersteres wird demzufolge als raumkontrahierend, letzteres als raumdilatierend bezeichnet.

Typischer Ausdruck kontrahierender Verfahren sind *Ketteneffekte:* Noch in keinem Cluster befindliche Einzelobjekte neigen eher dazu, mit einem bereits gebildeten Cluster zu fusionieren, als selbst als Kern für neue Cluster zu dienen. Anschaulich läßt sich dies vielleicht mit dem Umklappen einer Reihe hochkant hintereinander aufgestellter Dominosteine vergleichen. In vielen Anwendungsfällen

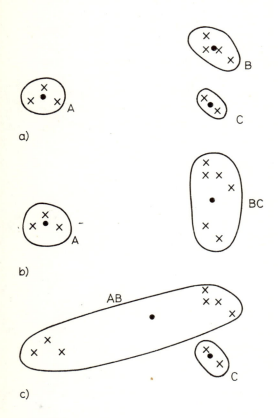

Abbildung 3.10
Prinzip der Zusammenfassung nach geringstmöglicher Zunahme der Heterogenität bei Wards Methode (a–c)

werden Ketteneffekte, wie sie beim Single Linkage vorkommen, zu einer schlechteren Erkennung vorhandener Cluster führen, wie Abbildung 3.11a an einem besonders ungünstig gewählten Beispiel verdeutlicht. Die Cluster A und B verschmelzen nahezu „augenblicklich" miteinander, sind also kaum zu unterscheiden. Abbildung 3.11b zeigt dagegen ein Beispiel mit kettenförmigen Clustern (etwa in der Chemie: homologe Substanzreihen A, B und C bei gewissen physikalischen Charakterisierungen), wo raumkontrahierende Verfahren besser zur Erkennung geeignet sein dürften als andere. Bei dilatierend wirkenden Methoden bilden einzeln vorhandene Objekte leichter Zentren für neue kleine Cluster als mit vorhandenen großen Clustern zu verschmelzen. Oft wünscht man weder das eine noch das andere und strebt eher „konservative" Verfahren an. Zu diesen können Average- und Centroid Linkage, Median und Wards Methode gezählt werden.

3.5.1. Agglomerationsverfahren

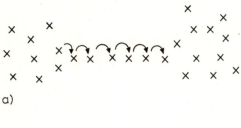

a)

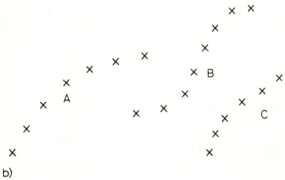

b)

Abbildung 3.11
Beispiele für unerwünschtes (a) und erwünschtes (b) Auftreten von „Ketteneffekten", die für raumkontrahierende Verfahren, wie Single Linkage, typisch sind

Nach LANCE und WILLIAMS [3.13] ergeben sich sämtliche genannten Verfahren als Spezialfälle bei Verwendung einer ganz allgemeinen Rekursionsformel mit variablen Parametern α_B, α_C, β und γ (Tab. 3.2):

$$d_{A,BC} = \alpha_B d_{AB} + \alpha_C d_{AC} + \beta d_{BC} + \gamma |d_{AB} - d_{AC}| \qquad (3.17)$$

Es läßt sich zeigen, daß eine *flexible Strategie* möglich ist. Hierzu wird unter der Restriktion $\alpha_B + \alpha_C + \beta = 1$; $\alpha_B = \alpha_C$; $\beta < 1$; $\gamma = 0$ eine Untermenge der nach Gleichung (3.17) möglichen Verfahren extrahiert, so daß man auch schreiben kann:

$$d_{A,BC} = \alpha(d_{AB} + d_{AC}) + (1 - 2\alpha) d_{BC} \qquad (3.18)$$

Die Flexibilität der mit (3.18) definierten Klasse von Agglomerationsverfahren liegt darin, daß bei Variation von α ($\alpha > 0$) von kontrahierenden über konservative bis zu dilatierend wirkenden Verfahren kontinuierlich „durchgeregelt" werden kann: Bei kleinem α ($\alpha < 0,5$) beobachtet man die für kontrahierende Methoden typischen Ketteneffekte, bei großem α ($\alpha \to 1$) die für dilatierende Methoden charakteristischen Inselbildungen und bei mittlerem α ($\alpha \sim 0,5$) ein besser abgestuftes, offenbar konservatives Verhalten (Abb. 3.12).

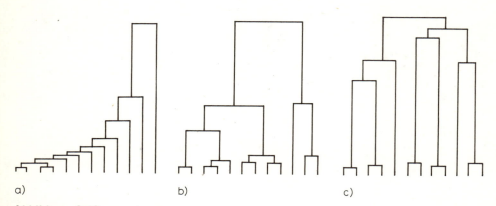

Abbildung 3.12
Widerspiegelung der Effekte kontrahierender (a), konservativer (b) und dilatierender (c) Agglomerationsverfahren im Dendrogramm

Die Leistungsfähigkeit der hierarchisch-agglomerativen Klassifikationsverfahren ist in der Literatur unter jeweils verschiedenen Gesichtspunkten ausführlich vergleichend diskutiert worden. Dabei gelangen die mehr am Modell interessierten Theoretiker teilweise zu Bewertungen, die denen der an Anwendungsbeispielen orientierten Praktiker widersprechen.

JARDINE und SIBSON [3.14] geben sieben Bedingungen an, denen hierarchische Methoden genügen sollten und weisen darauf hin, daß von den bekannten (in Tab. 3.2 aufgeführten) Verfahren einzig Single Linkage alle diese Forderungen erfüllt.

Eine weitere Eigenschaft macht Single Linkage methodisch interessant: Seine Ausführung entspricht der Konstruktion des „Minimalbaums" eines „vollständigen bewerteten Graphen" (FLOREK et al. [3.15], GOWER und ROSS [3.16]). Ohne auf Einzelheiten näher einzugehen (s. auch ZAHN [3.17]), sei hier erwähnt, daß die Suche des Verbindungssystems zwischen endlich vielen Punkten, das die geringste Gesamtlänge aufweist, ein solches Problem darstellt (Abb. 3.13). Anwendungen liegen etwa bei der ökonomischen Planung von Telefonnetzen und ähnlichem. Schließlich sei noch darauf hingewiesen, daß Single Linkage neben Complete Linkage vor allen anderen Agglomerationsverfahren für die Clusteranalyse bei nominalen Daten geeignet sind (STEINHAUSEN und LANGER [3.10], 54).

Die von JARDINE und SIBSON verwandten Beurteilungskriterien sind von einer Reihe anderer Autoren (z. B. WILLIAMS et al. [3.18]) als „zu scharf" bezeichnet worden. Vielfach wird ein mehr pragmatisches Herangehen für günstiger empfunden. Man wendet verschiedene Methoden auf ein und denselben Datensatz an und bewertet die Methoden nach der Interpretierbarkeit der Ergebnisse bzw. nach der Reproduktion von vornherein bekannter Gruppierungen.

Allgemeines Resultat solcher Untersuchungen ist (EVERITT [3.19]), daß kein einzelnes Verfahren sich als für alle vorkommenden Situationen bestes heraus-

3.5.1. Agglomerationsverfahren

Abbildung 3.13
Beispiel für ein Verbindungssystem endlich vieler Punkte mit geringstmöglicher Gesamtlänge (Baum minimaler Länge)

kristallisiert. Single Linkage hat sich jedoch als durchweg schlecht, Average Linkage und Wards Methoden dagegen haben sich als meist sehr gut erwiesen. Das schlechte Abschneiden von Single Linkage verwundert wegen der durch (im allgemeinen doch unerwünschte) Ketteneffekte verursachten Schwierigkeiten nicht. Ebenso ist die Stärke von Wards Methode plausibel, wenn man sich vergegenwärtigt (s. Abb. 3.1), daß Zusammenfassungen unter dem Gesichtspunkt der „Homogenität" der entstehenden Gruppen erfolgen sollten, was beim genannten Verfahren bereits von der Anlage besonders gut gewährleistet zu sein scheint.

Am Rande sei hier noch eine interessante Eigenschaft hierarchischer Clusteralgorithmen angeführt (wenngleich sie im folgenden nicht praktisch genutzt wird): Definiert man als Abstand d_{AB} je zweier Objekte A und B den Wert d, bei dem beide Objekte in ein und dasselbe Cluster gelangen, so erfüllt d die Bedingung einer *Ultrametrik* (JOHNSON [3.20]):
Für je drei Objekte A, B und C gilt stets

$$d_{AB} \leqslant \max \{d_{AC}, d_{BC}\},$$

eine Bedingung, die stärker ist als die bereits erwähnte Dreiecksungleichung (Abschn. 3.3.). Unter diesem Blickwinkel können die hierarchischen Verfahren als Methoden aufgefaßt werden, „gewöhnliche" Abstandsmatrizen in ultrametrische umzuwandeln. Das Prinzip wird in Abbildung 3.14 illustriert: Der Abstand zwischen den Objekten 2 und 3 wird $d = 10$, der zwischen 1 und 4, 2 und 5, 2 und 4, 2 und 7 wird $d = 30$, der zwischen 3 und 12 wird $d = 45$, usf.

Das Programm HIERAG dient der Durchführung von agglomerativen Clusterungen nach dem oben besprochenen allgemeinen Algorithmus. Es liegt in zwei BASIC-Varianten (für ZX 81 Sinclair und für KC 85/2) sowie einer TURBO-PASCAL-Variante (etwa PC 1715) vor (Listings 2.1, 2.2 und 2.3).

Alle in Tabelle 3.2 genannten Verfahren sind eingeschlossen, da lediglich die jeweils „zuständige" Rekursionsformel bei Schritt 3 (s. o.) des Algorithmus ausgetauscht zu werden braucht.

Vor der Agglomerationsprozedur befindet sich ein Dateneingabe- und -vorbehandlungsteil, der auf metrische Daten zugeschnitten ist. Zunächst wird die Matrix $\underline{X}$ (s. (3.8)) zeilenweise, also Objektmuster für Objektmuster, eingelesen (eine Les-

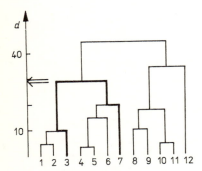

Abbildung 3.14
Zusammenhang zwischen Dendrogramm und Ultrametrik. Veranschaulichung am Beispiel des Abstandes der Objekte 3 und 7

weise, die bei allen Programmen in diesem Buch beibehalten ist). Aus $\underline{X}$ wird eine Abstandsmatrix $\underline{D}$ (s. (3.7)) berechnet, wobei zwischen euklidischem und Mahalanobis-Abstand gewählt werden kann. Noch vor der eigentlichen Abstandsberechnung kann eine Datenstandardisierung vorgenommen werden, was aber nur relevant ist, wenn danach mit dem euklidischen Abstand gearbeitet werden soll (bei Mahalanobis-Abständen schadet sie nicht, ist jedoch überflüssig). Auf diese Zusammenhänge waren wir in Abschnitt 3.3. eingegangen.

Das Kernprogramm beginnt mit der Frage nach dem gewünschten Modus, d. h. Agglomerationsalgorithmus. Es liefert als Ergebnis zunächst eine Tabelle, die alle Informationen enthält, die zur Rekonstruktion der erfolgten Zusammenfassungsschritte benötigt werden. Die Tabelle 3.3 gibt ein Beispiel. Es handelt sich um 15 Objekte, die mit Complete Linkage geclustert wurden. Die linke Spalte numeriert die Zusammenfassungen (*Schleifen* im allgemeinen Algorithmus), beginnend bei $n + 1$, hier also bei 16. In der zweiten Spalte sind die zugehörigen *Indexwerte*, d. h. d-Werte bei Zusammenfassung, festgehalten. Ganz rechts sind die *Effekte* der Zusammenfassungen registriert, d. h. die Zahl der (einzelnen) Objekte, die sich im jeweils neu formierten Cluster befinden. In der Mitte schließlich sind *Älteste* und *Benjamine* (Jüngste) notiert, die angeben, welche Einzelobjekte bzw. Gruppen fusioniert wurden.

Ist die vermerkte Zahl k größer als die Zahl n der Einzelobjekte, so ist eine Gruppe gemeint, die in der Schleife k gebildet wurde, andernfalls ist k die Nummer eines der Originalobjekte. Bei der Zusammenfassung von Gruppen bezeichnet der Älteste die früher entstandene. Das in der Abbildung 3.15a wieder-

3.5.1. Agglomerationsverfahren

Tabelle 3.3
Beschreibung der mit HIERAG erhaltenen Hierarchie über einer Menge von 15 Objekten (Kopfhaardatensatz, Complete Linkage). Die Tabelle dient als Grundlage für die Konstruktion des Dendrogramms

Schleife	Index	Ältester	Benjamin (Jüngster)	Effekt
29	5,128	27	28	15
28	4,202	24	26	7
27	3,839	23	25	8
26	3,191	1	22	3
25	2,794	12	18	4
24	2,327	17	21	4
23	1,960	9	20	4
22	1,474	3	2	2
21	1,462	11	10	2
20	1,238	8	19	3
19	0,997	7	4	2
18	0,774	13	16	3
17	0,718	6	5	2
16	0,312	15	14	2

gegebene Dendrogramm verdeutlicht die Zusammenhänge.[1] Die Zahlen neben den Knoten entsprechen den Schleifennummern in der Tabelle 3.3. Um in der beschriebenen Art eine durch Agglomerationsverfahren hergestellte Hierarchie zu charakterisieren, folgen wir einer Darstellung bei LEBART et al. [3.21].

Das Zeichnen des Dendrogramms (wir haben es mit Abb. 3.15a aus didaktischen Gründen vorweggenommen) erfolgt durch zeilenweises Abarbeiten der Tabelle, wobei unten begonnen wird. Abbildung 3.15b demonstriert einen Schritt in der Anfangsphase: Die Objekte 15 und 14 sind bereits zusammengefaßt (erste Zeile) und haben von dorther die provisorische Bezeichnung „16". Analog (zweite Zeile) sind 5 und 6 bereits zu „17" verschmolzen. Die dritte Zeile verlangt die Zusammenfassung von 13

---

1 Bei dem in Abbildung 3.15a wiedergegebenen Dendrogramm handelt es sich um ein Clusterungsergebnis für 15 verschiedene Kopfhaarproben, die von fünf verschiedenen Personen stammen. Der Datensatz (Tab. 10.4) wurde von G. MIELKE [6.1] erarbeitet.
Die Proben sind nach folgendem Schema aufgeteilt: 1 bis 3: Person 1; 4 bis 6: Person 2; 7 bis 9: Person 3; 10 bis 12: Person 4; 13 bis 15: Person 5. Die Daten wurden bei HIERAG nach Standardisierung verwendet.

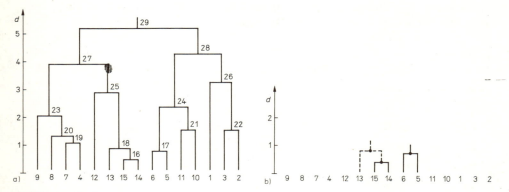

Abbildung 3.15
Prinzip der Konstruktion des Dendrogramms, ausgehend von der durch HIERAG gelieferten Wertetabelle (Tab. 3.3)

Beziehung zwischen Schleifennummern und Aggregationsschritten (a). Demonstration der Umsetzung eines Aggregationsschrittes (– – –) im Dendrogramm (b)

und 16, wobei 13 (≤ 15) ein Originalobjekt und 16 die schon bekannte Gruppe $\{15, 14\}$ ist. Die als Ältester und Benjamin aufgeführten Zahlen benennen also stets Originalobjekte oder Gruppen, auf die man zum jeweiligen Zeitpunkt schon zurückgreifen kann. Es erweist sich daher als günstig, die Knoten für die Dauer des Zeichnens tatsächlich in der gezeigten Art zu beschriften, nach Verarbeiten der dritten Zeile (gestrichelte Linien) also mit „18", d. h. der entsprechenden Schleifennummer. Die Höhe, in der der waagerechte Balken zu zeichnen ist, wird durch den Index (= Ordinate d) festgelegt.

Eine Besonderheit der Verfahren Median und Centroid Linkage ist, daß die Indexwerte in der Tabelle 3.3 nicht durchweg monoton anwachsen müssen. In der Situation z. B., die Abbildung 3.16 zeigt, erfolgt die Aggregation von $\{A\}$ und $\{B, C\}$ auf niedrigerem Abstandsniveau d als die vorher stattfindende Zusammenfassung von $\{B\}$ und $\{C\}$. Solche „Inversionen" sind jedoch nicht allzu häufig.

Abbildung 3.15 zeigt die Objekte (untere Leiste) bereits in einer für das Dendrogramm passenden Reihenfolge. Wie man leicht einsieht, ist nicht jede beliebige Objektanordnung für die Zeichnung passend: Stünde etwa Objekt 4 nicht direkt neben 7, sondern zwischen 14 und 6, müßten beim Zeichnen der Zusammenfassung von 7 und 4 mehrere zu anderen Objekten bzw. Gruppen gehörende Linien (12 und 18) geschnitten werden, was ein unübersichtliches, schwer zu interpretierendes Bild gäbe.

Das Sortieren der Objekte erfolgt bei der PASCAL- und der BASIC-KC85/2-Variante automatisch. Das Ergebnis wird unmittelbar nach der Tabelle ausgegeben. Um dasselbe auch bei der BASIC-ZX81-Version zu erreichen, sind in das im An-

3.5.1. Agglomerationsverfahren

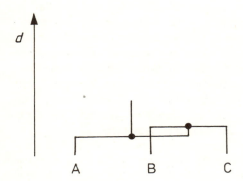

Abbildung 3.16
Beispiel für Inversionen im Dendrogramm, wie sie bei Median und Centroid Linkage auftreten können

hang befindliche Listing 2.1 noch folgende Zeilen einzufügen, wobei einige alte Zeilen überschrieben werden:

```
1855 REM EINFUEGUNG SORT, A.R.G. HENRION
1860 DIM S(N)
1870 DIM P(2*N-1)
1880 LET P(2*N-1)=N
1890 FOR I=2*N-1 TO N+1 STEP-1
1900 LET S(P(I))=F(I-N)
1910 LET P(F(I-N))=P(I)
1920 LET P(A(I-N))=P(I)-E(F(I-N))
1930 LET S(P(A(I-N)))=A(I-N)
1940 NEXT I
1950 PRINT ''OBJEKTREIHENFOLGE''
1960 FOR I=1 TO N
1970 PRINT S(I);'';'';
1980 NEXT I
1990 PRINT ''WIEDERHOLUNG BEI ANDEREM
     MODUS? <J/N>''
2000 INPUT A$
2010 IF A$=''J'' THEN GOTO 700
2020 PRINT ''F E R T I G''
```

Sowohl die PASCAL- als auch die BASIC-KC 85/2-Version zeichnen nach Ausgabe von Tabelle und Objektreihenfolge das Dendrogramm auf dem Bildschirm, sofern die Objektzahl n nicht zu groß ist. Bei der ZX 81-Version ist dies wegen der zu geringen Leistungsfähigkeit der Graphik nicht vorgesehen, so daß man das Dendrogramm in jedem Falle selbst zeichnen muß.

Bisher sind wir davon ausgegangen, daß der Nutzer mit HIERAG metrische Daten verarbeiten will. Das Programm eignet sich jedoch ebensogut für die Behandlung nichtmetrischer Daten, da beim Eintritt in das Kernprogramm nur eine (gleich, wie gewonnene) Abstandsmatrix bekannt zu sein braucht. Man kann daher den metrischen durch einen dem jeweiligen Datentyp angemessenen Vorbehandlungsteil ersetzen, wobei insbesondere alle in der Tabelle 3.1 genannten Abstandsmaße verwendbar sind. Die Abstandsmatrix muß allerdings in Form eines Vektors $\underline{D}$ mit $n(n-1)/2$ Komponenten, der die linke untere Hälfte der Matrix verschlüsselt nach $d_{21}^2, d_{31}^2, d_{32}^2, d_{41}^2, d_{42}^2, d_{43}^2, \ldots, d_{n(n-1)}^2$ enthält, übergeben werden. Das Kernprogramm verwandelt die Abstandsquadrate bei Bedarf in Abstände.

Wir geben eine ZX 81-Variante für Daten gemischten Typs an, die nach dem Prinzip der Zusammensetzung aus den Matrizen $\underline{D}_N$, $\underline{D}_O$ und $\underline{D}_M$ für die nominalen, ordinalen und metrischen Spalten von X (vgl. (3.14)) funktioniert, wobei die Wichtung mit den relativen Anteilen der jeweiligen Variablen an der Gesamtzahl (wie im Text vorgeschlagen) erfolgt. Für $\underline{D}_N$ und $\underline{D}_O$ wird die Tanimoto-Formel genutzt, für $\underline{D}_M$ die Spalten $\underline{X}_M$ standardisiert und euklidische Abstände berechnet. Mit der Anwendung dieser Variante haben wir allerdings bislang wenig Erfahrung, da unsere Datensätze vorwiegend metrisch waren. Folgende Zeilen sind in Listing 2.1 einzufügen, wobei wiederum zum Teil alte Zeilen überschrieben werden:

```
181 DIM Q(P)
182 PRINT ''NOMINAL = 1, ORDINAL = 2, METRISCH = 3''
183 PRINT
184 LET Z1=0
185 LET Z2=0
186 LET Z3=0
187 FOR I=1 TO P
188 PRINT ''VARIABLE '';I; ''?''
189 INPUT Q(I)
190 IF Q(I)=1 THEN LET Z1=Z1+1
200 IF Q(I)=2 THEN LET Z2=Z2+1
210 IF Q(I)=3 THEN LET Z3=Z3+1
220 NEXT I
230 CLS
240 FAST
255 IF Q(J)<>3 THEN GOTO 420
430 DIM D(N*(N-1)/2)
440 LET IJ=0
450 FOR I=2 TO N
460 FOR J=1 TO I-1
```

3.5.1. Agglomerationsverfahren

```
470 LET IJ=IJ+1
480 LET A1=0
490 LET A2=0
500 LET B1=0
510 LET B2=0
520 LET D3=0
530 FOR K=1 TO P
540 IF Q(K)<>1 THEN GOTO 580
550 IF B(I,K)=0 AND B(J,K)=0 THEN GOTO 580
560 IF B(I,K)=B(J,K) THEN LET A1=A1+1
570 IF B(I,K)<>B(J,K) THEN LET B1=B1+1
580 IF Q(K)<>2 THEN GOTO 640
590 IF B(I,K)>B(J,K) THEN GOTO 620
600 LET A2=A2+B(I,K)
610 GOTO 630
620 LET A2=A2+B(J,K)
630 LET B2=B2+ABS(B(I,K)-B(J,K))
640 IF Q(K)<>3 THEN GOTO 660
650 LET D3=D3+(B(I,K)-B(J,K))*(B(I,K)-B(J,K))
660 NEXT K
670 IF A1+B1=0 THEN GOTO 690
680 LET D(IJ)=D(IJ)+Z1/(Z1+Z2+Z3)*B1/(A1+B1)
690 IF Z2=0 THEN GOTO 710
700 LET D(IJ)=D(IJ)+Z2/(Z1+Z2+Z3)*B2/(A2+B2)
710 IF Z3=0 THEN GOTO 730
720 LET D(IJ)=D(IJ)+Z3/(Z1+Z2+Z3)*SQR D3
730 LET D(IJ)=D(IJ)*D(IJ)
740 NEXT J
750 NEXT I
760 GOTO 1120
2020 GOTO 255
```

3.5.2. Anwendungsbeispiel für HIERAG

Insgesamt 67 Fässer eines Rohstoffs (Ammoniumparawolframat, APW), die einem Glühlampenproduzenten im Verlauf eines halben Jahres geliefert wurden, sollen in Gruppen ähnlicher Qualität sortiert werden. Da die Eigenschaften des Endprodukts maßgeblich durch die Spurengehalte an bestimmten Metallen beeinflußt werden (vgl. HENRION et al. [3.22, 3.23]), liegt es nahe, nach Spurenelementmustern zu klassifizieren. Fässer mit ähnlichen Gehalten bei den betrachteten Spurenmetallen lassen dann ähnliche Endproduktqualität erwarten.

In der Tabelle 10.5 (Anhang) sind die Ergebnisse der Analysen von elf Elementen wiedergegeben. Davon wurden fünf Elemente, Molybdän, Natrium, Kalium, Calcium und Eisen (sachbezogen) als Merkmale für die Objektcharakterisierung ausgewählt. Die Ergebnisse mehrerer Agglomerationsverfahren bei Verwendung standardisierter Daten und euklidischer Abstände sind in der Abbildung 3.17 dargestellt. Aus Gründen des Maßstabes wurde für die Ordinate an Stelle des Abstandswertes d das Verhältnis d/d_{max} genutzt.

Betrachtet man zunächst das mit Wards Methode erhaltene Dendrogramm (Abb. 3.17e), so sind deutlich sieben sich gut gegeneinander abhebende Objektgruppierungen zu erkennen: {25, 22, 2, 3, 1}, {44, 32, 43, 42, 31}, {57, ..., 67} usw. Darüber hinaus existiert ein Objekt, Faß Nr. 5 (ganz links), das erst relativ spät mit anderen zusammengefaßt wird, also bildlich ausgedrückt, keinen richtigen „Verwandten" hat. Es handelt sich damit offensichtlich um einen „Ausreißer".

Dem Betrieb kann nach diesem Resultat empfohlen werden, die 67 Fässer entsprechend zu gruppieren, wobei mit ansonsten gleichbleibender Weiterverarbeitung für Fässer aus ein und derselben Gruppe ähnliche Endprodukteigenschaften wahrscheinlich sind. Was den gefundenen „Ausreißer" betrifft, so bleibt zunächst unklar, ob er auf eine Unregelmäßigkeit in der Produktion des Lieferanten oder aber auf eine zufällig beim Faß 5 in möglicherweise nur einem Spurenelement falsche Analyse zurückzuführen ist. Um Aufschluß darüber zu gewinnen, wäre die Analyse zu wiederholen.

Gewisse Rückschlüsse werden bei Einbeziehung der in Abbildung 3.17e den Fässern zugeordneten Buchstaben möglich. Mit ein und derselben Lieferung (es sind insgesamt 17) eingetroffene Fässer sind durch gleiche Buchstaben gekennzeichnet. Es gibt einige Lieferungen, die ausschließlich Fässer derselben Qualitätsgruppe enthalten, etwa die Lieferungen R und E. Andere dagegen, z. B. die Lieferung Q, bestehen aus Fässern verschiedener Qualität. Es kann daher vermutet werden, daß der Lieferant Fässer verschiedener Chargen zu einer Lieferung zusammenstellt, um insgesamt gleichbleibende Durchschnittsqualität zu gewährleisten.

Zu grob betrachtet ähnlichen Gruppierungen wie Wards Methode führen auch die flexible Strategie, $\alpha = 0.6$ (Abb. 3.17f), Average Linkage (Abb. 3.17c und d) sowie auch Single und Complete Linkage (Abb. 3.17a und b). Dabei kommt es verfahrensbedingt vor, daß die Reihenfolge der Gruppen im Dendrogramm von Methode zu Methode wechselt, was am Gesamtergebnis nicht viel ändert. Es ist jedoch festzustellen, daß bei vielen anderen Verfahren die Gruppen nicht so scharf unterscheidbar wie bei Wards Methode erscheinen. Bei der flexiblen Strategie bleiben die auf niedrigem Abstandsniveau gebildeten Gruppen noch über einen relativ großen Bereich stabil, bevor sie miteinander verschmelzen, sind also ebenfalls noch gut erkennbar.

Abbildung 3.17
Ergebnisse der Klassifikation von 67 Fässern Ammoniumparawolframat bei verschiedenen Agglomerationsverfahren

3.5.2. Anwendungsbeispiel für HIERAG

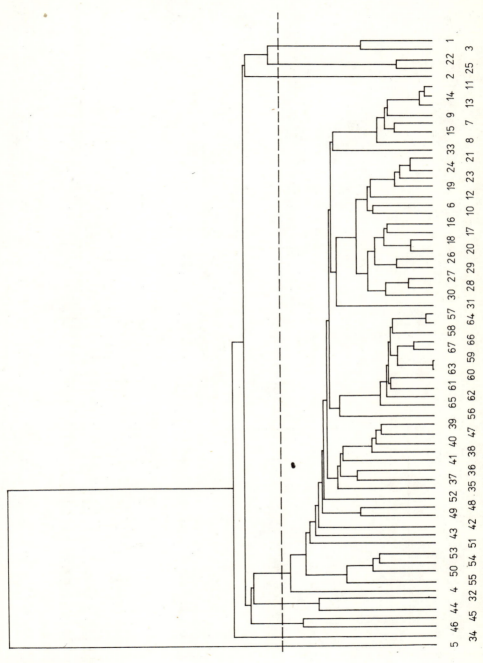

Abbildung 3.17a
mit Single Linkage

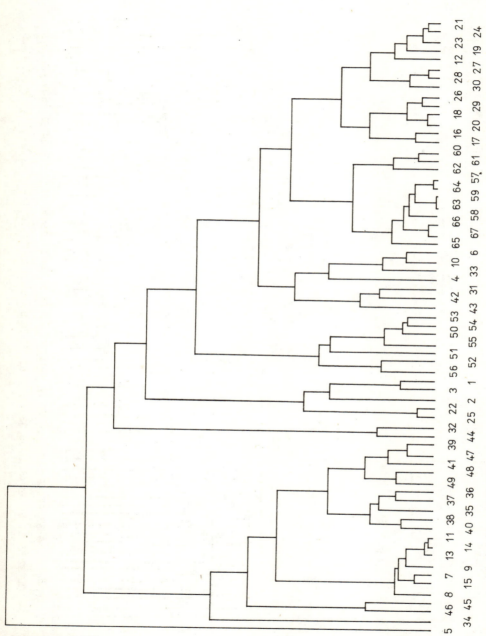

Abbildung 3.17b
mit Complete Linkage

3.5.2. Anwendungsbeispiel für HIERAG

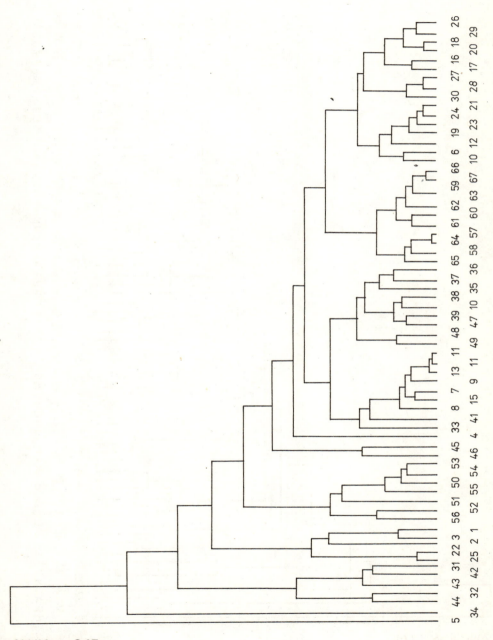

Abbildung 3.17c
mit Average Linkage, gewichtet

68 3. Clusteranalyse

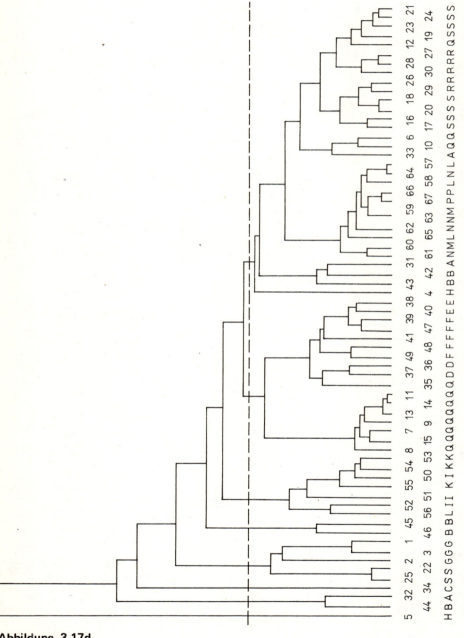

Abbildung 3.17d
mit Average Linkage, ungewichtet

3.5.2. Anwendungsbeispiel für HIERAG

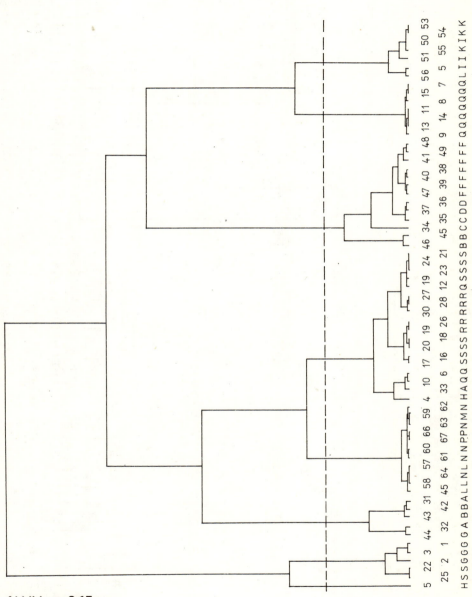

Abbildung 3.17e
mit Wards Methode

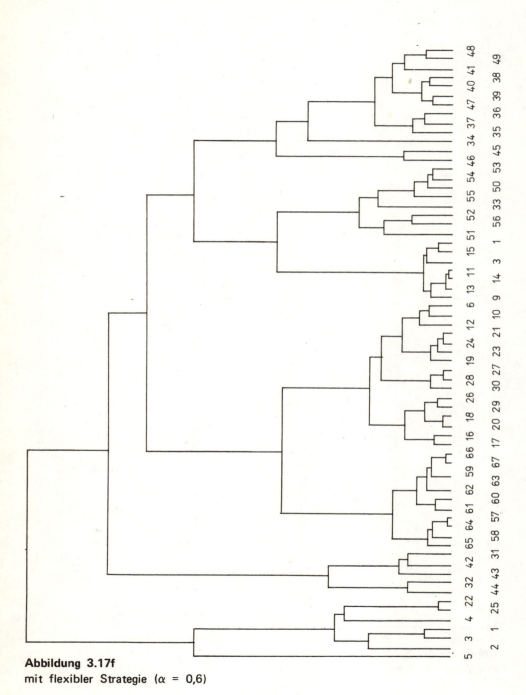

Abbildung 3.17f
mit flexibler Strategie ($\alpha = 0{,}6$)

Schwieriger wird es bereits beim Average Linkage. Beim Single Linkage beobachtet man, daß Cluster, kaum gebildet, bereits ineinander verschwimmen, was Ausdruck der besprochenen Setteneffekte ist. Complete Linkage auf der anderen Seite weist sich durch zögernde Aggregation kleiner Objektinseln aus. Beide Tendenzen könnten der flexiblen Strategie „aufgeprägt" werden, indem α einmal zu sehr kleinem Wert (etwa 0,2), das andere Mal zu großem Wert (etwa 1,0) verändert wird.

Aufmerksame Betrachtung der Dendrogramme zeigt, daß einzelne Fässer nicht durch alle Methoden einheitlich zugeordnet werden. Damit wird klar, daß die oben getroffene Aufteilung der Fässer in homogene Klassen nicht ohne jegliches Risiko eines Irrtums ist, da zumindest vereinzelt unsichere Zuordnungen vorkommen. Um solche Unsicherheiten ausfindig zu machen, erweist es sich somit als günstig, mehrere Methoden nacheinander auf denselben Datensatz anzuwenden und vergleichend zu diskutieren. Ungeachtet dessen ergibt sich auch aus unseren Anwendungen, daß Wards Methode eines der besten Aggregationsverfahren ist. Dies bleibt aber mehr oder weniger subjektiv, da die Bewertung der Verfahren immer sowohl vom zu bearbeitenden Problem als auch von den Kriterien für die Beurteilung der Resultate abhängen wird. Daher sei dem Leser empfohlen, seine eigenen Erfahrungen an verschiedenen Datensätzen bei unterschiedlichen Methoden, Abstandsmaßen und Datenvorbehandlungen zu sammeln.

Von der Glaubwürdigkeit der für das APW-Beispiel erhaltenen Clusterungen verschafft man sich durch Vergleich mit dem Objektdisplay (Nonlinear Mapping, Kap. 8, Abb. 8.10) einen Eindruck.

3.6. Nichthierarchische Methoden

Eine Eigenart hierarchischer Klassifikationsmethoden ist, daß für zwei beliebige, irgendwann im Laufe des Verfahrens detektierte Cluster g und g' stets entweder $g \subseteq g'$, $g' \subseteq g$ oder aber $g' \cap g = \emptyset$ gilt. So ist beispielsweise das aus Abbildung 3.18e durch Schnitt (gestrichelte Linie) für $k = 3$ isolierte Cluster {E, F, G} Untermenge von {C, D, E, F, G} bei $k = 2$ und hat auf der anderen Seite kein Objekt gemeinsam mit {A, B} oder auch {C, D}. Insbesondere sind also auf niedrigem Niveau gebildete Cluster vollständig in solche höherer Niveaus eingeschlossen (Abb. 3.18c und d).

Bei nichthierarchischen Methoden dagegen ist es möglich, daß erkannte Gruppierungen später wieder „zerrissen" werden, wie etwa {C, D} beim Übergang von $k = 3$ zu $k = 2$ (Abb. 3.18a und b). Ursache hierfür ist, daß die Zerlegungen der Objektmenge auf den verschiedenen Niveaus voneinander unabhängig erfolgen: Die Clusterung für $k = 2$ wird ohne Rücksicht auf Ergebnisse, die für $k = 3$, $k = 4$ usw. erhalten worden sind, ermittelt. Den verschiedenen Zerlegungen wird sozusagen erlaubt, einander zu widersprechen, etwa zu „behaupten", C und D gehörten in ein und dasselbe Cluster (Abb. 3.18a) und an anderer Stelle dies wieder „zurückzunehmen" (Abb. 3.18b).

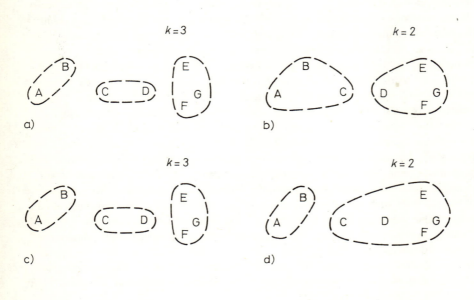

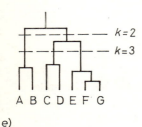

Abbildung 3.18
Illustration des Unterschiedes zwischen nichthierarchischen und hierarchischen Klassifikationsverfahren

Verhalten eines wenig stabilen Clusters {C, D} bei Verringerung der Gruppenzahl im Falle nichthierarchischen (a), (b) sowie hierarchischen Vorgehens (c), (d) und (e)

Während also hierarchische Verfahren ein klares, in allen Teilen eindeutiges Gesamtbild liefern, zeigen nichthierarchische Methoden stellenweise „Unsicherheiten". Dies könnte als Schwäche empfunden werden, zumal die Darstellbarkeit als Dendrogramm im allgemeinen verlorengeht. Andererseits ist es aber so, daß hierarchische Methoden die vorhandenen Unsicherheiten nicht zu erkennen geben, gewissermaßen darüber hinwegtäuschen. Frühe Fehlentscheidungen, wie die Zusammenfassung von C und D, werden in der Folge nicht mehr korrigiert. So gesehen geben nichthierarchische Verfahren ein realistischeres Bild. Es ist über Versuche berichtet worden (MASSART et al. [3.24], HENRION [3.25]), die Vorteile nichthierarchischer und hierarchischer Strategien zu vereinen: Aus der mit einer nichthierarchischen Methode gewonnenen Folge von Zerlegungen werden nicht „robuste" Cluster wie {C, D} ignoriert, so daß ein Dendrogramm gezeichnet werden kann. Das stellt jedoch nur einen Kompromiß dar, mit dem die Grundverschiedenheit beider Herangehensweisen letztlich nicht überwunden wird.

3.6.1. Potential- oder Punktdichteclusterung

Es gibt eine große Vielfalt nichthierarchischer Klassifikationsalgorithmen, die jeweils verschiedene „Philosophien" verfolgen, die Objektmenge möglichst angemessen zu zerlegen. Eine Gruppe solcher Verfahren beruht auf dem Gedanken, daß Cluster solche Gebiete im Raum sein sollten, innerhalb derer die Objektpunkte besonders dicht liegen. So würde man im (eindimensionalen) Beispiel der Abbildung 3.19a etwa A, B, C sowie D, E und F, G jeweils in einem Cluster erwarten. Zur Schätzung der Dichte wird über jedem Objekt eine Potentialfunktion Φ konstruiert, die symmetrisch ist und am Ort des Objekts ihr Maximum annimmt.

Es gibt zahlreiche Möglichkeiten zur Festlegung solcher Funktionen, die auch als „Parzen-Schätzer" bezeichnet werden (vgl. Abschn. 7.2.). Sehr gebräuchlich ist es, eine p-dimensionale Gauß-Funktion zu verwenden, wie etwa in Abbildung 3.19a für $p = 1$ dargestellt. Durch Überlagerung gelangt man zur Potentialfläche Ψ (Abb. 3.19b). Die Gestalt von Ψ ist von dem für die Gauß-Funktion benutzten Parameter σ abhängig (anschaulich als Standardabweichung interpretierbar), wie ein Vergleich der Abbildungen 3.19a und b mit 3.19c und d zeigt. Bei sehr kleinem σ weist Ψ am Ort jedes Objekts einen separaten Peak auf. Steigert man σ, beginnen benachbarte Peaks ineinander zu verschwimmen, etwa über F und G in Abbildung 3.19b. Bei Fortsetzung gelangt man allmählich zu Potential-„Gebirgen" in der Art von Abbildung 3.19d. Jeder Berg wird als Cluster interpretiert. Verschiedene Cluster sind durch „Täler" voneinander getrennt. Schließlich, wenn σ sehr groß ist, „sieht" man nur noch einen einzigen großen Berg, d. h. alle Objekte befinden sich in einem gemeinsamen Cluster.

Ein Beispiel für nach dem skizzierten Prinzip funktionierende „Potential"- oder „Punktdichte"-Clusteranalysemethoden ist CLUPOT (COOMANS et al. [3.26]). Es eignet sich speziell für die Analyse metrischer Daten. Die Einzelfunktionen Φ werden an den Orten der Objektpunkte zum Potential Ψ gemittelt, und durch einen speziellen Algorithmus die Zugehörigkeit der Objekte zu den jeweiligen Potentialbergen bestimmt: Zunächst wird ein „repräsentatives" Objekt (dasjenige mit dem größten Ψ-Wert) als *Centrotype* für ein erstes Cluster ausgewählt und für alle anderen Objekte festgestellt, ob auf dem Weg zum Centrotype ein Tal des Ψ-Gebirges durchschritten werden muß, oder nicht. In Abbildung 3.19d etwa wäre das erste repräsentative Objekt B, und nur A und C würden ihm zugeordnet, da alle anderen durch ein Tal abgetrennt sind. Die Objekte dieses ersten Clusters werden aus-

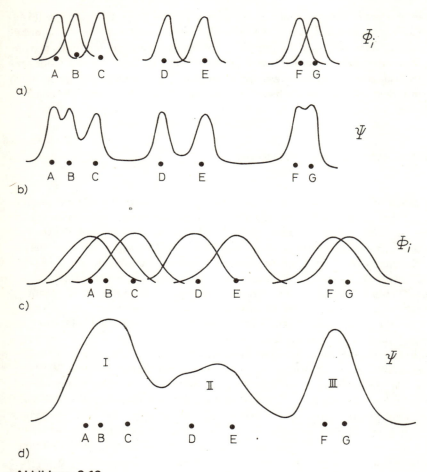

Abbildung 3.19
Gauß-Potentialfunktionen bei kleinem (a) und größerem (c) Wert des Parameters σ sowie durch Überlagerung resultierende Potentialflächen Ψ (b) und (d), die zur Schätzung der Punktdichte und Detektion von Clustern herangezogen werden können, illustriert an einem Beispiel mit nur einer Variable

sortiert, unter den Restobjekten ein neues Centrotype gewählt und auf dieselbe Weise ein nächstes Cluster detektiert. Die Clusterung schließt ab, wenn alle Objekte einem Cluster zugeordnet sind. Dabei können natürlich auch Cluster vorkommen, die nur ein einziges Objekt enthalten, insbesondere bei kleinem σ (Abb. 3.19b). Für eine vollständige Analyse wird die Clusterung bei einer Reihe verschiedener Werte des *Glättungsparameters* σ vorgenommen. Damit regelt man indirekt die jeweils zu erwartende Clusterzahl: Kleines σ bedeutet viele (kleine) Cluster, großes σ dagegen wenige (große). Das Ergebnis kann in Tabellenform festgehalten werden, wobei für jedes Objekt die Nummer des Clusters notiert

3.6.1. Potential- oder Punktdichteclusterung

wird, in dem es sich gerade befindet. Jede Tabellenzeile entspricht einem konkreten Wert des Glättungsparameters (und damit einer Clusterung), jede Spalte einem Objekt (s. Tab. 3.4). Eine detaillierte Beschreibung des CLUPOT-Algorithmus entnimmt man [3.26].

Tabelle 3.4
Beispiel einer Ergebnisdarstellung bei CLUPOT. Jede Zeile entspricht einem festen Wert des Glättungsparameters σ (hier 0,2; 0,4; 0,8 und 1,0). Die für die Objekte (Spalten) eingetragenen Zahlen bedeuten deren Clusternummern.

$\sigma \downarrow$	Objekt 1	Objekt 2	Objekt 3	Objekt 4
0,2	1	2	3	4
0,4	1	1	2	3
0,8	1	1	2	2
1,0	1	1	1	1

Listing 3 gibt eine BASIC-ZX 81-Variante zur Durchführung von CLUPOT. Das Programm beginnt mit dem von HIERAG (Abschn. 3.5.1.) bereits bekannten Eingabe- und Vorbehandlungsteil für metrische Daten. Wiederum hat man nach dem Einlesen zu entscheiden, ob eine Standardisierung vorgenommen werden soll oder nicht. Die Verwendung von Mahalanobis-Abständen ist beim vorliegenden CLUPOT-Listing nicht vorgesehen. Bei Bedarf übernimmt man den gesamten „metrischen" Eingabe- und Vorbehandlungsteil von HIERAG (Listing 1). Das CLUPOT-Kernprogramm beginnt nach abgeschlossener Vorbehandlung der Daten mit der Frage nach Alpha-Start, Alpha-Stop und einer Schrittweite. Alpha entspricht hierbei dem Glättungsparameter, der oben als σ bezeichnet wurde. Das Programm wird zuerst die Clusterung bei Alpha-Start vornehmen, dann Alpha um die Schrittweite verändern und eine weitere Clusterung durchführen usw., bis Alpha-Stop erreicht ist (man beachte, daß die Schrittweite mit dem passenden Vorzeichen zu versehen ist). Neben Alpha und der Schrittweite wird nach einem Wert für den Parameter Gamma gefragt: Gamma hat Bedeutung für den Zuordnungsalgorithmus; seine Wahl beeinflußt jedoch das Clusterungsergebnis nicht sehr stark. Die gesamte Clusteranalyse sollte aber bei ein und demselben Gamma durchgeführt werden. Man wählt es zwischen 10 und 1000. Die Ergebnisse können nach jedem Alpha einzeln abgefragt werden. Der Rechner wird dann nach jedem Alpha unterbrechen und eine Zeile in der Art von Tabelle 3.4 ausgeben. Dann erst wird mit der Clusterung fortgefahren. Rationeller wenngleich speicherplatzaufwendiger ist es, Alpha erst über den vorgesehenen Bereich durchlaufen zu lassen. In diesem Falle werden die Ergebnisse abgespeichert und erst am Ende ausgegeben.

3.6.2. Anwendungsbeispiele für CLUPOT

Zur Untersuchung der tageszeitlichen Schwankungen im Schwermetallgehalt des Wassers eines Zwischenpumpwerkes wurde im Verlauf eines Tages (8 Uhr morgens bis 3 Uhr nachts) stündlich eine Probe auf die Konzentrationen an Eisen, Mangan, Zink, Kupfer, Nickel, Chromium, Blei und Cadmium analysiert (HEININGER et al. [3.27]). Jede Probe stellt im Sinne der Mustererkennung ein Objekt dar, an dem Meßwerte für acht Merkmale bestimmt wurden. Aus dem mittels Hauptkomponentenanalyse gewonnenen Display (vgl. Abschn. 8.1. und Abb. 8.5) läßt sich ableiten, daß im wesentlichen vier ausgeprägte Schwermetallsituationen auftreten: Das durch die Einleitungen der Tagschicht der Industrie hervorgerufene Profil der Schwermetalle (Proben 9 bis 17 Uhr), die durch insgesamt „mittlere" Einleitungen gekennzeichnete Spätschicht (18 bis 22 Uhr), die wenig einleitende Nachtschicht und eine „singuläre" Situation morgens 8 Uhr, die Einleitungen der Haushalte zugeschrieben werden kann. Dementsprechend sollte die Clusteranalyse vier deutliche Cluster zu erkennen geben.

Die mit CLUPOT bei Verwendung aller acht (standardisierten) Variablen und $\gamma = 10$ erhaltenen Clusterungen sind in Tabelle 3.5 wiedergegeben. Bei der Interpretation ist zu beachten, daß die Cluster innerhalb einer Zeile in der Reihenfolge ihrer Erkennung durch den Computer numeriert sind. Die Nummer ein und desselben Clusters kann von einer Zeile zur nächsten wechseln (so etwa wechselt das Cluster {11, 12, 13} von Nr. 2 zu Nr. 3 zwischen $\alpha = 0,25$ und $\alpha = 0,3$). Die Tabelle 3.5 vermittelt folgendes Bild: Mit steigendem Glättungsparameter verringert sich die Zahl der Cluster, bis letztlich bei $\alpha = 1,7$ alle Objekte einem einzigen großen Cluster zugeordnet werden. Dabei werden zuerst, d. h. bei kleinem α, die einander besonders ähnlichen Objekte (etwa 17 und 19) zusammengefaßt, später kommen weniger ähnliche hinzu. Der nichthierarchische Charakter von CLUPOT zeigt sich in diesem Beispiel am Verhalten des Objekts 14, das zwischen $\alpha = 1,3$ und $\alpha = 0,9$ vom Cluster {16, 17, 18, 19, 20} zu {11, 12, 13, 15} wechselt.

Das Klassifikationsergebnis entspricht der aus dem Hauptkomponentendisplay abgeleiteten Erwartung. Bei $\alpha = 0,85$ und $\alpha = 0,9$ treten die vier „vorhergesagten" Cluster auf. Bei kleinerem α kann jedoch zusätzlich noch eine „Feinstrukturierung" beobachtet werden: Die Gruppe der Schwermetallmuster von 9 bis 17 Uhr untergliedert sich in drei kleinere, 9 bis 10 Uhr, 11 bis 12 Uhr und 13 bis 17 Uhr und analog die der Einleitungen von 18 bis 22 Uhr in 18 bis 20 Uhr und 21 bis 22 Uhr.

Als ein zweites Beispiel sei die Anwendung von CLUPOT auf den bereits eingeführten (Abschn. 3.5.1.) „Kopfhaar"-Datensatz (Tab. 10.4) diskutiert. Von fünf verschiedenen Personen wurden je drei Kopfhaare durch Spurenelementgehalte charakterisiert. Die Haare (Objekte) waren so numeriert, daß je drei aufeinanderfolgende zu einer Person gehörten und man idealerweise die Cluster {1, 2, 3}, {4, 5, 6}, {7, 8, 9}, {10, 11, 12} und {13, 14, 15} zu erwarten hätte. Das aus der hierarchischen Agglomeration mit Complete Linkage resultierende Dendrogramm zeigt Abbildung 3.15a. Richtig wiedererkannt wird eigentlich nur Person 5. Die zugehörigen Objekte werden „sehr früh" (bei geringem d) zusammengefaßt. Ebenfalls auszumachen ist Person 1, wenngleich die Objekte 1, 2, 3 ein wenig „homogenes" Cluster bilden, erkennbar daran, daß die Zusammenfassung relativ spät erfolgt. Alle anderen erkennbaren Cluster „mischen" Haare verschiedener Personen. Die Hauptkomponentendarstellung ist in Abbildung 8.1 und das durch Nonlinear Mapping gewonnene Display in Abbildung 8.8 wiedergegeben.

Die mit CLUPOT für verschiedene α erhaltenen Clusterungen (γ = 10; standardisierte Daten) entnimmt man Tabelle 3.6. Cluster, die über einen größeren Bereich von α unverändert erhalten bleiben, also auf relativ stabile Gruppierungen deuten, sind hervorgehoben. Es ergeben sich fast dieselben Aussagen wie bei der hierarchischen Clusterung. Allerdings deutet sich eine „Schwächestelle" an: Objekt 12 wird zunächst (α = 0,7) dem Cluster {5, 6, 10, 11}, dann jedoch (α = 0,8) der Gruppe {13, 14, 15} zugeordnet, „springt" also. Diese Unsicherheit war im Dendrogramm (Abb. 3.15a) natürlich nicht zu bemerken. Sie wäre erst bei Vergleich mit den Ergebnissen anderer hierarchischer Verfahren (etwa Average Linkage) aufgefallen, die Objekt 12 meist zu {5, 6, 10, 11} sortieren.

Das Ergebnis der Sortierung von 67 Fässern Ammoniumparawolframat an Hand von Spurenverunreinigungen ist in Tabelle 3.7 festgehalten. Ziel ist, Gruppen von Fässern ähnlicher Qualität herauszufinden. Eine nähere Beschreibung des Problems erfolgte bereits im Abschnitt 3.5.2. Die mittels verschiedener hierarchischer Methoden gewonnenen Dendrogramme sind in Abbildung 3.17 zusammengefaßt.

Die erste Zeile der Tabelle 3.7 enthält die Faß-(Objekt-)Nummern. Die Buchstaben in der zweiten Zeile markieren die zu einer Lieferung gehörenden Fässer. Die Auswertung dieser sehr umfangreichen Zahlentabelle ist im Vergleich zu den anschaulichen Dendrogrammen recht mühsam. Man kann sich helfen, indem man, wie im vorangegangenen Beispiel, Gruppierungen hervorhebt, die man für beständig, also aussagekräftig hält. Besser noch ist es, ein Display zu verwenden und für mehrere ausgewählte α die Objektgruppen zu umranden, die sich in demselben Cluster befinden. Genaue Auswertung ergibt, daß CLUPOT ein insgesamt verständliches und mit den hierarchischen Clusterungen (besonders Wards Methode) im ganzen vergleichbares Ergebnis liefert.

3.6.3. Optimierende Clusterung

Ein methodisch anderer Zugang zur Lösung des Klassifikationsproblems ergibt sich bei Definition von Funktionen, die jeder beliebigen Zerlegung der Objektmenge eine reelle Zahl zur „Güte"-Charakterisierung zuweisen. Es eignen sich solche Funktionen, deren Werte für eine Folge sich schrittweise verbessernder Zerlegungen entweder monoton wachsen oder monoton fallen. Für die gesuchte „beste" Zerlegung wird der größte bzw. kleinste Funktionswert erhalten. Die Klassifikationsaufgabe besteht unter diesen Umständen darin, die Aufteilung der Objekte in Gruppen bezüglich einer gegebenen Zielfunktion zu optimieren.

Bei metrischen Daten ist das *Varianzkriterium* (s. (3.19)) eine passende Zielfunktion. Die Zerlegung z wird durch die Summe der quadrierten (euklidischen)

Tabelle 3.5
Mit CLUPOT bei verschiedenen Werten α erhaltene Clusterungen von Wasserproben (vgl. Text) an Hand ihrer Spurenelementmuster

	8 Uhr				9 bis 17 Uhr						18 bis 22 Uhr					23 bis 3 Uhr				
α	1	2	3	4	5	6	7	8	9	10	11	12	13	14	15	16	17	18	19	20
0,1	19	18	17	16	15	14	6	9	5	7	8	3	4	12	11	13	1	10	1	2
0,15	17	16	15	14	13	11	4	7	3	5	6	2	2	10	9	12	1	8	1	1
0,2	15	12	11	14	13	9	3	5	3	3	4	2	2	7	8	10	1	6	1	1
0,25	12	9	9	11	10	6	3	3	3	3	2	2	2	4	5	7	1	1	1	1
0,3	9	6	5	7	8	2	2	2	2	2	3	3	3	4	4	1	1	1	1	1
0,35	9	6	5	7	8	2	2	2	2	2	3	3	3	4	4	1	1	1	1	1
0,4	9	6	5	7	8	2	2	2	2	2	3	3	3	4	4	1	1	1	1	1
0,45	9	6	5	7	8	2	2	2	2	2	3	3	3	4	4	1	1	1	1	1
0,5	8	5	5	6	7	2	2	2	2	2	3	3	3	4	4	1	1	1	1	1
0,55	6	2	2	5	5	2	2	2	2	2	3	3	3	4	4	1	1	1	1	1
0,6	6	2	2	5	5	2	2	2	2	2	3	3	3	4	4	1	1	1	1	1
0,65	6	2	2	5	5	2	2	2	2	2	3	3	3	4	4	1	1	1	1	1
0,7	5	2	2	4	4	2	2	2	2	2	3	3	3	3	3	1	1	1	1	1
0,75	5	2	2	4	4	1	1	1	1	1	3	3	3	3	3	1	1	1	1	1
0,8	5	1	1	4	4	1	1	1	1	1	3	3	3	3	3	2	2	2	2	2
0,85	4	1	1	1	1	1	1	1	1	1	3	3	3	3	3	2	2	2	2	2
0,9	3	1	1	1	1	1	1	1	1	1	3	3	3	3	3	2	2	2	2	2
0,95	4	1	1	1	1	1	1	1	1	1	1	1	1	1	1	2	2	2	2	2
1,0	3	1	1	1	1	1	1	1	1	1	1	1	1	3	1	2	2	2	2	2
1,05	3	1	1	1	1	1	1	1	1	1	1	1	1	2	1	2	2	2	2	2
1,1	3	1	1	1	1	1	1	1	1	1	1	1	1	2	1	2	2	2	2	2
1,15	3	1	1	1	1	1	1	1	1	1	1	1	1	2	1	2	2	2	2	2
1,2	3	1	1	1	1	1	1	1	1	1	1	1	1	2	1	2	2	2	2	2
1,25	3	1	1	1	1	1	1	1	1	1	1	1	1	2	1	2	2	2	2	2
1,3	3	1	1	1	1	1	1	1	1	1	1	1	1	2	1	2	2	2	2	2
1,35	3	1	1	1	1	1	1	1	1	1	1	1	1	2	1	1	1	1	1	1

3.6.3. Optimierende Clusterung

Tabelle 3.5, Fortsetzung

	8 Uhr		9 bis 17 Uhr									18 bis 22 Uhr						23 bis 3 Uhr				
α	1	2	3	4	5	6	7	8	9	10	11	12	13	14	15	16	17	18	19	20
1,4	3	1	1	1	1	1	1	1	1	1	1	1	1	2	1	1	1	1	1	1
1,45	2	1	1	1	1	1	1	1	1	1	1	1	1	1	1	1	1	1	1	1
1,5	2	1	1	1	1	1	1	1	1	1	1	1	1	1	1	1	1	1	1	1
1,55	2	1	1	1	1	1	1	1	1	1	1	1	1	1	1	1	1	1	1	1
1,6	2	1	1	1	1	1	1	1	1	1	1	1	1	1	1	1	1	1	1	1
1,65	2	1	1	1	1	1	1	1	1	1	1	1	1	1	1	1	1	1	1	1
1,7	1	1	1	1	1	1	1	1	1	1	1	1	1	1	1	1	1	1	1	1

Tabelle 3.6.
CLUPOT-Ergebnis für den Kopfhaardatensatz

α	Objektnummer															Clusteranzahl
	1	2	3	4	5	6	7	8	9	10	11	12	13	14	15	
	Clusternummer															
0,1	15	14	13	12	11	10	9	8	7	6	5	4	3	1	2	15
0,2	13	12	11	5	2	3	4	7	8	6	10	9	1	1	1	13
0,3	12	10	9	4	2	2	3	6	2	5	8	11	1	1	1	12
0,4	11	9	8	3	2	2	3	5	6	4	7	10	1	1	1	11
0,5	8	6	5	3	2	2	3	3	3	2	4	7	1	1	1	8
0,6	6	4	4	3	2	2	3	3	3	2	2	5	1	1	1	6
0,7	5	4	4	3	2	2	3	3	3	2	2	2	1	1	1	5
0,8	4	3	3	2	2	2	2	2	2	2	2	1	1	1	1	4
0,9	3	2	2	1	1	1	1	1	1	1	1	1	1	1	1	3
1,0	3	2	2	1	1	1	1	1	1	1	1	1	1	1	1	3
1,1	2	2	2	1	1	1	1	1	1	1	1	1	1	1	1	2
1,2	1	1	1	1	1	1	1	1	1	1	1	1	1	1	1	1

3.6.3. Optimierende Clusterung

Tabelle 3.7
CLUPOT-Ergebnis für das Beispiel der 67 zu sortierenden APW-Fässer

Nr.→	1	3	2	19	21	23	24	12	27	28	30	18	26	29	31	42	43	4	22	25	36	37	38	39	40	47	35	48	49	41	45	46	34
α↓	G	G	G	G	S	S	S	Q	R	R	R	S	R	R	A	B	B	H	S	S	D	D	E	E	E	F	C	F	F	E	B	B	C
0,15	21	20	43	3	3	3	3	17	5	5	5	4	4	4	4	30	38	37	42	6	24	25	19	10	14	9	28	23	22	27	35	34	39
0,25	9	9	28	3	3	3	3	3	5	5	5	4	4	4	4	15	18	21	25	6	6	11	11	7	7	7	13	10	10	12	24	23	26
0,35	8	8	13	3	3	3	3	3	3	5	5	3	3	3	4	3	3	12	6	6	5	5	5	5	5	5	5	5	5	5	11	10	14
0,40	7	7	11	3	3	3	3	3	3	3	3	3	3	3	3	3	3	6	6	6	4	4	4	4	4	4	5	5	5	5	5	5	5
0,45	7	7	10	3	3	3	3	3	3	3	3	3	3	3	3	3	3	3	6	6	4	4	4	4	4	4	2	2	2	2	9	9	12
0,55	6	6	6	2	2	2	2	2	2	2	2	2	2	2	2	2	2	2	5	5	4	4	4	4	4	4	2	2	2	2	9	9	11
0,60	4	4	4	2	2	2	2	2	2	2	2	2	2	2	2	2	2	2	2	2	4	4	4	4	4	4	4	3	3	3	3	3	8
0,65	4	4	4	2	2	2	2	2	2	2	2	2	2	2	2	2	2	2	2	2	2	2	2	2	2	2	2	2	2	2	2	2	2
0,75	4	4	4	2	2	2	2	2	2	2	2	2	2	2	2	2	2	2	2	1	1	1	1	1	1	1	1	1	1	1	1	1	1
0,80	1	1	1	1	1	1	1	1	1	1	1	1	1	1	1	1	1	1	1	1	1	1	1	1	1	1	1	1	1	1	1	1	1
1,00	1	1	1	1	1	1	1	1	1	1	1	1	1	1	1	1	1	1	1	1	1	1	1	1	1	1	1	1	1	1	1	1	1

Nr.→	57	58	59	60	61	62	63	64	65	66	67	56	52	51	6	10	16	17	20	33	50	53	54	55	32	44	5	9	11	13	14	7	15	8	K
α↓	L	L	M	M	N	N	N	N	L	P	P	L	I	Q	Q	S	S	S	A	I	K	K	K	A	B	H	Q	Q	Q	Q	Q	Q	Q	Q
0,15	2	2	2	2	2	2	2	2	2	2	2	2	29	32	33	16	15	8	8	4	31	18	12	13	26	40	36	41	1	1	7	7	11	43
0,25	1	1	1	1	1	1	1	1	1	1	2	2	14	17	22	3	3	4	4	4	16	8	8	8	20	19	27	2	1	2	2	2	2	28
0,35	1	1	1	1	1	1	1	1	1	1	1	1	7	3	3	3	3	4	4	4	2	7	7	7	9	15	2	2	1	2	2	2	2	15
0,40	1	1	1	1	1	1	1	1	1	1	1	1	1	3	3	3	3	3	3	3	2	5	5	5	8	13	2	2	1	2	2	2	2	13
0,45	1	1	1	1	1	1	1	1	1	1	1	1	1	3	3	3	3	3	3	3	2	5	5	5	8	12	2	2	1	2	2	2	2	12
0,55	1	1	1	1	1	1	1	1	1	1	1	1	1	1	1	1	1	1	1	1	1	7	7	7	3	3	3	3	1	2	2	2	2	9
0,60	1	1	1	1	1	1	1	1	1	1	1	1	1	1	1	1	1	1	1	1	1	5	5	5	6	3	3	3	1	2	2	2	2	6
0,65	1	1	1	1	1	1	1	1	1	1	1	1	1	1	1	1	1	1	1	1	1	5	5	5	6	3	3	3	1	2	2	2	2	6
0,75	1	1	1	1	1	1	1	1	1	1	1	1	1	1	1	1	1	1	1	1	1	1	1	1	3	4	2	2	1	2	2	2	2	6
0,80	1	1	1	1	1	1	1	1	1	1	1	1	1	1	1	1	1	1	1	1	1	1	1	1	1	2	1	1	1	1	1	1	1	4
1,00	1	1	1	1	1	1	1	1	1	1	1	1	1	1	1	1	1	1	1	1	1	1	1	1	1	1	1	1	1	1	1	1	1	2

Abstände der Objekte zum jeweiligen Gruppenschwerpunkt $\bar{x}_l$ bewertet (n_l Objektanzahl in der l-ten Gruppe g_l):

$$f^1(z) = \sum_{i=1}^{n} \sum_{j=1}^{p} (x_{ij} - \bar{x}_{lj})^2 \qquad (3.19)$$

mit $\bar{x}_{lj} = \dfrac{1}{n_l} \sum_{i \in g_l} x_{ij}$

Die Abbildung 3.20 dient einer Veranschaulichung des Varianzkriteriums. Für die Menge der in Abbildung 3.20a dargestellten Objektpunkte ist in Abbildung 3.20b eine offensichtlich gute und in Abbildung 3.20c eine offensichtlich ungünstige Zerlegung in zwei Gruppen (I und II) gegeben. Darüber hinaus sind die Schwerpunkte (Zentren) der Gruppen und die Verbindungslinien der Objektpunkte zu den jeweiligen Zentren eingezeichnet. In Abbildung 3.20c sind diese insgesamt deutlich länger als in 3.20b. Damit wird auch die Summe der (schlecht einzuzeichnenden) Abstandsquadrate zwischen den Objektpunkten und Gruppenzentren bei (c) wesentlich größer sein als bei (b). Die schlechtere Zerlegung (c) wird also am größeren Varianzkriterium erkennbar. Abbildung 3.20d schließlich illustriert, daß bei Erhöhung der Gruppenzahl eine Verringerung des Varianzkriteriums eintreten kann, ohne daß dies eine signifikant bessere Zerlegung reflektiert (vgl. Abb. 3.20b). Es ist damit strenggenommen nur für den Vergleich von Zerlegungen jeweils ein und derselben

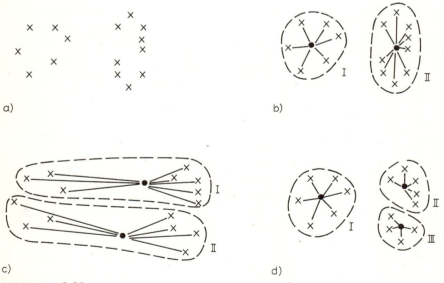

Abbildung 3.20
Veranschaulichung der Varianz innerhalb der Gruppen für eine gute (b) und eine schlechte (c) Zerlegung der in (a) gegebenen Punktmenge. Das Verhalten bei Erhöhung der Gruppenzahl demonstriert (d)

3.6.3. Optimierende Clusterung

Gruppenzahl anwendbar. Immerhin kann für jedes Niveau (Gruppenzahl k) die beste Zerlegung extrahiert werden.

Da die Menge der betrachteten Objekte endlich ist, ist es grundsätzlich denkbar, die für das jeweilige k optimale Clusterung durch Berechnung und Vergleich der Zielfunktionswerte für alle Zerlegungen, die möglich sind, zu ermitteln. Eine solche *totale Enumeration* ist jedoch wegen des im allgemeinen viel zu hohen Rechenaufwandes nicht diskutabel: Für 50 Objekte und $k = 10$ wären beispielsweise $2{,}6 \cdot 10^{43}$ und für 100 Objekte bei $k = 10$ gar $2{,}8 \cdot 10^{93}$ Zerlegungen zu bewerten.

Aus diesem Grunde kommen stattdessen meist mehr oder weniger heuristische Verfahren zum Einsatz, die eine vorzugebende Startzerlegung auf relativ schnellem Wege bis hin zu einem lokalen Optimum verbessern. Ein Nachteil ist, daß man das gesuchte globale Optimum (das man durch totale Enumeration garantiert fände) praktisch nicht erreicht. Das bedeutet, daß statt der gewünschten und durch die Zielfunktion klar definierten besten Lösung meist nur eine ihr nahe kommende, sehr gute erhalten wird.

Eine Methode dieser Art ist das *Minimaldistanzverfahren* von FORGY [3.28]. Eine gegebene Clusterung wird iterativ bezüglich des Varianzkriteriums verbessert, d. h. $f^1(z)$ wird schrittweise verringert. Es wird folgendermaßen vorgegangen:

1. Vorgeben Startzerlegung
2. Berechne Gruppenschwerpunkte (Zentren)
3. Sichte alle Objekte, ob sie tatsächlich dem nächstliegenden Gruppenzentrum zugeordnet sind und verschiebe nötigenfalls in die entsprechende Gruppe
4. Zurück zu 2, falls ein Objekt verschoben werden mußte.

In Abbildung 3.21 ist ein Iterationsschritt nach zunächst willkürlicher Wahl (Abb. 3.21a) der Zerlegung demonstriert. Ganz offensichtlich verbessert sich die Clusterung dabei wesentlich. Der Exaktheit halber sei darauf hingewiesen, daß beim beschriebenen Vefahren $f^1(z)$ nicht unbedingt mit jedem Schritt verringert

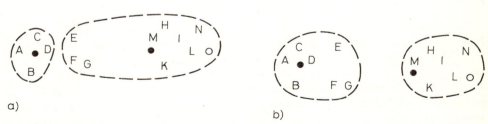

Abbildung 3.21
Darstellung eines Iterationsschrittes beim Minimaldistanzverfahren: Die Schwerpunkte der gegebenen Cluster werden ermittelt (a) und die Objekte nach minimaler Distanz neu zugeordnet (b)

werden muß. Garantiert ist, daß es keinesfalls anwächst. Im allgemeinen wird man jedoch „echte" Verbesserungen erzielen.

Eine BASIC-ZX81-Variante (MINDIST) ist mit Listing 4 gegeben. Das Programm wurde in Anlehnung an STEINHAUSEN und LANGER [3.10] geschrieben. Es hat einen Eingabe- und Vorbehandlungsteil für metrische Daten, der bei Bedarf eine Standardisierung vorsieht. Für die Iteration kann entweder eine Startzerlegung der Objektmenge vom Anwender vorgegeben oder auf eine „Standard-Anfangspartition" zurückgegriffen werden, die das Programm selbst erzeugt. Letztere sortiert die Objekte willkürlich in Startcluster. Für $k = 4$ beispielsweise wird folgendermaßen zugeordnet: 1, 2, 3, 4, 1, 2, 3, 4, 1, 2, . . .

Als Ergebnis werden zunächst ZSHIFT, SPURW, SPURB und FKRIT ausgegeben. ZSHIFT ist die Zahl der im letzten Iterationszyklus erfolgten Objektverschiebungen, die Null sein sollte. SPURW gibt den Wert des Varianzkriteriums (s. (3.19)) für die ermittelte Zerlegung an. Die Bezeichnung kommt daher, daß man $f^1(z)$ auch als Spur einer „within scatter matrix" (d. h. einer die Streuung innerhalb der gebildeten Gruppen charakterisierenden Matrix) erhält. SPURB andererseits charakterisiert die Streuung zwischen (between) verschiedenen Gruppen und kann folgendermaßen berechnet werden:

$$\text{SPURB} = f^2(z) = \sum_{i=1}^{k} n_i \sum_{j=1}^{p} (\overline{x}_{ij} - \overline{\overline{x}}_j)^2$$

mit $\overline{\overline{x}}_j = \frac{1}{n} \sum_{i=1}^{n} x_{ij}$

Die erhaltene Zerlegung wird um so besser sein, je kleiner SPURW und je größer SPURB ist. Dies entspricht der zu Beginn des Kapitels formulierten Anschauung, daß Objekte innerhalb ein und desselben Clusters möglichst ähnlich (kleine Streuung „innerhalb") und solche aus verschiedenen Clustern wenig ähnlich (große Streuung „zwischen") sein sollten. Das Verhältnis zwischen SPURW und SPURB kommt in FKRIT zum Ausdruck, das anschaulich auch als „Getrenntheit" der gefundenen Cluster interpretierbar ist:

$$\text{FKRIT} = F(z) = \frac{f^2(z)(n-k)}{f^1(z)(k-1)}$$

Nach der Ausgabe dieser Kenngrößen druckt das Programm die Zuordnung der n Objekte zu den Clustern aus, wobei für die laufende Reihe der Objekte die entsprechenden Clusternummern aufgeführt werden. Es kann vom Verfahren her vorkommen, daß weniger Cluster erhalten werden als vorgegeben. Nach den Objektzuordnungen werden die Koordinaten der Clusterschwerpunkte ausgegeben. Sie können als repräsentative (zentrale) Muster der Cluster angesehen werden. Dabei ist zu beachten, daß die Koordinaten im Fall standardisierter (also auch zentrierter) Daten in (standardisierten) Abweichungen vom Mittelpunkt angegeben sind, also erst nach geeigneter Rücktransformation verwendbar sind. Nach der Ergebnisausgabe kann die Clusterung bei Vorgabe einer neuen Clusteranzahl und/oder Startzerlegung wiederholt werden.

3.6.4. Anwendungsbeispiel für MINDIST

Es sei eine Anwendung des Programms MINDIST auf den bereits bekannten Datensatz der 67 APW-Fässer gezeigt (Abschn. 3.5.2.). Die Rechnungen wurden für verschiedene Clusterzahlen (k = 2 bis k = 13) durchgeführt. Dabei wurde jeweils einmal von der Standard-Anfangspartition und zum anderen von einer aus der hierarchischen Clusterung mit Wards Methode entnommenen Startzerlegung ausgegangen. In letzterem Falle wurden die Anfangsgruppierungen durch Schnitt des mit HIERAG erhaltenen Dendrogramms (Abb. 3.17e) in geeigneter Höhe (für k = 8 z. B. gestrichelte Linie) isoliert.

Die Kennzahlen SPURW und FKRIT für die resultierenden Clusterungen sind in Tabelle 3.8 zusammengefaßt. Erwartungsgemäß sinkt SPURW bei steigender Gruppenzahl. Für die Rechnungen mit der „Wardschen" Anfangspartition ist der Verlauf in Abbildung 3.22 graphisch dargestellt. Es ist zu erkennen, daß bei Verfeinerung der Partition (Erhöhung von k) zunächst eine sehr starke, später nur noch geringe Verminderung von SPURW erzielt wird. Eine geeignete, die im Datensatz vorhan-

Tabelle 3.8
Charakterisierung der mit MINDIST bei verschiedenen Startpartitionen für verschieden vorgegebene Gruppenzahlen erhaltenen Ergebnisse durch SPURW und FKRIT. Datensatz: 67 APW-Fässer

k	Standard-Start[1]		Wards Methode[2]	
	SPURW	FKRIT	SPURW	FKRIT
2	270,8	14,2	259,8	17,6
3	215,9	16,9	205,4	19,4
4	168,3	20,2	159,9	22,3
5	130,1	23,8	124,9	25,4
6	132,0	18,3	104,2	26,4
7	96,5	24,2	84,8	28,9
8	99,5	19,5	65,6	33,9
9	54,6	36,6	54,6	36,6
10	67,4	24,7	48,5	36,7
11	49,3	31,9	42,7	37,6
12	57,9	23,5	38,4	38,0
13	46,9	27,1	34,0	39,2

1 ausgehend von der Standardanfangspartition
2 ausgehend von der „Wardschen" Anfangspartition (s. Text)

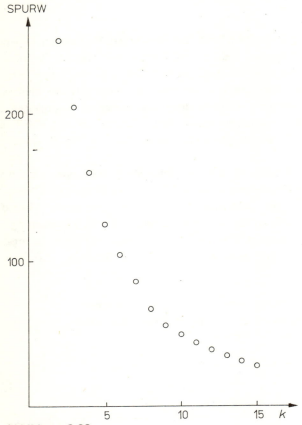

Abbildung 3.22
Varianzkriterium (SPURW) in Abhängigkeit von der Gruppenzahl k für das Beispiel des mit MINDIST behandelten Datensatzes der 67 APW-Fässer bei Verwendung der „Wardschen" Anfangspartition (Erklärung im Text)

denen Musterklassen gut wiedergebende Clusterzahl würde idealerweise an einem „Knick" in der die Punkte verbindenen Kurve zu erkennen sein: Vor der entsprechenden Stelle hätte man eine starke (eine weitere Verfeinerung der Zerlegung rechtfertigende) und dahinter plötzlich nur noch sehr geringe (eine Erhöhung der Gruppenzahl nicht mehr rechtfertigende) Abnahme von SPURW. Oftmals findet sich jedoch nicht solch ein ausgeprägter Punkt. Das bringt ein subjektives Moment in die Beurteilung und zeugt auch von der Vielschichtigkeit der Problematik (die richtige Wiedergabe der Verhältnisse erfordert „Beleuchtung" bei verschiedenen k). Im dargestellten Beispiel könnte man vielleicht $k = 8$ für gut ansehen.

3.6.4. Anwendungsbeispiel für MINDIST

Tabelle 3.9
MINDIST-Ergebnisse der Sortierung der 67 APW-Fässer in $k = 8$ Gruppen

Faß-Nr.	Lieferung	Cluster-Nr. a)	Cluster-Nr. b)	Faß-Nr.	Lieferung	Cluster-Nr. a)	Cluster-Nr. b)
1	G	5	2	35	C	2	6
2	G	5	2	36	D	8	6
3	G	5	2	37	D	8	6
4	H	4	5	38	E	2	6
5	H	5	1	39	E	2	6
6	Q	7	5	40	E	2	6
7	Q	1	7	41	E	1	7
8	Q	1	7	42	B	4	3
9	Q	1	7	43	B	4	3
10	Q	7	5	44	B	4	3
11	Q	1	7	45	B	7	6
12	Q	4	5	46	B	7	6
13	Q	1	7	47	F	2	6
14	Q	1	7	48	F	7	6
15	Q	1	7	49	F	8	6
16	S	6	5	50	I	3	8
17	S	6	5	51	I	3	8
18	S	4	5	52	I	3	8
19	S	4	5	53	K	3	8
20	S	4	5	54	K	3	8
21	S	4	5	55	K	3	8
22	S	5	2	56	L	6	8
23	S	4	5	57	L	6	4
24	S	4	5	58	L	6	4
25	S	6	2	59	M	6	4
26	R	4	5	60	M	6	4
27	R	4	5	61	N	6	4
28	R	4	5	62	N	6	4
29	R	4	5	63	N	6	4
30	R	4	5	64	N	6	4
31	A	4	5	65	L	6	4
32	A	4	3	66	P	6	4
33	A	7	7	67	P	6	4
34	C	8	6				

a) ausgehend von der Standardanfangspartition
b) ausgehend von der „Wardschen" Anfangspartition

Die Standardanfangspartition führt mit Ausnahme von $k = 9$ zu Ergebnissen mit größerer Varianz innerhalb der Cluster als die „Wardsche". Damit sind diese Zerlegungen als etwas schlechter anzusehen. Zudem fällt auf, daß SPURW bei Steigerung der Gruppenzahl zwischendurch mitunter sogar geringfügig anwächst, statt monoton zu fallen. Dies deutet auf überdurchschnittlich schlechte Zerlegungen hin (etwa $k = 10$). Das schwächere Abschneiden der Standardanfangspartition verwundert nicht, wenn man berücksichtigt, daß es sich um eine völlig willkürliche Vorgabe handelt, die keinerlei A-priori-Kenntnis nutzt. Es spricht für die Leistungsfähigkeit des Verfahrens, daß trotzdem weitgehend sinnvolle Clusterungen erhalten werden.

Die Erhöhung von FKRIT bei Verfeinerung der Partition (Tab. 3.8) kann als qualitative Verbesserung der Zerlegungen im Sinne einer größeren „Getrenntheit" der Cluster (noch anschaulicher: eines besseren „Kontrastes" des Clusterbildes) interpretiert werden. Auch hier erweist sich die „Wardsche" Anfangspartition stärker als der Start mit der Standardpartition.

Die im Beispiel der 67 APW-Fässer für $k = 8$ für beide Startvarianten erhaltenen Ergebnisse sind in Tabelle 3.9 einander gegenübergestellt. Insgesamt ähneln sich beide Lösungen. Es sei dem Leser überlassen, bei Interesse die Unterschiede herauszuarbeiten. Insgesamt sollte auch hier die bei der „Wardschen" Startnäherung resultierende Lösung wegen des geringeren SPURW vorzuziehen sein. Es sei angemerkt, daß MINDIST die aus der hierarchischen Clusterung mit Wards Methode für $k = 8$ isolierte Partition hier in drei Positionen verändert (d. h. verbessert). Dies betrifft die Objekte (Fässer) 31, 33 und 41, die aus ihren Startgruppen herausgenommen und in andere sortiert wurden.

4. Multiple lineare Regression

4.1. Einleitung

Mit Hilfe der multiplen linearen Regression läßt sich die Abhängigkeit der für eine Variable y beobachteten Werte von den für einen Satz von Einflußvariablen x_1, x_2, ... jeweils eingestellten Werten untersuchen und beschreiben. Es wird davon ausgegangen, daß jede beliebige Beobachtung y_i, abgesehen von einem zufälligen Fehler ϵ_i der Messung, als Summe aus einem Absolutglied β_o und linearer Beiträge der Variablen x_1, x_2, ..., x_r vorhergesagt werden kann:

$$y_i = \beta_o + \beta_1 x_{i1} + \beta_2 x_{i2} + \ldots + \beta_r x_{ir} + \epsilon_i \qquad (4.1)$$

Ziel der *Regressionsanalyse* ist es, aus einer gegebenen Menge von p potentiellen Einflußgrößen (Regressoren, oder auch: Prädiktoren) diejenigen zu entfernen, die für die Vorhersage des Regressanden y unnötig sind, d. h. die richtige Untermenge (*Subset*) mit $r \leq p$ Regressoren zu extrahieren. Damit gewinnt der Experimentator die Aussage, welche der von ihm aus dem Untersuchungskontext heraus für möglicherweise wichtig eingeschätzten p Einflußvariablen tatsächlich in signifikantem Zusammenhang mit y stehen.

Neben der Subsetauswahl ist die Ermittlung des *Absolutgliedes* β_o und der *Regressionskoeffizienten* β_1, β_2, ..., β_r von Interesse. Leider bleibt der in Gleichung (4.1) formulierte Fehler ϵ_i unbekannt. Eine exakte Bestimmung der Parameter β_o, ..., β_r ist daher nicht möglich, so daß man sich mit Schätzungen $\hat{\beta}_o$, ..., $\hat{\beta}_r$ zufrieden geben muß.

Die Regressionsanalyse umfaßt Verfahren und Vorgehensweisen, an Hand von Stichproben (Messungen einer Reihe von y_i und Registrierung der zugehörigen x_{i1}, x_{i2}, ...) zu bestmöglichen Schätzungen sowohl der Regressionskoeffizienten und des Absolutgliedes als auch des Beobachtungsfehlers zu gelangen. Bei Erfüllung gewisser statistischer Voraussetzungen ist die Angabe von Vertrauensintervallen für die ermittelten $\hat{\beta}_o$, ..., $\hat{\beta}_r$, von Maßzahlen für deren Signifikanz und schließlich für die Güte der „Anpassung" der Beobachtungen y_i durch das aufgestellte Modell möglich. In Verallgemeinerung des „klassischen" linearen Regressionsmodells (s. (4.1)) werden bei der „multivariaten" linearen Regression mehrere abhängige Variablen y_1, ..., y_m simultan vorhergesagt. Diese Erweiterung wird hier nicht behandelt. Wir verweisen auf eine Darstellung in JOHNSON und WICHERN [4.1].

4. Multiple lineare Regression

Im folgenden werden zunächst einige Grundlagen eingeführt, die zum Verständnis des Rechenganges und der Ergebnisse des Programms MULTIREG (Listing 5) nötig sind. Zwei Beispiele am Ende des Kapitels dienen der Demonstration von Handhabung und Möglichkeiten.

4.2. Grundlagen

Wie erwähnt, wird die Regressionsanalyse an Hand einer Stichprobe verschiedener Regressandenmeßwerte und dazugehöriger Regressorwerte vorgenommen. Bei einem Stichprobenumfang n kann diese folgendermaßen notiert werden:

$$\begin{array}{c|cccc} y_1 & x_{11} & x_{12} & \cdots & x_{1p} \\ y_2 & x_{21} & x_{22} & \cdots & x_{2p} \\ \vdots & \vdots & \vdots & & \vdots \\ y_n & x_{n1} & x_{n2} & \cdots & x_{np} \end{array}$$

Modell (4.1) lautet dann bei Einbeziehung aller p Regressoren:

$$\begin{aligned} y_1 &= \beta_0 + \beta_1 x_{11} + \beta_2 x_{12} + \ldots + \beta_p x_{1p} + \epsilon_1 \\ y_2 &= \beta_0 + \beta_1 x_{21} + \beta_2 x_{22} + \ldots + \beta_p x_{2p} + \epsilon_2 \\ &\vdots \\ y_n &= \beta_0 + \beta_1 x_{n1} + \beta_2 x_{n2} + \ldots + \beta_p x_{np} + \epsilon_n \end{aligned}$$

Viel rationeller werden wir hierfür die Matrixschreibweise anwenden:

$$\begin{pmatrix} y_1 \\ y_2 \\ \vdots \\ y_n \end{pmatrix} = \begin{pmatrix} 1 & x_{11} & x_{12} & \cdots & x_{1p} \\ 1 & x_{21} & x_{22} & \cdots & x_{2p} \\ \vdots & \vdots & \vdots & & \vdots \\ 1 & x_{n1} & x_{n2} & \cdots & x_{np} \end{pmatrix} \begin{pmatrix} \beta_0 \\ \beta_1 \\ \vdots \\ \beta_p \end{pmatrix} + \begin{pmatrix} \epsilon_1 \\ \epsilon_2 \\ \vdots \\ \epsilon_n \end{pmatrix}$$

kurz

$$y = X \beta + \epsilon \qquad (4.2)$$
$$(n,1) \quad (n,p+1) \quad (p+1,1) \; (n,1)$$

wobei der Vektor β Absolutglied und Regressionskoeffizienten enthält und in der ersten Spalte von X überall Eins steht, damit in jeder Zeile der unveränderte Summand β_0 auftritt.

4.2. Grundlagen

Einige wichtige Annahmen, auf die sich die Auswertung des Datenmaterials stützen wird, sind:

a) Der Regressand ist mit einem zufälligen Meßfehler behaftet, die Regressorwerte dagegen sind fehlerfrei.

b) Keine der Spalten von $\underline{X}$ ergibt sich als Linearkombination der restlichen, d. h. es gibt keinen Regressor, dessen Werte sich als lineare Funktion der anderen darstellen lassen.

c) Bei Vorliegen des „richtigen" Modells mit $r \leqslant p$ Regressoren repräsentiert ϵ_j in (4.1) den Meßfehler bei y_j. Es wird angenommen, daß ϵ_j für alle n Meßpunkte dieselbe Varianz σ^2 aufweist, d. h. alle Messungen von y mit gleichbleibender Präzision erfolgt sind. Darüber hinaus sollen die Meßfehler der verschiedenen y_i nicht miteinander gekoppelt sein. Der Fehler, der bei einer Messung y_k begangen wurde, soll nicht von dem Fehler abhängen, der vorher bei einem y_j ($j \neq k$) gemacht worden war. Anders gesagt, die Beobachtungen $y_1, \ldots, y_n$ sollen voneinander unabhängig vorgenommen worden sein. Kurz ausgedrückt soll für die Zufallsvariable ϵ neben $E(\epsilon) = 0$ auch $\text{Cov } \epsilon = \sigma^2 I$ gelten.

d) Um die Signifikanz des Einflusses der Gesamtheit, wie auch jedes einzelnen der Regressoren auf den für y beobachteten Wert auf statistischer Basis beurteilen und Vertrauensintervalle für die ermittelten Koeffizienten $\hat{\beta}_0, \ldots, \hat{\beta}_r$ ableiten zu können, wird davon ausgegangen, daß die ϵ_j normalverteilt sind.

In der Praxis wird man das Zutreffen dieser Annahmen kaum immer vollständig absichern können. So wird z. B. a) selten exakt zutreffen, c) dagegen in den meisten Fällen einigermaßen realisierbar sein. Was d) betrifft, so ist es häufig üblich, die Normalverteilung für in erster Näherung gegeben anzusehen, zumindest, solange nichts anderes bekannt ist. Geringere Abweichungen in diesen Punkten sollten die Anwendung von MULTIREG nicht unbedingt in Frage stellen, wenn man sich dessen bewußt ist, daß dann alle gewonnenen Aussagen „nicht ganz so sicher" sind, da sie bei Unterstellung eines „nicht ganz" zutreffenden Idealmodells erhalten wurden.

Besondere Aufmerksamkeit erfordern Verletzungen der Annahme b). Kann eine der Spalten von $\underline{X}$ als Linearkombination der anderen dargestellt werden, ist also $\underline{X}$ nicht von vollem Rang, so spricht man von *Kollinearität*. Die Regressoren bilden dann bereits untereinander ein System gegenseitiger Abhängigkeit. Man kann dies überprüfen, indem man die aus $\underline{X}$ durch Streichen der ersten Spalte erhaltene n,p-Matrix $\underline{X}_1$ einer Hauptkomponentenanalyse (s. Kap. 5) unterzieht. Kollinearität ist gegeben, wenn einer oder sogar mehrere der p erhaltenen Eigenwerte sehr nahe bei Null liegen.

Bei Auftreten einer exakten linearen Abhängigkeit zwischen irgendwelchen Spalten von $\underline{X}$ (die Wahrscheinlichkeit hierfür ist allerdings bei experimentell gewonnenen, also nicht „konstruierten" Daten gleich Null) wird das gewöhnliche und in MULTIREG benutzte Schätzverfahren für die Regressionskoeffizienten völlig versagen. Praktisch relevant ist der Fall des Vorliegens „näherungsweiser" Kollinearitäten. Die erhaltenen Koeffizienten werden dann sehr unsicher sein, was sich für Interpretation und Vorhersage sehr ungünstig auswirken kann (vgl. auch Abschn. 5.4.1.).

4. Multiple lineare Regression

Es gibt eine Reihe von Möglichkeiten, auch in solchen Situationen zu einigermaßen verläßlichen Ergebnissen zu gelangen. Die wohl einfachste besteht darin, etwa von Gruppen stark korrelierter Regressoren jeweils nur einen zu verwenden. Eine andere Möglichkeit ist, an Stelle der Originalregressoren mit Hauptkomponenten von $\underline{X}_1$ zu rechnen (s. Abschn. 5.4.1.). Einige weitere Alternativverfahren sind z. B. bei MAGER [4.2] ausführlich dargestellt.

Im allgemeinen wird jedoch die in MULTIREG genutzte Methode der kleinsten Abweichungsquadratsumme (auch: **O**rdinary **L**east **S**quares Estimation, OLS) gut anwendbar sein.

Die Schätzer für Absolutglied und Regressionskoeffizienten ergeben sich dabei als

$$\hat{\underline{\beta}} = (\underline{X}^T \underline{X})^{-1} \underline{X}^T \underline{y} \tag{4.3}$$

worin $\hat{\underline{\beta}}$ ein $p+1,1$-Vektor mit $\hat{\beta}_0, \ldots, \hat{\beta}_p$ als Komponenten ist.

Mit $\hat{\underline{\beta}}$ lassen sich (a posteriori) Regressandenwerte $\hat{y}_1, \ldots, \hat{y}_n$, zusammengefaßt als $\hat{\underline{y}}$, berechnen, die man für die n Regressorwert-Kombinationen des Experimentes hätte erwarten sollen:

$$\hat{\underline{y}} = \underline{X}\, \hat{\underline{\beta}} \tag{4.4}$$

Es ist klar, daß die Qualität von $\hat{\underline{\beta}}$ sich an den Differenzen zwischen den einzelnen Beobachtungen y_i und den entsprechenden Berechnungen $\hat{y}_i$, den Residuen, ablesen läßt. Der OLS-Schätzer (s. (4.3)) ist so konstruiert, daß die Abweichungsquadratsumme

$$\sum_{i=1}^{n} (y_i - \hat{y}_i)^2 = (\underline{y} - \hat{\underline{y}})^T (\underline{y} - \hat{\underline{y}})$$

minimal wird.

Unter den oben gemachten Annahmen kann mit Hilfe der n Residuen ein Schätzer SD^2 für die Varianz σ^2 der Messung des Regressanden

$$SD^2 = \frac{1}{n-p-1} \sum_{i=1}^{n} (y_i - \hat{y}_i)^2$$

erhalten werden, dessen Wurzel SD dementsprechend als Standardabweichung angesehen werden kann.

Mit der Berechnung von $\hat{\underline{\beta}}$ gemäß (4.3) ist zunächst nichts darüber ausgesagt, ob die Aufstellung der entsprechenden Regressionsgleichung

$$\hat{y} = \hat{\beta}_0 + \hat{\beta}_1 x_1 + \hat{\beta}_2 x_2 + \ldots + \hat{\beta}_p x_p$$

überhaupt gerechtfertigt ist. Um dies herauszufinden, muß untersucht werden, inwieweit

— die Variation der beobachteten y_i durch die gleichzeitige Variation der Regressorwerte erklärt wird,
— jeder einzelne der einbezogenen Regressoren signifikanten Einfluß auf das Beobachtungsergebnis y_i hat,
— die Menge der für die Bestimmung von $\hat{\underline{\beta}}$ herangezogenen Regressoren tatsächlich den bestmöglichen Subset darstellt.

4.2. Grundlagen

Folgende Zerlegung der Summe der Abweichungsquadrate der Stichprobenwerte y_i vom Mittelwert $\bar{y}$ erweist sich als nützlich. Es ist:

$$\sum_{i=1}^{n}(y_i - \bar{y})^2 = \sum_{i=1}^{n}(\hat{y}_i - \bar{y})^2 + \sum_{i=1}^{n}(y_i - \hat{y}_i)^2 \tag{4.5}$$

mit $\bar{y} = \frac{1}{n}\sum_{i=1}^{n} y_i$. Die Gesamtsumme, sie steht für die „Variation" der beobachteten Regressandenwerte, setzt sich also aus zwei Anteilen zusammen, einem Anteil „Variation" der mit Hilfe der Regressionsgleichung berechneten (d. h. durch die Regressoren „erklärten") $\hat{y}_i$ und einem anderen Teil, der die Diskrepanz zwischen den Berechnungen $\hat{y}_i$ und den Beobachtungen y_i verkörpert.

Gute „Anpassung" der Beobachtungen liegt vor, wenn der erste Summand groß ist gegen den zweiten. In Abbildung 4.1 ist versucht, dies zu veranschaulichen.

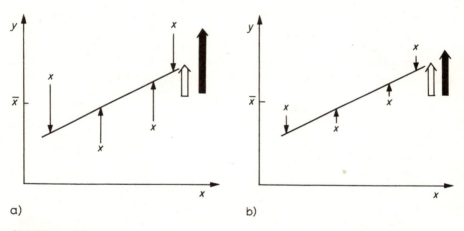

Abbildung 4.1
Veranschaulichung des Verhältnisses zwischen durch das lineare Modell (hier mit nur einem Regressor, x) erklärter ($\Longrightarrow$), dagegen tatsächlich beobachteter ($\blacktriangleright$) und Rest-Variation ($\longrightarrow$) bei schlechter (a) und besserer Anpassung (b)

In der Praxis wird die Anpassungsgüte durch das *multiple Bestimmtheitsmaß*

$$B = \frac{\sum_{i=1}^{n}(\hat{y}_i - \bar{y})^2}{\sum_{i=1}^{n}(y_i - \bar{y})^2} \quad \text{mit } 0 \leq B \leq 1 \tag{4.6}$$

charakterisiert. Es gibt das Verhältnis zwischen durch Regression „erklärter" und in Wahrheit beobachteter „Variation" von y, d. h. eine Art „Wirkungsgrad" der aufgestellten Regressionsgleichung an.

Mitunter findet man an Stelle des Bestimmtheitsmaßes den *multiplen Korrelationskoeffizienten R* verwendet, der sich als Wurzel aus ersterem ergibt ($R^2 = B$) und damit auch keine andere Aussage liefert.

Die Zerlegung (s. (4.5)) bietet eine Möglichkeit, die Berechtigung zu überprüfen, mit der von einem Zusammenhang zwischen dem Regressanden und den Regressoren gesprochen wird. Zu diesem Zweck wird getestet, ob die (durch die Regressoren „erklärte") Varianz der $\hat{y}_i$ größer ist als die Varianz der Residuen $y_i - \hat{y}_i$, ob sozusagen das „Signal" größer ist als das „Rauschen": Man bildet die Testgröße

$$\tilde{F} = \frac{\sum_{i=1}^{n} (\hat{y}_i - \bar{y})^2}{\sum_{i=1}^{n} (y_i - \hat{y})^2} \cdot \frac{n-p-1}{p} \qquad (4.7)$$

und vergleicht mit dem für p und $n-p-1$ Freiheitsgrade bei vorgegebener Irrtumswahrscheinlichkeit α tabellierten Quantil der F-Verteilung, $F_{p;n-p-1;\alpha}$. Falls $\tilde{F} > F$, besteht ein signifikanter Einfluß der Regressoren (insgesamt) auf den Regressanden, bei einer Irrtumswahrscheinlichkeit von höchstens α, andernfalls ist ein solcher Einfluß an Hand der untersuchten Stichprobe zumindest nicht nachweisbar.

Signifikanz des Einflusses der Gesamtheit der p Regressoren besagt jedoch noch nicht, daß auch jeder einzelne von ihnen relevant ist. Im Extremfall kann es sogar vorkommen, daß nur ein einziger Regressor mit y korreliert ist und die restlichen unnütz „mitgeschleppt" werden. Zum Test des Absolutgliedes und der einzelnen Regressoren wird jeweils die Testgröße

$$\tilde{t}_j = \frac{|\hat{\beta}_j|}{SD \cdot \sqrt{(x^T x)^{-1}_{j+1}}} \qquad (4.8)$$

herangezogen, wobei j ($0 \leq j \leq p$) die Nummer des Regressionskoeffizienten (für das Absolutglied ist $j = 0$) und $(x^T x)^{-1}_{j+1}$ das $(j+1)$-te Diagonalelement von $(X^T X)^{-1}$ bedeutet. Der zu $\hat{\beta}_j$ gehörende Regressor (bzw. das Absolutglied) ist bei einer Irrtumswahrscheinlichkeit α signifikant, falls $\tilde{t}_j > t_{n-p-1;\alpha/2}$ (entsprechender Wert der t-Verteilung mit $n-p-1$ Freiheitsgraden).

Die Genauigkeit der nach (4.3) erhaltenen Parameter $\hat{\beta}_0, \ldots, \hat{\beta}_p$ ist mit Hilfe von Vertrauensintervallen

$$\Delta_j = t_{n-p-1;\alpha/2} \; SD \; \sqrt{(x^T x)^{-1}_{j+1}} \qquad (4.9)$$

abschätzbar, die angeben, in welcher Umgebung vom geschätzten Wert $\hat{\beta}_j$ sich der „wahre" Wert β_j mit der Sicherheit $(1-\alpha)$ befindet.

Im allgemeinen Falle wird man für einen willkürlich ausgewählten Subset von p Regressoren nicht sofort zu dem Ergebnis gelangen, daß sowohl $\tilde{F}$ auf Signifikanz des Gesamtzusammenhangs als auch die $\tilde{t}_j$ auf Relevanz sämtlicher verwandten Regressionskoeffizienten deuten. Vielmehr wird es meist erforderlich sein, einen oder auch mehrere der Regressoren, die nach (4.8) nicht signifikant sind, auszu-

4.2. Grundlagen

schließen, dagegen andere, die in diesem Subset nicht enthalten waren, vielleicht neu aufzunehmen und die ganze Rechnung, beginnend bei der Schätzung der Koeffizienten $\hat{\beta}_o, \ldots, \hat{\beta}_p$ für den neuen Subset mit p' Regressoren zu wiederholen, usf., bis man einen „optimalen" Subset mit r Regressoren erhält, bei dem der Prozeß gestoppt wird. Als Ergebnis der Regressionsanalyse werden nur die letztlich erhaltene Abbruch-Regressionsgleichung mit den Koeffizienten $\hat{\beta}_o, \ldots, \hat{\beta}_r$, sowie die für sie ermittelten Beurteilungskriterien (SD, B, evtl. R, $\tilde{F}$, t_j, $\Delta_j \ldots$) festgehalten. Die vorher für noch nicht optimal eingestufte Subsets erhaltenen Daten tragen lediglich den Charakter von Zwischenergebnissen. Voraussetzung dafür, daß man am Ende überhaupt eine Regressionsgleichung angeben kann, ist natürlich, daß $\tilde{F}$ die Signifikanz belegt. Selbst wenn für die Abbruchgleichung noch nicht $\tilde{F} > F$ bei akzeptabel kleinem Irrtumsrisiko gilt, bleibt ein linearer Zusammenhang zwischen Regressand und Regressoren fraglich.

Ein gutes Kriterium für die Bewertung bzw. für den Vergleich verschiedener Subsets stellt die C_p-Statistik dar. Jede Regressorkombination wird durch einen C_p-Wert charakterisiert:

$$C_p = \frac{SD_p^2 \, (n - p - 1)}{SD^2 \, (\text{total})} - (n - 2(p + 1)) \qquad (4.10)$$

Dabei ist SD_p^2 die für die jeweils betrachtete Kombination von p Regressoren und SD (total) die für den „totalen" Ansatz mit allen zur Verfügung stehenden Regressoren erhaltene Restvarianz. Für die idealen Subsets wird $C_p = p + 1$. Bei Eintragung der für eine Reihe verschiedener Subsets erhaltenen C_p-Werte in ein C_p, $(p + 1)$-Diagramm werden gute Regressorkombinationen daran erkennbar, daß die entsprechenden Punkte dicht bei der Linie $C_p = p + 1$ liegen. Ein Beispiel gibt Abbildung 4.3 (s. Abschn. 4.3.). Befinden sich mehrere Punkte etwa gleich nah der Ideallinie, so entscheidet man sich für denjenigen der entsprechenden Subsets, der die geringste Zahl von Regressoren enthält.

Bei der Berechnung von C_p gemäß (4.10) wird unterstellt, daß SD^2 (total) einen guten Schätzer für die Varianz wiederholter Messungen des Regressanden darstellt. Dies muß jedoch nicht immer zutreffen; z. B. dann nicht, wenn eine wichtige Einflußvariable gar nicht gemessen wurde, also auch nicht im totalen Ansatz enthalten war. „Richtiger" wäre daher eigentlich, an Stelle dessen eine etwa durch mehrfache Messung des Regressanden bei konstantgehaltenen Regressorwerten gewonnene Schätzung für die Varianz zu verwenden. Beim Programm MULTIREG wird davon ausgegangen, daß eine solche oft nicht vorliegt und deshalb mit SD (total) gerechnet. Es bleibt dem Nutzer überlassen, alternativ dazu eine unabhängige Schätzung einzusetzen, indem Zeile 84∅ zu: LET $SD1 = \ldots$ geändert wird.

Auch das multiple Bestimmtheitsmaß B läßt sich zum Vergleich der Qualität verschiedener Subsets heranziehen. Es wird ein möglichst großes Bestimmtheitsmaß angestrebt. Allerdings ist B selbst nur aussagekräftig, wenn Subsets gleicher Regressoranzahl verglichen werden sollen. Bei Hinzunahme von Regressoren wächst B prinzipiell an, selbst wenn diese bedeutungslos sind. Besser ist deshalb die Verwendung des „korrigierten" multiplen Bestimmtheitsmaßes

$$B^* = 1 - (1 - B)(n - 1) / (n - p - 1), \tag{4.11}$$

das die Zahl der Freiheitsgrade berücksichtigt und im Programm neben B ausgegeben wird.

Mit Hilfe der genannten Kriterien läßt sich die Subsetauswahl auf eine Suche nach derjenigen Kombination von gegebenen Regressoren zurückführen, für die die beste Bewertung erhalten wird. Hierzu müßte jede einzelne aller denkbaren Kombinationen gesichtet werden. Dies ist jedoch nur bei geringer Gesamtzahl von Regressoren praktikabel. Mit steigender Anzahl wächst die Zahl der zu prüfenden Subsets sehr schnell an, so daß schon bald der Rechenaufwand unrealistisch hoch wird. Aus diesem Grunde werden statt dessen häufig Verfahren des systematischen Auf- oder Abbaus angewandt, von denen angenommen wird, daß sie ebenfalls zum „optimalen" Subset führen.

Beim Subsetaufbau werden zunächst alle Regressoren für sich hinsichtlich ihres Einflusses auf den Regressanden untersucht (dies bedeutet p Rechnungen mit jeweils nur einem Regressor). Der beste von ihnen, d. h. der mit dem größten $\tilde{t}$-Wert, wird zuerst in das Modell aufgenommen und danach derjenige der restlichen Regressoren ermittelt, für den bei Hinzunahme das größte $\tilde{t}$ erzielt wird, der also zusammen mit dem ersten das beste Paar bildet. So wird fortgefahren, bis nur noch solche Regressoren übrigbleiben, die nicht hinzugenommen werden können, da für sie bei Aufnahme ein nicht signifikantes $\tilde{t}$ erhalten würde. Zwischendurch kann es dabei vorkommen, daß bereits integrierte Regressoren wieder entfernt werden müssen, da sie sich bei Hinzunahme weiterer als nicht mehr signifikant erweisen.

Abbauverfahren beginnen im Unterschied dazu mit dem totalen Ansatz. In jedem Schritt wird der jeweils schlechteste Regressor (d. h. der mit dem kleinsten $\tilde{t}$-Wert) entfernt und die Rechnung mit dem Rest wiederholt. Der Abbau wird beendet, wenn sich nur noch (zu einem vom Anwender festgelegten Niveau) signifikante Regressoren im Subset befinden.

Sowohl Aufbau- als auch Abbaumethode können, da sich die entsprechenden Algorithmen einfach formulieren lassen, ohne weiteres „automatisiert" werden. Bei MULTIREG wurde auf diese Bequemlichkeit zugunsten größerer Flexibilität und Entscheidungsfreiheit für den Nutzer verzichtet. Er kann Regressoren nach eigenem Ermessen auf- und abbauen.

4.3. Anwendungsbeispiele

Für das in Abbildung 4.2 gezeigte Molekül soll untersucht werden, wie sich die Eigenschaften der Molekülumgebung auf die Lichtabsorption auswirken. Zu diesem Zweck wurden die Absorptionsspektren der Substanz in einer Reihe verschiedener Lösungsmittel registriert [4.3]. Die Variation des Lösungsmittels entspricht einer Veränderung der Umgebungspolarität, -viskosität und der Fähigkeit, Wasserstoffbrücken zum Molekül auszubilden (auch: Protonendonizität).

Die Wellenzahl $\tilde{\nu}$ des längstwelligen Absorptionsmaximums (s. Tab. 4.1), sie ist proportional der Absorptionsenergie, in Abhängigkeit von den Parametern π^* (Pola-

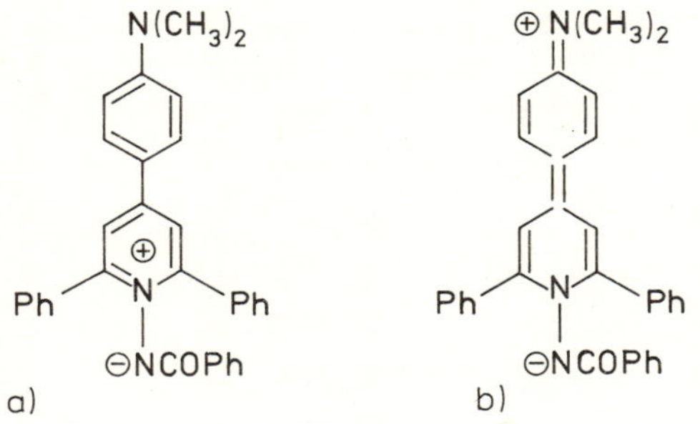

4.3. Anwendungsbeispiele

Abbildung 4.2
2,6-Diphenyl-4-(p-N,N-dimethylaminophenyl)-1-benzoyliminopyridiniumylid
Beschreibung des Moleküls durch zwei mesomere Grenzstrukturen (a und b)

rität), α (Protonendonizität) und $\hat{\eta}$ (Viskosität) als Maßzahlen zur Charakterisierung des jeweils verwandten Lösungsmittels ([4.4, 4.5]), ist in Tab. 4.1 wiedergegeben.

Mit Hilfe der multiplen linearen Regression kann getestet werden, ob $\tilde{\nu}$ tatsächlich von den genannten Lösungsmitteleigenschaften abhängt. Hierzu werden die Daten aus Tabelle 4.1 als Stichprobe aufgefaßt mit den Werten $\tilde{\nu}$ für den Regressanden, und π^*, α und $\hat{\eta}$ für die Regressoren.

Für den totalen Ansatz (Einbeziehung aller drei Regressoren) erhält man mit MULTIREG

$C1 = -1{,}98 \pm 0{,}83$; $\tilde{t} = 5{,}51$
$C2 = -1{,}22 \pm 0{,}51$; $\tilde{t} = 5{,}55$
$C3 = 0{,}09 \pm 0{,}45$; $\tilde{t} = 0{,}47$
$C\emptyset = 26{,}20 \pm 0{,}55$; $\tilde{t} = 110{,}5$

$B = 0{,}92$; $R = 0{,}96$; $SD = 0{,}22$; $B^* = 0{,}89$; $\tilde{F} = 29{,}8$

Hierbei stehen $C\emptyset, \ldots, C3$ für $\hat{\beta}_0, \ldots, \hat{\beta}_3$, bezeichnen also die Schätzungen für Absolutglied und Regressionskoeffizienten. Die angegebenen Vertrauensintervalle wurden bei Vorgabe der statistischen Sicherheit 0,95 (= 95 %) erhalten. Alle Werte sind gerundet.

Bei Abbruch der Rechnung auf dieser Stufe wäre als Regressionsgleichung

$$\tilde{\nu} / 10^5 m^{-1} = 26{,}20 - 1{,}98\,\pi^* - 1{,}22\,\alpha + 0{,}09\,\hat{\eta}$$

zu formulieren. Das hohe Bestimmtheitsmaß ($B = 0{,}92$) deutet auf gute Anpassung der beobachteten Werte $\tilde{\nu}_i$. Der F-Test bestätigt die Abhängigkeit des Regressanden von der Gesamtheit der Regressoren: Es ist $\tilde{F} \gg F_{3;8;0{,}95}$ (29,78 $\gg$ 4,07).

Tabelle 4.1
Wellenzahl des längstwelligen Absorptionsmaximums des in Abbildung 4.2 gezeigten Moleküls in Abhängigkeit von den Lösungsmittelparametern π^*, α und $\hat{\eta}$ (Polarität, Protonendonizität, Viskosität)

Nr.	Lösungsmittel	π^*	α	$\hat{\eta}$	$\tilde{\nu}/10^5\,\text{m}^{-1}$
1	Methanol	0,6	0,93	0,67	24,096
2	Ethanol	0,54	0,83	0,88	24,125
3	i-Propanol	0,48	0,76	1,42	24,42
4	n-Butanol	0,47	0,79	1,24	24,213
5	1,2-Ethandiol	0,92	0,9	2	23,557
6	Aceton	0,71	0,08	0,41	24,813
7	Ethylacetat	0,55	0	0,5	25,125
8	Dimethylformamid	0,88	0	0,62	24,33
9	Di-n-butylether	0,24	0	0,65	25,906
10	Tetrahydrofuran	0,58	0	0,51	24,752
11	Dioxan	0,55	0	0,81	25,477
12	Acetonitril	0,75	0,19	0,45	24,721

Ein Vergleich der $\tilde{t}$-Werte mit dem entsprechenden Wert der t-Verteilung ($t_{8;0,95} = 2,31$) zeigt jedoch, daß ein Einfluß von $\hat{\eta}$ (obwohl ein Koeffizient ausgerechnet wurde) auf dem vorgegebenen Niveau der statistischen Sicherheit nicht nachgewiesen werden kann. Dies kommt auch darin zum Ausdruck, daß das Vertrauensintervall für $C3$ größer ist als dessen Betrag ($0,45 > 0,09$), d. h. $C3$ nicht sicher genug von Null verschieden ist.

Nach Entfernen von $\hat{\eta}$ resultiert:

$C1 = -1,95 \pm 0,76$; $\tilde{t} = 5,77$
$C2 = -1,15 \pm 0,34$; $\tilde{t} = 7,63$
$C0 = 26,24 \pm 0,49$; $\tilde{t} = 121,0$

$B = 0,92$; $R = 0,96$; $SD = 0,21$; $B^* = 0,90$; $\tilde{F} = 48,8$

Die Richtigkeit des Herausnehmens von $\hat{\eta}$ bestätigt sich im Anwachsen von $\tilde{F}$: Der Zusammenhang zwischen Regressand und Regressoren wird nun noch viel deutlicher als zuvor erkannt. Darüber hinaus sind beide verbliebenen Regressoren auf dem Niveau 95%iger Sicherheit signifikant ($t_{9;0,95} = 2,26$), so daß kein Anlaß besteht, einen weiteren zu streichen. Tut man dies doch, entfernt also etwa π^*, gelangt man zu:

$C2 = -2,11 \pm 1,94$; $\tilde{t} = 2,42$
$C0 = 25,91 \pm 1,23$; $\tilde{t} = 47,0$

$B = 0,37$; $R = 0,61$; $SD = 0,54$; $B^* = 0,31$; $\tilde{F} = 5,85$

4.3. Anwendungsbeispiele

Am drastischen Absinken von B, B^* und $\tilde{F}$ ist zu erkennen, daß dieser Schritt nicht richtig war. Man wird daher auf der vorletzten Stufe abbrechen und sich für den Subset mit den Regressoren π^* und α entscheiden.

Bei diesem Abbauverfahren sind nicht alle möglichen Regressorkombinationen „durchgespielt" worden, was bei insgesamt drei Regressoren noch gut möglich ist. Nach Einlesen des Datensatzes mit allen Regressoren kann mit MULTIREG durch sukzessives Streichen bzw. Wiederaufbauen von Regressoren jeder beliebige Subset getestet werden. Dies auszuprobieren sei dem Leser überlassen. Wir geben hier nur die erhaltenen C_p-Werte wieder (Tab. 4.2). Die Auswertung des daraus gewonnenen C_p,(p+1)-Diagramms (Abb. 4.3) führt wie bereits das Abbauverfahren zu dem aus π^* und α bestehenden als bestem Subset: Der entsprechende Punkt liegt nahe der Ideallinie, und es sind weniger Regressoren verwendet als beim totalen Ansatz.

Tabelle 4.2
Für die möglichen Kombinationen der Regressoren π^*, α und $\hat{\eta}$ erhaltene C_p-Werte

Subset	C_p	p+1
π^*; α; $\hat{\eta}$	4,00	4
π^*; α	2,22	3
α; $\hat{\eta}$	32,32	3
π^*; $\hat{\eta}$	32,82	3
π^*	53,40	2
α	30,62	2
$\hat{\eta}$	56,51	2

Als Ergebnis der Regressionsanalyse kann damit

$$\tilde{\nu} / 10^5 \, m^{-1} = 26{,}24 - 1{,}95 \, \pi^* - 1{,}15 \, \alpha$$
$$(\pm 0{,}49) \quad (\pm 0{,}76) \quad (\pm 0{,}34)$$

mit B = 0,92 und SD = 0,21 (in Klammern: Vertrauensintervalle für die statistische Sicherheit 0,95) festgehalten werden.

Im Programm ist nach der Subsetauswahl ein Ausreißertest vorgesehen, mit dem überprüft wird, ob Regressandenmeßwerte vorkommen, die unvertretbar stark von den jeweils berechneten abweichen. Dazu wird die Prüfgröße ($\underline{x}_i$ = i-te Zeile von $\underline{X}$)

$$PG = \max_i \left| \frac{y_i - \hat{y}_i}{SD \cdot \sqrt{1 - \underline{x}_i^T (\underline{X}^T \underline{X})^{-1} \underline{x}_i}} \right|$$

berechnet. An dieser Stelle ist die Eingabe des entsprechenden Wertes aus Tabelle

100   4. Multiple lineare Regression

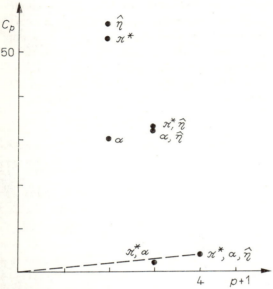

Abbildung 4.3
C_p,$(p+1)$-Diagramm für die bei der Beschreibung des Einflusses der Umgebungspolarität (π^*), -viskosität ($\hat{\eta}$) und der Protonendonizität (α) auf die Absorption des in Abbildung 4.2 dargestellten Moleküls möglichen Regressorkombinationen. Guten Kombinationen entsprechende Punkte liegen nahe der ,,Ideallinie") (– – – –) und dem Koordinatenursprung.

10.17 in Abhängigkeit von der Zahl der Beobachtungen n, der Regressorzahl p und der gewünschten Sicherheit erforderlich. Im vorliegenden Fall wird mit der Eingabe von 2,45 für n = 12 Messungen, p = 2 Regressoren und eine Sicherheit von 0,95 signalisiert, daß kein Ausreißer vorhanden ist. Andernfalls hätte man sich dafür entscheiden können, diesen zu entfernen, und die Rechnungen wären wiederholt worden.

Am Ende des Programms werden *standardisierte Regressionskoeffizienten* ausgegeben. Diese Koeffizienten hätte man erhalten, wenn die Rechnung an Stelle der Originalregressorwerte mit ,,standardisierten" Spalten von X durchgeführt worden wären. Standardisiert bedeutet (vgl. z. B. auch Kap. 5), daß der Mittelwert der in einer Spalte stehenden Zahlen Null und die Standardabweichung gleich Eins ist. Die standardisierten Koeffizienten lassen sich bezüglich ihrer Größe vergleichen: Ein größerer Koeffizient deutet in diesem Falle direkt auf einen größeren Einfluß des zugehörigen Regressors auf den Regressanden. Im Grunde kann die Abstufung der Einflüsse der Regressoren jedoch ebensogut bereits an den $\tilde{t}$-Werten abgelesen werden, so daß die standardisierten Regressionskoeffizienten hier nur der Vollständigkeit halber angegeben werden.

Das für die Lichtabsorption des in Abbildung 4.2 gezeigten Moleküls erhaltene Ergebnis kann folgendermaßen interpretiert werden: Die Wellenzahl $\tilde{\nu}$ der Absorption und damit die Energie, die zur Anregung erforderlich ist, hängt nicht von der Umgebungsviskosität ab. Das steht in guter Übereinstimmung mit der Theorie, daß sich die Molekülgeometrie bei Anregung nicht ändert (Franck-Condon-Prinzip), also auch keine Arbeit zur Umordnung der umgebenden Lösungsmittelmoleküle geleistet werden muß.

Sowohl steigende Polarität als auch Protonendonizität verringern die Anregungsenergie. Offensichtlich wird der durch Absorption entstehende (S^1)-Zustand durch polare Umgebung besser stabilisiert als der bis dahin vorliegende Grundzustand (S^0). Mit der Anregung vergrößert sich demnach die Polarität des Moleküls, wahrscheinlich infolge einer weitergehenden Trennung der positiven und negativen Ladung, wie in Abbildung 4.2b durch eine Grenzstruktur angedeutet ist. Wasserstoffbrücken, offenbar zum freien Elektronenpaar des Ring-Stickstoffs, wirken zusätzlich stabilisierend.

Ein zweites Anwendungsbeispiel, das hier diskutiert werden soll, steht im Zusammenhang mit der Qualitätskontrolle von Wolframpulver, eines für die Lampenindustrie wichtigen Ausgangsstoffes. Es ist bekannt, daß u. a. der Spurengehalt an Eisen eigenschaftsbestimmenden Einfluß auf das Endprodukt hat. Daher ist es von Interesse, herauszufinden, an welcher Stelle im Herstellungsprozeß des Pulvers die Verunreinigung mit Eisenspuren erfolgt.

Es ist anzunehmen, daß gleichzeitig mit dem Eintrag des Eisens auch Spuren anderer Elemente in das Wolframpulver eingebracht werden. Bei Analysen einer Reihe von Proben desselben Pulvers werden aus verschiedenen Gründen (unterschiedliche Korngröße, Heterogenität der Elementverteilung) schwankende Eisenwerte gefunden. Die Konzentrationen derjenigen Elemente, die gemeinsam mit dem Eisen in das Pulver gelangen, sollten mit der Konzentration an Eisen korrelieren. Daher wird überprüft, ob sich die Eisenkonzentration als lineare Funktion anderer Elementkonzentrationen darstellen läßt und welche Elemente dies sind.

Obwohl hier die Voraussetzung der Fehlerfreiheit der Regressorwerte (vgl. Abschn. 4.2.) wegen des Analysenfehlers bei der Konzentrationsbestimmung sicher nicht und die der Normalverteilung der Regressandenwerte möglicherweise auch nicht erfüllt ist (Spurengehalte sind häufig logarithmisch normalverteilt), soll versucht werden, mit Hilfe der Regressionsanalyse Aufschluß zu gewinnen. In Tabelle 10.6 sind die für 45 Proben ein und desselben Pulvers ermittelten Gehalte einiger wichtiger Spurenelemente aufgeführt (vgl. [4.6]).

Der Verlauf des mit Einbeziehung aller Regressoren (Spurenelementkonzentrationen außer Eisen) beginnenden Abbauverfahrens kann in Tabelle 4.3 verfolgt werden. Die erste Spalte entspricht dem totalen, die zweite Spalte dem um einen Regressor reduzierten Ansatz usw. Im oberen Teil der Tabelle sind die jeweils erhaltenen $\tilde{t}$-Werte, im unteren Teil die zur Charakterisierung des jeweiligen Subsets erhaltenen Kennzahlen aufgeführt.

Tabelle 4.3

Charakterisierung der im Verlauf des Abbauverfahrens erhaltenen Subsets (Beispiel Wolframpulver) durch $\tilde{t}$-Werte (oberer Teil der Tabelle), sowie durch die Kriterien $\tilde{F}$, B^*, C_p, SD und B (unterer Teil der Tabelle). Jede Spalte gehört zu einem Subset.

Mo	0,55	**0,45**					
Al	3,33	3,83	3,96	3,90	4,65	5,37	6,70
Ca	0,73	0,85	**0,85**				
Ni	3,21	3,21	3,25	3,16	6,41	7,29	6,70
Cr	0,72	0,86	1,07	**1,02**			
Cu	1,82	1,99	2,07	1,95	**1,68**		
Mg	2,29	2,28	2,32	2,40	2,34	2,58	
Si	**0,48**						
$\tilde{F}$	20,9	24,4	29,0	35,0	43,4	54,5	69,1
B^*	0,78	0,79	0,79	0,79	0,79	0,79	0,76
C_p	9,00	7,23	5,43	4,11	3,11	3,79	8,43
SD	3,18	3,16	3,12	3,11	3,11	3,18	3,39
B	0,82	0,82	0,82	0,82	0,81	0,80	0,77

Der „Schwellenwert", den $\tilde{t}$ übersteigen muß, damit der entsprechende Regressor als signifikant bei der Irrtumswahrscheinlichkeit 0,05 eingestuft werden kann, liegt für alle Subsets bei etwa 2,04 (vgl. t-Tabelle). Damit ist klar, daß sich im totalen Ansatz (erste Spalte) gleich mehrere Regressoren befinden, deren Einfluß auf den Regressanden (Eisenkonzentration) für nicht gesichert angesehen werden muß, nämlich Molybdän, Calcium, Chromium, Kupfer und Silicium. Trotzdem wäre es falsch, sie alle gleichzeitig, d. h. ohne weitere Sichtung von „Zwischen"-Subsets, zu entfernen (was mit MULTIREG auch nicht möglich ist, da jeweils nur ein Regressor herausgenommen werden kann). Es ist nämlich nicht auszuschließen, daß ein zunächst als nicht signifikant bewerteter Regressor nach Herausnahme eines anderen die Signifikanzschwelle überschreitet, im vorliegenden Beispiel etwa Kupfer nach Entfernen von Molybdän (dritte Spalte). Solche Effekte deuten darauf hin, daß diese Regressoren nicht „hundertprozentig" voneinander unabhängig, also zu einem gewissen Grade miteinander korreliert sind. Deshalb werden schrittweise die jeweils „schwächsten" Regressoren (in Tab. 4.3 hervorgehobene $\tilde{t}$-Werte) in der Reihenfolge Silicium, Molybdän, Calcium, Chromium und schließlich auch Kupfer aus dem Ansatz gestrichen. Auf dieser Stufe wird abgebrochen, da alle noch enthaltenen Regressoren (Aluminium, Nickel, Magnesium) auf dem gewählten Niveau signifikant sind. Das Ergebnis wird damit

4.3. Anwendungsbeispiele

$$c_{Fe} \text{ / ppm} = 16{,}9 + 0{,}29\ c_{Al} + 2{,}33\ c_{Ni} + 3{,}44\ c_{Mg}$$

$$(\pm 5{,}6) \quad (\pm 0{,}11) \quad (\pm 0{,}65) \quad (\pm 2{,}69)$$

mit B = 0,80 und SD = 3,18 (Werte gerundet, Vertrauensintervalle für statistische Sicherheit 0,95).

Zum Vergleich ist der bei Entfernen von Magnesium resultierende Subset mit in die Tabelle 4.3 (letzte Spalte) einbezogen. Obwohl, wie aus der mit B^* bezeichneten Zeile hervorgeht, sich das korrigierte multiple Bestimmtheitsmaß im Verlauf des Regressorabbaus nicht sehr überzeugend ändert, ist auch von diesem Standpunkt aus nichts gegen die Regressorkombination Aluminium, Nickel, Magnesium einzuwenden. Wesentlich deutlicher für das mit Hilfe der $\tilde{t}$-Werte erhaltene Modell spricht die $C_p,(p+1)$-Auftragung für die auf dem Wege der Reduktion „angefallenen" Subsets (Abb. 4.4; die Reduktionsschritte sind durchnumeriert).

Zur Interpretation des Ergebnisses folgende Überlegung: Durch Mittelung der in Tabelle 10.6 aufgeführten Analysenergebnisse errechnen sich Durchschnittsgehalte des Wolframpulvers an Aluminium zu 57 ppm, an Nickel zu 5,3 ppm

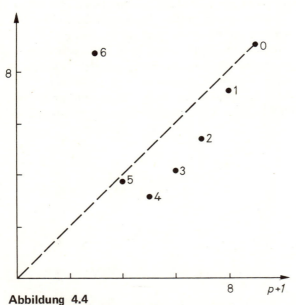

Abbildung 4.4
$C_p,(p+1)$-Diagramm für die bei der schrittweisen Reduktion des totalen Ansatzes angefallenen Subsets im Beispiel des Wolframpulvers. Als günstigster Subset ergibt sich Nr. 5 (Regressoren c_{Al}, c_{Ni}, c_{Mg}).

sowie an Magnesium zu 1,2 ppm. Einsetzen dieser Werte in die erhaltene Regressionsgleichung führt zu

$$c_{Fe} / \text{ppm} = 16{,}9 + 0{,}29 \cdot 57 \quad + 2{,}33 \cdot 5{,}3 + 3{,}44 \cdot 1{,}2$$
$$\approx 16{,}9 + \quad\quad\quad 16{,}5 + \quad\quad\quad 12{,}3 + \quad\quad\quad 4{,}1$$
$$\doteq 49{,}8$$

und damit zu guter Reproduktion des ebenfalls aus Tabelle 10.6 folgenden mittleren Eisengehaltes von 48 ppm. Der Gesamtgehalt an Eisen setzt sich aus mehreren Beiträgen zusammen: 16,9 ppm, die unabhängig vom Eintrag der anderen Elemente vorhanden sind, 16,5 ppm, die gemeinsam mit dem Aluminium, 12,3 ppm, die gleichzeitig mit dem Nickel und 4,1 ppm die mit dem Magnesium in das Material gelangen.

Vom Aluminium ist bekannt, daß es bei der Anträckung des Materials mit Kaliumsilicatlösung eingebracht wird, 16,5 ppm Eisenanteil sind offensichtlich ebenfalls auf diesen Schritt im Herstellungsprozeß des Pulvers zurückführbar. Setzt man den gemeinsam mit Nickel eingetragenen Anteil Eisen (12,3 ppm) ins Verhältnis zum Eintrag an Nickel und Chromium (letztere ergeben sich als Differenz der mittleren Gehalte des Pulvers an Nickel und Chromium zu den entsprechenden Gehalten des Ausgangsmaterials, Ammoniumparawolframat), erhält man:

$$12{,}3 / 5{,}3 - 1 / 8 - 2 / = 54\,\% / 19\,\% / 27\,\%$$

Dies aber reflektiert in erstaunlicher Genauigkeit die Zusammensetzung der Stahlschiffchen (51 % / 20 % / 25 %), die bei einem zweiten wichtigen Schritt in der Herstellung, der Reduktion zum eigentlichen Wolframpulver für die Aufnahme des Materials verwandt werden. Damit scheint klar, daß neben dem Eintrag bei der Anträckung ein weiterer Teil der Spurenverunreinigung an Eisen, die sich letztlich im Pulver finden, aus den Stahlschiffchen stammt. Ein geringer Rest schließlich (4,1 ppm) gelangt irgendwie gebunden an Magnesium in das Wolframmaterial, wofür jedoch aus technologischer Sicht zunächst keine so einleuchtende Interpretation gegeben werden kann.

5. Hauptkomponentenanalyse

5.1. Einleitung

Die Hauptkomponentenanalyse wurde in ihren Grundlagen bereits zu Beginn dieses Jahrhunderts (PEARSON (1901), HOTELLING (1933)) entwickelt. Ihr Ziel besteht kurz gesagt in der Verdichtung der in einem Datensatz enthaltenen Information. Bei zahlreichen Anwendungen werden bestimmte Objekte durch viele Variablen charakterisiert, die man aus praktischen Überlegungen als relevant ansieht. Dies führt allerdings bei mehreren statistischen Verfahren zu Schwierigkeiten: So sollte das Verhältnis aus Objekt- und Variablenzahl wenigstens 3:1 betragen, damit die Stabilität der Kovarianzmatrix gesichert ist. Darüber hinaus können unter den Variablen hohe Interkorrelationen auftreten (dieses Problem wurde unter dem Stichwort Kollinearität bereits in Kapitel 4 angesprochen).

Mittels der Hauptkomponentenanalyse versucht man, aus den ursprünglichen Variablen durch lineare Transformation neue zu bilden, die untereinander unkorreliert sind, deren Anzahl geringer ist als die der ursprünglichen, die aber dennoch einen möglichst großen Teil der im Datensatz vorhandenen Information enthalten sollen. Somit erreicht man die angestrebte Reduktion der Variablenzahl ohne großen Informationsverlust. Darüber hinaus erleichtern die erhaltenen Variablen oft eine Interpretation der experimentellen Zusammenhänge. Von der Anwendungsbreite der Hauptkomponentenanalyse sei im folgenden nur ein Ausschnitt skizziert. In Abschnitt 5.4.1. wird ein Alternativverfahren zur multiplen Regression, nämlich die Hauptkomponentenregressionsanalyse beschrieben. Abschnitt 5.4.2. stellt eine Möglichkeit für den Einsatz von Hauptkomponentenmodellen vor. Abgesehen von statistischen Überlegungen liefert die Hauptkomponentenanalyse unmittelbar die Grundlage für eine Display-Methode, die sogenannte Hauptkomponentendarstellung, auf welche jedoch in Kapitel 8 näher eingegangen wird.

5.2. Grundlagen

Der mit $\underline{X}$ bezeichnete Datensatz bestehe aus n Objekten, an denen p Variablen gemessen wurden, d. h.:

5. Hauptkomponentenanalyse

$$\underline{X} = \begin{pmatrix} x_{11} & \cdots & x_{1p} \\ \vdots & & \vdots \\ \vdots & \ \ x_{ij} & \vdots \\ \vdots & & \vdots \\ x_{n1} & \cdots & x_{np} \end{pmatrix}$$

Der Datensatz läßt sich somit als eine Menge von n Punkten, im p-dimensionalen euklidischen Raum $\mathbb{R}^p$ deuten.

Vor der Anwendung der Hauptkomponentenanalyse macht sich eine Datenvorbehandlung erforderlich. Zunächst werden die Daten zentriert, so daß der Mittelpunkt der Objektpunktwolke mit dem Nullpunkt des $\mathbb{R}^p$ übereinstimmt. Dies geschieht gemäß

$$x'_{ij} = x_{ij} - \bar{x}_j \qquad i = 1, \ldots, n;\ j = 1, \ldots, p \qquad (5.1)$$

mit

$$\bar{x}_j = \frac{1}{n} \sum_{i=1}^{n} x_{ij}$$

Aus der so erhaltenen (n,p)-Matrix $\underline{X}'$ errechnet sich die (geschätzte) Kovarianzmatrix S nach

$$\underset{(p,p)}{S} = \frac{1}{n-1} \underset{(p,n)}{\underline{X}'^T} \underset{(n,p)}{\underline{X}'} \qquad (5.2)$$

Existieren unter den Ausgangsvariablen starke Unterschiede in der Streuung, so können diese nivelliert werden, damit in die nachfolgenden Rechnungen jede Variable mit demselben Gewicht eingeht. Dazu wird statt $\underline{X}'$ die Matrix $\underline{X}''$ gemäß

$$x''_{ij} = x'_{ij} / s_j \qquad i = 1, \ldots, n;\ j = 1, \ldots, p \qquad (5.3)$$

mit

$$s_j = \left(\frac{1}{n-1} \sum_{i=1}^{n} x'^2_{ij} \right)^{1/2}$$

gebildet. Die Daten heißen nun standardisiert. Der Mittelpunkt ist der Nullpunkt, und die Streuung der Variablen beträgt jeweils 1. Anstelle von (5.2) erhält man die Korrelationsmatrix

$$R = \frac{1}{n-1} \underline{X}''^T \underline{X}'' \qquad (5.4)$$

Eine anschauliche Darstellung von Zentrierung und Standardisierung liefert Abbildung 5.1.

Der Einfachheit halber sei der nun nach (5.1) oder (5.3) vorbehandelte Datensatz ebenso wie der ursprüngliche mit $\underline{X}$ bezeichnet. Wie bereits in der Einleitung festgestellt, sollen die Ausgangsvariablen $x_1, \ldots, x_p$ auf eine bestimmte Weise

5.2. Grundlagen

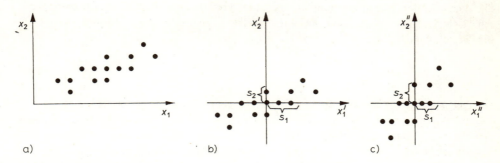

a)   b)   c)

Abbildung 5.1
Auswirkung von Zentrierung und Standardisierung der Ausgangsdaten.
Beim Zentrieren wird die Objektwolke so verschoben, daß sich anschließend in ihrer Mitte der Nullpunkt des $\mathbb{R}^p$ befindet (hier ist $p = 2$). Beim Standardisieren wird die Objektwolke darüber hinaus so in Richtung der Koordinatenachse gedehnt bzw. gestaucht, daß im Anschluß die Streuungen sämtlicher Ausgangsvariablen gleich 1 sind.

linear transformiert werden, daher berechnen sich die neuen Variablen $y_1, \ldots, y_p$ nach

$$y_j = \sum_{i=1}^{n} v_{ij} x_i \qquad j = 1, \ldots, p \qquad (5.5)$$

Die p^2 Koeffizienten v_{ij} sind dabei so zu wählen, daß die y_j untereinander unkorreliert sind und daß y_1 die größtmögliche Information aus dem Datensatz beinhaltet, y_2 den größtmöglichen Teil der „Restinformation" usw. Hierbei wird y_j als j-te Hauptkomponente bezeichnet. Als Informationsmaß des Datensatzes fungiert in diesem Zusammenhang die Varianz. Es sollen nur solche Transformationen zugelassen werden, die die Gesamtvarianz der Variablen konstant lassen (d. h. die Summe der Varianzen der y_j soll gleich derjenigen der x_j sein). Daher müssen die Größen v_{ij} der Normierungsbeschränkung

$$\sum_{i=1}^{p} v_{ij}^2 = 1 \qquad j = 1, \ldots, p \qquad (5.6)$$

unterworfen werden. Die angegebene Zielstellung führt (vgl. etwa [5.1]) auf die Lösung des Eigenwertproblems

$$\underline{R}\,\underline{v} = \lambda\,\underline{v}, \tag{5.7}$$

wobei $\underline{R}$ durch $\underline{S}$ zu ersetzen ist, falls lediglich zentriert wurde. Der zum größten Eigenwert λ_1 von $\underline{R}$ gehörige Eigenvektor $\underline{v}_1 = (v_{11}, v_{21}, \ldots, v_{p1})^T$ enthält gerade die für die Bildung der ersten Hauptkomponente y_1 gesuchten Koeffizienten aus (5.5). Der zum zweitgrößten Eigenwert λ_2 gehörende Eigenvektor $\underline{v}_2$ definiert dann y_2 usw. Darüber hinaus liefert uns jeder Eigenwert die Größe der Varianz, welche die dazugehörige Hauptkomponente besitzt. Demzufolge sind die Hauptkomponenten nach fallender Bedeutung geordnet. Wurden die Daten standardisiert, so gilt die Beziehung:

$$\sum_{j=1}^{p} \lambda_j = p \tag{5.8}$$

Sie spiegelt die Tatsache wider, daß nach erfolgter Transformation die Gesamtvarianz erhalten bleibt, denn zuvor hatten alle p standardisierten Ausgangsvariablen die Varianz 1. Man hat allerdings erreicht, daß sich die Varianzen der neuen Variablen nicht mehr gleichen, sondern mehr oder weniger stark polarisieren. Daher liegt es nahe, die letzten Hauptkomponenten, denen kaum noch Bedeutung zukommt, außer Acht zu lassen und nur die ersten q mit $q \leqslant p$ als relevant anzusehen. Somit wird die gewünschte Informationsverdichtung erreicht.

Die Rechnungen bei der Hauptkomponentenanalyse lassen sich mit dem BASIC-Programm HKA durchführen. Hierbei existiert eine Variante für ZX 81 (Listing 6.1) sowie eine Variante für KC 85/2 (Listing 6.2). Numerisch ist die Lösung von (5.7) gleichbedeutend mit der Diagonalisierung der Korrelationsmatrix $\underline{R}$ (bzw. Kovarianzmatrix $\underline{S}$). Hierzu existiert eine Vielzahl von Algorithmen, unter welchen das QR-Verfahren ausgewählt wurde, da es sich gerade für größere Variablenzahlen gegenüber klassischen, wie dem Jacobi-Verfahren, als vorteilhaft erweist (vgl. z. B. [5.2]). Die Diagonalisierung wurde im Programm in Anlehnung an WILKINSON und REINSCH [5.3] vorgenommen. Es ist neben der wahlweisen Zentrierung bzw. Standardisierung der Daten sowie dem Ausdruck der Kovarianz- bzw. Korrelationsmatrix die Ausgabe der Eigenwerte, des durch sie erklärten prozentualen Varianzanteils und der Eigenvektoren vorgesehen. Abschließend werden je nach Zahl der zu berücksichtigenden Hauptkomponenten die entsprechenden neuen Koordinaten der Objekte und Variablen (nach der Transformation: s. (5.5)) ausgegeben, was insbesondere von Bedeutung für die in Kapitel 8 behandelte Hauptkomponentendarstellung ist. In der Version für KC 85/2 schließt sich eine Graphik an.

Die Rechenschritte seien an einem Beispiel illustriert. Als Datensatz wird ein Ausschnitt aus den bekannten Iris-Daten von FISHER verwendet, und zwar die ersten 25 Objekte des Lerndatensatzes (s. Tab. 10.7): An 25 Individuen (Objekten) der Spezies Iris setosa wurden die vier Eigenschaften (Variablen) Sepal-(Kelchblatt-)Länge und -Breite sowie Petal-(Blütenblatt-)Länge und -Breite gemessen. Zu untersuchen ist, aus welchen Faktoren sich die Variabilität dieser Individuen erklärt. Die Ergebnisse der Hauptkomponentenanalyse sind in Tabelle 5.1 zusam-

Tabelle 5.1
Ergebnisse der Hauptkomponentenanalyse für den Iris-Datensatz

a) *Korrelationsmatrix*

	x_1	x_2	x_3	x_4
x_1	1	0,80	0,30	0,46
x_2	0,80	1	0,09	0,58
x_3	0,30	0,09	1	0,32
x_4	0,46	0,58	0,32	1

b) *Eigenwerte*   *Prozentualer Varianzanteil*

λ_1 = 2,36   58,9 %
λ_2 = 0,95   23,7 %
λ_3 = 0,55   13,8 %
λ_4 = 0,14   3,55 %

c) *Eigenvektoren*

v_1	v_2	v_3	v_4
−0,58	0,14	0,51	−0,62
−0,57	0,39	0,11	0,71
−0,28	−0,90	0,22	0,23
−0,51	−0,10	−0,82	−0,23

mengefaßt. Die Korrelationsmatrix zeigt eine relativ hohe Korrelation zwischen den Variablen x_1 und x_2 an, wohingegen x_3 mit den übrigen kaum korreliert ist. Deutlich erkennbar wird die Polarisation der Eigenwerte: Während hier je zwei Ausgangsvariablen 50 % der Gesamtvarianz erklären, vereinigen sich auf die ersten beiden Hauptkomponenten y_1 und y_2 bereits 58,9 % + 23,7 % = 82,6 %, so daß y_3 und y_4 mit 17,4 % dagegen vernachlässigt werden können.

Die Komponenten (oder auch Ladungen) der Eigenvektoren lassen zusätzliche Interpretationen zu. Eine Hauptkomponente wird vornehmlich durch solche Ausgangsvariablen bestimmt, deren Ladungen in den entsprechenden Eigenvektoren betragsmäßig hoch sind. Die 1. Hauptkomponente wird im vorliegenden Beispiel besonders durch x_1, x_2 und x_4 beherrscht (Ladungen ⩾ 0,5), wohingegen in der 2. Hauptkomponente der Einfluß von x_3 überwiegt (−0,90).

Häufig besitzen alle Ladungen des 1. Eigenvektors dasselbe Vorzeichen (hier negativ). Man überlegt sich leicht (wenn man (5.5) und die Konsequenz der Zentrierung berücksichtigt), daß sich in diesem Fall die Objekte im Wert der 1. Hauptkomponente vor allem danach unterscheiden, ob ihre Werte in den Ausgangsvariablen groß oder klein waren (es wird dann auch vom sogenannten *Umfangsfaktor* gesprochen; vgl. auch [5.4]). Die gegebenen Iris-Individuen variieren also in erster Linie zwischen großen Maßen an x_1, x_2 und x_4 (Sepal-Länge, -Breite und Petal-Breite) und kleinen Maßen. In den folgenden Eigenvektoren alternieren die Vorzeichen häufig. Aus denselben Überlegungen wie oben erkennt man, daß sich hier die Verschiedenheit vor allem aus der Größe des Verhältnisses bestimmter Ausgangsvariablen ergibt, man spricht auch vom *Formfaktor*. Im 2. Eigenvektor des Beispieldatensatzes sind nur $v_{22} = 0{,}39$ und $v_{32} = -0{,}90$ relevant. In zweiter Linie muß man demnach bei den Iris-Individuen zwischen solchen mit großer Sepal-Breite und kleiner Petal-Länge einerseits und solchen mit kleiner Sepal-Breite und großer Petal-Länge andererseits unterscheiden.

Die Interpretation des 3. und 4. Eigenvektors ist kaum sinnvoll, da die zugehörige Varianz unbedeutend ist. Die Darlegungen über Umfangs- und Formfaktor lassen sich leicht in ein anschaulicheres Bild umsetzen: Angenommen, an mehreren Personen wurden die Variablen Länge und Breite bestimmt. Eine Hauptkomponentenanalyse könnte dann ergeben, daß vor allem die Langen und Breiten den Kurzen und Schmalen (Umfang) gegenübergestellt werden, daß aber auch (in geringerem Maße) die langen Schmalen den kurzen Breiten (Form) gegenüberstehen.

Es soll noch eine geometrische Deutung der Hauptkomponentenanalyse gegeben werden. Die Punktwolke in Abbildung 5.2a läßt sich offenbar statt der gegebenen

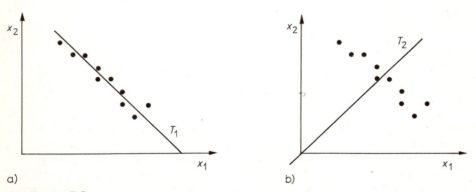

Abbildung 5.2
Geometrische Deutung der Hauptkomponentenanalyse

a) Unter allen (nicht notwendig durch den Nullpunkt verlaufenden) Geraden paßt sich T_1 der gegebenen Punktwolke am besten an.
b) Von sämtlichen durch den Nullpunkt verlaufenden Geraden ist T_2 optimal, allerdings wesentlich schlechter als T_1.

zwei Ausgangsvariablen x_1 und x_2 bereits mit einer Variablen (nämlich der 1. Hauptkomponente) hinreichend gut beschreiben. Geometrisch bedeutet dies, daß die Punktwolke bis auf geringfügige Abweichungen einer Geraden ähnelt. Die Bestimmung der 1. Hauptkomponente ist dann gleichzusetzen mit der Auffindung eines solchen eindimensionalen affin-linearen Teilraumes (d. h. einer solchen nicht notwendig durch den Nullpunkt verlaufenden Geraden), der die Punktwolke am besten (im Sinne der Abstandsquadratsumme) approximiert. In Abbildung 5.2a ist offensichtlich der Teilraum T_1 optimal unter allen Geraden. Die Äquivalenz zur Hauptkomponentenanalyse zeigt sich darin, daß die Kosinus der Winkel dieser Gerade zu den Koordinatenachsen mit den Komponenten des 1. Eigenvektors übereinstimmen. Betrachtet man neben der 1. noch weitere Hauptkomponenten, so kommt dies der Annäherung der Punktwolke durch affin-lineare Teilräume des $\mathbb{R}^p$ (in der Abbildung ist $p = 2$) höherer Dimensionen (z. B. durch eine Ebene) gleich. Abbildung 5.2b begründet, wieso von den linearen Teilräumen nicht verlangt wird, daß sie den Nullpunkt enthalten, denn unter dieser Forderung ergäbe sich T_2 als optimal, was offenbar gegenüber T_1 eine Verschlechterung bedeutet. Hierdurch wird im nachhinein begründet, weshalb die Rohdaten wenigstens zu zentrieren sind.

5.3. Zahl der zu extrahierenden Hauptkomponenten

Die Staffelung der Hauptkomponenten nach ihrer Bedeutung wirft die Frage auf, wie viele von ihnen extrahiert werden können, d. h. wie viele bereits genügen, um die in der Korrelationsmatrix enthaltene Information annähernd zu reproduzieren. Zunächst seien einige leicht handhabbare Kriterien aufgeführt: Es werden solche Hauptkomponenten extrahiert, deren zugehöriger Eigenwert größer ist als

a) der Durchschnitt aller Eigenwerte (bei standardisierten Daten also solche, die größer als eins sind),
b) ein Zehntel der Summe aller Eigenwerte (s. z. B. [5.5]),
c) ein Zehntel des größten Eigenwertes (s. z. B. [5.6]).

Sicherlich ist die Wahl zwischen a), b) und c) willkürlich. Im Iris-Beispiel ergeben sich danach (vgl. Tab. 5.1) 1, 3 und 3 zu extrahierende Hauptkomponenten. Um zu statistisch gesicherten Aussagen zu gelangen, kann man sich des sogenannten Sphärentests nach BARTLETT bedienen. Hierbei wird untersucht, ob die Abweichung der Korrelationsmatrix von der Einheitsmatrix zufällig ist. Nur wenn dies nicht zutrifft, ist die Extraktion wenigstens einer Hauptkomponente überhaupt sinnvoll. Als Testgröße fungiert:

$$z_o = -(n - 1 - \frac{2p+5}{6}) \ln \prod_{j=1}^{p} \lambda_j \qquad (5.9)$$

Für $z_o > \chi^2_{0,5 \cdot p(p-1); 1-\alpha}$ (Quantil der Chi-Quadrat-Verteilung) folgt, daß die Extraktion der zum größten Eigenwert gehörigen Hauptkomponente gerechtfertigt ist. Der vorgestellte Test läßt sich für die Extraktion weiterer Hauptkomponenten verallgemeinern: Falls

$$z_r > \chi^2_{0,5\,(p-r)\,(p-r-1);\,1-\alpha}$$

mit

$$z_r = -(n - 1 - \frac{2p+5}{6} - \frac{2r}{3}) \ln \frac{\det \underline{R}}{(\prod_{j=1}^{r} \lambda_j)[\frac{1}{p-r}(p - \sum_{j=1}^{r} \lambda_j)]^{p-r}} \qquad (5.10)$$

gilt, so lassen sich die den $r + 1$ größten Eigenwerten entsprechenden Hauptkomponenten extrahieren. Hierbei bezeichnet det $\underline{R}$ die Determinante der Korrelationsmatrix. Wurde mit standardisierten Daten gerechnet, und soll nach Abarbeitung des Programms HKA der Sphärentest nach BARTLETT durchgeführt werden, so sind beispielsweise folgende Programmzeilen in Listing 6.1 anzufügen (und gleichzeitig das STOP in 2480 zu löschen):

```
3000 LET L1=1
3010 FOR R=1 TO R1
3020 LET L1=L1*D(R)
3030 NEXT R
3040 LET L2=R1
3050 PRINT ''SPHAERENTEST NACH BARTLETT''
3060 PRINT
3070 PRINT ''TESTGROESSE'', ''FREIHEITSGRADE''
3080 FOR R=0 TO R1-2
3090 PRINT
3100 PRINT ''Z'';R;''= '';-(N1-1-(2*R1+5)/6-2*R/3)
     *(LN L1+(R-R1)*LN (L2/(R1-R))), 0.5*(R1-R)
     *(R1-R-1)
3110 LET L1=L1/D(R+1)
3120 LET L2=L2-D(R+1)
3130 NEXT R
3140 STOP
```

Für die Testgrößen im Iris-Datensatz ergab sich:

$z_0 = 37{,}97$ ($\chi^2_{6;0,95} = 12{,}59$), $z_1 = 16{,}74$ ($\chi^2_{3;0,95} = 7{,}82$),
$z_2 = 8{,}77$ ($\chi^2_{1;0,95} = 3{,}84$).

Da sämtliche Testgrößen größer sind als die korrespondierenden Quantile der Chi-Quadrat-Verteilung zum Niveau $\alpha = 0{,}05$, lassen sich die ersten drei Hauptkomponenten extrahieren, lediglich die letzte ist zu vernachlässigen.

5.4. Anwendungen

5.4.1. Hauptkomponentenregressionsanalyse (PCRA)

In Kapitel 4 war bereits darauf hingewiesen worden, daß bei der Regressionsanalyse hohe Kollinearitäten unter den Regressoren zu verschiedenen Schwierigkeiten führen können ([5.5]). Es ist beispielsweise möglich, daß die Regressionskoeffizienten stark korrelierter Regressoren einen großen Absolutbetrag haben und starken Einfluß auf den Regressanden vortäuschen, ohne daß dies in Wahrheit zutrifft. Eine weitere Folge besteht in der wachsenden Empfindlichkeit der Regressionskoeffizienten gegenüber Störungen in den Ausgangsdaten. Rundungs- bzw. Meßfehler können bereits starke Schwankungen (bis zur Vorzeichenumkehr) dieser Koeffizienten bewirken. Solche unerwünschten Erscheinungen erschweren die Interpretation durch den Anwender und können sie sogar unmöglich machen. Einen Ausweg bietet unter Umständen die Hauptkomponentenregressionsanalyse, im folgenden mit PCRA (**p**rincipal **c**omponent **r**egression **a**nalysis) abgekürzt. Es wird grundsätzlich von standardisierten Daten (sowohl Regressor als auch Regressand) ausgegangen, so daß das Absolutglied aus dem linearen Ansatz verschwindet. Um eine eventuelle Kollinearität aufzudecken, unterzieht man die Regressoren einer Hauptkomponentenanalyse. Da der j-te Eigenwert gleich der Varianz der j-ten Hauptkomponente ist, folgt aus $\lambda_j \approx 0$ und der Tatsache, daß der Mittelwert von y_j Null ist, nach (5.5)

$$\sum_{i=1}^{p} v_{ij} x_i \approx 0 \qquad (5.11)$$

Falls also ein Eigenwert sehr klein ist, zeigt (5.11) eine genäherte lineare Abhängigkeit der Regressoren an, d. h. die Werte eines Regressors lassen sich aus denen der anderen reproduzieren. Kriterium der Kollinearität wird demzufolge die Existenz kleiner Eigenwerte sein. Ob solche vorliegen, läßt sich mittels des Sphärentests nach BARTLETT oder einer der anderen in Abschnitt 5.3. angegebenen Methoden bestimmen.

Der Korrelationskoeffizient zwischen dem Regressanden und der j-ten Hauptkomponente errechnet sich aus

$$r_j = \sqrt{\lambda_j} \, (\underline{v}_j^T b), \qquad (5.12)$$

wobei $\underline{v}_j$ der j-te Eigenvektor aus (5.7) und b der aus der Regressionsanalyse gewonnene OLS-Schätzer für den wahren Regressionskoeffizientenvektor β ist (s. Kap. 4). Um die Kollinearität weitestgehend auszuschalten, benutzt man bei der PCRA nur die als relevant extrahierten Hauptkomponenten und verwendet sie als neue Regressoren. Diese Regressoren haben nun den Vorteil, unkorreliert zu sein, andererseits verlieren sie durch den Verzicht auf einige der Hauptkomponenten an Anpassungsgüte. Es gilt also, zwischen beiden Eigenschaften einen Kompromiß zu schließen. In [5.5] wird vorgeschlagen, so viele von den als irrelevant erkannten

Hauptkomponenten zu vernachlässigen, wie gleichzeitig die Beziehung (vgl. (5.12))

$$\left(\sum_{j=1}^{p-r} r_j^2\right) / \left(\sum_{j=1}^{p} r_j^2\right) \geq 0,8 \qquad (5.13)$$

erfüllt ist. Die Anzahl der herauszunehmenden Hauptkomponenten sei hierbei r.

Die Benutzung von Hauptkomponenten als Regressoren wirkt sich nachteilig auf eine Interpretation aus, denn es handelt sich dabei um Linearkombinationen der ursprünglichen Regressoren. Als Ausweg versucht man eine Art Rücktransformation vorzunehmen, um wieder Koeffizienten vor den interpretierbaren Ausgangsregressoren zu erhalten. Mit

$$\underline{\hat{b}} = \underline{b} - \sum_{j=p-r+1}^{p} (\underline{v}_j^T \underline{b}) \underline{v}_j \qquad (5.14)$$

ergibt sich ein neuer Schätzvektor für β. Dieser ist zwar nur ein verzerrter Schätzer (d. h. im Gegensatz zum OLS-Schätzer $\underline{b}$ ist sein Erwartungswert im allgemeinen nicht gleich β), doch der Verzerrungseffekt ist um so geringer, je weniger bedeutend die aus dem Ansatz eliminierten Hauptkomponenten $y_p, y_{p-1}, \ldots, y_{p-r+1}$ waren. Außerdem vermitteln die $\hat{b}_j$ ein realistischeres Bild vom Einfluß der Regressoren als die entsprechenden b_j-Werte.

Die PCRA soll am Beispiel erläutert werden. Gegeben seien die konstruierten Daten

$\underline{x}_1^T = (0; 2; 2; 3; 5; 6; 6)$
$\underline{x}_2^T = (1; 0; 1; 0; 1; 0; 1)$ Regressoren
$\underline{x}_3^T = (1,1; 0; 0,9; 0,1; 1; 0,1; 0,9)$

$\underline{y}^T = (1; 2; 3; 4; 5; 6; 7)$ Regressand

Nach der Regressionsanalyse wurden folgende OLS-Schätzungen für die standardisierten Regressionskoeffizienten ermittelt:

$b_1 = 0,977;\quad b_2 = 0,206;\quad b_3 = -0,112.$

Eine Hauptkomponentenanalyse mit den nun natürlich standardisierten x_1, x_2 und x_3 führte zu der Korrelationsmatrix

	x_1	x_2	x_3
x_1	1	−0,1	−0,14
x_2	−0,1	1	0,99
x_3	−0,14	0,99	1

mit den Eigenwerten

$\lambda_1 = 2,02;\quad \lambda_2 = 0,97;\quad \lambda_3 = 0,01$ und den Eigenvektoren

5.4.1. Hauptkomponentenregressionsanalyse

$v_1^T = (-0{,}164\ ;\ 0{,}696\ ;\ 0{,}699)$

$v_2^T = (\ 0{,}986\ ;\ 0{,}138\ ;\ 0{,}093)$

$v_3^T = (\ 0{,}032\ ;\ -0{,}705\ ;\ 0{,}709)$.

Hieraus folgt nach (5.12):

$r_1^2 = 0{,}018;\ r_2^2 = 0{,}934;\ r_3^2 = 0{,}0004$

und nach (5.13):

$r_1^2 / (r_1^2 + r_2^2 + r_3^2) = 0{,}019 < 0{,}8$

$(r_1^2 + r_2^2)/(r_1^2 + r_2^2 + r_3^2) = 0{,}999 > 0{,}8$,

so daß ausreichende Anpassungsgüte nur bei Vernachlässigung von höchstens einer (nämlich der 3.) Hauptkomponente gewährleistet bleibt. Nach dem Sphärentest sind die ersten beiden Hauptkomponenten relevant, so daß sich die dritte tatsächlich eliminieren läßt.

Die PCRA-Koeffizienten errechnen sich dann aus (5.14) nach

$$\hat{\underline{b}} = \underline{b} - (\underline{v}_p^T \underline{b})\,\underline{v}_p$$

und ergeben:

$\hat{b}_1 = 0{,}983;\ \hat{b}_2 = 0{,}070;\ \hat{b}_3 = 0{,}025$

Im Vergleich zu den OLS-Schätzwerten fällt auf, daß $\hat{b}_2$ und $\hat{b}_3$ dasselbe Vorzeichen besitzen und betragsmäßig kleiner sind als b_2 und b_3. Dies kommt der Realität offenbar näher, denn einerseits wurden die Regressoren x_2 und x_3 so gewählt, daß sie positiv korrelieren (s. auch Korrelationsmatrix), andererseits so, daß ihr Einfluß auf den Regressanden rund Null ist. Wie glaubwürdig die ermittelten Schätzungen der Regressionskoeffizienten sind, kann man auch daran ersehen, wie stark sie von geringfügigen Störungen der Ausgangsdaten abhängen. Dazu wurden der vierte und der sechste Wert des Regressors x_3 jeweils von 0,1 auf 0,05 verändert. Den Vergleich zwischen ursprünglichen und gestörten OLS- bzw. PCRA-Werten entnimmt man Tabelle 5.2. Während die PCRA-Schätzungen ihre Größenordnung beibehalten, trifft dies auf b_2 und b_3 nicht zu.

Tabelle 5.2
Vergleich der OLS- und PCRA-Koeffizienten ohne und mit Störungen der Ausgangsdaten

	OLS			PCRA	
	ohne Störung	mit Störung		ohne Störung	mit Störung
b_1	0,977	0,961	$\hat{b}_1$	0,983	0,983
b_2	0,206	0,462	$\hat{b}_2$	0,070	0,074
b_3	0,112	−0,373	$\hat{b}_3$	0,025	0,018

Durch die Benutzung der Hauptkomponentenanalyse ist es gelungen, Korrelationseffekte zu reduzieren, ohne zu sehr an Anpassungsgüte zu verlieren. Abschließend sei bemerkt, daß Alternativen vorgeschlagen wurden, um Nachteile der PCRA zu umgehen (s. z. B. [5.7]).

5.4.2. Hauptkomponentenmodelle

Die geometrische Deutung der Hauptkomponentenanalyse liefert das Motiv, einen Datensatz durch sogenannte Hauptkomponentenmodelle (kurz PC-Modelle) zu beschreiben. Das Ziel besteht darin, die gegebenen Daten so durch einen linearen Teilraum zu approximieren, daß die wesentliche Information darin enthalten ist. So lassen sich beispielsweise die Daten in Abbildung 5.3a durch eine Gerade modellieren, wohingegen die Punktwolke in Abbildung 5.3b die zusätzliche Einbeziehung der 2. Hauptkomponente erfordert.

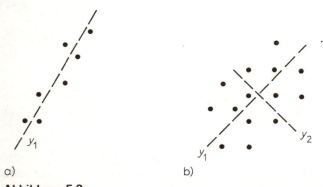

Abbildung 5.3
Datenapproximation mit Hauptkomponentenmodellen
a) Die gegebene Punktwolke weicht in ihrer Form nur geringfügig von einer Geraden ab.
b) Die Approximation der Daten durch eine Gerade ist nicht mehr hinreichend, es macht sich die Einbeziehung der zweiten Hauptkomponente (y_2) erforderlich.

Im Hinblick auf die Analyse chemischer Daten wurde von S. WOLD eine sehr wirkungsvolle Methode entwickelt, die mit PC-Modellen arbeitet (s. [5.8, 5.9, 5.10]). Das unter dem Namen SIMCA (**S**oft **I**ndependent **M**odelling of **C**lass **A**nalogy) bekannte Verfahren soll nachfolgend in groben Zügen beschrieben werden:

Gegeben seien n Objekte, deren Zugehörigkeit zu g Gruppen von vornherein bekannt ist (vgl. zu dieser Problemstellung auch Kap. 6). Aus diesem „Lerndatensatz" sollen Informationen gewonnen werden, die letztlich eine Zuordnung

5.4.2. Hauptkomponentenmodelle

von Objekten, deren Herkunft unbekannt ist, zu einer der g Gruppen ermöglichen. Der wesentliche Gedanke von SIMCA besteht darin, jede der g Gruppen durch ein PC-Modell zu approximieren. Als Ähnlichkeitsmaß zwischen einem unbekannten Objekt und der j-ten Gruppe wird dann der Abstand dieses Objektes zum j-ten PC-Modell verwendet (d. h., es handelt sich um den Abstand eines Punktes zu einer Gerade oder Ebene usw., je nachdem wie viele Hauptkomponenten in dem entsprechenden PC-Modell Berücksichtigung fanden). Es gibt nun zwei verschiedene Möglichkeiten, ein unbekanntes Objekt zu klassifizieren (vgl. in Analogie dazu auch Abschn. 6.3.2.):

a) es wird derjenigen Gruppe zugeordnet, zu deren PC-Modell es den geringsten Abstand hat;

b) um die Hauptkomponentenmodelle werden „Toleranzboxen" konstruiert. Richtwert ist dabei die residuelle Standardabweichung der Lerndaten, bezogen auf ihr jeweiliges PC-Modell. Eine Toleranzbox könnte dann z. B. denjenigen Bereich umfassen, dessen Punkte zum PC-Modell einen Abstand besitzen, der kleiner als das dreifache der residuellen Standardabweichung ist. Ein Objekt wird derjenigen Gruppe als zugehörig angesehen, in deren Toleranzbox es fällt.

Während man sich bei a) in jedem Falle eindeutig für eine Gruppe entscheidet, läßt b) die Möglichkeit offen, daß ein neues Objekt Verwandtschaft zu mehreren Gruppen oder aber auch zu gar keiner der angegebenen aufweist.

Abbildung 5.4 zeigt die PC-Modelle von zwei Gruppen (jeweils eine Gerade). Die Toleranzbox der linken Gruppe ist wegen der größeren residuellen Standardabweichung ihrer Objekte umfangreicher als die der rechten Gruppe. Für das Objekt x ist der Abstand zu den PC-Modellen gepunktet eingezeichnet. Gemäß der Entscheidungsregel b) wird das Objekt + zur linken, * zu beiden und x zu keiner der beiden Gruppen zugeordnet.

Der entscheidende Teil von SIMCA besteht im Aufstellen der PC-Modelle, also insbesondere in der Ermittlung der Anzahl relevanter Hauptkomponenten. Die mit Cross validation (s. auch [5.11]) bezeichnete Verfahrensweise unterscheidet sich hierbei wesentlich von der bisher vorgestellten, wo die Signifikanz der Eigenwerte getestet wurde. Mit jeder Gruppe wird folgendermaßen verfahren:

1. Unterteile die Gruppe in etwa 5 bis 10 willkürliche Untergruppen.
2. Entferne gedanklich die erste Untergruppe, bilde die sich ergebende Restdatenmatrix $\underline{X}^*$ und bestimme deren Hauptkomponenten.
3. Speichere unter D_j^1 die Abstandsquadrate der entfernten Objekte zu dem durch die ersten j Hauptkomponenten von X^* gebildeten linearen Raum ab.
4. Integriere die entfernten Objekte wieder in den Datensatz und wiederhole die Prozedur ab Schritt 2 mit der nächsten Untergruppe. Es entstehen die Werte D_j^2 usw.
5. Bilde $S_j = \sum_k D_j^k$.

Die Größe von S_j ist ein Maß dafür, wie gut die Anpassung der Gruppe durch ihre ersten j Hauptkomponenten ist (je kleiner S_j, desto besser die Anpassung). Natürlich

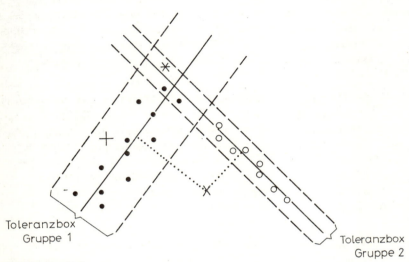

Abbildung 5.4
Toleranzboxen um zwei Gruppen, die jeweils durch eine Gerade approximiert werden. Das Objekt + würde der linken Gruppe zugeordnet werden, * beiden, x keiner von beiden.

wird S_j um so kleiner, je größer j ist (ebenso wie in der multiplen Regression die Anpassungsgüte mit der Zahl der Regressoren wächst). Entscheidend ist die Frage, ob S_{j+1} signifikant (*F*-Test!) kleiner ist als S_j. Nur solange dies zutrifft, ist die Einbeziehung der $j+1$-ten Hauptkomponente in das Modell gerechtfertigt.

Das geschilderte Verfahren stellt sich ziemlich kompliziert dar. Man könnte z. B. einwenden, daß zur Bestimmung der Approximationsgüte des PC-Modells die Durchführung einer einzigen Hauptkomponentenanalyse (nämlich mit allen Daten der betrachteten Gruppe) genügen würde an Stelle von 5 bis 10 Hauptkomponentenanalysen mit den jeweiligen reduzierten Matrizen $\underline{X}^*$. Dies ist jedoch unangebracht, weil Ausreißer unter den Objekten das Grundmodell stark „an sich ziehen" können und somit ein unrealistisches Bild über die residuelle Standardabweichung liefern.

Neben der Klassifizierung neuer Objekte wird in SIMCA zuvor bereits der Lerndatensatz „optimiert". Ausreißer unter den Objekten werden aus dem Ansatz ebenso wie irrelevante Ausgangsvariablen (z. B. solche, deren Ladungen in den ersten Eigenvektoren sehr gering sind) entfernt.

Die in der Einleitung zu diesem Abschnitt erwähnte Voraussetzung zahlreicher statistischer Verfahren, daß die Zahl der Objekte wenigstens dreimal so groß wie die Zahl der Variablen sein sollte, erweist sich insbesondere für viele chemische Datensätze als unbequem (oftmals können an wenigen Objekten sehr viele Va-

5.4.2. Hauptkomponentenmodelle

riablen — z. B. Spurengehalte — simultan bestimmt werden). PC-Modelle liefern hier einen nützlichen Ausweg, da in die Hauptkomponenten ohne weiteres die Information von zahlreichen Ausgangsvariablen eingehen darf und durch die Beschränkung auf die wenigen wesentlichen Hauptkomponenten wieder ein angemessenes Verhältnis zwischen Objektzahl und Zahl der (nun neuen) Variablen geschaffen wird.

6. Varianz- und Diskriminanzanalyse

6.1. Grundzüge

Die Varianz- und Diskriminanzanalyse kommt als statistische Methode dann zur Anwendung, wenn von dem gegebenen Datensatz von vornherein eine Strukturierung in verschiedene Gruppen bekannt ist. Diese Ausgangssituation unterscheidet sich grundlegend von derjenigen bei der Clusteranalyse, wo es darum geht, Strukturen im Datensatz überhaupt erst zu erkennen.

Das Ziel der Varianzanalyse besteht darin, die Beeinflussung der Gruppenzugehörigkeit der Objekte durch bestimmte Merkmale zu untersuchen. Dazu gehört insbesondere ein Vergleich der Gruppenmittelwerte (also die Antwort auf die Frage, ob sich die à priori bekannten Gruppen statistisch gesichert voneinander unterscheiden), die Bestimmung des Informationsgehaltes der einzelnen Merkmale bzw. Merkmalsgruppen sowie die Aussonderung redundanter Merkmale. In engem Zusammenhang zur Varianzanalyse steht die Diskriminanzanalyse. Durch die Bildung weniger neuer, künstlicher Merkmale (eine zur Hauptkomponentenanalyse analoge Vorgehensweise) lassen sich die Verhältnisse zwischen den Gruppen ohne größeren Informationsverlust systematisieren und beispielsweise graphisch darstellen. Desweiteren werden neue Objekte, deren Gruppenzugehörigkeit zunächst nicht feststeht, einer, mehreren oder gar keiner der gegebenen Gruppen zugeordnet. Die Schätzung des hierbei auftretenden sogenannten Diskriminationsfehlers gibt Auskunft darüber, in welchem Maße die Gruppierung des Datensatzes für die Klassifizierung unbekannter Objekte geeignet ist.

Stellvertretend für die außerordentliche Anwendungsbreite der mehrdimensionalen Varianz- und Diskriminanzanalyse seien als Beispiele die Diagnoseerstellung für Patienten mittels geeigneter Tests in der Medizin oder die Zuordnung gefundener Münzen zu bekannten Prägestellen in der Archäologie angeführt.

Zur Erläuterung der vorliegenden statistischen Methode wird im folgenden ein Datensatz von G. MIELKE aus der Kriminalistik benutzt ([6.1]; s. Tab. 10.4): An fünf von vornherein bekannten Personen wurden bei jeweils drei Haaren die Spurengehalte der Elemente Iod (I), Kupfer (Cu), Mangan (Mn), Brom (Br) und Chlor (Cl) bestimmt. Es ist zu untersuchen, ob sich die Personen bezüglich der gemessenen Merkmale voneinander unterscheiden, welche Merkmale bedeutsam bzw. redundant sind und inwieweit die betrachteten Merkmale eine korrekte Zuordnung von Haaren unbekannter Herkunft ermöglichen. Die geringe Objektanzahl im Datensatz bewirkt eine starke Unsicherheit bei den gewonnenen Aussagen, doch es sollen hiermit nur Demonstrationszwecke erfüllt werden. Für die Rechnung wurde das BASIC-Programm VARDIS (Listing 7) benutzt. Der Programmablauf stützt sich in wesentlichen Teilen auf die von AHRENS und LÄUTER [6.2] vorgeschlagene Vorgehensweise, ist jedoch mit dieser nicht identisch. So wurde beispielsweise auf die univariate Varianzanalyse verzichtet, da dieses Gebiet bei der Vorstellung des Programms EXTRAKT in Kapitel 2 mitbehandelt wurde; andererseits ist z. B. die Lachenbruch-Methode zur Schätzung des Diskriminationsfehlers aufgenommen worden.

6.2. Varianzanalyse

Die Varianzanalyse beruht auf der Voraussetzung der mehrdimensionalen Normalverteilung und der stochastischen Unabhängigkeit der Meßvektoren sowie der Gleichheit aller Gruppenkovarianzmatrizen. Die Robustheit der Resultate gegenüber einer Verletzung dieser Voraussetzungen wird in [6.2] diskutiert, sie soll hier allerdings nicht behandelt werden. Vorab sei bemerkt, daß der gegebene Beispieldatensatz zunächst standardisiert wurde. Diese im Programm vorgesehene Möglichkeit der Datenvorbehandlung hat zwar keinen Einfluß auf die meisten der hier beschriebenen Ergebnisse der Varianz- und Diskriminanzanalyse, doch läßt sie zusätzlich eine Interpretation der Gewichtskoeffizienten bei den nichtelementaren Diskriminanzmerkmalen zu (s. Abschn. 6.3.1.).

Der erste Schritt bei der Varianzanalyse soll darin bestehen, Aussagen über den Informationsgehalt der einzelnen Merkmale bzw. Merkmalsgruppen zu gewinnen. Zur Bestimmung dieses Informationsgehaltes wird HOTELLINGS T^2 als multivariates Trennmaß verwendet. Häufig (s. z. B. [6.3] und [6.4]) arbeitet man auch mit WILKS Λ-Statistik, welche zu ähnlichen Ergebnissen führt.

6.2.1. Multivariates Trennmaß

Vor der Definition des multivariaten Trennmaßes T^2 sind einige Bezeichnungen einzuführen. Der Datensatz bestehe aus n Objekten, an denen p Merkmale gemessen wurden, der k-te Merkmalswert des j-ten Objekts sei y_{jk}. Des weiteren sei der Datensatz in g Gruppen unterteilt, wobei die j-te Gruppe n_j Objekte umfasse. Für die gegebenen Beispieldaten wäre also $n = 15$, $p = 5$, $g = 5$, $n_1 = \ldots = n_5 = 3$. Die j-te Gruppe G_j besitzt den Mittelwertsvektor $\bar{y}_j$, dessen l-te Komponente durch

$$\bar{y}_{jl} = \frac{1}{n_j} \sum_{k \in G_j} y_{kl}$$

gegeben ist. Aus den einzelnen Gruppenmittelwertsvektoren berechnet sich der Gesamtmittelwertsvektor nach

$$\bar{y} = \frac{1}{n} \sum_{j=1}^{g} n_j \bar{y}_j$$

(diese Gleichung ist komponentenweise zu verstehen). Die Kovarianzmatrix $\underline{S}_j$ der j-ten Gruppe wird nach

$$S_j^{i,k} = \frac{1}{n_j - 1} \sum_{l \in G_j} (y_{li} - \bar{y}_{ji})(y_{lk} - \bar{y}_{jk})$$

geschätzt, woraus durch Mittelung die Schätzung $\underline{S}$ für die als allen Gruppen gleich vorausgesetzte Kovarianzmatrix Σ folgt:

$$\underline{S} = \frac{1}{n-g} \sum_{j=1}^{g} (n_j - 1) \underline{S}_j$$

Das multivariate Trennmaß T^2 der Merkmalsmenge $y_1, \ldots, y_p$ wird nun als

$$T^2(y_1, \ldots, y_p) = \text{Spur}(HG^{-1}) \qquad (6.1)$$

definiert mit

$$\underline{H} = \sum_{j=1}^{g} n_j (\bar{\underline{y}}_j - \bar{\underline{y}})(\bar{\underline{y}}_j - \bar{\underline{y}})^T \quad \text{und} \quad \underline{G} = (n-g)\underline{S}$$

Im Gegensatz hierzu wird das bereits erwähnte Lambda nach WILKS als $\Lambda = \det \underline{G} / (\det \underline{H} + \det \underline{G})$ festgelegt.

Einfacher zu handhaben als Gleichung (6.1) ist die dazu äquivalente Gleichung

$$T^2(y_1, \ldots, y_p) = \frac{1}{n-g} \sum_{j=1}^{g} n_j (\bar{\underline{y}}_j - \bar{\underline{y}})^T \underline{S}^{-1} (\bar{\underline{y}}_j - \bar{\underline{y}}) \qquad (6.2)$$

Diese für die gesamte Merkmalsmenge $y_1, \ldots, y_p$ definierte Größe T^2 läßt sich analog auch für Untermengen bestimmen, indem man bei der Berechnung von $\bar{\underline{y}}_j$, $\bar{\underline{y}}$, $\underline{S}_j$, $\underline{S}$ nicht alle p Merkmale, sondern nur die in Frage stehenden berücksichtigt. Mit dem multivariaten Trennmaß ist jetzt ein direkter Vergleich der Merkmale hinsichtlich ihrer Eignung zur Gruppenauftrennung möglich, was am Beispieldatensatz illustriert werden soll: Der Tabelle 6.1 entnimmt man die Trennmaße der Merkmalspaare, also z. B. $T^2(\text{Mn}, \text{Cu}) = 6{,}04$, wohingegen in der hierfür

Tabelle 6.1
Trennmaße der Einzelmerkmale und Merkmalspaare

I	Cu	Mn	Br	Cl	
2,45	10,1	4,56	277	6,77	I
	3,42	6,04	42,2	7,08	Cu
		1,54	41,3	9,47	Mn
			33,9	38,6	Br
				4,05	Cl

6.2.1. Multivariates Trennmaß

überflüssigen Diagonale die Trennmaße der Einzelmerkmale (z. B. T^2 (Br) = 33,9) verzeichnet sind. Als deutlich besttrennendes Einzelmerkmal ergibt sich Brom. Wäre es also aus bestimmten Gründen (z. B. Kosten, Aufwand) nur möglich, an den Objekten ein einziges Merkmal zu messen, so sollte dies der Spurengehalt an Brom sein. Für eine graphische Veranschaulichung sind die Trennmaße der Merkmalspaare bedeutsam. Die beste Trennwirkung besitzen hier die Elemente Brom und Iod. Es wird bereits ein wesentliches Kennzeichen der mehrdimensionalen Varianzanalyse deutlich, die multivariaten Ergebnisse lassen sich nämlich nicht aus sämtlichen univariaten zusammensetzen. Zu vermuten wäre, daß die beiden besttrennenden Einzelmerkmale Brom und Chlor zugleich das beste Merkmalspaar bilden. Anstelle von Chlor tritt jedoch Iod, welches univariat weniger zur Gruppenunterscheidung beiträgt.

Neben diesen Aussagen ist es auch nützlich, zu erfahren, welche Merkmale (Merkmalsgruppen) ein signifikant von Null verschiedenes Trennmaß besitzen, denn es könnte beispielsweise sein, daß selbst das besttrennende Merkmal zu keiner signifikanten Unterscheidung der Gruppen führt. Zu diesem Zweck bedient man sich (vgl. [6.2]) der Teststatistik

$$\tilde{F} = \frac{n - g - \tilde{p} - 1}{(g - 1)\tilde{p}} \frac{f_2}{f_2 - 2} \tilde{T}^2 \tag{6.3}$$

mit

$$f_1 = \frac{(g-1)\tilde{p}(n - g - \tilde{p})}{n - (g-1)\tilde{p} - 2}, \; f_2 = n - g - \tilde{p} + 1,$$

falls $n - (g - 1)\tilde{p} - 2 > 0$

und $f_1 = \infty$,

$$f_2 = (n - g - \tilde{p} + 1) - \frac{(n - g - \tilde{p} - 1)(n - g - \tilde{p} - 3)(n - (g-1)\tilde{p} - 2)}{(n - g - 1)(n - \tilde{p} - 2)}$$

falls $n - (g - 1)\tilde{p} - 2 \leqslant 0$.

Hierbei bedeutet $\tilde{p}$ die Anzahl der betrachteten Merkmale (bei Merkmalspaaren ist demnach $\tilde{p} = 2$) und $\tilde{T}^2$ deren multivariates Trennmaß. Signifikanz zum Niveau α (im Programm VARDIS wird grundsätzlich $1 - \alpha = 0{,}95$ gewählt) ergibt sich, falls $\tilde{F} > F_{f_1, f_2; \alpha}$ (= Quantil der F-Verteilung) gilt. In unserem Beispiel erwiesen sich alle Einzelmerkmale und Merkmalspaare als signifikant.

Das multivariate Trennmaß T^2 ist monoton bezüglich der Enthaltenseinsrelation von Merkmalsmengen, d. h., wird zu einer bestimmten Menge von Merkmalen ein weiteres hinzugenommen, so erhöht sich das Trennmaß bzw. es bleibt im ungünstigsten Falle gleich. Daher ist sicherlich die Frage von Interesse, um wieviel das Trennmaß bei der Vereinigung zweier Merkmalsmengen M_1 und M_2 anwächst. Geht man davon aus, daß M_1 und M_2 unabhängig voneinander wirken, so müßte das Trennmaß der Vereinigungsmenge gerade die Summe der Trennmaße der Ausgangsmengen sein, also $T^2(M_1 + M_2) = T^2(M_1) + T^2(M_2)$. Dies ist jedoch im allgemeinen nicht der Fall. Beispielsweise gilt $T^2(I) + T^2(Br) = 2,45 + 33,9 = 36,35$, hingegen $T^2(I + Br) = 277$. Offenbar ist die gemeinsame Trennwirkung von Iod und Brom überdurchschnittlich stark. Es ist aber auch die entgegengesetzte Erscheinung zu beobachten, z. B $T^2(Cu) + T^2(Cl) = 3,42 + 4,05 = 7,47 > T^2(Cu + Cl) = 7,08$. Hier ist ein Anzeichen von Redundanz eines Merkmals gegenüber dem anderen gegeben, obwohl beide für sich recht gut trennen. Zur Veranschaulichung wäre unter anderem denkbar, daß beide zugleich ein und dieselbe Gruppe von den übrigen abheben.

Die hier geschilderten Fälle motivieren die Einführung eines sogenannten *Affinitätskoeffizienten a* (s. [6.2]):

$$a(M_1, M_2) := \frac{2\,T^2(M_1 + M_2)}{T^2(M_1) + T^2(M_2)} - 1 \qquad (6.4)$$

Wegen der erwähnten Monotonieeigenschaften von T^2 gilt stets $a(M_1, M_2) \geq 0$. Offenbar bedeutet $a < 1$ Redundanz, $a = 1$ unabhängige Trennwirkung und $a > 1$ gesteigerte Trennwirkung der Merkmalsmengen M_1, M_2. Es lassen sich zwei Merkmale als um so verwandter einschätzen, je redundanter sie gegeneinander sind, bzw. je kleiner ihr Affinitätskoeffizient ist. Dies entspricht der Interpretation von *a* als Ähnlichkeitsmaß, welches für eine Clusterung der Merkmale benutzt werden kann. In VARDIS ist dieses Clusterverfahren vorgesehen. Es ergab für den Haardatensatz das in Abbildung 6.1 skizzierte Dendrogramm. Aufgrund ihrer schon festgestellten Redundanz werden Kupfer und Chlor als erstes zu einem Cluster zusammengefaßt: sie sind sich in ihrer trennenden Wirkung sehr ähnlich. Zwei sehr stabile Cluster bilden Iod, Mangan einerseits und Brom, Kupfer, Chlor andererseits. Diese beiden Cluster werden erst beim Affinitätskoeffizienten $a = 14$ zusammengefaßt. Hierin spiegelt sich nochmals die Bedeutung von Brom und Iod wider, nämlich als bestimmende Repräsentanten ihrer Cluster. Das geschilderte Clusterverfahren gibt bereits zu diesem Zeitpunkt wichtige Auskünfte hinsichtlich der Aussonderung überflüssiger Merkmale.

6.2.2. Merkmalsreduktion und Mittelwertvergleiche

Die Beschränkung auf wesentliche Merkmale ist ein Hauptanliegen der Varianz- und Diskriminanzanalyse. Durch den Abbau redundanter Merkmale gelangt man einerseits zu übersichtlicheren und leichter interpretierbaren Ergebnissen, andererseits verringert sich der Rechenaufwand bei der Diskriminanzanalyse. Schließlich kann der Diskriminationsfehler (s. Abschn. 6.3.3.) durch Vorhandensein vieler überflüssiger Merkmale ansteigen. Die Vorgehensweise bei der Merkmalsreduktion ist ganz analog zur Regressionsanalyse (s. Kap. 4). Es existieren verschiedene Möglichkeiten zur Ermittlung einer optimalen Merkmalsmenge: Aufbau-, Abbau- und kombinierte Verfahren. Der Einfachheit halber sieht VARDIS einen schritt-

6.2.2. Merkmalsreduktion und Mittelwertvergleiche

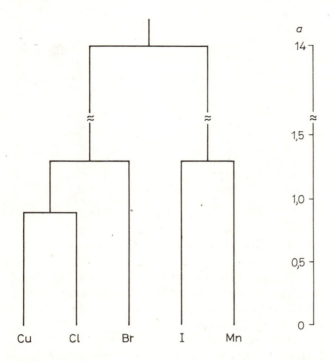

Abbildung 6.1
Dendrogramm für die Merkmalsähnlichkeiten beim Kopfhaardatensatz

Merkmalsgruppen sind sich in ihrer trennenden Wirkung um so ähnlicher, je eher sie zusammengefaßt werden.

weisen Abbau vor: es werden nach und nach entbehrliche Merkmale eliminiert, bis nur noch signifikante übrigbleiben. Man sondert in jedem Schritt das Merkmal aus, für welches die übrigbleibende Merkmalsmenge das größte Trennmaß behält oder, mit anderen Worten, für das die Differenz Δ aus ursprünglichem und übriggebliebenem Trennmaß minimal wird. Die nach erfolgter Aussonderung noch vorhandenen $\tilde{p}$ Merkmale werden als signifikant eingestuft, falls die Teststatistik

$$\frac{n - g - \tilde{p} + 1}{g - 1} \cdot \frac{\Delta}{1 + \tilde{T}^2 - \Delta}$$

größer als $F_{g-1,\, n-g-\tilde{p}+1;\alpha}$ ist.

$\tilde{T}^2$ bezeichnet dabei das Trennmaß der $\tilde{p}$ verbleibenden Merkmale. Im Kopfhaardatensatz werden nacheinander Chlor, Kupfer und Mangan eliminiert, während Brom und Iod als signifikant übrigbleiben, eine erneute Bestätigung für deren Bedeutung. Es ist erkennbar, daß redundante Merkmale kaum eine Verringerung des Trennmaßes bewirken, jedoch signifikante. Die Ergebnisse sind aus Tabelle 6.2 ersichtlich.

Tabelle 6.2
Schrittweise Merkmalsreduktion für die Beispieldaten

Zahl der vorhandenen Variablen	Trennmaß	Herausnahme von (Signifikanz *)	Δ
5	387	Cl	18,4
4	368	Cu	59,1
3	309	Mn	32,3
2	277	I *	243
1	33,9	Br *	33,9

Neben einer Untersuchung des Einflusses bestimmter Merkmale wird bei der Varianzanalyse geprüft, ob die gegebenen Gruppen sich bezüglich einer bestimmten Merkmalsmenge überhaupt voneinander unterscheiden. Dies ist allein schon für die nachfolgende Diskriminanzanalyse wichtig, da kaum gute Ergebnisse bei der Zuordnung von Objekten unbekannter Herkunft zu sich nicht trennenden Gruppen zu erwarten sind. Da sich die Gruppentrennung mit der Merkmalsmenge verändert, werden Mittelwerttests in jedem Abbauschritt durchgeführt. Es könnte sich beispielsweise ergeben, daß durch die Beschränkung auf signifikante Merkmale die Unterscheidbarkeit gewisser Gruppen verlorengeht und man sich daher entschließt, zur Optimalmenge doch noch gewisse Merkmale hinzuzufügen. Als erstes erfolgt ein Test der Hypothese H_o, wonach sich alle Gruppenmittelwertvektoren μ_j gleichen, also

$$H_o: \mu_1 = \ldots = \mu_g \tag{6.5}$$

Sobald die bereits in (6.3) angegebene Teststatistik $\tilde{F}$ größer als das zugehörige F-Quantil ist, wird H_o abgelehnt. In unserem Beispiel konnte die Hypothese für sämtliche sich während der Merkmalsreduktion ergebenden Situationen abgelehnt werden. Diese Aussage ist allgemeiner Art und muß keineswegs bedeuten, daß sich sämtliche Gruppenmittelwertsvektoren voneinander unterscheiden. Deswegen werden zusätzlich zum komplexen Test (6.5) alle möglichen paarweisen Mittelwerttests durchgeführt. Die Hypothese lautet nun, daß sich die Mittelwertvektoren der l-ten und m-ten Gruppe gleichen, also

$$H_o^{l,m}: \mu_l = \mu_m \tag{6.6}$$

Sie wird abgelehnt, falls die Teststatistik

$$\tilde{F}_{l,m} = \frac{n - g - \tilde{p} + 1}{\tilde{p}(n-g)} \frac{n_l n_m}{n_l + n_m} (\bar{y}_l - \bar{y}_m)^T \underline{S}^{-1} (\bar{y}_l - \bar{y}_m) \tag{6.7}$$

6.2.2. Merkmalsreduktion und Mittelwertvergleiche

größer ist als das F-Quantil $F_{\tilde{p},\,n-g-\tilde{p}+1;\alpha}$. Die Resultate der paarweisen Mittelwertvergleiche sind zusammengefaßt in Tabelle 6.3 dargestellt. Hierbei bedeutet * Ablehnung von (6.6) zum Niveau 0,95. Der Verlauf der Merkmalsreduktion ist von links nach rechts zu lesen, das jeweils links stehende Zeichen entspricht dem Ergebnis für alle fünf Merkmale, das jeweils am weitesten rechts stehende demjenigen für Brom allein. Person 1 unterscheidet sich selbst unter bloßer Verwendung von Brom von allen anderen Personen. Person 5 unterscheidet sich bei Benutzung lediglich der signifikanten Merkmale von 1, 2 und 3, von 4 allerdings erst bei Hinzunahme von Mangan und Kupfer. Anders verhält es sich mit den Personen 2, 3, 4, wo höchstens zwischen 3 und 4 gewisse Unterschiede bestehen. Man kann schlußfolgern, daß sich Kopfhaare verschiedener Personen bezüglich der Spurengehalte an gewissen Elementen voneinander unterscheiden, daß aber die hier gemessenen fünf Elemente für eine deutliche Auftrennung sämtlicher Gruppen nicht ausreichen.

Tabelle 6.3
Paarweise Mittelwerttests für den Kopfhaardatensatz

2	3	4	5	Person
*****	*****	*****	*****	1
	-----	-----	****-	2
		---	****-	3
			**---	4

Neben den paarweisen Mittelwerttests wird zugleich schon im Hinblick auf die Diskriminanzanalyse ein Test auf Isoliertheit der Gruppen durchgeführt. Dies ist für eine spätere Klassifikation mitunter bedeutsam. Es ist denkbar, daß ein gefundenes Haar entweder genau einer oder gar keiner der fünf in Frage kommenden Personen zugeordnet werden soll. Um über eine gewisse Sicherheit zu verfügen, kann man sich dafür entscheiden, das unbekannte Objekt jener Gruppe zugehörig anzusehen, in deren 95 %-Streubereich es fällt. Wegen der erwünschten Eindeutigkeit bei der Klassifikation ist es nützlich, von vornherein zu wissen, für welche Merkmalsmengen sich die Streubereiche verschiedener Gruppen nicht überschneiden. Im vorliegenden Datensatz ergibt sich, daß eine Entscheidung zugunsten von Person 1 für alle vorkommenden Merkmalsmengen eindeutig ist, wohingegen bei Diskrimination zwischen 2, 3, 4 und 5 in jedem Falle mehrdeutige Entscheidungen zu erwarten sind.

Die Varianzanalyse liefert somit viele Kriterien für die Aufstellung einer optimalen Merkmalsmenge. Die Entscheidung darüber, welche Merkmale schließlich tatsächlich betrachtet werden, liegt beim Nutzer und hängt von der jeweiligen Problemstellung ab.

6.3. Diskriminanzanalyse

Die Diskriminanzanalyse umfaßt eine Reihe von Methoden, von denen hier nur die klassische, nämlich die *lineare Diskriminanzanalyse* vorgestellt werden soll. Im Mittelpunkt steht dabei die Bildung sogenannter Diskriminanzmerkmale, die die experimentellen Zusammenhänge aus dem ursprünglich *p*-dimensionalen Raum in einen solchen niedrigerer Dimension übertragen und eine Klassifizierung neuer Objekte ermöglichen. Man unterscheidet zwischen den *elementaren* und den *nichtelementaren Diskriminanzmerkmalen*. Die elementaren Diskriminanzmerkmale haben den Vorteil, leicht berechenbar zu sein, verfügen aber nicht über die Optimalitätseigenschaften der nichtelementaren Diskriminanzmerkmale (NED). Da das Klassifikationsergebnis bei beiden (falls man jeweils sämtliche Diskriminanzmerkmale benutzt) übereinstimmt, soll hier nur auf letztere eingegangen werden. Geht es dem Nutzer schließlich lediglich um das reine Zuordnungsproblem, so sei er auf das in Kapitel 7 vorgestellte BASIC-Programm CLASS verwiesen, in dem auch die hier verwendete lineare Klassifikation einen Teil darstellt.

6.3.1. Nichtelementare Diskriminanzmerkmale (NED)

Gesucht ist ein „künstliches" Merkmal w_1, d. h. eines, das aus den Ausgangsmerkmalen $y_1, \ldots, y_p$ durch Linearkombination entsteht, welches unter allen in Frage kommenden ein maximales Trennmaß besitzt. Diese Forderung führt (vgl. [6.5]) auf die Lösung des Eigenwertproblems

$$\underline{G}^{-1}\underline{H}\underline{v} = \lambda\underline{v}, \tag{6.8}$$

wobei $\underline{H}$ und $\underline{G}$ die bereits oben eingeführten Matrizen sind. Hat man den zum größten Eigenwert λ_1 gehörigen und durch $\underline{v}_1^T \underline{S} \underline{v}_1 = 1$ normierten Eigenvektor von Gleichung (6.8) gefunden, so sind dessen Komponenten $v_{11}, \ldots, v_{1p}$ gerade die gesuchten Koeffizienten für w_1, d. h. es gilt:

$$w_1 = v_{11} y_1 + v_{12} y_2 + \ldots + v_{1p} y_p$$

Dabei ist λ_1 das Trennmaß des Merkmals w_1. Anschließend sucht man aus dem „Rest" des Diskriminanzraumes, d. h. unter allen Vektoren $\underline{v}$ mit $\underline{v}^T \underline{S} \underline{v}_1 = 0$, einen solchen, der wiederum der bestmöglichen Linearkombination entspricht, nämlich $\underline{v}_2$, und den zugehörigen zweitgrößten Eigenwert λ_2. Es ergibt sich:

$$w_2 = v_{21} y_1 + \ldots + v_{2p} y_p$$

w_1 und w_2 bilden das beste durch lineare Transformation aus den Ausgangsmerkmalen entstandene Merkmalspaar. Während somit die Auftragung sämtlicher Objekte bezüglich w_1 auf einer Geraden die bestmögliche eindimensionale Darstellung liefert, bringt die Benutzung der Achsen w_1 und w_2 die beste Objektdarstellung in der

6.3.1. Nichtelementare Diskriminanzmerkmale

Ebene. In der beschriebenen Weise fährt man fort und erhält schließlich die NED $w_1, w_2, \ldots, w_t$. Hierbei ist t die kleinere der beiden Zahlen $g-1$ und p ($t = \min(g-1,p)$), d. h., es gibt im allgemeinen weniger NED als Ausgangsmerkmale (Begründung s. auch [6.4]). Tabelle 6.4 zeigt hierzu eine Übersicht. Obwohl $t \leq p$ ist, stimmt das Trennmaß sämtlicher NED mit dem aller Ausgangsmerkmale überein:

$$T^2(w_1, \ldots, w_t) = T^2(y_1, \ldots, y_p).$$

Bei der Lösung des Eigenwertproblems (6.8) ist zu beachten, daß $\underline{G}^{-1}\underline{H}$ keine symmetrische Matrix ist. Die Rückführung von (6.8) auf die Behandlung einer symmetrischen Matrix entnimmt man z. B. [6.5]. Tabelle 6.4 zeigt, daß die Dimensionserniedrigung in den meisten Anwendungsfällen (nämlich dort, wo die Zahl der Gruppen kleiner als die Zahl der Merkmale ist) erheblich sein kann. Daher ist auch das zu lösende Eigenwertproblem im allgemeinen von geringer Ordnung. In VARDIS wird die Matrixdiagonalisierung gemäß einem modifizierten Jacobi-Algorithmus nach H. F. KAISER [6.6] realisiert. VARDIS ermöglicht die mehrfache Durchführung der

Tabelle 6.4
Zahl der nichtelementaren Diskriminanzmerkmale in Abhängigkeit von der Zahl der Gruppen und Merkmale

g	p	NED
2	beliebig	1
3	1	1
3	≥ 2	2
4	≥ 3	3

Diskriminanzanalyse mit unterschiedlichen Merkmalsmengen. Es sollen zunächst die Ergebnisse unter Berücksichtigung aller fünf Ausgangsmerkmale illustriert werden. Da hier $g = 5$ und $p = 5$ ist, existieren 4 NED, nämlich:

$w_1 = -4{,}09\ y_1 - 0{,}799\ y_2 - 0{,}455\ y_3 - 13{,}1\ y_4 - 0{,}453\ y_5$
$w_2 = 0{,}12\ y_1 - 0{,}16\ y_2 - 1{,}53\ y_3 - 1{,}45\ y_4 + 2{,}33\ y_5$
$w_3 = 0{,}57\ y_1 + 2{,}06\ y_2 + 0{,}89\ y_3 - 0{,}84\ y_4 - 0{,}246\ y_5$
$w_4 = -0{,}811\ y_1 + 0{,}675\ y_2 - 0{,}136\ y_3 + 0{,}632\ y_4 - 0{,}664\ y_5$

Im Falle standardisierter Daten lassen sich diese Koeffizienten als Maß für die Bedeutung der Ausgangsmerkmale interpretieren. In w_1 wird mit Abstand am stärksten y_4 — also Brom — gewichtet, ebenfalls mit Abstand gefolgt von y_1 (Iod).

Auffällig ist auch die Polarisation des Trennmaßes der NED (vgl. Tab. 6.5). So vereinigen sich bereits auf w_1 96,6 % des gesamten durch $y_1, \ldots, y_p$ erklär-

Tabelle 6.5

Trennmaße der NED und deren prozentualer Anteil am Gesamttrennmaß

Eigenwert	Trennmaß	Prozentualer Anteil
λ_1	373,7	96,6 %
λ_2	7,4	1,9 %
λ_3	5,7	1,5 %
λ_4	0,2	0,1 %
gesamt	387,0	100 %

ten Trennmaßes (dieses ist nach Tab. 6.2 gleich 387 und stimmt, wie schon erwähnt, mit $\lambda_1 + \lambda_2 + \lambda_3 + \lambda_4$ überein), während den übrigen Linearkombinationen kaum noch Bedeutung zukommt. Der Vorteil der genannten Optimalitätseigenschaften wird unmittelbar erkennbar: Eine Auftragung der Objekte bezüglich ihrer w_1-Werte auf einer Geraden (Trennmaß = 373) ergibt bereits ein wesentlich besseres Bild als die Darstellung bezüglich des besttrennenden Merkmalspaares (Brom, Iod) in der Ebene (T^2 = 277). Um so mehr trifft dies auf die zusätzliche Verwendung von w_2 und die daraus resultierende Ebenendarstellung (T^2 = $\lambda_1 + \lambda_2$ = 380) zu. In VARDIS werden die neuen Koordinaten der Objekte ausgegeben, und zwar eine Koordinate im Falle t = 1 und zwei Koordinaten für $t \geq 2$. Die resultierende graphische Darstellung ist das sogenannte LDA-Display (s. auch Abschn. 8.1.). Abbildung 6.2 zeigt das LDA-Display unter Zugrundelegung aller fünf Ausgangsmerkmale. Es fehlt die weit außerhalb liegende Person 1. Deutlich zu erkennen ist die Überlagerung von 2, 3 und 4, wobei 5 relativ abgetrennt ist.

6.3.2. Klassifizierung neuer Objekte

Bisher wurden die nichtelementaren Diskriminanzmerkmale zur Übertragung der Zusammenhänge in einen Raum niederer Dimension benutzt. Im folgenden soll mit ihrer Hilfe die Klassifizierung neuer Objekte durchgeführt werden. Das Objekt, über dessen Abstammung zunächst nichts bekannt ist, wird mittels der nichtelementaren Diskriminanzmerkmale ebenso transformiert wie die Objekte des ursprünglichen Datensatzes. Auf diese Weise läßt sich seine Position zu den gegebenen Gruppen auch in der graphischen Darstellung verdeutlichen. Für seine Klassifizierung gibt es zwei Möglichkeiten: Bei einer eindeutigen Entscheidung wird es derjenigen Gruppe zugeordnet, deren Mittelpunkt den geringsten euklidischen Abstand zu ihm hat. Dies bezieht sich jeweils auf die neuen Koordinaten der Mittelpunkte und des Objektes.

6.3.2. Klassifizierung neuer Objekte

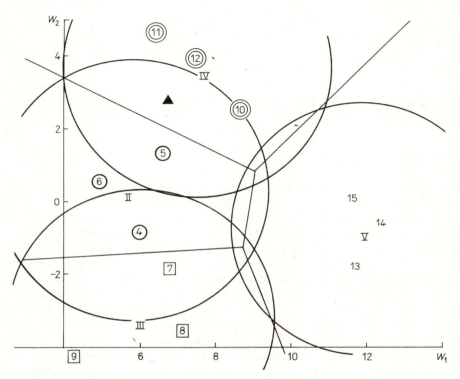

Abbildung 6.2
LDA-Display für den Kopfhaardatensatz

Je 3 zu einer Gruppe (Person) gehörige Objekte sind gleich gekennzeichnet. Es fehlen die weit abseits liegenden Objekte 1, 2, 3 (Person 1). Die durchgehenden Linien grenzen die Bereiche für eindeutige Zuordnung ab. Darüber hinaus sind um die Mittelpunkte der jeweiligen mit römischen Zahlen markierten Gruppen die 95-%-Streubereiche eingezeichnet (s. auch Abschn. 6.3.2.).

In Abbildung 6.2 sind die Entscheidungstrennlinien für die Personen 2, 3, 4 und 5 eingezeichnet. Der Nachteil einer eindeutigen Entscheidung liegt darin, daß die Verwandtschaft von Objekten zu mehreren Gruppen gleichzeitig unerkannt bleibt, und daß Ausreißer — also solche Objekte, die offenbar zu keiner der vorgegebenen Gruppen gehören — trotzdem zugeordnet werden. Aus diesem Grunde wird auch auf eine mehrdeutige Entscheidung zurückgegriffen: Ein Objekt wird der Gruppe bzw. den Gruppen zugeordnet, in deren 95 %-Streubereich es fällt. Falls es außerhalb sämtlicher Streubereiche liegt, wird es als Ausreißer erkannt. Die Streubereiche der Gruppen 2, 3, 4 und 5 sind in Abbildung 6.2 eingetragen. Zu erkennen ist, daß sich sämtliche vier Kreise überlagern, so daß im allgemeinen mit einer nicht eindeutigen Zuordnung gerechnet werden muß. Dieser Umstand war aber schon bei den Tests auf Isoliertheit vorhergesagt worden. Ist man an eindeutiger Klassifizierung interessiert, so sollte eine auf der Grundlage dieses Tests ausgewählte Merkmalsmenge herangezogen werden. Im vorliegenden Datensatz ergibt sich allerdings für sämtliche Merkmalsmengen dieselbe Situation. Die Berechnung des Streuradius der j-ten Gruppe erfolgt nach

$$r_j = \frac{t(n-g)}{n-g-t+1} \frac{n_j+1}{n_j} F_{t,n-g-t+1;\alpha} \tag{6.9}$$

Hier ist t die Anzahl der verwendeten NED. Die Zuordnung eines Objektes zur j-ten Gruppe erfolgt, falls

$$\sum_{h=1}^{t} (w_h - \overline{w}_{hj})^2 \leq r_j \tag{6.10}$$

gilt. Mit w_h und $\overline{w}_{hj}$ werden dabei die neuen (mit Hilfe der NED berechneten) Koordinaten des Objektes und des j-ten Mittelpunktes bezeichnet.

Von Bedeutung für die Diskrimination ist außerdem die Anzahl der benutzten Diskriminanzmerkmale. Die schon erwähnte Polarisation des Trennmaßes veranlaßt zu der Frage, ob nicht schon das erste Diskriminanzmerkmal allein oder die ersten beiden für eine sichere Diskrimination ausreichen. Würde man in unserem Beispiel nur w_1 berücksichtigen, so wären dadurch immerhin 96,6 % des Trennmaßes erklärt, doch der Rechenaufwand für die Diskrimination wäre nur ein Viertel so groß wie bei w_1, w_2, w_3 und w_4 zusammen. Das ist vor allem dann von Bedeutung, wenn sehr viele Objekte möglichst schnell zu klassifizieren sind. Darüber hinaus kann die Benutzung uneffektiver Diskriminanzmerkmale zu einem Anwachsen des Zuordnungsfehlers (s. auch Abschn. 6.3.3.) führen. Aus diesem Grund wird ein Test auf Signifikanz der ersten t^* gegenüber den letzten $t-t^*$ Diskriminanzmerkmalen durchgeführt. Das größte t^*, welches der Relation

$$\tilde{F} > F_{f_1, f_2; \alpha} \tag{6.11}$$

mit

$$\tilde{F} = \frac{l-2}{(g-t^*-1)(\tilde{p}-t^*)} \frac{f_2}{f_2-2} (\lambda_1 + \ldots + \lambda_{t^*})$$

$$l = n - g - \tilde{p} + t^* + 1$$

$$\left. \begin{array}{l} f_1 = \dfrac{(g-t^*-1)(\tilde{p}-t^*)(l-1)}{z} \\[2mm] f_2 = l \end{array} \right\} \text{falls } z > 0$$

$$\left. \begin{array}{l} f_1 = \infty \\[2mm] f_2 = l - \dfrac{(l-2)(l-4)z}{(n-g-1)(n-\tilde{p}-2)} \end{array} \right\} \text{falls } z \leq 0$$

$$z = n - t^* - (g-t^*-1)(\tilde{p}-t^*) - 2$$

genügt, wird als Zahl der signifikanten NED angesehen. Für den Haardatensatz war bei Benutzung aller fünf Ausgangsmerkmale $t^* = 3$. Bei der Klassifizierung der unbekannten Objekte ermöglicht VARDIS eine Variation dieser Anzahl.

6.3.3. Schätzung des Diskriminationsfehlers

Die zu klassifizierenden Objekte werden in VARDIS unmittelbar nach dem eigentlichen Datensatz eingegeben. Da solche beim Haardatensatz nicht zusätzlich zur Verfügung standen, wurden die Objekte des „Lern"-Datensatzes selbst als unbekannt aufgefaßt, um sie wieder zuzuordnen. Diese Vorgehensweise nennt man *Resubstitution*. Bei guter Gruppentrennung sollte man erwarten, daß jedes Objekt auch in die Gruppe eingeordnet wird, zu der es tatsächlich gehört. Die Zahl der falschen Klassifizierungen, bezogen auf die Gesamtzahl der Objekte, ergibt eine Schätzung des Diskriminationsfehlers.

Tabelle 6.6
Ergebnisse bei der Resubstitution des Lerndatensatzes mit 4, 3 und 2 NED. Die erste Zahl bezieht sich auf eindeutige Zuordnung, die folgenden auf mehrdeutige.

Objekt Nr.	Zahl der NED 4	3	2
1	1	1	1
2	1	1	1
3	1	1	1
4	2, 3, 4	2, 3	2, 3
5	2, 3, 4	2, 4	2, 4
6	2, 3	2	2
7	3, 2, 4	3, 2	3, 2
8	3, 2	3, 2	3
9	3, 2	3	3
10	4, 2	4, 2	4, 2
11	4, 2	4	4
12	4, 2	4	4
13	5	5	5
14	5	5	5
15	5	5	5

In Tabelle 6.6 sind die Resubstitutionsergebnisse bei Benutzung aller Ausgangsmerkmale und von 4, 3 bzw. 2 NED aufgeführt. Die erste Zahl entspricht stets der eindeutigen Entscheidung, eventuell gefolgt von anderen Gruppennummern bei mehrdeutiger Entscheidung. In VARDIS wird im Falle eines Ausreißers bei mehrdeutiger Entscheidung eine Ø ausgedruckt. Die Ergebnisse der Spalte, wo zwei Diskriminanzmerkmale verwendet wurden, lassen sich unmittelbar an Hand der Abbildung 6.2 rekonstruieren. So wird z. B. Haar Nr. 5 eindeutig Person 2 zugeordnet, mehrdeutig allerdings den Personen 2 und 4, da es in beiden Streukreisen liegt. Die bereits angesprochene eventuelle Verbesserung der Diskrimination durch Benutzung ausschließlich signifikanter NED deutet sich in Tabelle 6.6 darin an, daß sich die Mehrfachzuordnung an vielen Positionen verringert.

Für die Resubstitution ergab sich eine Fehlerrate von 0 %. Hieran läßt sich eine Unzulänglichkeit dieser Methode erkennen: Der Diskriminationsfehler wird unterschätzt, und zwar um so eher, je geringer die Objektzahl im Datensatz ist. Man kann bei den im Beispiel vorliegenden Gruppenüberschneidungen gewiß keine absolut korrekte Diskrimination real erwarten. Die Ursache für diese Unterschätzung liegt darin, daß die zuzuordnenden Objekte selbst schon an der Aufstellung des Modells (also der Mittelpunkte und der Kovarianzmatrix) beteiligt waren.

Einen Ausweg bietet die von P. A. LACHENBRUCH 1967 vorgeschlagene Methode zur Schätzung des Diskriminationsfehlers: Ein Objekt des Datensatzes wird als „unbekannt" angesehen und mit den restlichen Objekten das Modell aufgestellt. Anschließend wird untersucht, ob dieses Objekt der (nun reduzierten) Gruppe zugeordnet wird, welcher es tatsächlich angehört. Diese Prozedur führt man mit sämtlichen Objekten durch. Die Anzahl der Fehlklassifikationen dividiert durch die Gesamtzahl der Objekte ergibt dann eine weitaus realistischere Fehlerschätzung als bei der Resubstitution, da nun das zuzuordnende Objekt nicht an der Modellbildung beteiligt ist, das Modell selbst aber ohne großen Informationsverlust (1 Objekt fehlt) aufgestellt wurde. Abbildung 6.3 zeigt eine grobe Vereinfachung des Sachverhalts: Das am weitesten rechts liegende Objekt von Gruppe 1 wird bei der Resubstitution korrekt, bei der *Lachenbruch-Methode* jedoch falsch zugeordnet, da sich der Mittelpunkt von Gruppe 1 durch die „Herausnahme" dieses Objektes inzwischen verschoben hat.

Abbildung 6.3
Schätzung des Diskriminationsfehlers bei Resubstitution (a) und Lachenbruch-Methode (b) (vereinfacht)

Während bei der Resubstitution ein wiederzuzuordnendes Objekt selbst an der Bildung des Modells (hier Mittelpunkt) beteiligt ist, wird es bei der Lachenbruch-Methode als „unbekannt angesehen. Der Mittelpunkt der linken Gruppe verschiebt sich dementsprechend.

• Gruppe 1;   ○ Gruppe 2;   x Mittelpunkt;   □ „unbekanntes" Objekt

6.3.3. Schätzung des Diskriminationsfehlers

Der Nachteil gegenüber der Resubstitution besteht bei der Lachenbruch-Methode im erhöhten Rechenaufwand, da das der Diskrimination zugrundeliegende Modell bei ihr mit jedem Objekt neu aufzustellen ist. Dies sollte jedoch in Kauf genommen werden, um letztlich ein glaubwürdigeres Ergebnis zu erhalten. Im Beispieldatensatz gab es bei Verwendung aller Ausgangsmerkmale zwei auf diese Weise ermittelte Fehlzuordnungen.

Abschließend sei für eine detailliertere Darstellung der beschriebenen Schritte sowie ein Bekanntmachen mit den theoretischen Aspekten der mehrdimensionalen Varianz- und Diskriminanzanalyse nochmals auf [6.2] verwiesen.

7. Klassifizierungsmethoden

Ein wesentliches Problem bei der Datenanalyse besteht in der Klassifizierung von Objekten, d. h. in ihrer Zuordnung zu bestimmten von vornherein gegebenen Objektgruppen. Diese Aufgabenstellung wurde bereits in Kapitel 6 angesprochen. Dabei erfolgte die Klassifizierung mit Hilfe der sogenannten nichtelementaren Diskriminanzmerkmale. Im folgenden seien einige weitere Klassifizierungsmethoden vorgestellt, ohne daß jedoch im Gegensatz zu Kapitel 6 solche Fragen wie Verschiedenheit der Gruppen oder Variablenreduktion behandelt werden. Im wesentlichen lassen sich die Methoden danach unterscheiden, ob die Kenntnis bestimmter Parameter für die Wahrscheinlichkeitsverteilung der gegebenen Gruppen erforderlich ist (parametrische Methoden) oder nicht (nichtparametrische) (vgl. [7.1]).

In diesem Kapitel soll auf jeweils einen Repräsentanten der genannten Gruppen näher eingegangen werden: die auf dem Bayesschen Satz beruhende Methode (im folgenden als Bayessche Klassifizierungsmethode bezeichnet) einerseits und die Methode der k-nächsten Nachbarn (KNN) andererseits. Für die Rechnungen wurde das BASIC-Programm CLASS (Listing 8) benutzt. Hier ist zunächst die Eingabe des Lerndatensatzes, d. h. der von vornherein gegebenen Gruppen, und anschließend der zu klassifizierenden Testobjekte vorgesehen. Daraufhin können die Daten wahlweise standardisiert werden (vgl. Abschn. 5.2.).

7.1. Bayessche Klassifizierungsmethode

Es seien g Lerngruppen $G_1, \ldots, G_g$ mit den Wahrscheinlichkeitsdichten $f_1, \ldots, f_g$ gegeben. Nach dem Bayesschen Satz gilt dann für ein Objekt $\underline{x}$ die Gleichung:

$$P(G_i \mid \underline{x}) = \frac{p_i f_i(\underline{x})}{\sum_{k=1}^{g} p_k f_k(\underline{x})} \tag{7.1}$$

Hierbei bedeuten $P(G_i \mid \underline{x})$ die bedingte Wahrscheinlichkeit von G_i, wenn $\underline{x}$ gegeben ist und p_i die A-priori-Wahrscheinlichkeit. Die Bedeutung der p_i besteht darin, daß unabhängig von der konkreten Beobachtung $\underline{x}$ von vornherein die Zugehörigkeit zu den Gruppen ungleich wahrscheinlich sein kann. Soll beispielsweise bei einem Patienten auf Grund bestimmter Testergebnisse die Zuordnung zu Krankheit 1 oder zu Krankheit 2 entschieden werden, so wäre es möglich, daß unabhängig von diesem Patienten die Krankheit 1 von vornherein viel häufiger auftritt als Krankheit 2.

7.1. Bayessche Klassifizierungsmethode

Diese Tatsache muß in der Klassifizierung berücksichtigt werden; die p_j fungieren in (7.1) gewissermaßen als Gewichte.

Eine sinnvolle Zuordnungsregel bestünde darin, die Wahrscheinlichkeit einer Fehlzuordnung des Objektes $\underline{x}$ zu minimieren. Dies ist (vgl. [7.1, 7.2]) äquivalent dazu, $\underline{x}$ als der Gruppe G_i zugehörig anzusehen, für die die bedingte Wahrscheinlichkeit $p(G_i|\underline{x})$ am größten wird.

Da der Nenner in (7.1) nicht von i abhängt, läßt sich die Klassifizierungsregel wie folgt formulieren:

Ordne $\underline{x}$ der Gruppe G_i zu, wenn

$$p_i f_i(\underline{x}) > p_j f_j(\underline{x}) \tag{7.2}$$

für alle $j \neq i$ gilt.

Praktisch ist also zu gegebenem $\underline{x}$ die Gruppe G_i zu suchen, für die der Ausdruck $p_i f_i(\underline{x})$ maximal unter allen möglichen wird.

Die Bayessche Klassifizierung setzt die Kenntnis der Dichten $f_1, \ldots, f_g$ voraus. Dieses Problem läßt sich unterschiedlich lösen: Zum einen kann man den G_i eine bestimmte Verteilung (z. B. Normal-, Exponential-, Polynominalverteilung) unterstellen, zum anderen kann man die Dichten auf Grund der Beobachtungen in jeder Gruppe schätzen. Es soll hier nur der gebräuchlichste Fall der ersten Vorgehensweise erläutert werden, nämlich die Zugrundelegung einer Normalverteilung für alle Gruppen G_i: Bezeichnen μ_i und Σ_i den Mittelwert bzw. die Kovarianzmatrix der i-ten Gruppe, so gilt für deren Dichte:

$$f_i(\underline{x}) = \frac{1}{(2\pi)^{p/2} [\det \Sigma_i]^{1/2}} \exp\left[-\frac{1}{2}(\underline{x}-\mu_i)^T \Sigma_i^{-1}(\underline{x}-\mu_i)\right] \tag{7.3}$$

Hierbei ist p die Zahl der Variablen im Datensatz. Für eine Vereinfachung ist es zweckmäßig, die Regel (7.2) durch Logarithmierung äquivalent umzuformulieren. Da die Logarithmusfunktion monoton wachsend ist und somit bestehende Relationen erhalten bleiben, ist die Klassifizierungsregel (7.2) gleichbedeutend mit:

Ordne $\underline{x}$ der Gruppe G_i zu, wenn

$$\ln p_i + \ln f_i(\underline{x}) > \ln p_j + \ln f_j(\underline{x}) \tag{7.4}$$

für alle $j \neq i$ gilt.

Aus (7.3) ergibt sich aber:

$$\ln f_i(\underline{x}) = -\frac{p}{2}\ln(2\pi) - \frac{1}{2}\ln[\det \Sigma_i] - \frac{1}{2}(\underline{x}-\mu_i)^T \Sigma_i^{-1}(\underline{x}-\mu_i)$$

Berücksichtigt man, daß der erste Ausdruck auf der rechten Seite bei allen Gruppen konstant und daher für die Relationen bedeutungslos ist, so lautet schließlich die *Bayessche Klassifizierungsregel*:

Ordne $\underline{x}$ der Gruppe G_i zu, wenn

$$\ln p_i - \frac{1}{2} \ln [\det \Sigma_i] - \frac{1}{2} (\underline{x} - \mu_i)^T \Sigma_i^{-1} (\underline{x} - \mu_i)$$
$$> \ln p_j - \frac{1}{2} \ln [\det \Sigma_j] - \frac{1}{2} (\underline{x} - \mu_j)^T \Sigma_j^{-1} (\underline{x} - \mu_j) \qquad (7.5)$$

für alle $j \neq i$ gilt.

Durch die Klassifizierungsregel wird der $\mathbb{R}^p$ (also der Raum der Objektpunkte) so in Gebiete $R_1, \ldots, R_g$ unterteilt, daß sämtliche Punkte, die im Gebiet R_i liegen, der Gruppe G_i zugeordnet werden. In Abbildung 7.1 ist eine solche Unterteilung für $p = 2$ dargestellt. Die Trennlinien (im allgemeinen sind dies Trennflächen) zwischen den R_i sind dabei gekrümmt, da in der Relation (7.5) die quadratischen Ausdrücke

$$\frac{1}{2} (\underline{x} - \mu_i)^T \Sigma_i^{-1} (\underline{x} - \mu_i)$$

vorkommen. Aus diesem Grund wird (7.5) auch als *quadratische Klassifizierungsregel* bezeichnet. In bestimmten Fällen ist eine Vereinfachung dieser Zuordnungsmethode möglich. Unter der Annahme, daß sämtliche Kovarianzmatrizen Σ_i ein-

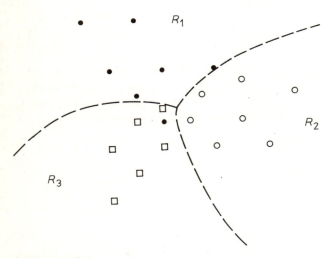

Abbildung 7.1
Zuordnungsgebiete R_i für drei Gruppen bei Bayesscher Klassifizierung
($\Sigma_1 \neq \Sigma_2 \neq \Sigma_3$)

7.1. Bayessche Klassifizierungsmethode

ander gleichen (also $\Sigma_1 = \Sigma_2 = \ldots = \Sigma$), vereinfacht sich (7.5) nach Ausmultiplizieren zu

$$\ln p_i - \frac{1}{2} \ln \det \Sigma - \frac{1}{2} \underline{x}^T \Sigma^{-1} \underline{x} + (\underline{x} - \frac{1}{2} \mu_i)^T \Sigma^{-1} \mu_i$$
$$> \ln p_j - \frac{1}{2} \ln \det \Sigma - \frac{1}{2} \underline{x}^T \Sigma^{-1} \underline{x} + (\underline{x} - \frac{1}{2} \mu_j)^T \Sigma^{-1} \mu_j$$

Durch Streichen gleicher Terme auf beiden Seiten erhält man die Klassefizierungsregel:

Ordne $\underline{x}$ der Gruppe G_i zu, wenn

$$\ln p_i + (\underline{x} - \frac{1}{2} \mu_i)^T \Sigma^{-1} \mu_i > \ln p_j + (\underline{x} - \frac{1}{2} \mu_j)^T \Sigma^{-1} \mu_j \tag{7.6}$$

für alle $j \neq i$ gilt.

Die quadratischen Ausdrücke in $\underline{x}$ haben sich dabei aufgehoben, so daß nur noch lineare übrigbleiben. Dementsprechend sind die Trennflächen wie in Abbildung 7.2 linear. Daher wird (7.6) auch als *lineare Klassifizierungsregel* bezeichnet. Die gemeinsame Kovarianzmatrix Σ wird nach

$$\underline{S} = \frac{1}{n-g} \sum_{j=1}^{g} (n_j - 1) \underline{S}_j$$

geschätzt. Dabei ist n_j die Objektzahl in der j-ten Gruppe und $\underline{S}_j$ deren übliche Kovarianzschätzung (s. auch (5.2)). Da (7.6) ein Spezialfall von (7.5) ist, kann man davon ausgehen, daß bei annähernd erfüllter Normalverteilung die quadratische Zuordnungsregel bessere Ergebnisse liefert als die lineare. Geometrisch läßt sich dieser Sachverhalt daran erkennen, daß die Trennflächen zwischen den Zuordnungsregionen flexibler sind als im linearen Fall. Daraus ergibt sich die Frage, wann (7.6) vorteilhaft ist. Einerseits ist die quadratische Regel besonders empfindlich gegenüber Abweichungen von der Normalverteilung (vgl. z. B. [7.1, 7.2]). Zum anderen müssen bei Benutzung von (7.5) durch die Verschiedenheit der Kovarianzmatrizen erheblich mehr Parameter geschätzt werden als in (7.6). Daraus ergibt sich die Notwendigkeit größerer Objektzahlen innerhalb einer jeden Lerngruppe. Außerdem erfordert die Klassifizierung einen größeren Zeitaufwand.

Nachfolgend sei eine Veranschaulichung der Bayesschen Klassifizierung gegeben. Der Einfachheit halber sei Normalverteilung und zunächst auch Gleichheit der A-priori-Wahrscheinlichkeiten vorausgesetzt. Die naheliegendste Art, ein bestimmtes Objekt unbekannter Herkunft einer von beispielsweise zwei gegebenen Objektgruppen zuzuordnen, besteht wohl darin, als Kriterium den Abstand dieses Objekts zu den entsprechenden Gruppenmittelpunkten zu wählen. Die Trennfläche würde hierbei durch den Mittelpunkt der die beiden Gruppenmittelpunkte verbindenden Strecke verlaufen und diese senkrecht schneiden (Abb. 7.3). Für den Spezialfall, daß die Kovarianzmatrizen beider Gruppen einander gleich sind und jeweils gleiche Eigenwerte besitzen (plausibel: falls also beide Gruppen Kugelform haben), stimmt diese einfache Zuordnungsregel mit der Bayesschen überein. Der angegebene Spezialfall wird indes selten erfüllt sein. Nehmen wir daher an, beide Kovarianzmatrizen seien

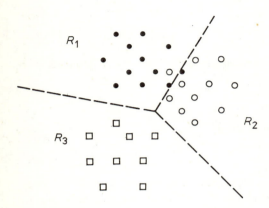

Abbildung 7.2
Zuordnungsgebiete R_j für drei Gruppen bei Bayesscher Klassifizierung
($\Sigma_1 = \Sigma_2 = \Sigma_3$)

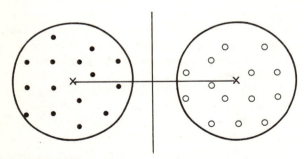

Abbildung 7.3
Zuordnung gemäß euklidischem Abstand. Die Trennfläche schneidet die
Verbindungsstrecke zwischen beiden Gruppenmittelpunkten senkrecht

immer noch gleich, d. h. $\Sigma_1 = \Sigma_2 = \Sigma$, aber die Eigenwerte von Σ mögen unterschiedlich sein. Das bedeutet, daß die Streuung der Gruppen nicht in alle Richtungen gleichgroß ist, die Gruppenform entspricht Ellipsoiden. Wegen der

7.1. Bayessche Klassifizierungsmethode

Gleichheit von Σ_1 und Σ_2 ist die Trennfläche bei der Bayesschen Klassifizierung nach (7.6) linear. Sie verläuft ebenfalls durch den Mittelpunkt der Verbindungsstrecke, schneidet sie im allgemeinen jedoch nicht senkrecht, sondern unter einem solchen Winkel, daß beide Gruppen möglichst gut getrennt werden (s. Abb. 7.4). Die Größe des Winkels hängt direkt von der Gruppenform ab. Offenbar gelangt man auf diese Weise zu einer besseren Trennung der Gruppen als bei der ursprünglich verwendeten senkrechten Trennfläche. Als Konsequenz ist bei der Bayesschen Klassifizierung ein besseres Zuordnungsresultat zu erwarten als bei einer Entscheidung nach dem geringsten (euklidischen) Abstand.

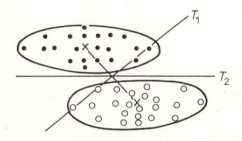

Abbildung 7.4
Bei Gleichheit beider Kovarianzmatrizen (Eigenwerte unterschiedlich) ergibt die lineare Bayessche Klassifizierung (Trennfläche T_2) eine deutlich bessere Auftrennung der Gruppen als die Klassifizierung nach euklidischem Abstand.

Im folgenden sei vorausgesetzt, daß sich auch die Kovarianzmatrizen Σ_1 und Σ_2 unterscheiden, wie z. B. in Abbildung 7.5. Bei Verwendung der linearen Klassifizierungsregel würde sich Σ als Mittelung von Σ_1 und Σ_2 ergeben. Die Unterschiede zwischen Σ_1 und Σ_2 werden bei der Trennfläche nicht berücksichtigt. Anders verhält es sich, wenn die quadratische Regel benutzt wird.

Zeichnet man zu jeder Gruppe die Streuungsellipsoide bestimmter Niveaus (z. B. 50 %, 90 %, 99 %) ein, so ergibt sich die Trennfläche nach (7.5) als die Menge der Schnittpunkte solcher Ellipsoide gleichen Niveaus. Offensichtlich ist hier die quadratische Trennfläche gegenüber der linearen besser geeignet. Das erkennt man an dem im vorliegenden Beispiel mit * gekennzeichneten Objekt, welches durch die lineare Regel der rechten Gruppe, durch die quadratische jedoch der linken Gruppe zugewiesen wird. Letzteres ist sinnvoller, da die „Streuung" der linken Gruppe „in Richtung" dieses Objekts viel größer ist als die der rechten.

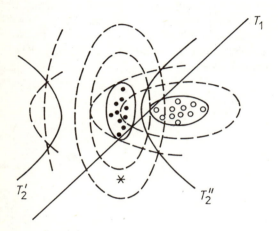

Abbildung 7.5
Bayessche Klassifizierung bei ungleichen Kovarianzmatrizen

Unter Zugrundelegung der linearen Klassifizierungsregel erhält man die Trenngerade T_1. Bei der quadratischen Klassifizierungsregel entstehen die Trennlinien T_2' und T_2'' als Menge derjenigen Punkte, in denen die Dichten beider Gruppen (vgl. die entsprechenden Niveaulinien) gleich groß sind. Somit werden alle Objekte, die in dem „Schlauch" zwischen T_2' und T_2'' liegen, der linken Gruppe zugeordnet, sämtliche anderen (also auch die links von T_2') der rechten Gruppe. Das Objekt * wird durch lineare und quadratische Klassifizierungsregel unterschiedlich zugeordnet.

Bisher wurden die A-priori-Wahrscheinlichkeiten als gleich angenommen. Wie bereits weiter oben angedeutet, muß dies im allgemeinen nicht gewährleistet sein. Die A-priori-Wahrscheinlichkeiten stellen in der Klassifizierungsregel (7.5) konstante Größen innerhalb jeder Gruppe dar, wodurch eine Verlagerung der Trennflächen bewirkt wird. Abbildung 7.6 zeigt den Vergleich der quadratischen Trennflächen ohne und mit Berücksichtigung der Größen p_i aus (7.5).

Im Programm CLASS ist eine externe Eingabe der A-priori-Wahrscheinlichkeiten für jede Gruppe möglich, falls eine solche bekannt ist. Andernfalls läßt sich die Wichtung entsprechend der Objektanzahl vornehmen. Sind z. B. in Gruppe 1 doppelt so viele Objekte wie in Gruppe 2 enthalten, so ergibt sich $p_1 = \frac{2}{3}$ und $p_2 = \frac{1}{3}$. Diese Vorgehensweise ist allerdings nur dann sinnvoll, wenn die Objektanzahl im Datensatz auch die tatsächliche Häufigkeit für das Auftreten eines Objekts aus der entsprechenden Gruppe repräsentiert. Das ist sicherlich dann nicht mehr gewährleistet,

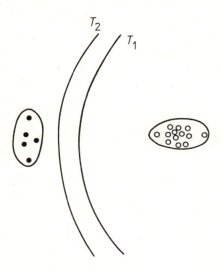

Abbildung 7.6
Durch Berücksichtigung der A-priori-Wahrscheinlichkeit verschiebt sich die Trennfläche parallel (von T_1 nach T_2). Eine Zuordnung zur rechten Gruppe wird dadurch wahrscheinlicher.

wenn bei der Erstellung des Lerndatensatzes an einer Gruppe willkürlich bzw. aus praktischen Erwägungen mehr Messungen durchgeführt wurden als an der anderen. In solchen Fällen sollte auf die Berücksichtigung von A-priori-Wahrscheinlichkeiten verzichtet werden. Alle drei Möglichkeiten stehen im Programm CLASS zur Verfügung.

7.2. Methode der k-nächsten Nachbarn (KNN)

Im vorigen Abschnitt wurde bei der Bayesschen Klassifizierung die Normalverteilung unterstellt. Besitzt man von vornherein Kenntnis über den Verteilungstyp, so läßt sich aus (7.2) direkt eine Klassifizierungsregel angeben. Analog zur Normalverteilung hätte sich die Entscheidung z. B. auch für die Exponentialverteilung ableiten lassen. Häufig ist allerdings die Zugehörigkeit der Wahrscheinlichkeitsverteilungen zu einem bestimmten Verteilungstyp nicht gegeben. Solche Fälle führen zu sogenannten nichtparametrischen Klassifizierungsregeln. Eine der bekanntesten Methoden hierzu ist die 1951 von FIX und HODGES vorgeschlagene Methode der k-nächsten Nachbarn (s. auch [7.3]).

Gegeben seien zwei Gruppen G_1 und G_2 (die Verallgemeinerung auf g Gruppen ist offensichtlich), sowie ein Objekt $\underline{x}$, über dessen Herkunft entschieden werden soll. Man wählt eine ganze Zahl k und bestimmt diejenigen k Objekte aus dem Lerndatensatz, die zu $\underline{x}$ den geringsten Abstand besitzen. Sei k_1 die Zahl der aus Gruppe 1 und k_2 die der aus Gruppe 2 stammenden k-nächsten Nachbarn (d. h. $k_1 + k_2 = k$). Dann lautet die Klassifizierungsregel:

Ordne $\underline{x}$ der Gruppe G_1 zu, falls $\dfrac{k_1}{n_1} > \dfrac{k_2}{n_2}$, (7.7)

andernfalls ordne $\underline{x}$ der Gruppe G_2 zu.

Sollen auch hier wieder A-priori-Wahrscheinlichkeiten berücksichtigt werden, so verallgemeinert sich die Relation (7.7) zu

$$p_1 \frac{k_1}{n_1} > p_2 \frac{k_2}{n_2} \qquad (7.8)$$

Schätzt man die p_i durch die relative Häufigkeit der Objekte in beiden Gruppen, d. h.

$$p_i = \frac{n_i}{n_1 + n_2} \qquad i = 1, 2,$$

so ergibt sich aus (7.8):

$$\frac{k_1}{n_1} \frac{n_2}{k_2} > \frac{n_2}{n_1 + n_2} \bigg/ \frac{n_1}{n_1 + n_2}$$

Nach entsprechenden Kürzungen vereinfacht sich (7.8) zu:

Ordne $\underline{x}$ der Gruppe G_1 zu, falls $k_1 > k_2$, andernfalls (7.9)

ordne $\underline{x}$ der Gruppe G_2 zu.

In (7.9) wird demzufolge nur berücksichtigt, welche der Gruppen über die Mehrheit unter den k-nächsten Nachbarn verfügt. Die Beeinflussung durch die A-priori-Wahrscheinlichkeiten verdeutlicht sich darin, daß bei dieser Entscheidungsregel die Gruppe mit der größeren Objektzahl von vornherein auch die größere Chance besitzt, eine solche Mehrheit zu stellen. Im Programm CLASS ist die Klassifizierungsregel nach (7.9) in ihrer Verallgemeinerung auf g Gruppen aufgenommen.

Die Klassifizierungsergebnisse hängen selbstverständlich von der zu wählenden ganzen Zahl k ab. Gebräuchlich sind zum Beispiel $k = 1$ und $k = 3$.

In Abbildung 7.7 ist die Trennfläche der KNN-Methode für $k = 1$ eingezeichnet.

Der Vorteil der KNN-Methode besteht darin, daß sie sehr einfach ist und keine Kenntnis der Wahrscheinlichkeitsdichten voraussetzt. Im allgemeinen werden mit dieser Methode recht gute Klassifizierungsergebnisse erreicht, da die Trennflächen der Entscheidungsregionen sehr flexibel sind (vgl. Abb. 7.7).

Gegenüber parametrischen Methoden sind die Rechenzeit und der Speicheraufwand nachteilig. Wurden aus dem Lerndatensatz einmal Parameter (wie Mittelpunkte und Kovarianzen) extrahiert, so ist bei diesen für die anschließende Klas-

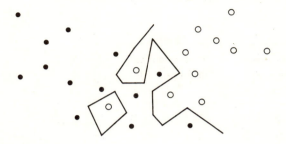

Abbildung 7.7
Klassifizierung mit KNN für $k = 1$. Es werden sehr flexible Trennflächen erhalten.

sifizierung der Testobjekte lediglich noch die Kenntnis der Parameter erforderlich. Bei der KNN-Methode muß dagegen auch während der Klassifizierung der gesamte Lerndatensatz bekannt sein. Für jedes zu klassifizierende Objekt ist der Abstand zu sämtlichen Objekten der Lerngruppen neu zu errechnen, was bei einer großen Zahl von Testobjekten zeitaufwendig werden kann. Zur Demonstration der Bayesschen Klassifizierungsmethode sowie der Methode der k-nächsten Nachbarn sei der ausschnittsweise schon in Kapitel 5 untersuchte Iris-Datensatz von FISHER (s. Tab. 10.7) mit dem Programm CLASS untersucht. Dieser Datensatz unterteilt sich in 75 Lern- und 75 Testobjekte. Sowohl Lern- als auch Testdatensatz untergliedern sich in drei Gruppen à 25 Objekte, nämlich die Iris-Spezies Iris setosa, Iris versicolor und Iris virginica.

Auf eine Datenstandardisierung wurde verzichtet, da sich die Streuung der Variablen in vergleichbaren Bereichen bewegt. Wegen der gleichen Objektzahl in allen Gruppen machte sich die Verwendung von A-priori-Wahrscheinlichkeiten nicht erforderlich. Der Testdatensatz strukturiert sich auf dieselbe Weise, d. h., die ersten 25 Testobjekte repräsentieren Individuen der ersten Iris-Spezies usw., so daß bei korrekter Klassifizierung der Testdaten zu den Lerngruppen die ersten 25 Zuordnungsnummern gleich 1, die nächsten 25 gleich 2 und die letzten gleich 3 sein müßten.

Tabelle 7.1 stellt die Ergebnisse von linearer, quadratischer und KNN-Klassifizierung dar. Die besten Resultate liefert die quadratische Klassifizierung mit lediglich 2 Fehlern, gefolgt von der linearen (3 Fehler) und der KNN-Methode (5 Fehler). Die Fehlzuordnungen bei sämtlichen Methoden geschehen ausschließlich bei der Diskrimination zwischen der 2. und 3. Gruppe, während die Zuordnungen zur ersten Gruppe sicher sind. Das relativ schlechte Abschneiden der KNN-Methode ist nicht unbedingt typisch. Bei der Behandlung der Anwendungsbeispiele in Kapitel 9 ist KNN für einen Datensatz von 150 Objekten den beiden anderen Methoden gegenüber deutlich überlegen.

Bei der auf der Verwendung von gruppenweisen Hauptkomponentenmodellen beruhenden Klassifizierungsmethode SIMCA (Beschreibung s. Abschn. 5.4.2.) ergaben sich ebenfalls lediglich zwei Fehlzuordnungen für den Iris-Datensatz.

Tabelle 7.1
Ergebnisse von linearer (L), quadratischer (Q) und KNN- (K) Klassifizierung für den Iris-Datensatz von FISCHER

Objekt Nr.	Iris setosa (Gruppe 1)			Iris versicolor (Gruppe 2)			Iris virginica (Gruppe 3)		
	L	Q	K	L	Q	K	L	Q	K
1	1	1	1	2	2	2	3	3	3
2	1	1	1	2	2	2	3	3	2
3	1	1	1	2	2	3	3	3	2
4	1	1	1	2	2	2	3	3	3
5	1	1	1	2	2	2	2	3	3
6	1	1	1	2	2	2	3	3	3
7	1	1	1	2	2	2	3	3	3
8	1	1	1	2	2	2	3	3	3
9	1	1	1	3	3	3	2	2	3
10	1	1	1	2	2	2	3	3	3
11	1	1	1	2	2	2	3	3	3
12	1	1	1	2	2	2	3	3	3
13	1	1	1	2	2	2	3	3	3
14	1	1	1	2	2	2	3	3	2
15	1	1	1	2	2	2	3	3	3
16	1	1	1	2	2	2	3	3	3
17	1	1	1	2	2	2	3	3	3
18	1	1	1	2	2	2	3	3	3
19	1	1	1	2	2	2	3	3	3
20	1	1	1	2	2	2	3	3	3
21	1	1	1	2	2	2	3	3	3
22	1	1	1	2	2	2	3	3	3
23	1	1	1	2	2	2	3	3	3
24	1	1	1	2	2	2	3	3	3
25	1	1	1	2	2	2	3	3	3
Fehlzuordnungen	0	0	0	1	1	2	2	1	3

7.2. Methode der k-nächsten Nachbarn

Abschließend sei noch kurz auf eine weitere nichtparametrische Klassifizierungsmethode eingegangen. PARZEN [7.4] schlug eine Klasse von Schätzungen für die Dichtefunktionen vor, die bestimmten Bedingungen genügen, so daß für diese Schätzungen asymptotische Erwartungstreue gewährleistet ist. Anstelle einer analytischen Darlegung sei die Konsequenz für Klassifizierungsprobleme geometrisch veranschaulicht:
Über jedem Objekt des Lerndatensatzes wird ein sogenannter Kern konstruiert. Ein solcher Kern kann z. B. aus einer Glocken- oder einer Simplexfläche mit geeigneten Parametern bestehen. Die Summierung der Flächenhöhen über alle Objekte einer bestimmten Gruppe ergibt dann eine Schätzung für die Dichtefunktion dieser Gruppe. Ein unbekanntes Objekt wird derjenigen Gruppe zugeordnet, deren Dichte in diesem Objekt den größten Wert annimmt (vgl. Abb. 7.8). Eine Realisierung dieser Klassifizierungsmethode ist beispielsweise das Programm ALLOC nach HERMANS (s. auch [7.5]).

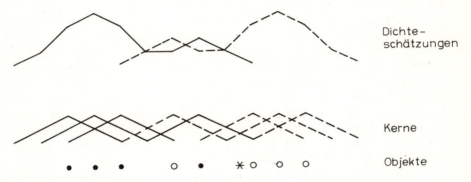

Abbildung 7.8
Schätzung der Dichtefunktionen nach PARZEN

Als Kern wurden Dreiecke (sehr üblich sind auch Glockenkurven) verwendet. Das Objekt * wird der rechten Gruppe zugeordnet, da deren geschätzte Dichte in diesem Objekt höher ist als die der linken Gruppe.

8. Display-Methoden

Es ist bekannt, daß die menschlichen Sinnesorgane in der Lage sind, nicht nur einzelne Merkmale miteinander zu vergleichen, sondern ganze Merkmalskomplexe auf einmal. Diese Eigenschaft wird zum Beispiel bei der Geschmackskontrolle von Weinen oder bei der Beurteilung der Klangqualität von Musikaufnahmen ausgenutzt. Herausragende Bedeutung für die Datenanalyse besitzt die visuelle Verarbeitung durch den Menschen, wobei allerdings die Beschränkung auf drei (räumliche Veranschaulichung), im allgemeinen sogar auf zwei Variablen (Darstellung in der Ebene) wesentlich ist. Besteht ein Datensatz nur aus Objekten, an denen maximal drei Variablen gemessen wurden, so ist das menschliche Auge besonders gut geeignet, bestimmte Strukturen darin zu erkennen. Meistens ist die Variablenzahl p jedoch wesentlich größer. Daher sollen sogenannte Display-Methoden die Zusammenhänge aus dem p-dimensionalen Raum z. B. in die Ebene übertragen und sie somit „sichtbar" machen. Natürlich wird die Erniedrigung der Raumdimension mit einem gewissen Informationsverlust erkauft. So ist es nicht möglich, die gegenseitige Lage der acht Eckpunkte eines Würfels in der Ebene exakt wiederzugeben. Die unterschiedlichen Display-Methoden minimieren diesen Verlust hinsichtlich verschiedener Kriterien. Hierbei lassen sich im wesentlichen zwei Vorgehensweisen unterscheiden: die lineare Abbildung (z. B. Hauptkomponentendarstellung, LDA-Display (s. Kap. 6)) und die nichtlineare Abbildung (z. B. Nonlinear Mapping).

Die einfachste Art, sich einen Überblick über einen Datensatz zu verschaffen, besteht darin, die Objekte bezüglich ihrer Werte in zwei der Ausgangsvariablen darzustellen (also z. B. im Datensatz „Kopfhaare" (s. Tab. 10.4) die Iod- und Bromkonzentrationen der Proben). Dem Vorteil, daß hierzu keine Hilfsmittel benutzt werden müssen, stehen jedoch erhebliche Nachteile gegenüber: Um ein möglichst vollständiges Bild zu erhalten, müßten sämtliche Möglichkeiten solcher auf Paaren von Ausgangsvariablen basierenden graphischen Darstellungen analysiert werden. Ihre Anzahl ist bei p Variablen gleich $p(p-1)/2$, also für $p = 15$ bereits 105. Jedoch nicht nur aus diesem Grunde ist die im folgenden als Elementardarstellung bezeichnete Methode unpraktikabel. Selbst, wenn der große Aufwand in Kauf genommen wird, so gibt die als beste unter allen Elementardarstellungen ermittelte immer noch weniger Information wieder als z. B. die eine Hauptkomponentendarstellung. Somit erweist sich der Einsatz von Rechentechnik und die Anwendung statistischer Verfahren auch auf diesem Gebiet der Datenanalyse als unerläßlich.

8.1. Hauptkomponentendarstellung

Die Hauptkomponentendarstellung (HKD) ist ein unmittelbares Ergebnis aus der Hauptkomponentenanalyse (s. Kap. 5). Bei der HKD sucht man eine solche Ebene im p-dimensionalen Raum $\mathbb{R}^p$ der Objektpunkte, so daß letztere nach Projektion auf diese Ebene maximale Varianz besitzen (vgl. auch geometrische Deutung der Hauptkomponentenanalyse in Abschn. 5.2.). Auf diese Weise wird der größtmögliche Teil der Datenvarianz in die Ebene übertragen und dem Auge zugänglich gemacht. Die beiden Koordinaten der Objekte sind nun im Gegensatz zur Elementardarstellung nicht mehr zwei Ausgangsvariablen, sondern die beiden ersten Hauptkomponenten, also optimale Linearkombinationen aus sämtlichen Ausgangsvariablen. Dies hat den Vorteil, daß ein wesentlich höherer Varianzprozentsatz in die Ebene übertragen werden kann. Die HKD ist ein wirksames Instrument zur Klärung folgender Fragen:

— Gliedert sich der Datensatz in verschiedene Objektgruppen auf (Clusterbildung)?
— Welche Korrelationsbeziehungen existieren zwischen den Variablen?
— Durch welche Variablen wird die Lage bestimmter Objekte beeinflußt?

Je nachdem, auf welche der gestellten Fragen eine Antwort gesucht wird, bedient man sich einer Objekt-, Variablen- oder gemeinsamen Objekt- und Variablendarstellung.

Die Rechnungen erfolgten mit dem in Kapitel 5 bereits vorgestellten BASIC-Programm HKA. Unmittelbar nach dem Ausdruck der Eigenwerte und -vektoren erscheinen die Objekt- und Variablenkoordinaten.

Als Beispiel sei im folgenden zunächst der schon in den Kapiteln 3 und 6 untersuchte Kopfhaardatensatz verwendet. Die Rechnung ergibt nach Standardisierung der Daten, also Benutzung der Korrelationsmatrix (s. auch Abschn. 5.2.), einen Varianzgehalt der ersten zwei Hauptkomponenten von 44,41 % + 22,71 % = 67,12 %. Somit sind in der daraus resultierenden Ebenendarstellung etwa 2/3 der Ursprungsinformation enthalten. Dies ist bereits beachtlich, wenn man bedenkt, daß im Falle standardisierter Daten die Varianz der Ausgangsvariablen gleich eins ist, d. h., jede der möglichen Elementardarstellungen würde einen Varianzanteil von $2/p$ — also im Beispiel $2/5 \triangleq 40$ % — repräsentieren.

Die Frage nach der Anzahl der zu berücksichtigenden Hauptkomponenten in HKA wäre zunächst mit 2 zu beantworten, da uns eine optimale Ebenendarstellung interessiert (sind entsprechende technische Möglichkeiten gegeben, so ist natürlich die Eingabe 3 im Hinblick auf räumliches Display angebracht). Es folgen zunächst die ersten Koordinaten sämtlicher Objekte, danach die zweiten. Diese Koordinaten errechnen sich nach (5.5).

Die Ergebnisse des Kopfhaardatensatzes entnimmt man Tabelle 8.1. Aus diesen Koordinaten ergibt sich sofort das Display in Abbildung 8.1. Hier sind diejenigen Cluster umrandet worden, die mit der nichthierarchischen Methode CLUPOT (Abschn. 3.6.2.) oder auch der hierarchischen Methode nach WARD (Abschn. 3.5.1.)

Tabelle 8.1

Koordinaten für die Hauptkomponentendarstellung des Kopfhaardatensatzes (1. und 2. Hauptkomponente)

Objekt Nr.	1. Koordinate	2. Koordinate
1	2,58	−0,49
2	2,42	−1,80
3	2,20	−0,87
4	−0,57	0,48
5	0,35	1,33
6	0,55	1,64
7	−1,06	−0,15
8	−1,00	0,20
9	−1,29	−0,92
10	0	1,06
11	0,61	1,70
12	0,31	0,24
13	−1,89	−1,01
14	−1,69	−0,77
15	−1,51	−0,64

erkennbar waren. Es wird die isolierte Lage der zur ersten Person gehörigen Objektpunkte 1, 2, 3 deutlich. Die Erkennung der übrigen Cluster wäre wohl auch ohne A-priori-Kenntnis kaum möglich. So würde man im Gegenteil viel eher folgende Cluster ausmachen: 9, 13, 14, 15 − 4, 8, 7 − 5, 6, 10, 11. Dieses unbefriedigende Ergebnis hat seine Ursache in dem unvermeidbaren Informationsverlust beim Display, der hier immerhin fast 1/3 ausmacht. In vielen Fällen existiert dann ein gewisser Ausweg: Ist der 3. Eigenwert ebenfalls von Bedeutung, so liefert eine Auftragung der 1. gegen die 3. Hauptkomponente noch einen großen Teil der in der ursprünglichen Darstellung (erste gegen zweite) nicht enthaltenen Information. Offenbar trifft dieser Umstand auf die Haardaten zu, da der 3. Eigenwert in etwa genauso groß ist wie der 2. Daher ist die Zahl der zu berücksichtigenden Hauptkomponenten doch mit 3 zu wählen. Das entsprechende Display zeigt Abbildung 8.2. Es wird ersichtlich, daß die Objektgruppen 13, 14, 15 und 4, 7, 8, 9 tatsächlich gut getrennt sind, wie es die Clusteranalyse bereits klarlegte. Andererseits geht in der erhaltenen Darstellung die Ausbildung des Clusters 1, 2, 3 verloren. Wichtig ist demnach eine simultane Auswertung beider Displays.

8.1. Hauptkomponentendarstellung

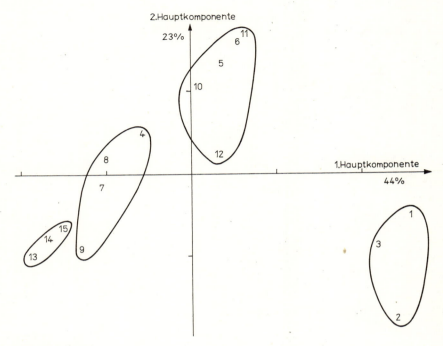

Abbildung 8.1
Hauptkomponentendarstellung der 1. gegen die 2. Hauptkomponente für den Kopfhaardatensatz

Falls die Objektzahl nicht zu groß ist, kann man die Variation in der 3. Koordinate, wie in Abbildung 8.3, z. B. durch unterschiedliche Größen für die Objektnummern charakterisieren. In dieser pseudoperspektivischen Graphik erscheinen die „großen" Objekte näher, die „kleinen" ferner. Nun lassen sich mühelos die Cluster 1, 2, 3 (Person 1) und 13, 14, 15 (Person 5) identifizieren, unter Umständen auch 4, 7, 8, 9. Interessant ist an dieser Stelle ein Vergleich mit den Ergebnissen der linearen Diskriminanzanalyse für denselben Datensatz. In dem dortigen LDA-Display (s. Abb. 6.2) sind die einzelnen Personen viel besser voneinander abgetrennt als bei der HKD. Allerdings entstand das LDA-Display von vornherein mit der Kenntnis, welche Objekte zu welchen Personen gehören, und zwar unter dem Gesichtspunkt optimaler Trennung, wohingegen die HKD ein „unvoreingenommenes" Bild des Datensatzes entwirft.

In der Variante des Programms HKA für KC 85/2 ist an die Koordinatenausgabe anschließend eine feine Graphik für die Objektdarstellung (Pixel) sowie eine grobe Darstellung (Zahlen) vorgesehen. Dabei sind Vergrößerungen der entsprechenden Bilder (Eingabe eines Faktors) möglich.

Neben der Struktur der Objektmenge interessieren häufig Aussagen über die Variablen. Einen ersten Anhaltspunkt liefert die Korrelationsmatrix. Sie gibt aller-

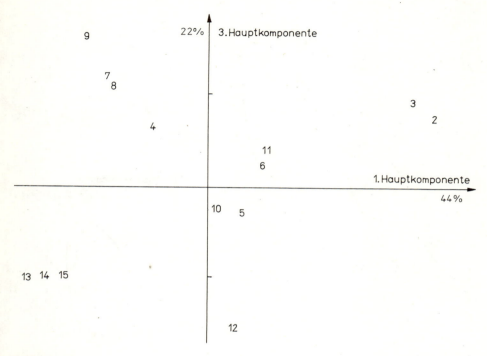

Abbildung 8.2
Hauptkomponentendarstellung der 1. gegen die 3. Hauptkomponente für den Kopfhaardatensatz

dings nur Auskunft über die Beziehungen von Variablenpaaren. Die sogenannte Variablendarstellung bei der HKD ermöglicht wiederum einen multivariaten Zugang. Ebenso wie sich die Objekte als n Punkte im p-dimensionalen Raum auffassen lassen, stellen die Variablen p Punkte im n-dimensionalen Raum dar. Wurden die Daten standardisiert und anschließend außerdem durch $\sqrt{n-1}$ geteilt, so gelten folgende Aussagen (vgl. [8.1]):

— die Variablen haben im $\mathbb{R}^n$ den Abstand 1 vom Nullpunkt,
— der Kosinus des Winkels, den die Verbindungsstrecken zweier Variablen zum Nullpunkt miteinander bilden, entspricht gerade dem Korrelationskoeffizienten dieser Variablen.

Um die Verhältnisse im $\mathbb{R}^n$ sichtbar zu machen, wird man wiederum eine Darstellung in der von den beiden ersten Hauptkomponenten aufgespannten Ebene anstreben. Die Koordinate der i-ten Variable ($i = 1, \ldots, p$) bezüglich der j-ten Hauptkomponente ($j = 1, 2$) ist

$$v_{ij} \sqrt{\lambda_j},$$

8.1. Hauptkomponentendarstellung

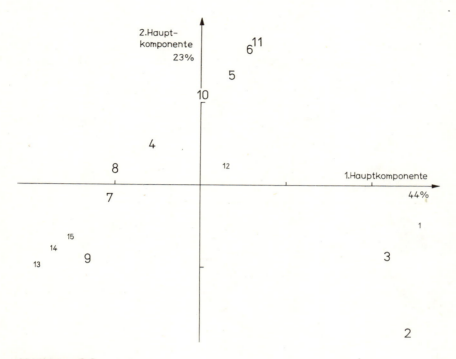

Abbildung 8.3
Hauptkomponentendarstellung der ersten beiden Hauptkomponenten für den Kopfhaardatensatz

Unterschiedliche Nummerngrößen entsprechen verschiedenen Werten der 3. Hauptkomponente

wobei v_{ij} die i-te Komponente des j-ten Eigenvektors und λ_j der j-te Eigenwert ist. Der Kopfhaardatensatz führt dann zu Abbildung 8.4. Hier wurde der Einheitskreis eingezeichnet. Da alle Variablen vom Nullpunkt den Abstand 1 haben, müßten sie auf dieser Kreislinie liegen, was aber insbesondere für Mangan nicht zutrifft. Ursache hierfür ist wiederum der Informationsverlust. Mangan hat offenbar noch größere Koordinatenwerte in den übrigen Hauptkomponenten (also der 3., 4., usw.), so daß der Abstand vom Nullpunkt zwar tatsächlich eins ist, doch werden bei einer Projektion bekanntlich die Abstände im allgemeinen kleiner. Falls der größte Teil der Datenvarianz bereits auf die ersten beiden Hauptkomponenten entfällt, so bedeutet dies, daß Mangan in nur geringem Maße zum Informationsgewinn beiträgt, denn gerade seine ersten zwei Koordinaten sind relativ klein. Hinsichtlich einer Variablenreduktion, die sich bei zahlreichen Problemen erforderlich macht, wäre hier also Mangan als erste Variable entbehrlich.

Entsprechend der obigen Bemerkung erkennt man ferner, daß die Verbindungsstrecken von Iod und Brom mit dem Nullpunkt einen Winkel von rund Null Grad bilden. Daher ist dessen Kosinus rund eins und mithin die Korrelation zwischen

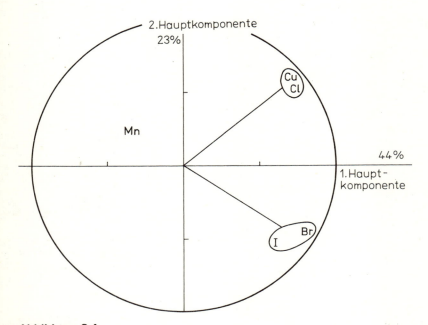

Abbildung 8.4
Variablendarstellung für den Kopfhaardatensatz

Kupfer und Chlor einerseits sowie Iod und Brom andererseits bilden relativ unkorrelierte Variablengruppen. Mangan ist bezüglich der ersten beiden Hauptkomponenten von geringerer Bedeutung.

Iod und Brom hoch. Es wäre falsch zu sagen, die Korrelation sei daher ebenfalls eins, denn die Darstellung gibt auch die Winkel im $\mathbb{R}^n$ nicht originalgetreu, sondern nur in etwa wieder. Es ist also immer ein gewisses Moment der Unsicherheit vorhanden, um so mehr, je geringer die Summe der ersten beiden Eigenwerte ist. In Wirklichkeit ist der Korrelationskoeffizient zwischen den beiden Elementen etwa 0,64, aber vergleichsweise mit den anderen ziemlich hoch, so daß die Interpretation nicht sinnlos ist. Um zu mehr Sicherheit zu gelangen, kann man analog zur Objektdarstellung noch die 3. Hauptkomponente einbeziehen. Ähnliches trifft auf Kupfer und Chlor zu.

Andererseits bilden die beiden Gruppen I, Br – Cu, Cl fast einen rechten Winkel, so daß man auf eine vergleichsweise geringe Korrelation zwischen zwei Elementen aus je einer der Gruppen schließen kann.

Hinsichtlich einer Interpretation ist es auch häufig von Nutzen zu erfahren, welche Objektgruppen durch welche Variablen bestimmt sind. Zu diesem Zweck wählt man eine gemeinsame Objekt- und Variablendarstellung, d. h. die bisher getrennt behandelten Abbildungen werden zusammengelegt.

8.1. Hauptkomponentendarstellung

Aus dem inhaltlichen Hintergrund der Eigenvektoren (s. auch Abschn. 5.2.) schlußfolgert man, daß Objekte durch einen hohen Wert von Variablen gekennzeichnet sind, die bezogen auf den Nullpunkt in derselben Richtung und auf derselben Seite liegen. Befindet sich eine Variable in derselben Richtung und auf der entgegengesetzten Seite zum Objekt, so spricht dies für einen besonders niedrigen Wert in dieser Variablen. Schließen Objekt- und Variablenpunkt einen rechten Winkel ein, so kann man mit einem durchschnittlichen Variablenwert dieses Objekts rechnen. Die genannten Kriterien sind allerdings nur Anhaltspunkte und können in bestimmten Fällen ungerechtfertigt sein. Bilden z. B. mehrere Variablen eine Gruppe, so ist es nicht möglich, zu entscheiden, durch welche von ihnen ein gewisses Objekt beeinflußt wird. In vielen Anwendungsfällen führen die angegebenen, leicht handhabbaren Kriterien jedoch zu sehr nützlichen Ergebnissen.

Das folgende Beispiel (vgl. [8.2], s. auch Abschn. 3.6.2.) ist gut geeignet, nochmals die Interpretationsmöglichkeiten bei der HKD zu erläutern: Aus einer Großkläranlage wurden im Verlaufe eines Tages stündlich Abwasserproben entnommen und ihr Gehalt an den Elementen Cu, Cr, Cd, Pb, Ni, Zn, Mn, Fe bestimmt. Die Abbildung 8.5 kombiniert eine Objekt- und Variablendarstellung. Der Varianzprozentsatz in der Ebene ist mit 78,5 % recht hoch, so daß die Interpretation mit weniger Vorbehalten als beim Kopfhaardatensatz durchgeführt werden kann. Unter den Objekten lassen sich zunächst ohne Schwierigkeiten vier Cluster ausmachen:
die 8-Uhr-Probe (Einleitung durch die Haushalte morgens), die Proben von 9 bis 17 Uhr (Einleitungen durch den Tageszyklus der Industrie), von 18 bis 22 Uhr (Spätschicht der Industrie) und von 23 bis 3 Uhr. Bei den angegebenen Zeiten ist eine Verzögerung von etwa 1 bis 2 Stunden zwischen Einleitung und Registrierung zu berücksichtigen. Unter den Variablen lassen sich im wesentlichen zwei Gruppen unterscheiden: Zn, Ni, Cu, Cr, Pb, Cd sowie Fe, Mn. Die Elemente innerhalb einer Gruppe korrelieren recht stark, solche aus verschiedenen dagegen kaum.

Nach den obigen Bemerkungen zur gemeinsamen Objekt- und Variablendarstellung lassen sich weiterhin folgende Feststellungen machen:

— Die 8-Uhr-Probe wird durch einen hohen Eisen- und Mangangehalt bestimmt (dies hängt möglicherweise mit den eisernen Leitungssystemen zusammen).
— Die 9-bis-17-Uhr-Gruppe zeichnet sich durch hohe Gehalte an Zn, Ni, Cu, Cr, Pb, Cd aus.
— Die 18-bis-22-Uhr-Gruppe weist mittlere Werte in sämtlichen Elementen auf, denn sie liegt in der Nähe des Koordinatenursprungs.
— Die 23-bis-3-Uhr-Gruppe hat besonders geringe Konzentrationen an Zn, Ni, Cu, Cr, Pb, Cd. Sie liegt bezüglich des Koordinatenursprungs in derselben Richtung dieser Elemente, jedoch auf der anderen Seite.

Diese Ergebnisse wiederum bestätigen die Zuweisung der Objektcluster zu bestimmten in Frage kommenden Einleitungsquellen. Vor allem die im Tagesverlauf sinkende Tendenz der Schwermetallkonzentration bei den letzten drei Gruppen weist auf die Einleitung durch Industrie- und Gewerbebetriebe hin.

156   8. Display-Methoden

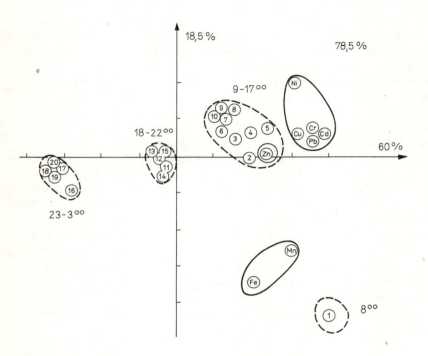

Abbildung 8.5
Gemeinsame Objekt- und Variablendarstellung für den Abwasserdatensatz

Erkennbar werden leicht interpretierbare Clusterbildungen unter Objekten und Variablen.

Im folgenden sei ein veranschaulichender Vergleich der linearen Abbildungsmethoden gegeben. Zu diesen gehören neben der HKD das LDA-Display und, wenn man sie in die Display-Methoden einbeziehen will, auch die Elementardarstellungen.

Bildlich lassen sich die linearen Display-Methoden so erklären, daß sich ein „Beobachter" eine Position sucht, von der aus er den Datensatz bezüglich eines bestimmten Kriteriums optimal sieht. Zur Illustration eignet sich Abbildung 8.6. Unser Datensatz möge aus sechs Objekten, die von vornherein in der Ebene gegeben sind, bestehen. Dadurch haben wir (ausnahmsweise) die Möglichkeit, die

8.1. Hauptkomponentendarstellung

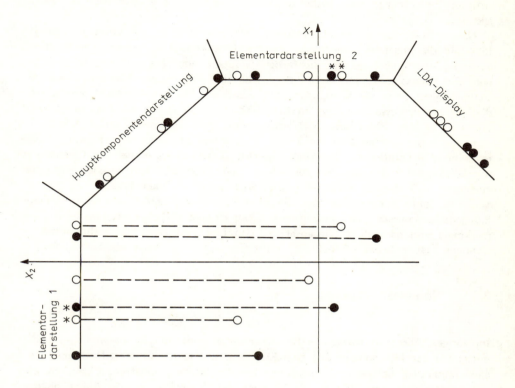

Abbildung 8.6
Vergleichende Darstellung der linearen Display-Methoden

Die einzelnen Vorgehensweisen lassen sich als unterschiedliche Blickwinkel eines Beobachters auf den Datensatz veranschaulichen.

Verhältnisse im Ursprungsraum $\mathbb{R}^p$ zu durchschauen. Im allgemeinen befinden wir uns dagegen in der Lage des Beobachters, für den der Ausgangsraum „unsichtbar" bleibt. Diese Situation läßt sich hier z. B. in der Art nachvollziehen, daß der Beobachter gezwungen ist, von einer Position aus auf den Datensatz zu schauen, die sich selbst in der Ebene befindet. Den Elementardarstellungen entsprechen die Positionen auf den Koordinatenachsen x_1 und x_2. Von den zwei Ausgangsvariablen wird jeweils nur eine berücksichtigt (im allgemeinen Fall werden dort von p jeweils 2 betrachtet). Die Projektionslinien sind für eine Variante gepunktet eingezeichnet. In beiden Fällen kommt es zu Fehlinformationen, denn es sind gewisse Objekte als benachbart zu sehen, die in der Realität weit voneinander entfernt liegen (Kennzeichnung durch *). Besser als eine Projektion auf bestimmte Koordinatenachsen ist natürlich die Projektion auf eine Gerade, bei der maximale Varianz erhalten bleibt. Das entspricht offensichtlich der HKD. Der Beobachter erhält auf der entsprechenden Position ein ziemlich realistisches Abbild von der Ursprungsstruktur (benachbarte bzw. entfernte Objekte bleiben solche auch nach der Projektion).

Nehmen wir nun an, unser Datensatz unterteile sich in zwei Gruppen: die gefüllt und die ungefüllt gezeichneten Punkte. Man könnte versuchen, eine Position ausfindig zu machen, bei der die beiden Gruppen möglichst gut getrennt erscheinen. Ein Objekt unbekannter Herkunft ließe sich von diesem Blickwinkel aus besonders leicht einer der beiden Gruppen zuordnen. Bei der Abbildung erscheinen die Objekte der zwei Gruppen im LDA-Display gut separiert, so daß man geneigt sein könnte, das LDA-Display der HKD vorzuziehen. Dies wäre jedoch falsch, denn im Ausgangsraum sind die beiden Gruppen ja gar nicht so gut getrennt, wie es beim LDA-Display den Eindruck erweckt. Deswegen ist es bei der Datenanalyse mit Display-Methoden stets erforderlich zu berücksichtigen, von welchen Voraussetzungen — z. B. A-priori-Kenntnis — und welchen Zielen man ausgeht.

Es sei darauf hingewiesen, daß die Einbeziehung des LDA-Displays in Abbildung 8.6 genaugenommen nicht ganz gerechtfertigt ist, die nichtelementaren Diskriminanzmerkmale sind nämlich im Gegensatz zu den Eigenvektoren nicht orthonormal. Dennoch läßt sich das LDA-Display prinzipiell auf diese Weise veranschaulichen.

8.2. Nonlinear Mapping

Im vorigen Abschnitt wurde die Hauptkomponentendarstellung als wichtiges Hilfsmittel bei der Mustererkennung charakterisiert. Dennoch existieren Nachteile, die allen Methoden, bei denen Projektionen benutzt werden, anhaften: Eigentlich weit voneinander entfernte Objekte können nach der Projektion auf die Ebene dicht zusammenrücken und so zu Fehlinterpretationen verleiten. Offenbar läßt sich dieser Mangel bei Verwendung linearer Abbildungen nicht beheben. Als Alternative existiert eine nichtlineare Display-Methode, das sogenannte *Nonlinear Mapping* (Abkürzung im folgenden NLM), die 1969 von J. W. SAMMON [8.3] vorgeschlagen wurde. Das Ziel dieser Methode besteht darin, sämtliche Abstände der Objekte im Ausgangsraum $\mathbb{R}^p$ so genau wie möglich in die Ebene zu übertragen. Selbstverständlich existiert hierfür keine exakte Realisierung; das ist die Folge der Dimensionserniedrigung. Als Maß für die Übertragungsgüte wird deswegen ein sogenannter Abbildungsfehler ϵ definiert:

$$\epsilon = \frac{1}{\sum_{i<j} d_{ij}} \sum_{i<j} \frac{(d_{ij} - d_{ij}^*)^2}{d_{ij}} \tag{8.1}$$

Hierbei bedeutet d_{ij} den euklidischen Abstand des i-ten zum j-ten Objekt im $\mathbb{R}^p$ sowie d_{ij}^* ihren Abstand in der Ebene, d. h., es gilt

$$d_{ij} = \sqrt{\sum_{k=1}^{p} (x_{ik} - x_{jk})^2} \quad \text{bzw.} \quad d_{ij}^* = \sqrt{(y_{i1} - y_{j1})^2 + (y_{i2} - y_{j2})^2}$$

8.2. Nonlinear Mapping

wenn $x_{i1}, \ldots, x_{ip}$ die p ursprünglichen Koordinaten des i-ten Objekts und y_{i1}, y_{i2} seine beiden neuen Koordinaten sind. Im Falle einer originalgetreuen Abstandsübertragung würde für sämtliche Objektpaare (i, j) gelten: $d_{ij} = d_{ij}{}^*$, womit aus (8.1) $\epsilon = 0$ folgt. Aus den genannten Gründen ist das nicht erreichbar. Man kann nur bestrebt sein, ϵ in Abhängigkeit von den neuen Objektkoordinaten y_1, y_2 zu minimieren. Hierbei spielt der erste Bruch in (8.1) keine Rolle, er ist konstant (die Abstände d_{ij} im $\mathbb{R}^p$ stehen fest, nur die $d_{ij}{}^*$ sind variabel) und dient lediglich der Normierung: Im ungünstigsten Falle enthielte die resultierende Ebenendarstellung überhaupt keine Information, d. h., alle Objekte würden in einem Punkt zusammenfallen. Damit ergäbe sich $d_{ij}{}^* = 0$ für alle $i < j$ und aus (8.1): $\epsilon = 1$.

Im Zähler von (8.1) wird der quadratische Term, der die absolute Abweichung von altem und neuem Abstand erfaßt, noch durch d_{ij} gewichtet. Somit wird nicht die absolute, sondern die relative Abweichung minimiert. Soll die Übertragungsgüte besonders auf die Verhältnisse im Kleinen oder die im Großen verlagert werden, so läßt sich dies durch Anbringung eines Exponenten in der Art $(d_{ij})^\alpha$ verwirklichen.

Die Minimierung von ϵ kann mit Methoden der nichtlinearen Optimierung erfolgen. Üblich sind hierbei Gradientenverfahren. Im Gegensatz zur Benutzung der Methode des steilsten Abstiegs bei [8.3] wird — wie z. B. in [8.4] empfohlen — in dem hierzu aufgestellten BASIC-Programm NLM (Listing 9) das konjugierte Gradientenverfahren nach FLETCHER und REEVES angewandt. Gradientenverfahren arbeiten iterativ: ausgehend von einer Startkonfiguration der Objekte in der Ebene werden Schritt für Schritt neue Konfigurationen ermittelt, und zwar so lange, bis sich der zugehörige Abbildungsfehler ϵ kaum noch verringert.

Für die in jeder Iteration auftretende eindimensionale Minimierung müßte stets eine optimale Schrittweite bestimmt werden. Da dies sehr rechenzeitaufwendig ist, wird die Schrittweite für die Richtungsverfolgung im Programm NLM nur einmal zu Beginn ermittelt und dann konstant verwendet, bzw. notfalls halbiert.

Die zu minimierende Größe ϵ verringert sich im Verlaufe der Iterationen zunächst stark, bald jedoch kaum noch, so daß von einem bestimmten Punkt an die zu erwartende Verbesserung nicht mehr den Zeitaufwand lohnt. Das Programm NLM sieht nach der Eingabe des Datensatzes eine wahlweise Standardisierung desselben vor (insbesondere ist dies erforderlich, wenn die nachfolgend zu wählende Startkonfiguration ebenfalls vom standardisierten Datensatz ausging). Anschließend sind für jedes Objekt zwei Startkoordinaten einzugeben. Dies können z. B. die ersten beiden Objektkoordinaten aus der HKD sein. Stehen solche nicht zur Verfügung, so läßt sich auch ein beliebiges Paar von Ausgangsvariablen (also die Elementardarstellung) benutzen, womit die Eingabe entfällt. Nach der Ausführung der vorzugebenden Anzahl von Iterationen (mehr als 20 sind selten sinnvoll) werden die Koordinaten der berechneten Endkonfiguration ausgedruckt. Als Maß für den Gewinn bei der Rechnung gibt NLM die Abbildungsfehler der Start- und Endkonfiguration an, erforderlichenfalls können weitere Iterationen folgen.

Mit Nonlinear Mapping soll der Kopfhaardatensatz erneut abgebildet werden. Als Startkonfiguration kam die Elementardarstellung mit dem geringsten Abbil-

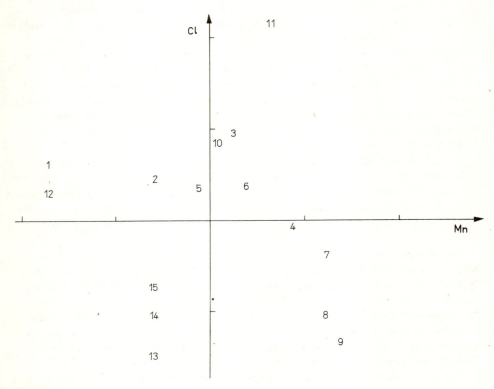

Abbildung 8.7
Elementardarstellung (Mangan gegen Chlor) mit dem geringsten Abbildungsfehler ($\epsilon = 0{,}205$) für den Kopfhaardatensatz

Obwohl die Abbildung nicht so gut wie die HKD in Abbildung 8.1 ist, ist sie als Startkonfiguration für NLM gut geeignet.

dungsfehler (Mn gegen Cl; $\epsilon = 0{,}205$) zur Anwendung. Abbildung 8.7 zeigt, daß sich hierbei im Gegensatz zur HKD (vgl. Abb. 8.1) die Cluster 1, 2, 3 und 5, 6, 10, 11, 12 durchdringen. Nach etwa 20 Iterationen mit NLM ergab sich die Abbildung 8.8 mit $\epsilon = 0{,}034$. Der erheblich geringere Abbildungsfehler drückt sich in einer besseren Auftrennung aller vier Cluster aus. Die vorgeschlagene nichtlineare Methode eignet sich demnach sehr gut zur Illustration der Ergebnisse aus der Clusteranalyse.

Leider werden beim Nonlinear Mapping stets nur *lokale* Minima der Zielfunktion erreicht, wohingegen bei der HKD die Varianz der 1. Hauptkomponente das *globale* Maximum unter allen denkbaren (normierten) Linearkombinationen darstellte. Mit anderen Worten: Die Tatsache, daß man beim NLM einen ϵ-Wert erreicht, der in einer gewissen Umgebung der zugehörigen Objektkonfiguration der

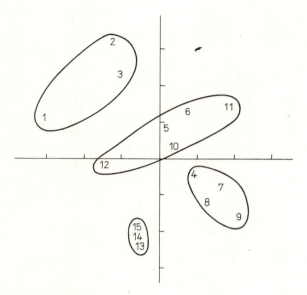

Abbildung 8.8
NLM-Display für den Kopfhaardatensatz ausgehend von Abbildung 8.7
Der Abbildungsfehler verringert sich dabei auf $\epsilon = 0{,}034$.

bestmögliche ist, schließt nicht die Existenz weitaus besserer Lösungen „an anderer Stelle" mit erheblich geringerem Abbildungsfehler aus.

Die genannten Gründe legen die durchaus nicht immer zutreffende Vermutung nahe, daß eine mittels NLM erhaltene Lösung um so besser ist, je kleiner der Abbildungsfehler schon bei den Startkoordinaten ist. Gerade bei größeren Problemen empfiehlt es sich, hierfür die HKD zu nutzen, da in ihr ja schon wesentliche Strukturierungen des Datensatzes enthalten sind. Unter diesem Gesichtspunkt sei nochmals der schon in Kapitel 3 vorgestellte (standardisierte) Datensatz (Tab. 10.5) betrachtet: 67 Ammoniumparawolframat-Pulver verschiedener Lieferungen untersuchte man hinsichtlich ihrer Gehalte an Mo, K, Na, Ca und Fe (wir beschränken uns von vornherein auf diese 5 der anfänglich 11 vorgegebenen Variablen). Die entsprechende Hauptkomponentendarstellung führte zu keiner befriedigenden Veranschaulichung (vgl. [8.5]), auf eine Abbildung sei hier verzichtet. Daher wurden die erhaltenen Objektkoordinaten als Start für NLM eingesetzt, so daß sich die Abbildung 8.9 ergab. Im Verlaufe des Verfahrens verringerte sich ϵ von 0,18 auf 0,058. Die eingezeichneten Linien umranden die von Clusterverfahren ermittelten Gruppierungen (vgl. Kap. 3). Eine solche zeichnerische Abtrennung der Cluster war bei der HKD gar nicht erst möglich.

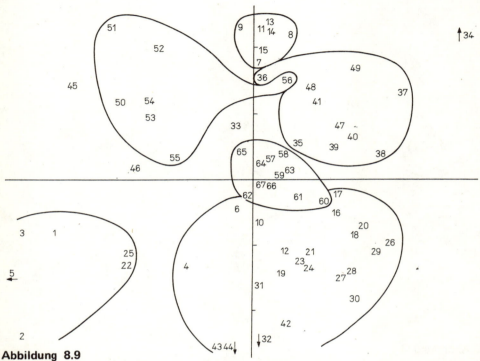

Abbildung 8.9
NLM-Display für den Ammoniumparawolframatdatensatz ($\epsilon = 0{,}058$), ausgehend von der Hauptkomponentendarstellung ($\epsilon = 0{,}18$)

Dennoch deuten die etwas bizarren Formen darauf hin, daß die erhaltene Graphik noch nicht hinreichend gut die Verhältnisse im $\mathbb{R}^p$ widerspiegelt. Immerhin blieben bisher bei der Wahl der Startlösung die Informationen der Clusteranalyse unberücksichtigt. Beispielsweise gehören die Objekte 45 und 46 eigentlich zur Gruppe (35, 36, 37, ...). Nun ist nicht zu erwarten, daß sie mittels des Gradientenverfahrens von selbst aus ihrer aktuellen Position zu der eigentlich verwandten Gruppierung gelangen. „Unterwegs" würden sie nämlich unverwandte Cluster (mit den 50er und 60er Nummern) durchlaufen, wobei sich ϵ zwangsläufig vergrößert. Dies ist allerdings bei Abstiegsverfahren nicht möglich. Ebenso wie im Gebirge eine Kugel nicht selbständig von einem Tal ins andere rollen kann, müssen solche offensichtlich falsch liegenden Objekte zunächst „von außen" in eine günstigere Position gebracht werden. Dabei kann sich der Abbildungsfehler im Vergleich zum zuletzt erreichten Minimum durchaus erhöhen, doch die günstigere Ausgangslage verspricht bei anschließenden Iterationen den „Fall" in ein tieferes Minimum.

So wurden die Koordinaten in Abbildung 8.9 unter Beibehaltung der wesentlichen Strukturen geringfügig verändert (z. B. stärkere Zusammenziehung um die

8.2. Nonlinear Mapping

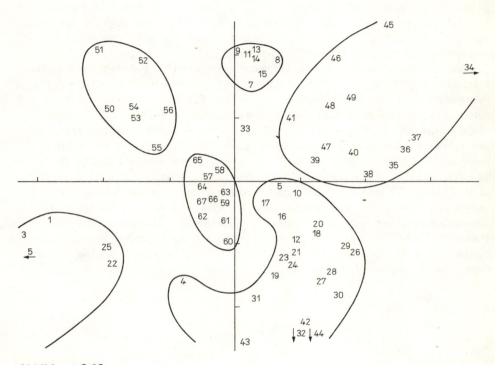

Abbildung 8.10
Verbesserung des NLM-Displays für den Ammoniumparawolframatdatensatz
($\epsilon = 0{,}039$) unter Benutzung der Abbildung 8.9 als Startkonfiguration
nach geringfügigen Veränderungen

Clusterzentren). Mit der erhaltenen neuen Startkonfiguration führt NLM zur Abbildung 8.10. Erneut verringerte sich ϵ deutlich (auf 0,039). Die Cluster erscheinen wesentlich besser sepäriert als zuvor, die Darstellung läßt sich gut im Zusammenhang mit den Clusterverfahren interpretieren.

Schließlich kann man das Nonlinear Mapping auch bei einer Variablendarstellung einsetzen. Wie bereits im Abschnitt zur Hauptkomponentendarstellung ausgeführt, lassen sich die Variablen als p Punkte im n-dimensionalen Raum $\mathbb{R}^n$ auffassen (man transponiere hierzu einfach den Datensatz und vertausche die Rolle von Variablen und Objekten, so daß aus der (n, p)-Matrix eine (p, n)-Matrix wird). Wurde der ursprüngliche Datensatz standardisiert, so besitzt jede Variable die Streuung 1, mithin als Vektor im $\mathbb{R}^n$ die Länge $\sqrt{n-1}$. Teilt man nun jeden Wert des Datensatzes durch $\sqrt{n-1}$, so erhalten alle Variablen die Länge 1 (d. h. ihr Abstand vom Nullpunkt ist 1), und man ist in der Situation der Variablendarstellung bei der HKD. Es gilt die Gleichung

$$d_{ij} = \sqrt{2(1 - r_{ij})},$$

d. h., der Abstand d_{ij} zwischen der i-ten und j-ten Variable wird um so größer, je geringer deren Korrelationskoeffizient r_{ij} ist. Für r_{ij} = 1 ist dieser Abstand Null, für unkorrelierte Variablen beträgt er $\sqrt{2}$, und für total negative Korrelation gilt schließlich $d_{ij} = \sqrt{4} = 2$. Deswegen müssen sämtliche paarweisen Variablenabstände zwischen 0 und 2 variieren.

Benutzt man beispielsweise für den Kopfhaardatensatz die Abbildung 8.4 als Startnäherung, so folgt aus NLM Abbildung 8.11, wobei anschließend die Variablenpunkte so verschoben wurden, daß in der Ebene ihr Mittelpunkt mit dem Nullpunkt übereinstimmt. Der Abbildungsfehler ist mit ϵ = 0,016 recht niedrig, was auf die geringe Zahl von Variablen zurückgeführt werden kann. Wie schon in Abbildung 8.4 sind die Gruppierungen Cu, Cl — I, Br — Mn erkennbar. Allerdings ist in Abbildung 8.11 eine Interpretation der Winkel zwischen den Variablen mit dem Nullpunkt nicht mehr möglich, es müßten dann ja (I, Cu), (I, Cl) und (Br, Cu) negativ korreliert sein, was der Korrelationsmatrix des Datensatzes widerspricht. Dennoch kann man hier Rückschlüsse auf Korrelationen ziehen. Für Brom wurden die „kritischen" Kreislinien mit den Radien $\sqrt{2}$ und 2 eingezeichnet. Alle im inneren Kreis liegenden Variablen sind positiv mit Brom korreliert (I, Cu, Cl), und zwar um so mehr, je näher sie zu diesem liegen. Solche Variablen hingegen, die sich im Kreisring befinden, sind

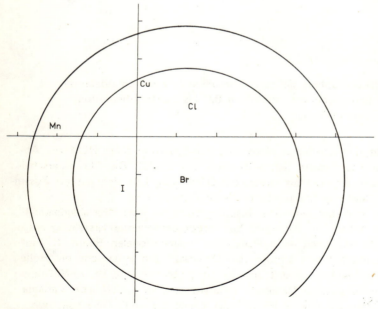

Abbildung 8.11
NLM-Display der Variablen beim Kopfhaardatensatz

Der innere Kreis kennzeichnet die mit Brom positiv korrelierten Variablen, der Ring zwischen innerem und äußerem Kreis die mit Brom negativ korrelierten.

8.2. Nonlinear Mapping

negativ mit Brom korreliert (Mn). Natürlich lassen sich diese Aussagen direkt der Korrelationsmatrix entnehmen. Es dürfte jedoch schwerfallen, alle paarweisen Informationen wie in Abbildung 8.11 zu einem sinnvollen Gesamtbild zusammenzusetzen — man denke insbesondere an größere Variablenzahlen.

Die beschriebene Methode Nonlinear Mapping erweist sich als ausgesprochen nützlich bei der Erstellung von Displays und führt häufig sogar zu besseren Darstellungen als die HKD. Dennoch ist sie bislang noch nicht so stark verbreitet wie letztere Methode, welche ja schon als klassisch bezeichnet werden kann. Hinsichtlich der Güte beider Displays gibt es in der Literatur (vgl. z. B. [8.4] im Gegensatz zu [8.6]) unterschiedliche Auffassungen. Es ist sicherlich zweckmäßig, wo es möglich ist, beide Verfahren in Betracht zu ziehen. Schließlich sei darauf hingewiesen, daß man sich die oftmals günstigeren Darstellungen beim NLM mit einem viel höheren Rechenzeit- und Speicheraufwand — die Abstandsmatrix mit $n(n-1)/2$ Elementen muß aufbewahrt werden — erkauft. Zur Lösung dieses Problems existieren Vorschläge hinsichtlich einer vereinfachenden Modifikation des NLM (z. B. Simplified Nonlinear Mapping, [8.7]).

9. Komplexe Anwendungsbeispiele

An wenigen Beispielen aus den Datensätzen des Anhangs (Abschn. 10.2.) soll, wenn auch nicht erschöpfend, gezeigt werden, wie man schrittweise und u. U. in mehreren Zyklen und bei variierter Reihenfolge der mit den Programmen nutzbaren Methoden immer weiter in die Struktur eines komplexen Datenmaterials eindringen und viele, nicht sofort erkennbare, Aussagen entnehmen kann.

9.1. Ringanalyse Wasser

Zahlreiche Untersuchungen der letzten Jahre belegen, daß gut reproduzierbare, überprüfte Analysenverfahren noch keine Gewähr für richtige Analysenergebnisse bieten. Diese Aussage trifft auch auf die Wasseruntersuchung zu (vgl. [9.1, 9.2]). Die Wasseranalytik steht damit ebenso wie andere analytische Teildisziplinen vor der Aufgabe der Qualitätssicherung ihrer Ergebnisse ([9.3, 9.4]). Neben der Standardisierung von Analysenverfahren und einer permanenten Qualitätskontrolle in den Anwenderlaboratorien selbst stellen Ringversuche ein wesentliches Element des zu schaffenden Qualitätssicherungssystems dar. DÜRR und MERZ [9.5] nennen für die Durchführung von Ringversuchen drei wesentliche Gründe:

1. Die Ermittlung statistischer Kenndaten eines neuen Analysenverfahrens.
2. Das Prüfen der Fähigkeit von Laboratorien, bestimmte Untersuchungen ausführen zu können.
3. Die Auswahl eines besonders geeigneten Analysenverfahrens bzw. Teilschritte eines Verfahrens unter mehreren Varianten.

Auch im Bereich der Wasserwirtschaft werden in den letzten Jahren zunehmend Ringversuche organisiert. Ausgehend von aus der Literatur entnommenen Erfahrungen bei der Durchführung und Auswertung sollen hier die Ergebnisse eines Ringversuches zur Bestimmung von Schwermetallen dargestellt werden, der durch das Institut für Wasserwirtschaft organisiert wurde [9.6].

Klammert man Fragen der Planung und Organisation von Ringversuchen einmal aus (vgl. dazu DINKLOH et al. [9.7]), dann bleibt als weitere wesentliche Voraussetzung für ihre Durchführung das Vorhandensein von geeigneten Referenzproben und eines mathematisch-statistischen Auswerteprogramms.

Eine Besonderheit natürlicher Wasserproben ist, daß sie mit der Probenahme auf Grund biologischer, chemischer und physiko-chemischer Prozesse einer raschen Veränderung unterliegen. Deshalb und unter Beachtung der eingangs genannten

9.1. Ringanalyse Wasser

Gründe für die Durchführung von Ringanalysen ist es häufig geübte Praxis, synthetische Proben mit bekannten Gehalten (Sollwerten) zu verwenden [9.8, 9.9]. Um trotzdem möglichst realitätsbezogene Aussagen zu erhalten, werden Begleitstoffe des Analyten so gewählt, daß sie einem typischen Anwendungsfall in der Praxis nahekommen [9.7]. Es sind jedoch auch Ringversuche unter Verwendung aufbereiteter natürlicher Proben beschrieben worden, die vor allem unter den eingangs genannten Aspekten der Qualitätssicherung von Analysenverfahren standen und nicht vordergründig der Feststellung der „wahren" Gehalte einer Probe dienten.

Im Ergebnis eines Ringversuches liegen umfangreiche Datenkollektive vor. Mit Hilfe von Auswertemodellen wird durch die Reduktion auf wenige aussagekräftige Kenndaten der einzelnen Labors und des Ringversuches (des Analysenverfahrens) eine Informationsverdichtung erzielt. Die gewonnenen Kenndaten und die zu ihrer Erlangung vorgenommenen Schritte, unter denen die Eliminierung von Ausreißern eine besondere Rolle spielt, gestatten es, Rückschlüsse auf die Arbeit beteiligter Laboratorien, die Güte der Verfahrensvorschrift oder, bei natürlichen Proben, den „wahren" Gehalt zu ziehen.

Beim vorliegenden Beispiel waren zur Teilnahme 14 Laboratorien aufgefordert, regelmäßig Schwermetallbestimmungen in Wasserproben vorzunehmen. Es wurden zwei konzentrierte Proben verschickt, beide mit HNO_3 angesäuert, von denen Lösung 2 neben den zu analysierenden Schwermetallen Cd, Cu, Cr, Ni, Pb und Zn eine Salzmatrix ($MgSO_4$, $CaCl_2$, NaCl) enthielt. Zur Schwermetallbestimmung waren die für den Versand verwendeten Ampullen zu öffnen, daraus jeweils 5 ml abzunehmen und unter erneutem Ansäuern 100fach zu verdünnen. Die Matrixkonzentration der Lösung 2 entsprach in ausgewählten Kriterien jetzt der eines Fließgewässers der Klasse 2 (TGL 22 764).

Die Teilnehmer des Ringversuches waren aufgefordert, von jedem Element und jeder Lösung fünf unabhängige Bestimmungen (an fünf verschiedenen Tagen) vorzunehmen. Die Einzelwerte sollten in der Dimension µg/l in ein Protokollblatt eingetragen und innerhalb einer festgelegten Frist zur Auswertung eingesandt werden.

Von den 14 Laboratorien sandten 13 ihre Ergebnisse ein. Obwohl auf dem Begleitschein der Proben eindeutig formuliert, traten in einer Reihe von Fällen Abweichungen von der geforderten Darstellung der Ergebnisse auf. So wurden Angaben in mg/l statt µg/l gemacht, Ergebnisse gerundet oder in einem Fall nicht die geforderte Zahl von Bestimmungen ausgeführt. Ein Labor sandte statt der Einzel- nur die Mittelwerte ein und mußte von der Auswertung ausgeschlossen werden. Von den verbleibenden 12 Laboratorien wandten zur Bestimmung der Schwermetalle 11 die Flammen-Atomadsorptionsspektroskopie (AAS) an, ein Labor die Polarographie. Ein Labor war aus technischen Gründen nicht in der Lage, Ni und Cr zu bestimmen.

Die Datensätze 10.2 und 10.3 im Anhang zeigen die Zusammenstellung der Ergebnisse. Für das Beispiel der Lösung 1 (Tab. 10.2) sei unter den alternativen Möglichkeiten, die das Programm EXTRAKT bietet (Kap. 2), ein Weg durchgespielt: Tabelle 9.1 gibt für die fortlaufend numerierten Labors, die für die Darstellung bei den anschließenden multivariaten Auswertungen, soweit verwendet,

Tabelle 9.1
Rechenergebnisse der Ringanalyse Wasser (1)

Labor		Ni	Cr	Pb	Zn	Cd	Cu
A	1	152	220	1013	52	92	30
	2	–	–	114	192	18	38
B	3	403	1610	950	(35)[1]	143	76
C	4	422	274	637	17	8	24
I	5	–	239	434	122	33	50
D	6	(21)[1]	310	(58)[1]	26	20	43
	7	274	563	–	27	57	42
E	8	104	103	164	19	8	14
F	9	(22)[1]	1428	(132)[1]	82	33	53
G	10	68	76	509	72	30	67
	11	153	283	622	35	44	50
H	12	22	–	55	13	10	6
		−12	−10	−12	+2	+3	−12
		−6	−8	−6	+5	+1	
		−9	+3	−2	−12	+7	
		−10	+9	−8	+9	−4	
s_v		290	337	689	40	25	47
f_v		22	23	29	29	30	42

[1] Ausreißer 99 % eliminiert

noch durch Buchstaben gekennzeichnet wurden, in den oberen Kolonnen die Laborstandardabweichungen. Die Klammerwerte bedeuten, daß sie erst nach Eliminierung eines mit 99 % gesicherten Ausreißers erhalten wurden. Trend und Abweichungen von der Normalverteilung wurden nicht berücksichtigt. Soweit keine Werte angegeben werden, war die Berechnung einer Standardabweichung nicht möglich.

Im mittleren Abschnitt der Tabelle 9.1 sind zu den obenstehenden Elementen die Labors gekennzeichnet, deren Standardabweichungen bei der Prüfung auf Zusammenfaßbarkeit durch den Bartlett-Test eliminiert werden, weil sie zu klein (−) oder zu groß (+) waren. Man erkennt hier, wie in Kapitel 2 bereits erwähnt, daß die Eliminierung von Ausreißern (sogar schon auf dem Niveau 99 %) meist zu „zu kleinen" Laborstandardabweichungen führt.

9.1. Ringanalyse Wasser

Im unteren Teil der Tabelle sind für die obenstehenden Elemente die Verfahrensstandardabweichungen s_v, die aus den Standardabweichungen der nach dem Bartlett-Test verbleibenden Labors gewonnen wurden, und die zugehörigen Freiheitsgrade f_v angegeben.

Tabelle 9.2 zeigt im oberen Teil die Mittelwerte der Laborergebnisse für die analysierten Elemente. Der Klammerausdruck bedeutet, daß der Mittelwert nach Eliminierung eines Ausreißers erhalten wurde.

Im Teil darunter ($\bar{\bar{x}}$) werden die Labors aufgezählt, deren Mittelwerte $\bar{x}$ nach dem entsprechenden Test als „homogen" anzusehen sind und in den gemeinsamen Mittelwert $\bar{\bar{x}}$ eingebracht werden. Dabei sind die Mittelwerte der Labors von vornherein ausgeschlossen, deren Laborstandardabweichungen vorher beim Bartlett-Test als zu groß gefunden wurden. Es ist sichtbar, daß die Ergebnisse bei den Elementen unterschiedlich „homogen" sind.

Alternativ werden darunter (x_{th}) die Labors aufgezählt, deren Mittelwerte (im Rahmen der Streuung) hinreichend (Unterschied mit weniger als 99 % gesichert) zum theoretischen Wert x_{th} passen. Oft ist das Ergebnis identisch (nämlich dann, wenn $\bar{\bar{x}} \approx x_{th}$), manchmal etwas verschieden (am stärksten beim Beispiel Zink).

Im unteren Teil der Tabelle sind die Verfahrensstandardabweichungen s'_v gegeben, die nach der Zusammenfassung der Mittelwerte resultieren und die zugehörigen Freiheitsgrade f'_v, außerdem die Vertrauensintervalle Δx_{99} zu den Mittelwerten $\bar{\bar{x}}$, die theoretischen Werte x_{th} und die aus $(\bar{\bar{x}} - x_{th})/(x_{th}) \cdot 100$ resultierenden prozentualen systematischen Abweichungen. Man kann danach mit den Ergebnissen für die Elemente Cu und Ni sehr zufrieden sein, weniger mit denen für Cr oder gar Zn. Eine ähnliche Auswertung wurde auch für die Ergebnisse bei der Lösung 2 (Tab. 10.3) beschrieben [9.6]. Auf diese Art können üblicherweise verschiedene Analysenverfahren bzw. Teilvarianten und die Arbeitsweise verschiedener Labors, aber jeweils nur für ein Element, charakterisiert werden. Natürlich kann man auch ein Punktsystem entwickeln und die Summe der bei den einzelnen Elementen erreichten Werte zur Bewertung des Leistungsstandes beim Gesamtkomplex der zu bestimmenden Elemente (hier: Cr, Ni, Cd, Cu, Pb, Zn) heranziehen. Jedoch verschenkt man dabei Information und erreicht keine Anschaulichkeit.

Kürzlich wurde von D. ZWANZIGER [9.10] ein interessanter Ansatz zur „multivariaten Auswertung von Ringversuchen" vorgestellt. Davon ausgehend konnte eine Reihe von Wegen zu diesem Ziel auch von uns [9.11] beschritten werden. Sie seien hier kurz skizziert:

1. Man kann die Daten der Ringanalyse Wasser einer Clusterung (Kap. 3) unterwerfen, z. B. mit dem Programm CLUPOT (Listing 3). Dafür sind leider nicht die Ergebnisse aller Labors geeignet, denn bei Labor 2 fehlen z. B. die Werte für Ni und Cr, Labor 7 hat nur einen Wert für Pb geliefert, und auch Labor 11 hat nicht die vollständige Wertezahl abgegeben. Die je fünf Werte der verbleibenden neun Labors (1 = A; 3 = B; 4 = C; 5 = I; 6 = D; 8 = E; 9 = F; 10 = G und 12 = H) für die sechs Elemente ergeben also einen Datensatz von $5 \cdot 9 = 45$ Objekten mit sechs Parametern, der zu einer Clusterung von je fünf Objekten in neun Gruppen führen sollte, die mehr oder minder leicht vereinigt werden. Tabelle 9.3 zeigt für einige ausgewählte α-Werte die Ergebnisse bei den

Tabelle 9.2
Rechenergebnisse der Ringanalyse Wasser (2)

Labor	Ni	Cr	Pb	Zn	Cd	Cu
A 1	8315	8259	13197	985	1012	1028
2	—	—	10240	2530	754	1030
B 3	8156	9310	11149	(1023)	985	1291
C 4	8246	8575	11000	1114	938	1014
I 5	—	3120	10440	1000	476	564
D 6	(8027)	7482	(11150)	1136	930	1126
7	6700	6280	—	970	830	940
E 8	8110	8040	11120	1028	926	990
F 9	(7870)	7520	(10640)	1190	905	1067
G 10	7913	9880	10938	1026	908	944
11	7967	7800	9600	1067	940	947
H 12	7990	—	10740	792	893	1009
$\bar{\bar{x}}$	1346 7 8 9 10 11 12	1248 11 12	23456 8 9 10 11 12	1378 10 11	4689 10 11 12	1247 8 10 11 12
x_{th}	ebenso	1 2 4 8 12	ebenso	3 4 8 11	6 7 8 9 10 12	ebenso
s'_v	297	421	770	47	28,5	56
f'_v	40	18	46	26	32	37
Δx_{99}	126	278	302	25	13,6	24,6
$\bar{\bar{x}}$	8077	8188	10717	1012	918	989
x_{th}	8100	8487	10800	1080	900	990
F %	−0,3 %	−3,5 %	−0,8 %	−6,3 %	+2 %	−0,1 %

9.1. Ringanalyse Wasser

Tabelle 9.3
Ergebnisse mit dem Programm CLUPOT für die beiden Lösungen

α	A	B	C	I	Lösung 1 D	E	F	G	H
0,4	97144	512568	11111	103333	11111	11111	111111	11111	22222
0,5	11111	15111	11111	43333	11111	11111	11116	11111	22222
0,6	11111	14111	11111	33333	11111	11111	11115	11111	22222
0,7	11111	13111	11111	22222	11111	11111	11114	11111	11111
1,2	11111	11111	11111	22222	11111	11111	11111	11111	11111

α	A	B	C	I	Lösung 2 D	E	F	G	H
0,4	11111	76115	11111	33333	11111	11111	41111	11111	22222
0,5	11111	65114	11111	33333	11111	11111	11111	11111	22222
0,6	11111	65114	11111	33333	11111	11111	11111	11111	22222
0,7	11111	54111	11111	33333	11111	11111	11111	11111	22222
1,2	11111	31111	11111	22222	11111	11111	11111	11111	11111

beiden Lösungen. Wir sehen für Lösung 1, daß bereits bei kleinem α (α = 0,4) die 25 Ergebnisse der Labors C, D, E, F und G bis auf eine Ausnahme (bei F) zusammengefaßt werden. Bei etwas vergrößertem α kommen die von A und B hinzu (α = 0,5), erst später (α = 0,7) auch die von H, während I selbst bei α = 1,2 noch separat liegt. Sehr ähnlich ist das Resultat für Lösung 2. Man kann daraus gewisse vorsichtige Schlüsse auf die Gesamtqualität der Analysenergebnisse (für alle sechs untersuchten Elemente) der Labors ziehen. Die abzulesende Reihenfolge wäre offenbar: C, D, E, G > F > A > B > H > I.

2. Eine andere offenbar bessere Möglichkeit bietet das Hauptkomponentendisplay (Kap. 8). Hier wird ein Maximum der Varianz in der Ebene abgebildet. Abbildung 9.1 zeigt das Ergebnis für die 45 Objekte (9 Labors) bei Lösung 1. Die Werte des Labors I (5) streuen und liegen vor allem weit abseits. Die Werte des Labors H (12) streuen auffällig wenig, liegen aber ebenfalls deutlich abseits. Der Mittelpunkt des gesamten Systems analytischer Ergebnisse wird durch das Kreuz, der theoretische Wert des gesamten Systems durch den Punkt markiert. Sichtbar ist weiter, daß die Werte der Labors A (1), B (3), F (9) ebenfalls stark streuen. Besser sind offenbar C (4), G (10) und vor allem

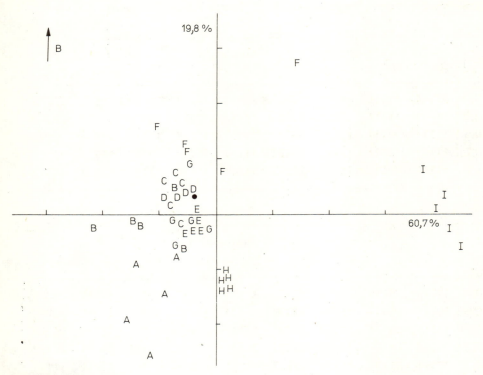

Abbildung 9.1
Hauptkomponentendarstellung aus der „Ringanalyse Wasser 1"
mit 45 Objekten (9 Labors)

D (6) und E (8). Um diese Zusammenhänge noch deutlicher zu machen, wurde die Rechnung unter Fortlassung des lediglich verzerrenden Labors I (5) wiederholt. Abbildung 9.2 zeigt (sozusagen vergrößert), daß offenbar die Ergebnisse der Labors D (6) und E (8) der „Wahrheit" am nächsten kommen. Die Abbildungen 9.3 und 9.4 geben die analogen beiden Displays für die Lösung 2.

3. Alternativ zum Hauptkomponentendisplay bietet sich das Nonlinear-Mapping-Display (Kap. 8) an. Hier ist die Verzerrung der Abstände bei der Wiedergabe in der Ebene am geringsten (Abb. 9.5). Wieder sehen wir die Abseitslage der Werte des Labors I und bei seiner Fortlassung (Abb. 9.6) deutlich die Überlegenheit der Labors E und D gegenüber C und G. Die Abbildungen 9.7 (für 45 Objekte, also alle 9 Labors) und 9.8 (für 40 Objekte = 8 Labors) lassen ähnliche Wertungen für Lösung 2 erkennen. Unseres Erachtens ist Nonlinear Mapping wahrscheinlich am besten zur multivariaten Bewertung von ringanalytischen Ergebnissen geeignet.

9.1. Ringanalyse Wasser

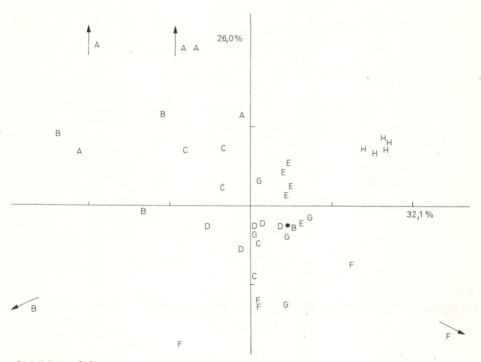

Abbildung 9.2
Hauptkomponentendarstellung aus der „Ringanalyse Wasser 1"
mit 40 Objekten (8 Labors)

4. Schließlich ist auch denkbar, das Display der linearen Diskriminanzanalyse (LDA) zu verwenden (Kap. 6). Während aber bei der Hauptkomponentenanalyse maximale Varianz abgebildet und beim Nonlinear Mapping der Abbildungsfehler minimiert wird sucht man hier die maximale Unterscheidbarkeit auf. Abbildung 9.9 zeigt die Lage der Objekte. Deutliche Verschiebungen gegenüber den anderen beiden Displayformen werden sichtbar, wenn auch hier E am besten abschneidet und C sowie B gut sind, D hat sich verschlechtert. Das wird besonders deutlich in einer anderen Darstellungsform derselben Ergebnisse an der Lösung 1 mittels Abbildung 9.10, wo die Streukreise für 95 % Sicherheit, die die Labors kennzeichnenden Buchstaben für die Zentren der Streukreise, der Mittelpunkt des Ergebnissystems (wieder als Kreuz) und der theoretische Mittelpunkt (wieder als Punkt) angegeben sind.

Nachzutragen bleibt die Berechnung der theoretischen Zentren für die drei Displayarten. Dabei verfährt man folgendermaßen: Beim Nonlinear Mapping wird

174   9. Komplexe Anwendungsbeispiele

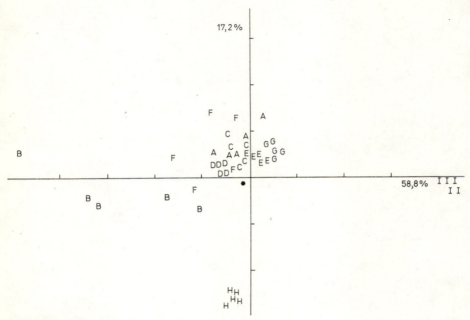

Abbildung 9.3
Hauptkomponentendarstellung aus der „Ringanalyse Wasser 2" (9 Labors)

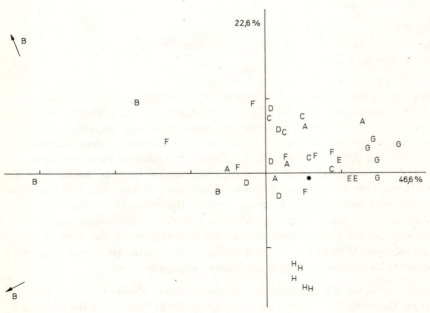

Abbildung 9.4
Hauptkomponentendarstellung aus der „Ringanalyse Wasser 2" (8 Labors)

9.1. Ringanalyse Wasser

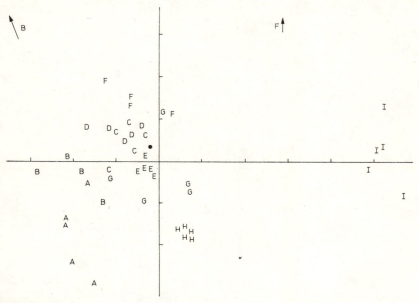

Abbildung 9.5
Nonlinear-Mapping-Display aus der „Ringanalyse Wasser 1" (9 Labors);
Abbildungsfehler $\epsilon = 0{,}02$ (vorher 0,08)

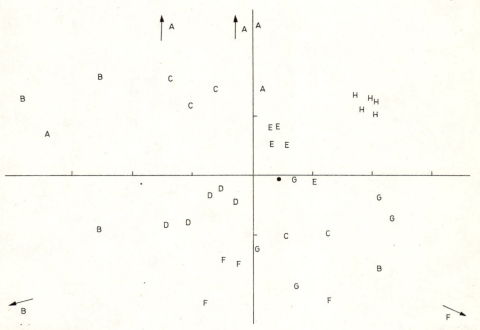

Abbildung 9.6
Nonlinear-Mapping-Display aus der „Ringanalyse Wasser 1" (8 Labors);
Abbildungsfehler $\epsilon = 0{,}05$ (vorher 0,17)

176   9. Komplexe Anwendungsbeispiele

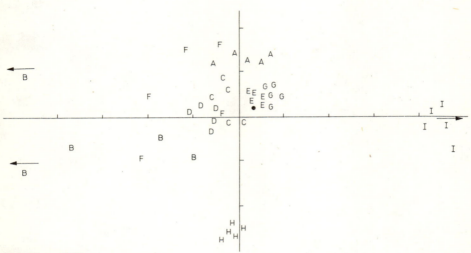

Abbildung 9.7
Nonlinear-Mapping-Display aus der „Ringanalyse Wasser 2" (9 Labors);
Abbildungsfehler ε = 0,016 (vorher 0,071)

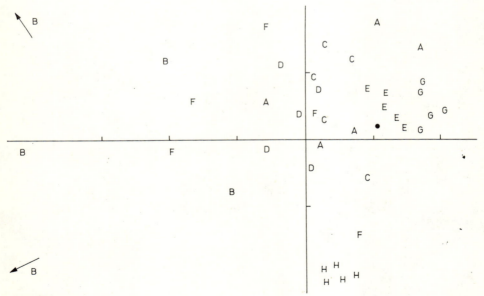

Abbildung 9.8
Nonlinear-Mapping-Display aus der „Ringanalyse Wasser 2" (8 Labors)

9.1. Ringanalyse Wasser

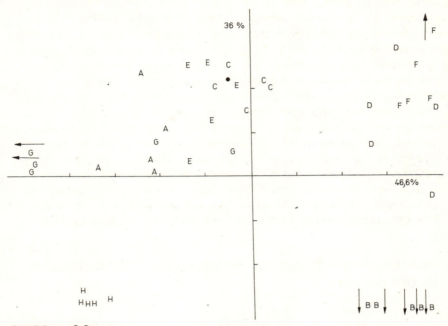

Abbildung 9.9
LDA-Display der Objekte aus der „Ringanalyse Wasser 1" (8 Labors)

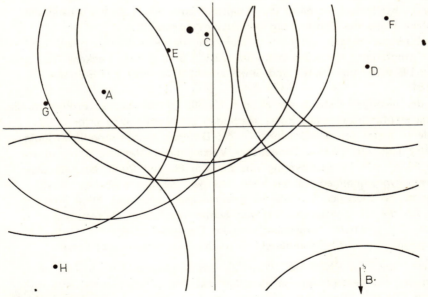

Abbildung 9.10
LDA-Display der Streukreise aus der „Ringanalyse Wasser 1" (8 Labors)

der Datensatz um ein Objekt, nämlich den theoretischen Mittelpunkt, vergrößert, und anschließend wie gewöhnlich gerechnet. Natürlich sind bei einer externen Vorgabe der Startkonfiguration auch zwei Anfangskoordinaten (etwa die aus dem Hauptkomponentendisplay) für dieses zusätzliche Objekt zu wählen. Im allgemeinen wird es ausreichen, beide Koordinaten Null zu setzen, da der theoretische Mittelpunkt nicht weit vom internen (= Koordinatenursprung) zu erwarten ist.

Beim Hauptkomponenten- und LDA-Display ist, falls die Daten standardisiert wurden, der theoretische Mittelpunkt genauso zu transformieren, d. h. von seiner i-ten ursprünglichen Koordinate ist der Mittelwert der i-ten Spalte des Datensatzes zu subtrahieren sowie gegebenenfalls das Ergebnis durch die Standardabweichung der i-ten Spalte zu dividieren. Aus den so erhaltenen standardisierten Koordinaten des theoretischen Mittelpunktes lassen sich schnell die gewünschten errechnen: Die i-te Koordinate des theoretischen Mittelpunktes im Hauptkomponenten- bzw. LDA-Display ergibt sich als das Skalarprodukt aus dem i-ten Eigenvektor mit dem Vektor der standardisierten Koordinaten des theoretischen Mittelpunktes.

9.2. Mineralisationsmethoden zur Bestimmung von Schwermetallen in Getreidearten

Cadmium und Blei gehören zu den sehr giftigen Elementen, wenn ihr Gehalt bestimmte niedrige Grenzen überschreitet. Auf höherem Konzentrationsniveau gilt das auch für Kupfer und Zink. Deshalb ist die Bestimmung dieser Metalle speziell in Proben von Nahrungsmitteln, Getreide und Futter, sehr wichtig.

Bei der Spurenanalyse ist eines der Hauptprobleme die Probenvorbehandlung, die in hohem Maße die Endresultate der Analyse beeinflußt.

In der Literatur werden verschiedene Methoden des Aufschlusses pflanzlicher Materialien empfohlen: Nasse Mineralisation [9.12] und [9.13], trockene Veraschung [9.14, 9.15] und [9.16] und Druckaufschluß in einer PTFE-Bombe [9.17, 9.18].

Wegen der niedrigen Gehalte der giftigen Metalle in biologischen Proben ist die Anwendung empfindlicher analytischer Methoden zur Bestimmung erforderlich. Unter anderen bietet solche Möglichkeiten die **D**ifferential **P**uls **A**nodic **S**tripping **V**oltammetry (DPASV) [9.19]. Zusätzlicher Vorteil dieser Methode ist es in vorliegendem Falle, daß die Bestimmung von Zn, Cd, Pb und Cu in ein und derselben Lösung vorgenommen werden kann. Bei der hier beschriebenen Arbeit [9.30] war es das Ziel, den Einfluß der verschiedenen genannten Mineralisationsmethoden auf die DPASV-Bestimmung von Schwermetallen in Getreideproben zu untersuchen. Die erhaltenen Ergebnisse sind im Datensatz „Getreide" (Tab. 10.8) zusammengefaßt. Sie wurden hauptsächlich in drei Richtungen ausgewertet:

1. Mit dem Programm EXTRAKT (Kap. 2), um Unterschiede in den Mittelwerten der vier bestimmten Elemente bei den drei verschiedenen Getreidearten für die drei Mineralisationsprozeduren zu suchen, d. h. 36 Gruppen zu vergleichen.

2. Mit dem Programm „Hauptkomponentenanalyse" (HKA, Kap. 5), angewandt auf den gesamten Datensatz und auf die neun Gruppen (Getreidearten und Mineralisationsprozeduren).
3. Mit dem Programm „Varianz- und Diskriminanzanalyse" (VARDIS, Kap. 6).

9.2.1. Univariate Analyse der Ergebnisse mit dem Programm EXTRAKT

Ein Teil der Ergebnisse war bereits in Abschnitt 2.2.1. vorweggenommen worden. Es wurden folgende Numerierungen (auch für die Tab. 9.4 und 9.5) eingeführt:

1. Weizen, nasse Mineralisation
2. Weizen, trockene Veraschung
3. Weizen, PTFE-Bombe
4. Gerste, nasse Mineralisation
5. Gerste, trockene Veraschung
6. Gerste, PTFE-Bombe
7. Hafer, nasse Mineralisation
8. Hafer, trockene Veraschung
9. Hafer, PTFE-Bombe

Bei Kupfer ließen sich außer Gruppe 3 alle Standardabweichungen zu einer Verfahrensstandardabweichung zusammenfassen: s_v = 1,0; f_v = 68. Auch die Mittelwerte waren zusammenfaßbar (P = 0,95) zu 5,06 ± 0,22 ppm, so daß also hier kein Einfluß der Getreidearten oder der Mineralisationsverfahren auf das Ergebnis sichtbar wird.

Beim Cadmium ist das dagegen um so deutlicher der Fall. Es läßt sich errechnen: s_v = 0,017; f_v = 71, wenn man auf Eliminierungen verzichtet. Beim Mittelwert-t-Test der neun Gruppen gegeneinander sieht man das bereits bekannte Bild (Abb. 9.11). Es zeigt, daß unabhängig von der Mineralisationsmethode die Ergebnisse für Hafer mit 99,9 % Sicherheit von denen für Gerste verschieden sind und die von Hafer mit mindestens 99 %, meist aber auch 99,9 % verschieden sind von denen für Weizen, während die von Weizen und Hafer sich 99 bis 99,9%ig sicher unterscheiden lassen. Auf dieser Grundlage kann man (etwas vereinfachend!) folgende Cd-Mittelwerte (aus jeweils den drei Mineralisationsmethoden) für die drei Getreidearten errechnen: Weizen 0,09 ppm; Gerste 0,05 ppm und Hafer 0,15 ppm. Sie sind also in ihren Cd-Gehalten signifikant verschieden.

Bei Blei ergibt die Rechnung die Ergebnisse der Tabelle 9.4 und führt (ohne Eliminierungen) zu s_v = 0,046; f_v = 62. Die Resultate der Mittelwert-t-Tests sind in Abbildung 9.12 wiedergegeben. Die Ergebnisse für Hafer sind (wenigstens in den Gruppen 7 und 9) hochsignifikant verschieden von denen für Weizen und Gerste. Wieder etwas vereinfachend kann man für die drei betrachteten Getreidearten folgende Pb-Mittelwerte errechnen: Weizen 0,19 ppm, Gerste 0,21 ppm und Hafer 0,26 ppm.

Auf ähnliche Weise folgt für Zink aus den Ergebnissen die Tabelle 9.5, die

	1	2	3	4	5	6	7	8	9
1	–		◑	◑	●	◑	●	◑	◑
2		–	◑	●	●	●	●	◑	◑
3	◑	◑	–	●	●	●	●		◑
4	◑	●	●	–			●	●	●
5	●	●	●		–		●	●	●
6	◑	●	●			–	●	●	●
7	●	●	●	●	●	●	–	◑	
8	◑	◑		●	●	●	◑	–	◑
9	◑	◑	◑	●	●	●		◑	–

Abbildung 9.11
Mittelwert-*t*-Tests der Cadmium-Gehalte aus dem Datensatz „Getreide"
○ = 95 %; ◑ = 99 %; ● = 99,9 %

	1	2	3	4	5	6	7	8	9
1	–						●		●
2		–					●		◑
3			–				●		●
4				–					
5					–		●		●
6						–			
7	●	●	●		●		–	●	
8							●	–	◑
9	●	◑	●		●			◑	–

Abbildung 9.12
Mittelwert-*t*-Tests der Blei-Gehalte aus dem Datensatz „Getreide"
○ = 95 %; ◑ = 99 %; ● = 99,9 %

Tabelle 9.4
Rechenergebnisse Blei in Getreide

Gruppe	n_j	$\bar{x}_j$ in ppm	s_j	Aus- reißer	Trend	Normal- vertei- lung	Bart- lett- Test	Δx_{95} [1]	s_v oder[2] s_j
1	6	0,180	0,033			breit	+	0,037	s_v
2	11	0,200	0,033	3 (95)		+	+	0,028	s_v
3	15	0,181	0,049			+	+	0,024	s_v
4	9	0,250	0,112		99,9 %	+	−	0,086	s_j
5	13	0,171	0,036			+	+	0,025	s_v
6	13	0,225	0,083			+	−	0,050	s_j
7	3	0,323	0,057			+	+	0,053	s_v
8	9	0,201	0,036			+	+	0,031	s_v
9	12	0,259	0,066	3 (95)		+	+	0,026	s_v

1 Vertrauensintervall
2 Erläuterung s. Abschn. 2.2.1.

Tabelle 9.5
Rechenergebnisse Zink in Getreide

Gruppe	n_j	$\bar{x}_j$ in ppm	s_j	Aus- reißer	Trend	Normal- vertei- lung	Bart- lett- Test	Δx_{95} [1]	s_v oder[2] s_j
1	6	43,72	5,86	5 (99)		+	+	2,92	s_v
2	11	35,51	2,78			+	+	2,16	s_v
3	15	36,48	3,12		95 %	+	+	1,85	s_v
4	9	31,73	4,02			breit	+	2,39	s_v
5	13	39,94	4,43			+	+	1,99	s_v
6	13	37,55	3,59			hoch	+	1,99	s_v
7	3	38,03	0,90	1 (90)		+	+	4,13	s_v
8	9	43,14	6,62	8 (99)		+	−	5,09	s_j
9	12	38,73	2,10	5 (90)		+	+	2,07	s_v

1 Vertrauensintervall
2 Erläuterung s. Abschn. 2.2.1.

Verfahrensstandardabweichung s_v = 3,6; f_v = 74 und Abbildung 9.13. Signifikante Unterschiede zwischen den Getreidearten sind nicht zu erkennen. Eine (formale) Rechnung ergibt: Weizen 38,6 ppm, Gerste 36,4 ppm, Hafer 40 ppm. Eventuell könnte man aus der Abbildung (Gruppen 1 und 4) entnehmen, daß die nasse Mineralisation sich signifikant von den beiden anderen Aufschlußvarianten unterscheidet. Hier müßte man aber beachten, daß sie für Weizen zu hohe Werte (Tab. 9.5) und für Gerste zu niedrige liefert.

	1	2	3	4	5	6	7	8	9
1	–	●	●	●		●			◐
2	●	–			◐			◐	
3	●		–	◐					
4	●		◐	–	●	●		●	●
5		◐		●	–				
6	●			●		–			
7							–		
8		◐		●				–	
9	◐			●					–

Abbildung 9.13
Mittelwert-t-Tests der Zink-Gehalte aus dem Datensatz „Getreide"
○ = 95 %; ◐ = 99 %; ● = 99,9 %

Insgesamt läßt sich aus den univariaten Auswertungen folgern, daß die Pb- und Cd-Gehalte der drei Getreidearten sich signifikant unterscheiden, die Zn-Gehalte kaum und die Cu-Gehalte offenbar gar nicht. Dagegen kann aus den Ergebnissen keine statistisch gesicherte Aussage bezüglich der Eignung der drei Aufschlußvarianten gewonnen werden. Das zeigt sich auch bei der Zusammenstellung der Mittelwerte für die vier Metalle, drei Aufschlüsse und drei Getreidearten (Tab. 9.6).

9.2.2. Multivariate Auswertung mit der Hauptkomponentenanalyse

Tabelle 9.6
Mittelwerte der vier Metalle in ppm für die vier Metalle in den drei Getreidearten bei den drei Aufschlußvarianten

		Weizen	Gerste	Hafer
	nass	0,083	0,056	0,150
Cd	trocken	0,089	0,044	0,110
	PTFE	0,108	0,056	0,179
	nass	0,180	0,250	0,323
Pb	trocken	0,200	0,171	0,201
	PTFE	0,181	0,225	0,259
	nass	43,7	31,7	38,0
Zn	trocken	35,5	39,9	43,1
	PTFE	36,5	37,6	38,7
	nass	5,23	5,31	4,70
Cu	trocken	5,05	4,98	5,24
	PTFE	5,23	5,07	4,83

9.2.2. Multivariate Auswertung der Ergebnisse mit der Hauptkomponentenanalyse

Die Hauptkomponentenanalyse der 91 Objekte mit den Parametern Cu, Cd, Zn, Pb, also des gesamten Datensatzes für die drei Getreidearten und die bei ihnen angewandten drei Aufschlußarten ist mit ihren Ergebnissen in Tabelle 9.7 dargestellt. Aus der Korrelationsmatrix ist als größter Wert $r_{Pb;Cd} = 0{,}22$ zu entnehmen. Für $f = 91 - 2 = 89$ gilt bei $P = 0{,}95$ $r_{P,f} \approx 0{,}21$, so daß eine 95%ig gesicherte Korrelation zwischen Cd und Pb für den gesamten Datensatz anzunehmen ist. Sie hat ihre Ursache wohl vor allem in der Korrelation der beiden Elementgehalte in den verschiedenen Getreidearten. Auch die kleinere Korrelation ($P < 0{,}95$) mit $r_{Zn;Cd} = 0{,}157$ ist wahrscheinlich so zu interpretieren. Die Koordinaten der Variablenpunkte spiegeln diese Korrelation wieder. Unter Nutzung der 1. und 2. Hauptkomponente erhält man für die Variablen Abbildung 9.14.
Die Lage in der Nähe des Einheitskreises läßt für Pb, Cd und Zn eine Interpretation zu, während diese Voraussetzung für Cu nicht gegeben ist. (Hier müßte die dritte Hauptkomponente mitgenutzt werden.) Pb und Cd bilden (bezogen auf den Koordinatenschnittpunkt) einen Winkel deutlich kleiner als 90°, sind also korreliert.

Tabelle 9.7
Ergebnisse der Hauptkomponentenanalyse des gesamten Datensatzes „Getreide"

a) *Korrelationsmatrix*

	Zn	Cd	Pb	Cu
Zn	1	0,157	−0,098	0,063
Cd	0,157	1	0,222	0,019
Pb	−0,098	0,222	1	0,098
Cu	0,063	0,019	0,098	1

b) *Eigenwerte und Eigenvektoren der Korrelationsmatrix*

λ_i	1,264	1,091	0,986	0,658	Eigenwerte
%	31,7	27,4	24,8	16,5	Varianzanteil
Zn	0,260	0,834	0,002	−0,487	
Cd	0,682	0,138	−0,398	0,598	Eigenvektoren
Pb	0,600	−0,534	−0,053	−0,594	
Cu	0,331	0,028	0,916	0,227	

c) *Koordinaten der Variablenpunkte*

	Z_1	Z_2	Z_3
Zn	0,292	0,871	0,002
Cd	0,766	0,144	−0,395
Pb	0,674	−0,558	−0,053
Cu	0,372	0,030	0,910

Zn und Pb ($\sphericalangle$ ca. 90°) sind dagegen nicht korreliert. Abschließend wurden die Koordinaten der Objektpunkte der ersten beiden Hauptkomponenten zur Abbildung genutzt. Abbildung 9.15 zeigt das Ergebnis. Theoretisch könnte man neun Gruppierungen erwarten. Praktisch ist keine deutliche Auftrennung zu erkennen.

Die nächste Hauptkomponentenrechnung bezieht sich auf diejenigen Analysenergebnisse der vier Elemente in den drei Getreidearten, die nach nassem Aufschluß erhalten wurden, also auf eine Teilmenge des gesamten Datensatzes, bei der einheitliche Aufschlußbedingungen vorlagen. Hier ist $f = n - 2 = 16$ und $r_{P,f}$ für $P = 0{,}95$ gleich 0,47. In der Korrelationsmatrix wird als größter Wert wieder $r_{Pb;Cd} = 0{,}48$, also wieder Korrelation mit 95 % gefunden. Die Korrela-

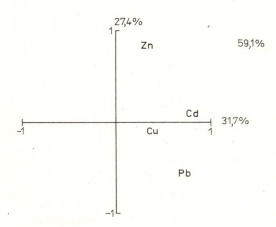

Abbildung 9.14
Hauptkomponentendisplay der Variablen aus dem Datensatz „Getreide"

tion Cd/Zn ist etwas kleiner (Tab. 9.8). Auch die Variablendarstellung (Abb. 9.16) führt zu ähnlichen Aussagen wie in Abbildung 9.14 bereits erläutert.

Das Objektdisplay der Hauptkomponentenanalyse (Abb. 9.17) läßt eine gewisse Auftrennung der drei Getreidearten erkennen.

Unterwirft man in analoger Weise die Datenteilmenge aus den trockenen Aufschlüssen der Hauptkomponentenanalyse, dann erhält man die Ergebnisse in Tabelle 9.9. Für f folgt hier 33 und bei $P = 0,95$, für $r = 0,34$. Aus $r_{Pb;Cd}$ = 0,591 ist ersichtlich, daß dieser Wert weit überschritten wird, ja sogar $r_{P,f}$ für $P = 0,99$ mit dem Wert 0,43. Hier wird also eine besonders hohe Korrelation für Pb und Cd gefunden. Sie bildet sich auch im Variablendisplay ab (Abb. 9.18), während eine solche Aussage aus der Nachbarschaft von Zn und Cu falsch wäre, da sie zu weit innen liegen. Man sieht die Unterschiede zwischen diesen beiden auch an den Ladungen im 3. und 4. Eigenvektor. Das Objektdisplay (Abb. 9.19) läßt ebenfalls eine recht gute Auftrennung der Getreidearten erkennen.

Die Ergebnisse der Hauptkomponentenanalyse mit den Daten aus den Aufschlüssen mit der PTFE-Bombe sind in Tabelle 9.10 zusammengestellt. Die Korrelation zwischen Cd und Pb ist hier aufgehoben, bestenfalls eine sehr schwache zwischen Cd und Zn herauszulesen. Das Objektdisplay (Abb. 9.20) läßt höchstens Hafer einerseits von Gerste und Weizen andererseits unterscheiden. Die Unterschiede der Getreidearten in den Schwermetallspurengehalten werden also bei dieser Aufschlußvariante offenbar nivelliert.

Tabelle 9.8
Ergebnisse der Hauptkomponentenanalyse aus den Werten des nassen Aufschlusses

a) *Korrelationsmatrix*

	Zn	Cd	Pb	Cu
Zn	1	0,349	−0,272	−0,066
Cd	0,349	1	0,480	−0,121
Pb	−0,272	0,480	1	0,223
Cu	−0,066	−0,121	0,223	1

b) *Eigenwerte und Eigenvektoren der Korrelationsmatrix*

λ_i	1,495	1,359	0,928	0,218	Eigenwerte
%	37,4	34,0	23,2	5,5	Varianzanteil
Zn	0,113	−0,709	0,520	−0,463	
Cd	0,713	−0,337	−0,071	0,611	
Pb	0,682	0,386	−0,156	−0,601	Eigenvektoren
Cu	0,117	0,484	0,837	0,227	

c) *Koordinaten der Variablenpunkte*

	Z_1	Z_2	Z_3
Zn	0,138	−0,827	0,501
Cd	0,871	−0,393	−0,068
Pb	0,834	0,450	−0,150
Cu	0,143	0,564	0,806

9.2.2. Multivariate Auswertung mit der Hauptkomponentenanalyse

Fortsetzung Tabelle 9.8

d) *Koordinaten der Objektpunkte*

laufende Nr.	Nr. in Tab. 10.8		Z_1	Z_2	Z_3
1	1		−0,078	0,455	1,231
2	2		−0,647	−0,183	1,491
3	3	Weizen	−0,399	−0,399	1,456
4	4		−0,152	−1,782	−0,807
5	5		−0,100	−2,580	0,899
6	6		−0,139	−1,193	−0,394
7	33		1,764	1,731	−0,088
8	34		0,737	0,764	−0,390
9	35		0,320	1,728	0,921
10	36		−0,257	0,959	0,445
11	37	Gerste	−0,747	0,936	0,684
12	38		−0,924	0,710	−1,846
13	39		−1,150	1,052	−1,181
14	40		−2,040	0,065	−0,840
15	41		−1,729	−0,477	0,005
16	68		1,132	−0,916	−0,926
17	69	Hafer	2,017	−0,335	−0,470
18	70		2,392	−0,535	−0,187

Tabelle 9.9
Ergebnisse der Hauptkomponentenanalyse aus den Werten des trockenen Aufschlusses

a) *Korrelationsmatrix*

	Zn	Cd	Pb	Cu
Zn	1	0,251	0,197	0,268
Cd	0,251	1	0,591	0,207
Pb	0,197	0,591	1	0,270
Cu	0,268	0,207	0,270	1

b) Eigenwerte und Eigenvektoren der Korrelationsmatrix

λ_i	1,919	0,940	0,742	0,399	Eigenwerte
%	48,0	23,5	18,6	10,0	Varianzanteil
Zn	0,402	0,604	−0,678	−0,118	
Cd	0,575	−0,410	−0,145	0,693	Eigenvektoren
Pb	0,578	−0,407	0,102	−0,700	
Cu	0,416	0,548	0,714	0,128	

c) *Koordinaten der Variablenpunkte*

	Z_1	Z_2
Zn	0,557	0,586
Cd	0,797	−0,398
Pb	0,801	−0,395
Cu	0,577	0,532

9.2.2. Multivariate Auswertung mit der Hauptkomponentenanalyse

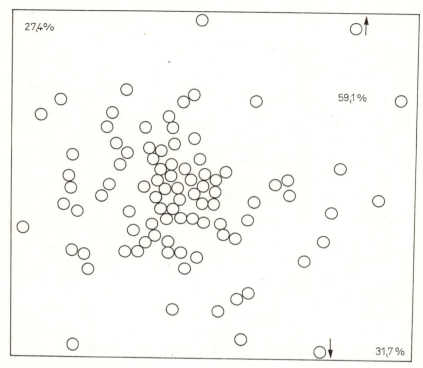

Abbildung 9.15
Hauptkomponentendisplay der Objekte aus dem Datensatz „Getreide"

Als Alternative zur hier beschriebenen Betrachtung der drei Teilmengen (gleiche Aufschlußvariante, verschiedene Getreidearten) bieten sich die drei Teilmengen des Datensatzes aus jeweils gleichem Getreide und den drei Aufschlußarten zur Hauptkomponentenanalyse an. Tabelle 9.11 zeigt die Ergebnisse für Gerste. Die Korrelationsmatrix läßt eine außergewöhnliche Korrelation zwischen Pb und Cd erkennen. Diese wird auch bei der Variablendarstellung aus den ersten beiden Hauptkomponenten sichtbar (Abb. 9.21). Das Objektdisplay (Abb. 9.22) läßt vielleicht entnehmen, daß die Resultate aus der trockenen Veraschung am wenigsten streuen, ermöglicht aber keine weitergehenden Aussagen. Noch geringer sind die Differenzierungen, die analog bei Weizen und Hafer erhalten werden. Deshalb folgt insgesamt aus der Hauptkomponentenanalyse der vorliegenden Ergebnisse, daß bei nassem Aufschluß wie bei trockener Veraschung eine Unterscheidung der drei Getreidearten nach ihren Schwermetallgehalten möglich ist, während die Werte aus den Druckaufschlüssen mit der PTFE-Bombe dies weniger gut erlauben. Dagegen ist eine sichere Unterscheidung der Wertegruppen aus den drei Aufschlußarten in keinem der drei Fälle (Getreidearten) erkennbar.

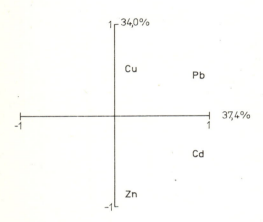

Abbildung 9.16
Hauptkomponentendisplay der Variablen aus den „nassen Aufschlüssen"

9.2.3. Multivariate Auswertung der Ergebnisse mit der Varianz- und Diskriminanzanalyse

Vorangestellt werden soll das Ergebnis des paarweisen Mittelwerttests aller möglichen Mittelwertvektoren der vier Elemente aus den neun Ergebnisgruppen (drei Getreidearten und drei Aufschlußarten), da es sich an die in Abschnitt 9.2.1. beschriebenen Ergebnisse der Mittelwert-t-Tests der einzelnen Elemente anschließt. Deshalb erfolgt eine analoge Darstellung (Abb. 9.23). Es handelt sich hierbei um eine komponierte (multivariate) Darstellung der betreffenden Einzelergebnisse für die Elemente Cu, Cd, Zn, Pb, wobei die Ähnlichkeit zu der ja bereits durch viele hochsignifikante Unterschiede stark strukturierten Abbildung 9.11 vom Cd deutlich ist. Es kommen aber auch mehrere höher gesicherte Differenzen hinzu, weil die Informationen aus den Unterschieden bei Pb (Abb. 9.12) und Zn (Abb. 9.13) einbezogen sind. Andererseits erfolgt auf Abbildung 9.23 auch eine teilweise Verringerung der signifikanten Unterschiede, weil durch die weniger zur Trennung geeigneten Variablen (vor allem Cu) und Korrelationen der Variablen eine „Verwässerung" erfolgt.

Tabelle 9.10
Ergebnisse der Hauptkomponentenanalyse aus den Werten des Druckaufschlusses

a) *Korrelationsmatrix*

	Zn	Cd	Pb	Cu
Zn	1	0,188	0,054	0,008
Cd	0,188	1	0,041	0,017
Pb	0,054	0,041	1	−0,051
Cu	0,008	0,018	−0,051	1

b) *Eigenwerte und Eigenvektoren der Korrelationsmatrix*

λ_i	1,210	1,045	0,934	0,811	Eigenwerte
%	30,2	26,1	23,4	20,3	Varianzanteil
Zn	0,678	0,100	−0,156	0,711	
Cd	0,669	0,165	−0,182	−0,702	Eigenvektoren
Pb	0,303	−0,606	0,734	−0,044	
Cu	0,008	0,772	0,636	0,023	

Bei den weiteren Rechnungen wurde nicht mehr nach der Unterscheidbarkeit der neun Gruppen (die ja offenbar vielmehr durch die Unterschiede der Getreidearten als durch die Unterschiede der Aufschlußarten bestimmt wird) gefragt, sondern einerseits nach der Unterscheidbarkeit der drei Getreidearten bei ein und demselben Aufschlußverfahren und andererseits nach Unterschieden (schwieriger!) der drei Aufschlußverfahren, jeweils bezogen auf eine Getreideart. Die Daten wurden vor der Rechnung standardisiert. Die Darstellung der Ergebnisse erfolgt in Anlehnung an die Abfolge, in der sie mit dem Programm VARDIS (Listing 7) erhalten werden.

Zum Beispiel zeigt Tabelle 9.12 die Resultate für die drei Getreidearten beim nassen Aufschluß. In der Gruppe a) werden die Trennmaße wiedergegeben, und zwar für Merkmalspaare (je zwei der vier Variablen) und für die einzelnen Variablen (auf der Diagonalen). Sie sind signifikant ($P = 0,95$), wenn sie mit einem Stern versehen sind. Die besten Werte für die Einzelmerkmale (auf der Diagonalen) und für Paare sind eingerahmt. Im vorliegenden Beispiel ist das am besten trennende Einzelmerkmal Cd (3,63) und das am besten trennende Merkmalspaar die Kombination Cd/Pb (5,68), aber auch Zn/Cd (5,21) ist gut. Das hier am schlechtesten trennende Einzelmerkmal Cu (0,04) trägt in den Paaren entweder nichts (Zn/Cu) oder wenig über die Summe Hinausgehendes bei. Ganz

Tabelle 9.11
Ergebnisse der Hauptkomponentenanalyse aus den Werten für Gerste mit den drei Aufschlußvarianten

a) *Korrelationsmatrix*

	Zn	Cd	Pb	Cu
Zn	1	−0,259	−0,303	0,061
Cd	−0,259	1	0,725	0,266
Pb	−0,303	0,725	1	0,174
Cu	0,061	0,266	0,174	1

b) *Eigenwerte und Eigenvektoren der Korrelationsmatrix*

λ_i	1,972	1,066	0,694	0,268	Eigenwerte
%	49,3	26,7	17,4	6,7	Varianzanteil
Zn	−0,350	0,634	−0,689	0,028	
Cd	0,638	0,076	−0,283	−0,712	Eigenvektoren
Pb	0,633	−0,048	−0,337	0,695	
Cu	0,266	0,768	0,576	0,091	

c) *Koordinaten der Variablenpunkte*

	Z_1	Z_2
Zn	−0,491	0,655
Cd	0,896	0,079
Pb	0,888	−0,050
Cu	0,373	0,793

9.2.3. Multivariate Auswertung mit der Varianz- und Diskriminanzanalyse 193

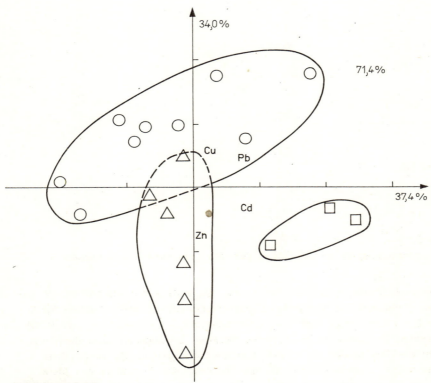

Abbildung 9.17
Hauptkomponentendisplay der Objekte aus den „nassen Aufschlüssen"

△ Weizen; ○ Gerste; □ Hafer

anders ist das bei Pb (0,38) mit Cd (3,63) zu Pb/Cd (5,68). Es kann aber auch das Trennmaß des Merkmalspaares (z. B. Zn/Cd 5,21) kleiner sein als die Summe der Trennmaße der Einzelmerkmale (Zn 1,73 und Cd 3,63 gibt 5,36). Die Ursache dafür ist hohe Korrelation beider Variablen. Aus Tabelle 9.12b entnimmt man, bei welchen Affinitätskoeffizienten a die Clusterung der Merkmale erfolgt. Zuerst (a = 0,94) werden Zn und Pb zusammengefaßt und fast parallel Cd und Cu (a = 1,07). Die Zusammenfassung der beiden Gruppen erfolgt bei a = 1,39. Im Teil c) wird eine Variablenreduktion durch schrittweisen Abbau versucht. In der ersten Zeile sind es alle vier Variablen, die das Trennmaß 6,97 ergeben. Der simultane Mittelwertvergleich prüft die Hypothese,

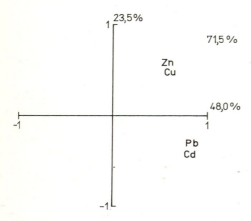

Abbildung 9.18
Hauptkomponentendisplay der Variablen aus den „trockenen Aufschlüssen"

ob alle Gruppenmittelwertvektoren gleich sind. Cu wird zuerst als entbehrlich gefunden und eliminiert. Die Differenz Δ zum Trennmaß der verbleibenden Merkmale (hier 6,87) kann man auch als „Unentbehrlichkeit" bezeichnen (hier 0,10). Im vorliegenden Beispiel wird als nächstes Merkmal Zn abgebaut und dann erst Pb, obwohl die Trennmaße der Einzelmerkmale vordergründig die umgekehrte Reihenfolge hätten erwarten lassen. Danach verbleibt das Trennmaß des Merkmalspaares Pb/Cd und schließlich das des Einzelmerkmals Cd, während der simultane Mittelwertvergleich immer noch einen signifikanten Unterschied (∗ = 95 %) anzeigt. Erst die Herausnahme auch von Cd würde hier (natürlich) die Unterscheidbarkeit verlorengehen lassen.

Ganz ähnlich ist das Ergebnis beim Aufschluß mit der Bombe. Auch hier ist bestes Einzelmerkmal zur Unterscheidung der drei Getreidearten das Cd (Tab. 9.13), und als Paar ergibt sich wieder Cd/Pb. Beim Abbau zeigt sich allerdings, daß zur signifikanten Trennung hier beide erforderlich sind. Auch beim trockenen Aufschluß (Tab. 9.14) verbleibt Cd, und in diesem Falle außerdem Zn wichtig für die Trennung. Das entspricht bereits herausgearbeiteten Gewichten von Cd > Pb > Zn zur Unterscheidung der Getreidearten. Insgesamt ist beim paarweisen Mittelwertvergleich (Tab. 9.15) zu sehen, daß sich die drei Getreidearten unabhängig vom Aufschluß nicht nur bei Verwendung aller vier Merkmale, sondern auch noch durch jeweils das letzte bei dem Abbau verbleibende (bei allen drei Aufschlußvarianten Cd)

9.2.3. Multivariate Auswertung mit der Varianz- und Diskriminanzanalyse

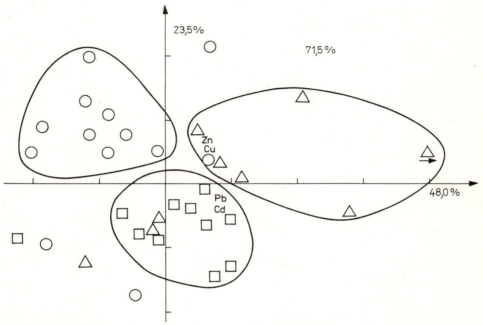

Abbildung 9.19
Hauptkomponentendisplay der Objekte aus den „trockenen Aufschlüssen"
△ Weizen; ○ Gerste; □ Hafer

mit 95 % Sicherheit unterscheiden lassen (∗), was natürlich auch bereits durch Abbildung 9.11 bewiesen worden war.

Schwieriger ist die Unterscheidung der drei Aufschlußarten (natürlich jeweils am gleichen Getreide). Nach Tabelle 9.16 (Gerste) wirken sich die Aufschlußvarianten am stärksten bei Zn aus. Ähnlich (Zn, Cd, Pb; Tab. 9.17) ist es bei Hafer und Weizen (Cd, Zn; Tab. 9.18). Der paarweise Mittelwertvergleich (Tab. 9.19) zeigt für alle drei Getreidearten signifikante Unterschiede zwischen nassem und trockenem Aufschluß, während der Druckaufschluß in der PTFE-Bombe sich teils vom trockenen Aufschluß (Gerste), teils vom nassen Aufschluß (Hafer) selbst bei Verwendung aller vier Merkmale (− − − −) nicht unterscheiden läßt. Beim Datenmaterial Weizen haben wir wie bei Hafer einen signifikanten Unterschied ($P = 0,95$) zwischen trockenem Aufschluß und Bombe, der erst verlorengeht, wenn die Merkmale bis auf das letzte (∗ ∗ ∗ −), in diesem Falle Zn, abgebaut sind.

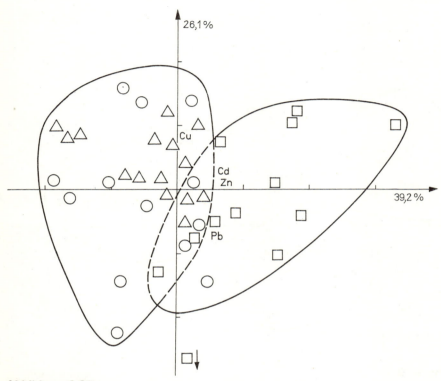

Abbildung 9.20
Hauptkomponentendisplay der Objekte aus den „Druckaufschlüssen"
△ Weizen; ○ Gerste; □ Hafer

Schließlich sollen kurz die Ergebnisse der Diskriminanzanalyse am vorliegenden Datensatz geschildert werden. Hier wird auf die Frage der Unterscheidbarkeit der drei Aufschlußarten an jeweils einem Getreide verzichtet. Die dafür dominierenden Merkmale wurden bereits diskutiert. Es wurde eine andere Frage in den Mittelpunkt gestellt, nämlich: Mit welcher Aufschlußmethode werden die Unterschiede der Schwermetallmuster der drei Getreidearten am wenigsten verwischt, um damit zu einer komplexen Aussage über die Güterreihenfolge der drei Aufschlußvarianten zu kommen? Bei den dazu eingebrachten Merkmalen wurden die im voranstehenden mit „geringer Unentbehrlichkeit" gefundenen von vornherein weggelassen, im Falle des nassen Aufschlusses der drei Getreidearten (vgl. Tab. 9.12) also Cu. Hier resultierten die Ergebnisse der Tabelle 9.20 mit den Trennmaßen der nichtelemen-

9.2.3. Multivariate Auswertung mit der Varianz- und Diskriminanzanalyse

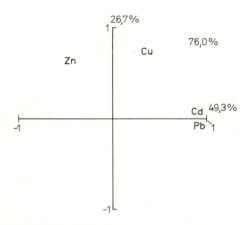

Abbildung 9.21
Hauptkomponentendisplay der Variablen bei Gerste aus trockenem Aufschluß, nassem Aufschluß und Druckaufschluß

taren Diskriminanzmerkmale unter a), wobei auf das erste (λ_1) bereits 81,3 % der Trennwirkung entfallen. Es resultieren die nichtelementaren Diskriminanzmerkmale

$$w_1 = 0{,}80 \text{ Pb} - 0{,}36 \text{ Zn} - 2{,}49 \text{ Cd}$$

und

$$w_2 = 0{,}21 \text{ Pb} + 0{,}83 \text{ Cd} - 1{,}32 \text{ Zn}$$

Die Elementsymbole stehen dabei für die Konzentrationen. Wichtig ist eigentlich nur w_1 (81,3 %). Da die Daten im vorliegenden Beispiel standardisiert wurden, können die Koeffizienten (in w_1) als Maß für die Bedeutung der Ausgangsmerkmale interpretiert werden. Wie schon vorher (Tab. 9.12) herausgearbeitet, überwiegt Cd vor Pb und Zn.

In Tabelle 9.20b werden die Streuradien (95 %) der drei Objektgruppen (Analysenergebnisse der drei Getreidearten) angegeben. Es wird von gleicher Streuung (gleiches Analysenverfahren einschließlich Aufschluß) ausgegangen. Die Unterschiede resultieren aus den unterschiedlichen Objektzahlen in den drei Gruppen. Außerdem sind die Mittelpunkte aufgeführt.

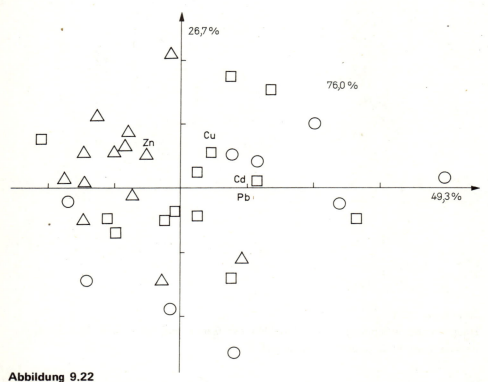

Abbildung 9.22
Hauptkomponentendisplay der Objekte bei Gerste aus trockenem Aufschluß, nassem Aufschluß und Druckaufschluß

In Tabelle 9.20c sind die Koordinaten der einzelnen Objekte aufgeführt. Bei der Lachenbruch-Methode wird ein Objekt falsch zugeordnet, d. h., die Fehlerrate beträgt 5,6 %. Streukreise und Objektpunkte der drei Getreidearten sind in Abbildung 9.24 gezeigt.

Analoge Ergebnisse für den trockenen Aufschluß (unter Weglassung der Objektkoordinaten) sind in Tabelle 9.21 wiedergegeben und in Abbildung 9.25 dargestellt. Hier treten sechs Fehlzuordnungen ≙ 18,2 % auf. Beim Druckauf-

Tabelle 9.12
Ergebnisse der Varianzanalyse für die drei Getreidearten bei nassem Aufschluß

a) *Trennmaße der Variablen*

Zn	Cd	Pb	Cu	
1,73 *	5,21 *	2,04 *	1,77 *	Zn
	3,63 *	5,68 *	3,80 *	Cd
		0,38	0,54	Pb
			0,04	Cu

b) *Clusterung der Variablen*

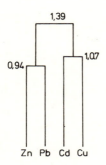

c) *Variablenreduktion und simultaner Mittelwertvergleich*

Anzahl der Variablen	Trennmaß	Eliminierung	Unentbehrlichkeit Δ	simultaner Mittelwertvergleich
4	6,97	Cu	0,10	*
3	6,87	Zn	1,18	*
2	5,68	Pb	2,06	*
1	3,63	Cd *	3,63	*

Tabelle 9.13
Ergebnisse der Varianzanalyse für die drei Getreidearten bei Druckaufschluß

a) *Trennmaße der Variablen*

Zn	Cd	Pb	Cu	
0,10	1,57 *	0,38 *	0,14	Zn
	|1,50|*	|1,98|*	1,62 *	Cd
		0,25 *	0,29	Pb
			0,03	Cu

b) *Clusterung der Variablen*

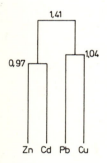

c) *Variablenreduktion und simultaner Mittelwertvergleich*

Anzahl der Variablen	Trennmaß	Eliminierung	Unentbehrlichkeit Δ	simultaner Mittelwertvergleich
4	2,24	Zn	0,11	*
3	2,13	Cu	0,15	*
2	1,98	Pb *	0,48	*
1	1,50	Cd *	1,50	*

Tabelle 9.14
Ergebnisse der Varianzanalyse für die drei Getreidearten bei trockenem Aufschluß

a) *Trennmaße der Variablen*

Zn	Cd	Pb	Cu	
0,45 *	3,84 *	0,72 *	0,47 *	Zn
	2,75 *	3,05 *	2,82 *	Cd
		0,19	0,20	Pb
			0,02	Cu

b) *Clusterung der Variablen*

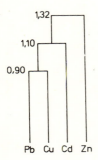

c) *Variablenreduktion und simultaner Mittelwertvergleich*

Anzahl der Variablen	Trennmaß	Eliminierung	Unentbehrlichkeit Δ	simultaner Mittelwertvergleich
4	4,11	Cu	0,01	*
3	4,10	Pb	0,26	*
2	3,84	Zn *	1,09	*
1	2,75	Cd *	2,75	*

Tabelle 9.15
Paarweiser Mittelwertvergleich für die drei Getreidearten bei den unterschiedlichen Aufschlüssen

a) *Nasser Aufschluß*

Weizen	Gerste	Hafer	
—	****	****	Weizen
	—	****	Gerste
		—	Hafer

b) *Trockener Aufschluß*

Weizen	Gerste	Hafer	
—	****	****	Weizen
	—	****	Gerste
		—	Hafer

c) *Druckaufschluß*

Weizen	Gerste	Hafer	
—	****	****	Weizen
	—	****	Gerste
		—	Hafer

Tabelle 9.16
Ergebnisse der Varianzanalyse für die drei Aufschlußarten bei Gerste

a) *Trennmaße der Variablen*

Zn	Cd	Pb	Cu	
0,70 *	0,80 *	0,83 *	0,80 *	Zn
	0,14	0,23	0,16	Cd
		0,19	0,20	Pb
			0,02	Cu

b) *Clusterung der Variablen*

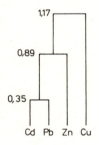

c) *Variablenreduktion und simultaner Mittelwertvergleich*

Anzahl der Variablen	Trenn- maß	Elimi- nierung	Unentbehr- lichkeit Δ	simultaner Mittel- wertvergleich
4	0,97	(Cd)	0,07	*
3	0,90	(Cu)	0,07	*
2	0,83	(Pb)	0,13	*
1	0,70	Zn *	0,70	*

Tabelle 9.17
Ergebnisse der Varianzanalyse für die drei Aufschlußarten bei Hafer

a) *Trennmaße der Variablen*

Zn	Cd	Pb	Cu	
0,29	0,93 *	1,14 *	0,29	Zn
	0,27	1,28 *	0,38	Cd
		0,59 *	0,75 *	Pb
			0,05	Cu

b) *Clusterung der Variablen*

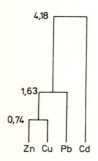

c) *Variablenreduktion und simultaner Mittelwertvergleich*

Anzahl der Variablen	Trennmaß	Eliminierung	Unentbehrlichkeit Δ	simultaner Mittelwertvergleich
4	3,71	Cu	0,27	*
3	3,44	Zn *	2,16	*
2	1,28	Cd *	0,69	*
1	0,59	Pb *	0,59	*

Tabelle 9.18
Ergebnisse der Varianzanalyse für die drei Aufschlußarten bei Weizen

a) *Trennmaße der Variablen*

Zn	Cd	Pb	Cu	
0,76 *	1,34 *	0,82 *	0,92 *	Zn
	0,62 *	0,67 *	0,69 *	Cd
		0,05	0,08	Pb
			0,01	Cu

b) *Clusterung der Variablen*

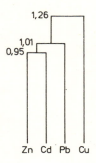

c) *Variablenreduktion und simultaner Mittelwertvergleich*

Anzahl der Variablen	Trennmaß	Eliminierung	Unentbehrlichkeit Δ	simultaner Mittelwertvergleich
4	1,65	Pb	0,12	*
3	1,53	Cu	0,19	*
2	1,34	Cd *	0,59	*
1	0,76	Zn *	0,76	*

Tabelle 9.19
Paarweiser Mittelwertvergleich für die drei Aufschlußarten bei den unterschiedlichen Getreidearten

---

a) *Gerste*

Nasser Aufschluß	Trockener Aufschluß	Druck- aufschluß	
————	****	****	Nasser Aufschluß
	————	————	Trockener Aufschluß
		————	Druckaufschluß

b) *Hafer*

Nasser Aufschluß	Trockener Aufschluß	Druck- aufschluß	
————	****	————	Nasser Aufschluß
	————	****	Trockener Aufschluß
		————	Druckaufschluß

c) *Weizen*

Nasser Aufschluß	Trockener Aufschluß	Druck- aufschluß	
————	****	****	Nasser Aufschluß
	————	***—	Trockener Aufschluß
		————	Druckaufschluß

Tabelle 9.20
Ergebnisse der Diskriminanzanalyse; nasser Aufschluß

a) Trennmaße der nichtelementaren Diskriminanzmerkmale

$\lambda_1 = 5{,}6 \;\hat{=}\; 81{,}3\,\%$ $\qquad \lambda_2 = 1{,}3 \;\hat{=}\; 18{,}7\,\%$

Nichtelementare Diskriminanzmerkmale

$w_1 = 0{,}80\;Pb\;-0{,}36\;Zn\;-2{,}49\;Cd$

$w_2 = 0{,}21\;Pb\;+0{,}83\;Cd\;-1{,}32\;Zn$

b) Streuradien und Koordinaten der Mittelpunkte

	Streuradien	Koordinaten der Mittelpunkte	
Weizen	3,06	−1,03	−1,38
Gerste	2,98	1,94	0,44
Hafer	3,27	−3,8	1,42

c) Objektkoordinaten

Weizen		Gerste		Hafer	
0,5	−0,63	1,5	1,65	−3,64	1,26
0,43	−1,71	1,11	0,79	−2,81	1,2
−1,73	−0,85	2,22	0,56	−4,97	1,79
−2,05	−0,85	1,58	2,22		
−2,14	−3,45	1,07	0,32		
−1,18	−0,8	1,7	1,8		
		3,72	0,68		
		2,45	−0,3		
		2,13	−1,76		

Tabelle 9.21
Ergebnisse der Diskriminanzanalyse; trockener Aufschluß

a) Trennmaße der nichtelementaren Diskriminanzanalyse

$\lambda_1 = 3,4 \, \hat{=} \, 88,4 \, \%$ $\qquad$ $\lambda_2 = 0,4 \, \hat{=} \, 11,6 \, \%$

Nichtelementare Diskriminanzmerkmale

$w_1 = 0,61$ Zn $-2,09$ Cd und $w_2 = 1,15$ Zn $+0,06$ Cd

b) Streuradien und Koordinaten der Mittelpunkte

	Streuradien	Koordinaten der Mittelpunkte	
Weizen	2,74	−1,24	−0,78
Gerste	2,72	2,17	0,06
Hafer	2,77	−1,63	0,85

Tabelle 9.22
Ergebnisse der Diskriminanzanalyse; Druckaufschluß

a) Trennmaße der nichtelementaren Diskriminanzmerkmale

$\lambda_1 = 1,81 \, \hat{=} \, 91,5 \, \%$ $\qquad$ $\lambda_2 = 0,17 \, \hat{=} \, 8,5 \, \%$

Nichtelementare Diskriminanzmerkmale

$w_1 = 1,54$ Cd $+0,49$ Pb und $w_2 = 0,36$ Cd $-1,01$ Pb

b) Streuradien und Koordinaten der Mittelpunkte

	Streuradien	Koordinaten der Mittelpunkte	
Weizen	2,68	−0,37	0,49
Gerste	2,69	−1,32	−0,41
Hafer	2,70	1,88	−0,19

9.2.3. Multivariate Auswertung mit der Varianz- und Diskriminanzanalyse

Abbildung 9.23
Paarweise multivariate Mittelwertvergleiche

schluß mit der PTFE-Bombe (Tab. 9.22; Abb. 9.26) gibt es ebenfalls sechs Fehlzuordnungen, hier ≙ 15 %. Auch in diesen beiden Fällen ist beim ersten nichtelementaren Diskriminanzmerkmal Cd dominierend. Man darf wohl aus der wesentlich geringeren Anzahl von Objekt-Fehlzuordnungen folgern, daß die Schwermetallmuster der drei Getreidearten beim nassen Aufschluß am wenigsten „verwischt" werden und daß wahrscheinlich die Cd-Werte vor allem bei den beiden anderen Aufschlußarten an Information verlieren. Dafür sprachen übrigens auch schon die jeweiligen Gesamttrennmaße mit 7,0 beim nassen Aufschluß (Tab. 9.12), 2,2 beim Druckaufschluß in der Bombe (Tab. 9.13) und 4,1 beim trockenen Aufschluß (Tab. 9.14) sowie die entsprechenden für Cd allein verbleibenden von 3,6, 1,5 und 2,7.

210 9. Komplexe Anwendungsbeispiele

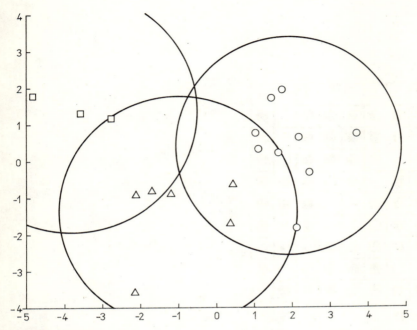

Abbildung 9.24
LDA-Display der Objekte und Streukreise aus den „nassen Aufschlüssen"
△ Weizen; ○ Gerste; □ Hafer

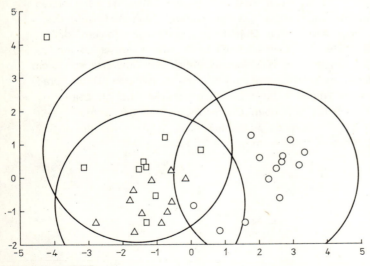

Abbildung 9.25
LDA-Display der Objekte und Streukreise aus den „trockenen Aufschlüssen"
△ Weizen; ○ Gerste; □ Hafer

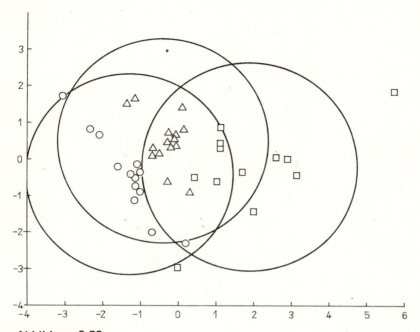

Abbildung 9.26
LDA-Display der Objekte und Streukreise aus den „Druckaufschlüssen"
△ Weizen; ○ Gerste; □ Hafer

9.3. Gaschromatographische Charakterisierung von Branntweinen

Die ersten systematischen Untersuchungen zum Nachweis der Geruchs- und Geschmackskomponenten in Wein- und Branntweinextrakten mit Hilfe der Gaschromatographie wurden 1959 von R. MECKE und M. DE VRIES [9.20] veröffentlicht. Der große Vorteil der damals noch jungen Gaschromatographie gegenüber älteren Verfahren auf diesem Gebiet war die beträchtliche Einsparung an Untersuchungsmaterial, von dem nur noch 300 ml zur Extraktion eingesetzt wurden. K. HENNIG und F. VILLFORTH [9.21] mußten vorher noch von 360 l Wein, E. FREY und D. WEGENER [9.22] sogar von 1000 l Weinbrand ausgehen. Die Arbeit von R. MECKE und M. DE VRIES blieb methodische Basis sehr vieler späterer Untersuchungen. Eine umfassende Literaturübersicht bis Ende 1980 ist im „Handbuch der Aromaforschung" [9.23] zu finden.

Ziel der vorliegenden Darstellung ist nicht die Identifizierung der Aromastoffe in Weinbränden, sondern die Unterscheidbarkeit verschiedener Weinbrände durch die Verarbeitung der gaschromatographisch gewonnenen Daten mit Hilfe der beschriebenen Computerprogramme. Erst kürzlich erschien bereits eine ähnliche Arbeit [9.24].

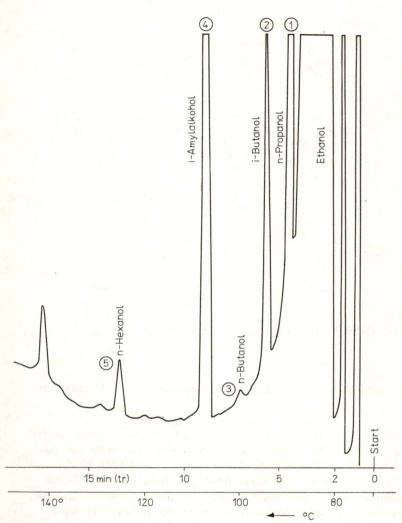

Abbildung 9.27
Gaschromatogramm eines Weinbrandes

Säule 2 m × 3 mm, 10 % Carbowax 20 M auf 0,1 bis 0,2 mm Sterchamol, AW, G. Temperaturprogramm 80 bis 150 °C mit 4 °C/min. DFID 10^{10} Ω/10; 2 l/h N_2; 1,2 l/h H_2

Unter den in der Legende zum Musterchromatogramm (Abb. 9.27) genannten gaschromatographischen Arbeitsbedingungen wurden 10 verschiedene Weinbrände (DDR, BRD, Frankreich, SU, Griechenland) untersucht und zur Datengewinnung die Peaks von i-Butanol (*2*), n-Butanol (*3*), i-Amylalkohol (*4*) und n-Hexanol (*5*) quantitativ nach der 100-%-Methode mit Hilfe des konstruktiven Näherungsverfahrens

Fläche = Höhe X Halbwertsbreite

ausgewertet. Wegen der deutlichen Konzentrationsunterschiede dieser vier Komponenten, die nach H. PFENNINGER [9.25] durch ihren intensiven, selbst bei hoher Verdünnung noch wahrnehmbaren, Geruch und Geschmack eine wichtige qualitätsbestimmende Bedeutung haben, mußten hinsichtlich der vollständigen Registrierung Empfindlichkeitsumschaltungen am Elektrometerverstärker vorgenommen werden. Die dadurch bedingten Signalverfälschungen konnten in der Auswertung jedoch unberücksichtigt bleiben, da die für die einzelnen Peaks gewählte spezifische Empfindlichkeit in allen Analysen und für alle Weinbrände konstant gehalten wurde. Da jeder Weinbrand 15mal analysiert wurde, führten die Untersuchungen bei 4 auszuwertenden Peaks und 10 Weinbränden schließlich zu 15 X 4 X 10 = 600 Werten, die zur Verarbeitung in den Computer eingegeben werden mußten (Datensatz „Weinbrände", Tab. 10.9).

Es sei hier noch erwähnt, daß das Problem des Vergleichs bzw. der Unterscheidbarkeit von Weinen und Branntweinen durch GC-Analysen schon in den 60er Jahren bearbeitet wurde. So kamen F. DRAWERT und Mitarbeiter [9.26] zu dem überraschenden Ergebnis, daß allein schon die quantitative Bestimmung von Butanol-2 oder Hexanol-1 Auskunft über die Gruppenzugehörigkeit eines Branntweines zu Obstbränden, Cognacs, Weinbränden oder Schottischen Whiskys geben kann. Kürzlich setzten F. BINDER und P. LAUGEL [9.27] zur Identifizierung von Fruchtbranntweinen die Gaschromatographie in Verbindung mit der Diskriminanzanalyse ein. Auf sehr ähnlichem Wege wurde versucht, Rotwein, Rosé-Wein und Weißwein zu unterscheiden [9.28]. T. TAMAKI und Mitarbeiter nutzten in Verbindung mit der Gaschromatographie die Hauptkomponentenanalyse zur Unterscheidung von nichtgealtertem und gereiftem Awamori [9.29].

Der Datensatz „Weinbrände" (Tab. 10.9) wurde zuerst der nichthierarchischen Clusterung mit dem Programm CLUPOT unterworfen. Die resultierenden Ergebnisse sind in Tabelle 9.23 für die jeweils 15 Wiederholungen der 10 Alkohole zusammengefaßt. Gleiche Ziffer bedeutet gleichen Cluster. Bei relativ scharfer (α = 0,4) Betrachtungsweise erscheinen die Alkohole D und E gleich (Comte Joseph und Hennessy), F dagegen ganz anders (Napoleon La Reserve), und auch C (Helios) hat eine Sonderstellung. Ähnliches gilt auch für K, während A und G sich ähneln und einer anderen Gruppe angehören. In gewisser Verwandtschaft zu K einerseits und A, G andererseits befindet sich H. Auch bei B mag eine Beziehung zu K noch zu erkennen sein. I ist dagegen von den Messungen her uneinheitlich und den anderen nicht verwandt.

Bei α = 0,5, also etwas großzügigerer Betrachtungsweise, bleibt die (an Hand der vier verwendeten GC-Parameter erzielte) Ununterscheidbarkeit von D und E erhalten. Andererseits kann man A, G, H, K als ähnlich zusammenfassen. F und C bleiben beide separat und B und I uneinheitlich.

Tabelle 9.23
Ergebnisse der Clusterung mit CLUPOT

$\alpha = 0{,}4$

A	B	C	D	E	F	G	H	I	K
111	222	666	333	333	444	111	111	555	222
111	222	666	333	333	444	111	111	555	222
111	221	666	333	333	444	111	112	555	222
111	111	666	333	333	444	111	222	327	222
224	333	8910	333	333	444	112	222	777	213

$\alpha = 0{,}5$

A	B	C	D	E	F	G	H	I	K
111	111	666	222	222	444	111	111	555	111
111	111	666	222	222	444	111	111	555	111
111	233	666	222	222	444	111	111	555	111
111	333	666	222	222	444	111	111	777	111
114	333	689	222	221	441	111	111	221	112

$\alpha = 0{,}6$

A	B	C	D	E	F	G	H	I	K
111	333	666	555	444	222	111	111	333	222
111	333	666	555	444	222	111	111	333	222
111	333	666	555	444	222	111	111	344	222
111	111	666	111	111	222	111	111	444	222
112	122	663	122	222	221	112	111	221	223

Geht man weiter zu $\alpha = 0{,}6$, dann bleibt C separat, D und E trennen sich; Ähnlichkeiten zwischen F und K werden sichtbar, A, G, H bleiben zusammen, B und I uneinheitlich, aber ein wenig ähnlich. An diesem Beispiel wird noch einmal die fließende Umgruppierung bei nichthierarchischer Clusterung sichtbar, die man bei der Interpretation beachten muß. Man würde mit einiger Erfahrung insgesamt herauslesen, daß D und E ähnlich sind, andererseits A, G, H, dagegen C, K und F als relativ singulär anzusehen und B wie I durch die Messungen unscharf charakterisiert sind.

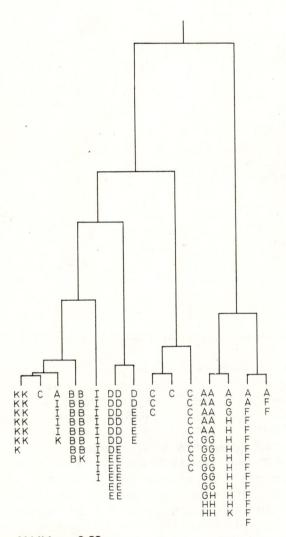

Abbildung 9.28
Hierarchische Clusterung der GC-Ergebnisse von 10 Weinbränden nach der Methode von WARD mittels des Programmes HIERAG

Hieran anschließend sei als Beispiel hierarchischer Clusterung mit HIERAG das Ergebnis nach WARD (Abb. 9.28) wiedergegeben. Dabei werden (bis auf wenige Ausreißer) zuerst drei verwandte Gruppen (K, B, I) erkannt. Es schließen sich D und E (praktisch nicht unterschieden) an, dann C. Relativ andersartig dagegen A, G, H und, davon etwas verschieden, F.

216   9. Komplexe Anwendungsbeispiele

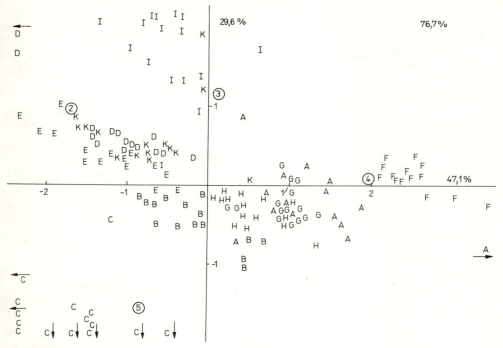

Abbildung 9.29
Hauptkomponentendisplay der 10 Weinbrände, Objekte und Variablen (Peaks)

Abbildung 9.29 zeigt das Ergebnis der Hauptkomponentenanalyse als Objektdisplay und gleichzeitig Display der vier Variablen (2, 3, 4, 5 in Kreisen). 76,7 % der Gesamtvarianz werden in der Ebene abgebildet. C (Helios) und F (La Reserve) liegen separat. Die enge Verwandtschaft von A, G, H wird wieder sichtbar, auch die von D und E, allerdings vermengt mit K. Auffällig ist, daß I gut abgetrennt ist. Das NLM-Display könnte sich anschließen. Aus der Kombination der Clusterungen und der Displays erhält man also weitgehende Aussagen über die Struktur des Datenmaterials und erkennt Gruppierungen und Unterschiede der zu Grunde liegenden Objekte.

Praktisch denkbar wäre auch die Fragestellung nach der Zuordnung eines auf die beschriebene Weise gaschromatographisch charakterisierten Alkohols. Dazu bedienen wir uns der Methoden der Varianz- und Diskriminanzanalyse. Die Daten wurden vor der Rechnung standardisiert. Tabelle 9.24 gibt in a) auf der Diagonalen die Trennmaße der Einzelmerkmale (GC-Peaks) und außerdem die Trennmaße der Merkmalspaare wieder. * bedeutet Signifikanz auf dem Niveau 95%iger statistischer Sicherheit. Das am besten trennende Einzelmerkmal (5 = n-Hexanol) und das am besten trennende Merkmalspaar (5/2 = n-Hexanol/i-Butanol) sind eingerahmt.

In Tabelle 9.24b wird die Variablenreduktion und der simultane Mittelwertvergleich gezeigt. Als optimale Variablenmenge verbleiben die Peaks 2, 3 und 4. Sie sind signifikant (95 %). Der simultane Mittelwertvergleich zeigt in jedem Falle signifikante Unterschiede (*).

Tabelle 9.24
Ergebnisse der Varianzanalyse; Trennmaße, Variablenreduktion und simultaner Mittelwertvergleich

a) *Trennmaße der Peaks*

2	3	4	5	
3,37 *	7,10 *	10,96 *	11,21 *	2
	3,45 *	9,51 *	9,46 *	3
		5,56 *	11,07 *	4
			5,98 *	5

b) *Variablenreduktion und simultaner Mittelwertvergleich*

Anzahl der Variablen	Trennmaß	Eliminierung	Unentbehrlichkeit Δ	simultaner Mittelwertvergleich
4	15,04	5	0,11	*
3	14,93	3 *	3,97	*
2	10,96	2 *	5,40	*
1	5,56	4 *	5,56	*

Tabelle 9.25 bildet das Ergebnis des paarweisen Mittelwertvergleichs der 10 Alkohole ab. Dabei ist zu beachten, daß x x x x bedeutet, daß auch noch die letzte (4) der vier Variablen (5, 3, 2, 4; beachte Reihenfolge des Abbaus!) zur Unterscheidung ausreicht. x x x — dagegen heißt, daß 2 und 4 mindestens für 95%ige Sicherung des Unterschiedes erforderlich sind (also 4 allein nicht ausreicht). Dementsprechend bedeutet x x — —, daß 3, 2 und 4 gebraucht werden und x — — —, daß auf keine der Variablen verzichtet werden darf, wenn die Unterscheidung mit 95 % Sicherheit resultieren soll. Wenn alle vier Variablen nicht zur 95%ig gesicherten Unterscheidung ausreichen, ist das durch — — — — angezeigt.
Im vorstehenden Beispiel liegt diese Situation zwischen G und H vor. A und G lassen sich durch Nutzung aller vier Variablen trennen. Bei K und I braucht es dazu nur die Variablen 2, 3 und 4, in einigen weiteren Fällen (E/D; I/D; K/D und K/E) sind nur 3 und 4 erforderlich, und bei den meisten Kombinationen reicht schon 4 (i-Amylalkohol).
Neben den paarweisen Mittelwerttests wird zugleich schon im Hinblick auf die Diskriminanzanalyse ein Test auf Isoliertheit der Gruppen durchgeführt. Das Ergebnis ist auf Tabelle 9.26 festgehalten. — bedeutet Überlagerung der 95-%-Streubereiche, * dagegen isolierte Streubereiche. Auch hier beachte man wieder-

Tabelle 9.25
Paarweiser Mittelwertvergleich

B	C	D	E	F	G	H	I	K	
xxxx	xxxx	xxxx	xxxx	xxxx	x---	xxxx	xxxx	xxxx	A
	xxxx	xxxx	xxxx	xxxx	xxxx	xxxx	xxxx	xxxx	B
		xxxx	xxxx	xxxx	xxxx	xxxx	xxxx	xxxx	C
			xxx-	xxxx	xxxx	xxxx	xxx-	xxx-	D
				xxxx	xxxx	xxxx	xxxx	xxx-	E
					xxxx	xxxx	xxxx	xxxx	F
						----	xxxx	xxxx	G
							xxxx	xxxx	H
								xx--	I

Tabelle 9.26
Test auf Isoliertheit der Gruppen

B	C	D	E	F	G	H	I	K	
----	xxx-	----	----	----	----	----	----	----	A
	----	----	----	----	----	----	----	----	B
		xxx-	xxx-	xxxx	xxx-	xxx-	xx--	x---	C
			----	xx--	----	----	-x--	----	D
				xx--	----	----	-x--	----	E
					----	----	-x--	----	F
						----	----	----	G
							----	----	H
								----	I

Tabelle 9.27
Ergebnisse der Diskriminanzanalyse

---

a) *Trennmaße der nichtelementaren Diskriminanzmerkmale*

$\lambda_1 = 8{,}37 \, \hat{=} \, 55{,}7 \, \%$ $\lambda_2 = 3{,}93 \, \hat{=} \, 26{,}1 \, \%$ $\Sigma = 81{,}8 \, \%$

$\lambda_3 = 2{,}68 \, \hat{=} \, 17{,}8 \, \%$ $\lambda_4 = 0{,}06 \, \hat{=} \, 0{,}36 \, \%$

Nichtelementare Diskriminanzmerkmale

	2	3	4	5	(Peak)
$w_1 =$	−0,817	−0,466	−2,632	1,133	
$w_2 =$	2,588	−1,662	1,823	0,249	

b) *Koordinaten der Mittelpunkte der Streukreise*

A	−2,13	−0,57
B	1,15	−0,89
C	6,77	−1,31
D	0,14	3,66
E	0,98	2,64
F	−4,63	−1,03
G	−1,54	0,26
H	−0,87	0,86
I	−0,63	−3,4
K	0,71	−0,26

---

die Reihenfolge des Variablenabbaus auf Tabelle 9.24. Aus Tabelle 9.26 folgt, daß nur der Streubereich von C isoliert von allen anderen außer dem von B gefunden wird. Dazu sind teils alle Variablen (gegen K), teils 3, 2 und 4 (gegen I), teils nur 2 und 4 (x x x −) und bei C/F nur 4 erforderlich. Alle anderen Streubereiche lassen sich nur schwer oder gar nicht (z. B. der von B) isolieren.

Die Rechenergebnisse der Diskriminanzanalyse sind in Tabelle 9.27 zusammengefaßt; a) zeigt die Eigenwerte. Die ersten drei Diskriminanzmerkmale sind signifikant. Peak 4 (in w_1) wird also am stärksten gewichtet. Er war auch bei der Variablenreduktion als letzter übriggeblieben. Tabelle 9.27b gibt die Koordinaten der Mittelpunkte der Streukreise im LDA-Display für die 10 Alkohole an. Die Streuradien sind wegen gleicher Wertezahl (15) in jeder Gruppe gleich (2,56). Es resultiert die Abbildung 9.30. Sie zeigt die separate Lage von C und die mehr

220   9. Komplexe Anwendungsbeispiele

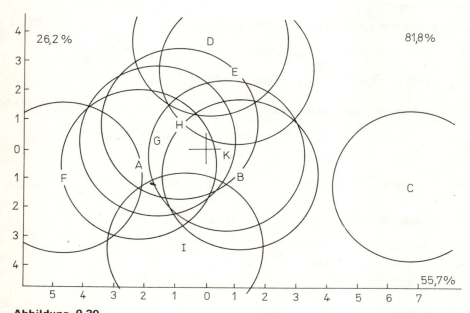

Abbildung 9.30
LDA-Display der Streukreise der 10 Weinbrände

oder minder starke Überlagerung der anderen. Abbildung 9.31 unterlegt den Streukreisen die einzelnen Objektpunkte. Die Überlagerung von A, G und H wird wieder sichtbar, auch die von B und K.

Unterwirft man die 150 Objekte der Lachenbruch-Methode, dann erfolgen 24 Fehlzuordnungen, was einer Fehlerrate von 16 % im Durchschnitt entspricht. Sicherlich wird diese Fehlerrate im Falle der Objekte aus der Gruppe C Null sein, bei den Gruppen A, G, H sowie K, B dagegen viel größer werden. Die Resubstitutions-Fehlerrate ergibt beim vorliegenden Datensatz mit dem Programm CLASS, gerechnet nach der quadratischen Klassifikation 25 ≙ 17 %, dagegen mit der linearen Klassifikation 22 ≙ 15 % und mit der Methode der k-nächsten

9.3. Gaschromatographische Charakterisierung von Branntweinen

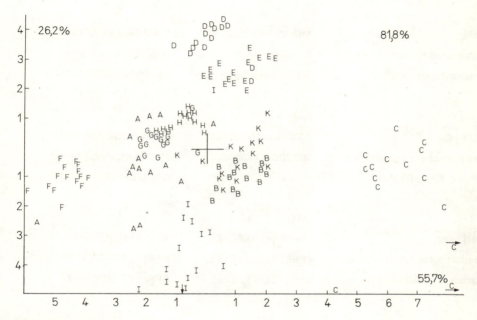

Abbildung 9.31
LDA-Display der Objekte der 10 Weinbrände

Nachbarn (KNN) 16 ≙ 11 %. Die Ergebnisse mit den drei Methoden aus CLASS sind in Tabelle 9.28 gegenübergestellt. Deutlich wird, daß bei allen drei Methoden die Zuordnung zu A äußerst problematisch ist, am stärksten bei der quadratischen Klassifikation. Hier erfolgt eine gehäufte Verwechslung mit G. Ebenso treten für sie auch größere Schwierigkeiten bei K auf.

Die hier beschriebenen Ergebnisse können natürlich nur ein winziger und fragmentarischer Ausschnitt aus der Vielfalt der beschriebenen und der möglichen Anwendungen sein. Sie sollen den Leser zu eigenen Erprobungen führen. Auf eine umfassende Darstellung der Literatur wurde bewußt verzichtet.

Tabelle 9.28
Ergebnisvergleich der drei Klassifizierungsvarianten mit dem Programm CLASS

	A	B
KNN	AHFAAAAAFKKAGGA	BBBBBBBBBBBBBBB
Quadratische Klassifikation	AGIGGGGAAGAAGGG	BBBBBBBBBBBBBBB
Lineare Klassifikation	GHAGGHAAFAAAAGA	BBBBBBBBBBBBBBB

	C	D
KNN	CCCCCCCCKCCCCCC	DDDDDDDDDDDDDDD
Quadratische Klassifikation	CCCCCCCCCCCCCCC	DDDDDDDDDDDDDDD
Lineare Klassifikation	CCCCCCCCCCCCCCC	DDDDDEDDEDDDDDD

	E	F
KNN	EEEEEEEEEEEEEEE	FFFFFFFFFFFFFFF
Quadratische Klassifikation	EEEEEEEEEEEEEEE	FFFFFFFFFFFFFFF
Lineare Klassifikation	EEEEEEEEEEEEEEE	FFFFFFFFFFFFFFF

	G	H
KNN	GGGGHGGGGGHGHAG	HHHHHHGHHHHHHHH
Quadratische Klassifikation	GGGGGGGHGGHGGGG	GHHHGHHHHHHHHHH
Lineare Klassifikation	AAGGGGGGAGHGHGG	GHHHGHHHGHHHGHG

	I	K
KNN	EIIIIIIIIIIIIII	KKAKKKKKKKAKKK
Quadratische Klassifikation	EIIIIIIIIIIIIII	IKKCBCCKCKIGICK
Lineare Klassifikation	EIIIIIIIIIIIIII	KHKKKKKKKKGKKK

10. Anhang

Für die vorgestellten Methoden der Datenanalyse wurden insgesamt 9 Programme teilweise mit unterschiedlichen Versionen erarbeitet. Die verwendete Programmiersprache ist BASIC. Lediglich eine Version des Programms HIERAG wurde im Hinblick auf die Benutzung höherer Sprachen für Personalcomputer in TURBO-PASCAL geschrieben. Für sämtliche Programme existieren ZX-81-Versionen. Darüber hinaus liegen bei HIERAG und HKA Modifizierungen für den KC 85/2 vor, so daß insgesamt 12 Listings angefügt sind.

Auf Grund der beschränkten graphischen Möglichkeiten des ZX 81 ist in den entsprechenden Programmen stets nur die reine Ergebnisausgabe (z. B. Koordinaten) vorgesehen. Die jeweiligen graphischen Veranschaulichungen sind in den Versionen für den KC 85/2 ausgeführt (z. B. Dendrogrammausdruck oder Objektdisplay). Für die am häufigsten verwendeten statistischen Tests (F, t, χ^2) wurden hinreichend genaue Approximationen benutzt, in den wenigen anderen Fällen (z. B. EXTRAKT, MULTIREG) müssen die in Abschnitt 10.3. aufgeführten statistischen Tabellen in Anspruch genommen werden.

Die vorliegenden Programme unterscheiden sich teilweise stark in ihrem Umfang und dem für die Daten benötigten Speicherplatz. Für zahlreiche praktische Anwendungsfälle dürfte bei EXTRAKT, HKA, MINDIST, MULTIREG und CLASS bereits ein 16-K-Speicher ausreichend sein. Damit sich der Anwender ein genaueres Bild über die durch die vorhandenen technischen Kapazitäten bedingten Möglichkeiten bei der Arbeit mit den vorgeschlagenen BASIC-Programmen machen kann, ist in Tabelle 10.1 eine Übersicht (Näherungswerte) über deren Textumfang sowie Speicherbedarf für Daten gegeben. Hierbei bezeichnet n die Objekt- und p die Variablenzahl im jeweiligen Datensatz. Sollen beispielsweise 100 Objekte, an denen 10 Variablen gemessen wurden, mittels HIERAG einer hierarchischen Clusteranalyse unterzogen werden, so ergibt sich für die Daten ein Speicherbedarf von etwa 35 K.

Abschließend einige Bemerkungen zu Besonderheiten des verwendeten BASIC-Dialekts für ZX 81 hinsichtlich einer Übertragung der Programme auf andere Rechnertypen: Zunächst ist es ohne weiteres möglich, eine Übertragung auf andere Rechner der Sinclair-Familie (Sinclair-Spectrum, Sinclair QL) vorzunehmen. Es können aber gewisse Eigenheiten des ZX-BASIC zu Schwierigkeiten bei der Anpassung an andere Dialekte führen. Im folgenden seien die schwerwiegendsten Besonderheiten, von denen die vorliegenden Programme betroffen sind, aufgeführt:

- Beim ZX 81 besteht die Möglichkeit, Felder mehrfach zu dimensionieren. Dies kann zum einen dazu dienen, die Feldelemente erneut mit Null zu initialisieren. Ein wichtigerer Nutzen liegt dagegen in der Überschreibung solcher Felder, die im Laufe der Rechnung irgendwann einmal überflüssig werden (z. B. mitunter der Datensatz). Ist beispielsweise ein Feld D der Länge 100 gegeben, und wird dieses von einer bestimmten Stelle an nicht mehr benötigt, so kann ein neu bereitzustellendes Feld z. B. der Länge 150 durch DIM D(150) eingerichtet werden. Hierbei wird lediglich zusätzlicher Speicherplatz für eine Feldlänge von 50 benötigt, wohingegen sich bei anderen Dialekten die Verwendung eines neuen Feldnamens, wie durch DIM E(150) und somit die Bereitstellung zusätzlichen Speicherplatzes für eine Feldlänge von 150 erforderlich machen kann.
- Es ist in ZX-81-Programmen möglich, innere FOR-Schleifen mit einer Sprunganweisung zu verlassen, ohne daß dadurch Konfusion mit der möglicherweise folgenden NEXT-Anweisung einer eventuell vorhandenen äußeren FOR-Schleife entsteht (dieses Problem tritt u. a. auch beim KC 85/2 auf).
- Die Anweisungen in FOR-Schleifen des Typs FOR I = A TO B ... werden beim ZX 81 einmal ausgeführt, falls A = B ist, jedoch ignoriert, falls B < A gilt (im Gegensatz zum KC 85/2, wo auch im letzteren Fall die Anweisung einmal ausgeführt wird). Diese Tatsache ist insbesondere deswegen von Bedeutung, da A und B mitunter variabel sind und der Fall B < A im Laufe der Rechnung sozusagen unbemerkt auftreten kann. Davon ist vor allem das Programm HKA betroffen. Wie hier Abhilfe zu schaffen ist (falls nötig), entnimmt man beispielsweise der KC-85/2-Version.
- Die (selten vorkommenden) Anweisungen FAST und SLOW besitzen lediglich für den ZX 81 Bedeutung und können ansonsten ignoriert werden.
- Argumente von Funktionen müssen beim ZX 81 nicht in Klammern stehen, daher findet man z. B. häufig die Form LET Y = ABS X anstelle von LET Y = ABS(X).
- Die Zuweisung von PRINT-Positionen geschieht mit PRINT AT $x, y;$ ... Dabei wird durch x ($0 \leq x \leq 20$) von oben beginnend die Zeile und durch y ($0 \leq y \leq 30$) von links beginnend die Spalte markiert. Mit PRINT TAB $x;$ ... wird in der aktuellen Zeile die Spalte mit der Nummer x gewählt.

Schließlich sei darauf hingewiesen, daß es sich bei der Übertragung der Programme HKA und HIERAG empfiehlt, sich an den KC-85/2-Versionen zu orientieren, da diese typischer sind.

10.1. Programme

Programm 1

EXTRAKT

Univariate Datenbereinigung und -auswertung

ZX 81

```
  1 REM EXTRAKT
  2 REM PROGRAMMAUTOREN: G., A., R. HENRION (1984)
 20 PRINT ''ZAHL DER GRUPPEN?''
 30 INPUT K
 40 LET K2=K
 50 CLS
 60 DIM A(K)
 70 LET A=0
 80 LET FI=0
 90 FOR I=1 TO K
100 PRINT ''MESSWERTANZAHL IN GRUPPE '';I;'' ?''
110 INPUT A(I)
120 LET FI=FI+A(I)-1
130 IF A(I)>A THEN LET A=A(I)
140 CLS
150 NEXT I
160 LET N1=FI+K
170 DIM M(K)
180 DIM S(K)
190 DIM B(I,A+1)
200 FOR I=1 TO K
210 PRINT ''EINGABE GRUPPE '';I
220 PRINT
230 PRINT
240 FOR J=1 TO A(I)
250 INPUT B(I,J)
260 PRINT B(I,J);''; '';
270 NEXT J
280 CLS
290 NEXT I
300 FAST
```

```
310 FOR I=1 TO K
320 PRINT ''GRUPPE '';I
330 PRINT ''******''
340 PRINT
350 PRINT
360 LET A1=1
370 LET A2=A(I)
380 GOSUB 3630
390 PRINT ''MITTELWERT:'',C
400 GOSUB 3690
410 PRINT ''STANDARDABW.:'',D
420 PRINT
430 PRINT
440 LET M(I)=C
450 LET S(I)=D
460 IF A(I)<3 THEN GOTO 1510
470 PRINT ''EINGABE TESTGROESSEN FUER AUSREISSERTEST
    (P=0.90; 0.95; 0.99 N= '';A(I);'')''
480 PRINT
490 GOSUB 4970
500 CLS
510 LET MAX=-1
520 FOR J=1 TO A(I)
530 LET C=ABS (B(I,J)-M(I))
540 IF C>MAX THEN LET MAX=C
550 IF C=MAX THEN LET NR=J
560 NEXT J
570 LET E=MAX/S(I)
580 IF E<D1 THEN PRINT ''KEIN AUSREISSER''
590 IF E<D2 AND D1<=E THEN PRINT ''NR. '';NR;''
    AUSREISSER MIT P=0.90''
600 IF E<D3 AND D2<=E THEN PRINT ''NR. '';NR;''
    AUSREISSER MIT P=0.95''
610 IF D3<=E THEN PRINT ''NR. '';NR;'' AUSREISSER MIT P=0.99''
620 PRINT
630 PRINT ''SOLL EIN WERT HERAUSGENOMMEN WERDEN? (J/N)''
640 INPUT A$
650 IF A$<>''J'' THEN GOTO 770
660 PRINT
670 PRINT ''NUMMER?''
```

Programm 1

```
680  INPUT NR
690  FOR J=NR TO A(I)-1
700  LET B(I,J)=B(I,J+1)
710  NEXT J
720  LET A(I)=A(I)-1
730  LET FI=FI-1
740  LET N1=N1-1
750  CLS
760  GOTO 320
770  CLS
780  IF A(I)=3 THEN GOTO 1360
790  PRINT ''EINGABE TESTGROESSEN FUER TRENDTEST
     (P=0.95; 0.99; 0.999 N= '';A(I);'')''
800  PRINT
810  GOSUB 4970
820  CLS
830  PRINT ''TRENDTEST''
840  PRINT ''*********''
850  PRINT
860  PRINT
870  LET U=1
880  LET L=A(I)
890  GOSUB 3750
900  PRINT ''GESAMTE GRUPPE: ''
910  GOSUB 3820
920  PRINT
930  PRINT ''TRENDTEST DURCHLAUFEND IN VIERERGRUPPEN? (J/N)''
940  INPUT A$
950  IF A$<>''J'' THEN GOTO 1360
960  CLS
970  LET D1=.7805
980  LET D2=.6256
990  LET D3=.5898
1000 FOR U=1 TO A(I)-3
1010 LET L=U+3
1020 LET A1=U
1030 LET A2=L
1040 GOSUB 3630
1050 GOSUB 3690
1060 GOSUB 3750
```

```
1070 PRINT U;")    NR.";U;" BIS ";U+3
1080 GOSUB 3820
1090 PRINT
1100 NEXT U
1110 PRINT
1120 PRINT "SOLL EINE WEITERE UNTERGRUPPE AUF TREND
     GETESTET WERDEN? (J/N)"
1130 INPUT A$
1140 IF A$<>"J" THEN GOTO 1360
1150 PRINT
1160 PRINT "VON NR.?"
1170 INPUT U
1180 LET A1=U
1190 PRINT
1200 PRINT "BIS NR.?"
1210 INPUT L
1220 LET A2=L
1230 GOSUB 3630
1240 GOSUB 3690
1250 PRINT
1260 PRINT "EINGABE TESTGROESSEN FUER TRENDTEST
     (P=0.95; 0.99; 0.999  N= ";L-U+1;")"
1270 PRINT
1280 GOSUB 4970
1290 CLS
1300 GOSUB 3750
1310 PRINT
1320 PRINT "VON NR ";U;" BIS NR ";L
1330 GOSUB 3820
1340 PRINT
1350 GOTO 1120
1360 PRINT
1370 PRINT "EINGABE SCHRANKENWERTE FUER TEST AUF NORMALITAET
     (UNTERE,OBERE); N= ";A(I)
1380 INPUT D1
1390 INPUT D2
1400 CLS
1410 LET MAX=B(I,1)
1420 LET MIN=B(I,1)
1430 FOR J=2 TO A(I)
```

Programm 1

```
1440 IF B(I,J)>MAX THEN LET MAX=B(I,J)
1450 IF B(I,J)<MIN THEN LET MIN=B(I,J)
1460 NEXT J
1470 IF (MAX-MIN)/S(I)<D1 THEN PRINT ''VERTEILUNG UEBERHOEHT''
1480 IF (MAX-MIN)/S(I)>D2 THEN PRINT ''VERTEILUNG UEBERBREIT''
1490 IF (MAX-MIN)/S(I)>=D1 AND (MAX-MIN)/S(I)<=D2
     THEN PRINT ''NORMAL VERTEILT''
1500 PRINT
1510 NEXT I
1520 PRINT ''STREICHEN UNSAUBERER GRUPPEN''
1530 PRINT ''*****************************''
1540 PRINT
1550 PRINT ''GRUPPE NR.? (FALLS KEINE, DANN EINGABE 0)''
1560 INPUT NR
1570 IF NR=0 THEN GOTO 1620
1580 LET FI=FI-A(NR)+1
1590 LET B(NR,A+1)=-1
1600 LET K=K-1
1610 GOTO 1540
1620 CLS
1630 PRINT ''BARTLETT-TEST''
1640 PRINT ''*************''
1650 PRINT ''EINGABE STAT. SICHERHEIT FUER BARTLETT-TEST''
1660 INPUT W
1670 CLS
1680 LET K1=K
1690 IF K1<=1 THEN LET K1=0
1700 IF K1=0 THEN GOTO 1900
1710 LET FIN=FI
1720 LET I=-1
1730 GOSUB 3870
1740 GOSUB 4220
1750 IF CHI<W THEN GOTO 1900
1760 LET MIN=1E38
1770 FOR I=1 TO K2
1780 IF B(I,A+1)<>0 THEN GOTO 1830
1790 LET FIN=FI-A(I)+1
1800 GOSUB 3870
1810 IF PG<MIN THEN LET MIN=PG
1820 IF PG=MIN THEN LET NR=I
```

```
1830 NEXT I
1840 PRINT ''NEHME GRUPPE '';NR;'' HERAUS''
1850 LET B(NR,A+1)=1
1860 PRINT
1870 LET K1=K1-1
1880 LET FI=FI-A(NR)+1
1890 GOTO 1690
1900 PRINT ''EINGABE STAT. SICHERHEIT FUER VERTRAUENSINTERVALL
     (0<P<1)''
1910 INPUT W
1920 CLS
1930 LET F=FI
1940 GOSUB 4070
1950 LET U=T
1960 PRINT ''VERTRAUENSINTERVALLE:''
1970 PRINT
1980 FOR J=1 TO K2
1990 IF B(J,A+1)=-1 THEN GOTO 2130
2000 PRINT ''GRUPPE '';J
2010 PRINT
2020 IF B(J,A+1)=0 THEN GOTO 2070
2030 LET F=A(J)-1
2040 GOSUB 4070
2050 LET C=S(J)
2060 GOTO 2090
2070 LET C=S
2080 LET T=U
2090 PRINT ''MITTEL: '';M(J),''+/-'';C*T/SQR A(J)
2100 PRINT
2110 PRINT ''**********************************''
2120 PRINT
2130 NEXT J
2140 PRINT
2150 PRINT ''VERFAHRENS- STANDARDABWEICHUNG:''
2160 PRINT ''S(VERF)= '';S,''MIT '';FI;'' FREIHEITSGRADEN''
2170 PRINT
2180 PRINT
2190 PRINT ''ZUSAMMENFASSUNG MITTELWERTE:''
2200 PRINT
2210 PRINT ''EINGABE STAT. SICHERHEIT''
```

Programm 1

```
2220 INPUT W
2230 CLS
2240 PRINT ''*******************************''
2250 PRINT
2260 DIM L(K)
2270 LET Q=0
2280 GOSUB 4440
2290 PRINT ''VERWENDUNG EINES EXTERNEN MITTELWERTES (J/N)?''
2300 INPUT A$
2310 IF A$<>''J'' THEN GOTO 2370
2320 PRINT ''EINGABE:''
2330 INPUT M
2340 CLS
2350 LET Q=1
2360 GOSUB 4440
2370 PRINT
2380 PRINT ''EINGABE NEUE SICHERHEIT (0=KEINE)''
2390 INPUT W
2400 IF W THEN GOTO 2230
2410 PRINT ''*******************************''
2420 PRINT
2430 PRINT ''EINGABE STAT. SICHERHEIT FUER F- UND T-TESTS
     (0<P<1)''
2440 INPUT W
2450 CLS
2460 PRINT ''VERWENDUNG EINER (EXTERN ERHALTENEN) GEMEINSAMEN
     VERFAHRENSSTANDARDABWEICHUNG BEIM T-TEST? (J/N)''
2470 INPUT A$
2480 IF A$<>''J'' THEN GOTO 2560
2490 PRINT
2500 PRINT ''EINGABE S(VERF)''
2510 INPUT S
2520 PRINT
2530 PRINT ''ZAHL DER FREIHEITSGRADE?''
2540 INPUT FI
2550 LET K1=K
2560 CLS
2570 DIM L(K2,K2)
2580 FOR H=1 TO K2
2590 FOR G=1 TO H-1
```

```
2600 IF B(G,A+1)=-1 OR B(H,A+1)=-1 THEN GOTO 2890
2610 LET PG=S(G)*S(G)/(S(H)*S(H))
2620 IF PG>1 THEN GOTO 2670
2630 LET D1=A(H)-1
2640 LET D2=A(G)-1
2650 LET PG=1/PG
2660 GOTO 2690
2670 LET D1=A(G)-1
2680 LET D2=A(H)-1
2690 GOSUB 4120
2700 IF B(H,A+1)=1 OR B(G,A+1)=1 THEN GOTO 2740
2710 LET PG=(ABS (M(H)-M(G))/S)*SQR (A(H)*A(G)/(A(H)+A(G)))
2720 LET D2=FI
2730 GOTO 2820
2740 IF P2>=W THEN GOTO 2790
2750 LET D2=A(H)+A(G)-2
2760 LET SD=SQR (((A(H)-1)*S(H)*S(H)+(A(G)-1)*S(G)*S(G))/D2)
2770 LET PG=(ABS (M(H)-M(G))/SD)*SQR (A(H)*A(G)/(D2+2))
2780 GOTO 2820
2790 LET C=S(H)*S(H)/A(H)
2800 LET D=S(G)*S(G)/A(G)
2810 LET D2=INT ((C+D)*(C+D)/(C*C/(A(H)+1)+D*D/(A(G)+1))-2)
2815 LET PG=ABS(M(H)-M(G))/SQR(C+D)
2820 LET PG=PG*PG
2830 IF G>H THEN LET L(G,H)=P2
2840 IF G<H THEN LET L(H,G)=P2
2850 LET D1=1
2860 GOSUB 4120
2870 IF G<H THEN LET L(G,H)=P2
2880 IF G>H THEN LET L(H,G)=P2
2890 NEXT G
2900 NEXT H
2910 PRINT ''F-TESTS:''
2920 LET Q=0
2930 GOSUB 4300
2940 PRINT
2950 PRINT ''WEITER? (=J)''
2960 INPUT B$
2970 CLS
2980 PRINT ''MITTELWERT T-TESTS:''
```

Programm 1

```
2990 LET Q=1
3000 GOSUB 4300
3010 PRINT
3020 PRINT ''EINGABE NEUES SIGNIFIKANZNIVEAU (NEIN=0)''
3030 INPUT W
3040 CLS
3050 IF W=0 THEN GOTO 3070
3060 GOTO 2570
3070 DIM L(N1)
3080 LET Q=1
3090 LET MIN1=1E38
3100 FOR U=1 TO N1
3110 LET MIN=1E38
3120 FOR I=1 TO K2
3130 FOR J=1 TO A(I)
3140 IF B(I,J)>=MIN THEN GOTO 3180
3150 LET MIN=B(I,J)
3160 LET C=I
3170 LET D=J
3180 NEXT J
3190 NEXT I
3200 LET B(C,D)=1E38
3210 IF MIN>MIN1 THEN LET Q=-Q
3220 LET L(U)=Q*C
3230 LET MIN1=MIN
3240 NEXT U
3250 PRINT ''U-TESTS:''
3260 PRINT
3270 PRINT ''GRUPPEN'',''U-WERT''
3280 FOR G=1 TO K2
3290 FOR H=1 TO G-1
3300 PRINT
3310 LET A(1)=0
3320 LET A(2)=0
3330 LET R1=0
3340 LET R2=0
3350 LET C=1
3360 LET U=1
3370 IF ABS L(U)<>G AND ABS L(U)<>H THEN GOTO 3530
3380 LET Q=SGN L(U)
```

```
3390 LET D1=0
3400 LET D2=0
3410 IF ABS L(U)=G THEN LET D1=D1+1
3420 IF ABS L(U)=H THEN LET D2=D2+1
3430 IF U=N1 THEN GOTO 3470
3440 IF SGN L(U+1)<>Q THEN GOTO 3470
3450 LET U=U+1
3460 GOTO 3410
3470 LET D=C+.5*(D1+D2-1)
3480 LET C=C+D1+D2
3490 LET R1=R1+D*D1
3500 LET R2=R2+D*D2
3510 LET A(1)=A(1)+D1
3520 LET A(2)=A(2)+D2
3530 LET U=U+1
3540 IF U<=N1 THEN GOTO 3370
3550 LET R1=A(1)*A(2)+.5*A(1)*(A(1)+1)-R1
3560 LET R2=A(1)*A(2)+.5*A(2)*(A(2)+1)-R2
3570 IF R1<=R2 THEN PRINT G;" , ";H,R1
3580 IF R1<=R2 THEN GOTO 3600
3590 IF R1>=R2 THEN PRINT G;" , ";H,R2
3600 NEXT H
3610 NEXT G
3620 STOP
3630 LET C=0
3640 FOR J=A1 TO A2
3650 LET C=C+B(I,J)
3660 NEXT J
3670 LET C=C/(A2-A1+1)
3680 RETURN
3690 LET D=0
3700 FOR J=A1 TO A2
3710 LET D=D+(C-B(I,J))*(C-B(I,J))
3720 NEXT J
3730 LET D=SQR (D/(A2-A1))
3740 RETURN
3750 LET G=0
3760 LET M=L-U+1
3770 FOR J=U TO L-1
3780 LET G=G+(B(I,J)-B(I,J+1))*(B(I,J)-B(I,J+1))
```

Programm 1

```
3790 NEXT J
3800 LET G=G/((M-1)*D*D)
3810 RETURN
3820 IF G>D1 THEN PRINT ''KEIN TREND''
3830 IF G>D2 AND G<=D1 THEN PRINT ''TREND P=0.95''
3840 IF G>D3 AND G<=D2 THEN PRINT ''TREND P=0.99''
3850 IF G<=D3 THEN PRINT ''TREND P=0.999''
3860 RETURN
3870 LET G=0
3880 FOR J=1 TO K2
3890 IF J=I OR B(J,A+1)<>0 THEN GOTO 3910
3900 LET G=G+1/(A(J)-1)
3910 NEXT J
3920 LET G=G-1/FIN
3930 LET G=1+1/(3*(K1-1))*G
3940 LET S=0
3950 FOR J=1 TO K2
3960 IF J=I OR B(J,A+1)<>0 THEN GOTO 3980
3970 LET S=S+(A(J)-1)*S(J)*S(J)
3980 NEXT J
3990 LET S=SQR (S/FIN)
4000 LET PG=0
4010 FOR J=1 TO K2
4020 IF J=I OR B(J,A+1)<>0 THEN GOTO 4040
4030 LET PG=PG+(A(J)-1)*2*LN S(J)
4040 NEXT J
4050 LET PG=(FIN*2*LN S-PG)/G
4060 RETURN
4070 LET D1=.5*(1-W)
4080 LET D2=SQR (-2*LN D1)
4090 LET XP=D2-(2.515517+D2*(.802853+D2*.010328))/(1+D2*(1.432788+
     D2*(.189269+D2*.001308)))
4100 LET T=XP+XP*(1+XP*XP)/(4*F)+XP*(3+XP*XP*(16+XP*XP*5))/
     (96*F*F)+XP*(-15+XP*XP*(17+XP*XP*(19+XP*XP*3)))/
     (384*F*F*F)+XP*(-945+XP*XP*(-1920+XP*XP*(1482+XP*XP*(776+XP*XP
     *79))))/(92160*F*F*F*F)
4110 RETURN
4120 LET Y1=2/(9*D1)
4130 LET Z1=2/(9*D2)
```

10.1. Programme

```
4140 LET U1=ABS ((1-Z1)*PG**(1/3)-1+Y1)/SQR(Z1*PG**(2/3)+Y1)
4150 IF D2<4 THEN GOTO 4180
4160 LET P2=.5/(1+U1*(.196854+U1*(.115194+U1*(.000344+U1*.019527))))
     **4
4170 GOTO 4200
4180 LET U1=U1*(1+.08*U1**4/D2**3)
4190 GOTO 4160
4200 LET P2=1-P2
4210 RETURN
4220 LET G=((PG/(K1-1))**(1/3)-(1-2/9/(K1-1)))/SQR (2/9/(K1-1))
4230 LET Q=0
4240 IF G>=0 THEN GOTO 4270
4250 LET Q=1
4260 LET G=-G
4270 LET CHI=.5/(1+G*(.049867347+G*(.0211410061+G*(3.2776263
     E-3+G*(3.80036 E-5+G*(4.88906 E-5+G*5.383 E-6))))))**16
4280 IF Q=0 THEN LET CHI=1-CHI
4290 RETURN
4300 FOR H=1 TO K2
4310 FOR G=1 TO H-1
4320 IF B(G,A+1)>=0 AND B(H,A+1)>=0 THEN GOTO 4360
4330 PRINT AT H,G;''-''
4340 PRINT AT G,H;''-''
4350 GOTO 4410
4360 LET C=0
4370 IF Q=0 THEN IF L(H,G)>=W THEN LET C=1
4380 IF Q=1 THEN IF L(G,H)>=W THEN LET C=1
4390 PRINT AT H,G;C
4400 PRINT AT G,H;C
4410 NEXT G
4420 NEXT H
4430 RETURN
4440 LET G=0
4450 LET U=0
4460 FOR J=1 TO K2
4470 IF B(J,A+1)=-1 OR B(J,A+1)=1 AND S(J)>S THEN GOTO 4510
4480 LET G=G+1
4490 LET L(G)=J
4500 LET U=U+A(J)
4510 NEXT J
```

Programm 1

```
4520 IF Q=1 THEN GOTO 4580
4530 LET M=0
4540 FOR J=1 TO G
4550 LET M=M+A(L(J))*M(L(J))
4560 NEXT J
4570 LET M=M/U
4580 LET SZ=0
4590 LET MAX=0
4600 FOR J=1 TO G
4610 LET C=A(L(J))*(M(L(J))-M)*(M(L(J))-M)
4620 LET SZ=SZ+C
4630 IF C>MAX THEN LET MAX=C
4640 IF MAX=C THEN LET NR=J
4650 NEXT J
4660 LET SZ=SQR (SZ/(G-1))
4670 IF SZ<=S THEN GOTO 4810
4680 LET PG=SZ*SZ/(S*S)
4690 LET D1=G-1
4700 LET D2=U-G
4710 GOSUB 4120
4720 IF P2<W THEN GOTO 4810
4730 LET U=U-A(L(NR))
4740 LET G=G-1
4750 FOR J=NR TO G
4760 LET L(J)=L(J+1)
4770 NEXT J
4780 IF G>1 THEN GOTO 4520
4790 PRINT ''MITTELWERTE NICHT ZUSAMMENFASSBAR''
4800 RETURN
4810 PRINT ''ZUSAMMENFASSUNG FOLGENDER GRUPPEN:''
4820 PRINT
4830 FOR J=1 TO G
4840 PRINT L(J);'' ;'';
4850 NEXT J
4860 PRINT
4870 PRINT
4880 IF Q=1 THEN RETURN
4890 LET F=U*-1
4900 LET C=SQR (((U-G)*S*S+(G-1)*SZ*SZ)/F)
4910 GOSUB 4070
```

10.1. Programme

```
4920 PRINT "MITTEL: ";M;"+/-";T*C/SQR U
4930 PRINT
4940 PRINT "S= ";C;"   ";F;" FREIHEITSGRADE"
4950 PRINT
4960 RETURN
4970 INPUT D1
4980 INPUT D2
4990 INPUT D3
5000 RETURN
```

Programm 2.1

HIERAG

8 Verfahren zum Sortieren von Objekten mittels hierarchischer Clusterung

ZX 81

```
  1 REM HIERAG (HIERARCHISCHE AGGLOMERATION)
  2 REM PROGRAMMAUTOREN: A., R., G. HENRION (1986)
 10 PRINT ''ZAHL DER OBJEKTE?''
 20 INPUT N
 30 PRINT ''ZAHL DER PARAMETER?''
 40 INPUT P
 50 CLS
 60 DIM B(N,P)
 70 PRINT ''EINGABE''
 80 PRINT ''*******''
 90 PRINT
100 PRINT
110 FOR I=1 TO N
120 PRINT ''OBJ. '';I;'' :''
130 FOR J=1 TO P
140 INPUT B(I,J)
150 PRINT B(I,J);''; '';
160 NEXT J
170 CLS
180 NEXT I
190 FAST
200 PRINT ''STANDARDISIERUNG DER DATEN (J/N)?''
210 INPUT A$
220 CLS
230 FAST
240 FOR J=1 TO P
250 LET S=0
260 FOR I=1 TO N
270 LET S=S+B(I,J)
280 NEXT I
290 LET S=S/N
300 FOR I=1 TO N
```

240   10.1. Programme

```
310 LET B(I,J)=B(I,J)-S
320 NEXT I
330 IF A$<>''J'' THEN GOTO 420
340 LET S=0
350 FOR I=1 TO N
360 LET S=S+B(I,J)*B(I,J)
370 NEXT I
380 LET S=SQR (S/(N-1))
390 FOR I=1 TO N
400 LET B(I,J)=B(I,J)/S
410 NEXT I
420 NEXT J
430 DIM S(P*(P+1)/2)
440 LET IJ=0
450 FOR I=1 TO P
460 FOR J=1 TO I
470 LET IJ=IJ+1
480 FOR K=1 TO N
490 LET S(IJ)=S(IJ)+B(K,I)*B(K,J)
500 NEXT K
510 LET S(IJ)=S(IJ)/(N-1)
520 NEXT J
530 NEXT I
540 LET P1=0
550 FOR I=1 TO P
560 LET Q=P1+1
570 LET R=0
580 FOR J=1 TO I
590 LET X=S(P1+1)
600 FOR K=Q TO P1
610 LET R=R+1
620 LET X=X-S(K)*S(R)
630 NEXT K
640 LET R=R+1
650 LET P1=P1+1
660 IF I=J THEN LET S(P1)=1/SQR X
670 IF I<>J THEN LET S(P1)=X*S(R)
680 NEXT J
690 NEXT I
700 PRINT ''VERWENDUNG DES MAHALANOBIS-ABSTANDES (J/N)?''
```

Programm 2.1

```
710 INPUT A$
720 CLS
730 DIM D(N*(N-1)/2)
740 DIM Y(P)
750 DIM X(P)
760 LET IJ=0
770 FOR I=2 TO N
780 FOR J=1 TO I-1
790 LET IJ=IJ+1
800 FOR K=1 TO P
810 LET X(K)=B(I,K)-B(J,K)
820 LET Y(K)=X(K)
830 NEXT K
840 IF A$<>"J" THEN GOTO 1070
850 LET P1=1
860 FOR L=1 TO P
870 LET Q=L-1
880 LET X=Y(L)
890 FOR K=1 TO Q
900 LET X=X-S(P1)*Y(K)
910 LET P1=P1+1
920 NEXT K
930 LET Y(L)=X*S(P1)
940 LET P1=P1+1
950 NEXT L
960 FOR L=P TO 1 STEP -1
970 LET P1=P1-1
980 LET S=P1
990 LET Q=L+1
1000 LET X=Y(L)
1010 FOR K=P TO Q STEP -1
1020 LET X=X-S(S)*Y(K)
1030 LET S=S-K+1
1040 NEXT K
1050 LET Y(L)=X*S(S)
1060 NEXT L
1070 FOR K=1 TO P
1080 LET D(IJ)=D(IJ)+X(K)*Y(K)
1090 NEXT K
1100 NEXT J
```

```
1110 NEXT I
1120 PRINT ''MODUS''
1130 PRINT AT 0,5;'':=1 SINGLE LINKAGE'';AT 1,5;'':=2 COMPLETE
     LINKAGE'';AT 2,5;'':=3 AVERAGE LINKAGE'';AT 3,5;'':=4 AVERAGE
     LINK.(GEW.)'';AT 4,5;'':=5 MEDIAN'';AT 5,5;'':=6 CENTROID
     LINKAGE'';AT 6,5;'':=7 WARD'';AT 7,5;'':=8 FLEX.STRAT.''
1140 PRINT ''MODUS ?''
1150 INPUT MODE
1160 IF MODE=8 THEN PRINT ''ALPHA ?''
1170 IF MODE=8 THEN INPUT AL
1180 CLS
1190 DIM A(N-1)
1200 DIM F(N-1)
1210 DIM C(N)
1220 DIM E(2*N-1)
1230 DIM I(2*N-1)
1240 FOR I=1 TO N
1250 LET E(I)=1
1260 LET C(I)=I
1270 NEXT I
1280 IF MODE=5 OR MODE=6 OR MODE=7 THEN GOTO 1320
1290 FOR I=1 TO N*(N-1)/2
1300 LET D(I)=SQR D(I)
1310 NEXT I
1320 FOR K=1 TO N-1
1330 LET ZL=N+K
1340 LET MIN=1E10
1350 LET IJ=0
1360 FOR I=2 TO N
1370 FOR J=1 TO I-1
1380 LET IJ=IJ+1
1390 IF C(I)<0 OR C(J)<0 THEN GOTO 1440
1400 IF D(IJ)<MIN THEN LET MIN=D(IJ)
1410 IF D(IJ)<>MIN THEN GOTO 1440
1420 LET ZNR=I
1430 LET SNR=J
1440 NEXT J
1450 NEXT I
1460 LET S=0
1470 IF I(C(ZNR))<= I(C(SNR)) THEN LET S=1
```

Programm 2.1

```
1480 IF S=1 THEN LET A(ZL-N)=C(ZNR)
1490 IF S=1 THEN LET F(ZL-N)=C(SNR)
1500 IF S=0 THEN LET A(ZL-N)=C(SNR)
1510 IF S=0 THEN LET F(ZL-N)=C(ZNR)
1520 LET PII=E(C(ZNR))
1530 LET PJ=E(C(SNR))
1540 LET E(ZL)=PII+PJ
1550 LET I(ZL)=MIN
1560 LET C(ZNR)=ZL
1570 LET C(SNR)=-ZL
1580 FOR I=1 TO N
1590 IF ZNR=I OR C(I)<0 THEN GOTO 1760
1600 IF ZNR>I THEN LET IJ=I+(ZNR-1)*(ZNR-2)/2
1610 IF ZNR<I THEN LET IJ=ZNR+(I-1)*(I-2)/2
1620 IF SNR>I THEN LET IJ1=I+(SNR-1)*(SNR-2)/2
1630 IF SNR<I THEN LET IJ1=SNR+(I-1)*(I-2)/2
1640 IF D(IJ)<=D(IJ1) THEN LET MIN=D(IJ)
1650 IF D(IJ)>D(IJ1) THEN LET MIN=D(IJ1)
1660 IF D(IJ)>D(IJ1) THEN LET MAX=D(IJ)
1670 IF D(IJ)<=D(IJ1) THEN LET MAX=D(IJ1)
1680 IF MODE=1 THEN LET D(IJ)=MIN
1690 IF MODE=2 THEN LET D(IJ)=MAX
1700 IF MODE=3 THEN LET D(IJ)=.5*(D(IJ)+D(IJ1))
1710 IF MODE=4 THEN LET D(IJ)=(PII*D(IJ)+PJ*D(IJ1))/E(ZL)
1720 IF MODE=5 THEN LET D(IJ)=.5*(D(IJ)+D(IJ1))-.25*I(ZL)
1730 IF MODE=6 THEN LET D(IJ)=(PII*D(IJ)+PJ*D(IJ1))/E(ZL)-PII*PJ*
     I(ZL)/(E(ZL)*E(ZL))
1740 IF MODE=7 THEN LET D(IJ)=((E(C(I))+PII)*D(IJ)+(E(C(I))+
     PJ)*D(IJ1)-E(C(I))*I(ZL))/(E(ZL)+E(C(I)))
1750 IF MODE=8 THEN LET D(IJ)=AL*(D(IJ)+D(IJ1))+(1-2*AL)*I(ZL)
1760 NEXT I
1770 NEXT K
1780 PRINT ''SCHLEI*INDEX*AELTE*BENJA*EFFEKT''
1790 PRINT ''FE-NR.*WERT *STER *MIN   *''
1800 PRINT
1810 PRINT
1820 FOR I=N-1 TO 1 STEP -1
1830 PRINT I+N;''     '';INT (I(I+N)*1000)/1000;''     '';
     A(I);''     '';F(I);''       '';E(N+I)
1840 PRINT
```

```
1850 NEXT I
1860 PRINT ''WIEDERHOLUNG BEI ANDEREM MODUS (J/N)?''
1870 INPUT A$
1880 IF A$=''J'' THEN GOTO 700
1890 STOP
```

Programm 2.2

HIERAG

8 Verfahren zum Sortieren von Objekten mittels hierarchischer Clusterung mit Dendrogrammausdruck

KC 85/2

```
  1 REM HIERAG (HIERARCHISCHE AGGLOMERATION)
  2 REM ****************************************
  3 REM PROGRAMMAUTOREN: A., R., G. HENRION (1986)
 10 INPUT''ZAHL DER OBJEKTE?'';N:INPUT''ZAHL DER VARIABLEN?'';
    P:DIMB(N,P)
 20 CLS:PRINT''DATENSATZ ZEILENWEISE EINLESEN!'':WINDOW20,30,
    30,39:PAPER2:CLS
 30 PRINTAT(10,10);''OBJEKT'':PRINTAT(10,18);''VARIABLE'':
    FORI=1TON
 40 PRINTAT(15,10);I:FORJ=1TOP:PRINTAT(15,18);J:INPUTB(I,J):
    NEXTJ,I:WINDOW
 50 PAPER1:CLS:PRINT''STANDARDISIERUNG DER DATEN (J/N)?'':
    INPUTA$:CLS
 60 FORJ=1TOP
 70 S=0:FORI=1TON:S=S+B(I,J):NEXT:S=S/N
 80 FORI=1TON:B(I,J)=B(I,J)-S:NEXT:IFA$<>''J''THEN110
 90 S=0:FORI=1TON:S=S+B(I,J)*B(I,J):NEXT:S=SQR(S/(N-1))
100 FORI=1TON:B(I,J)=B(I,J)/S:NEXT
110 NEXT
120 DIMS(P*(P+1)/2):IJ=0
130 FORI=1TOP
140 FORJ=1TOI
150 IJ=IJ+1:FORK=1TON:S(IJ)=S(IJ)+B(K,I)*B(K,J):NEXT:
    S(IJ)=S(IJ)/(N-1)
160 NEXTJ,I:P1=0
170 FORI=1TOP
180 Q=P1+1:R=0
190 FORJ=1TOI
200 X=S(P1+1):IFQ<=P1THENFORK=QTOP1:R=R+1:X=X-S(K)*S(R):NEXT
210 R=R+1:P1=P1+1
220 IFI=JTHENS(P1)=1/SQR(X):ELSES(P1)=X*S(R)
230 NEXTJ,I
```

```
240 PRINT''VERWENDUNG DES MAHALANOBIS-ABSTANDES(J/N)?'':
    INPUTA$:CLS
250 IFQQ=ØTHENDIMD(N*(N-1)/2):DIMY(P):DIMX(P)
260 IJ=Ø
270 FORI=2TON
280 FORJ=1TOI-1:IJ=IJ+1:FORK=1TOP:X(K)=B(I,K)-B(J,K):Y(K)=
    X(K):NEXT:D(IJ)=Ø
290 IFA$<>''J''THEN37Ø
300 P1=1
310 FORL=1TOP
320 Q=L-1:X=Y(L):IFQ>=1THENFORK=1TOQ:X=X-S(P1)*Y(K):P1=
    P1+1:NEXT
330 Y(L)=X*S(P1):P1=P1+1:NEXT
340 FORL=PTO1STEP-1:P1=P1-1:S=P1:Q=L+1:X=Y(L)
350 IFQ<=PTHENFORK=PTOQSTEP-1:X=X-S(S)*Y(K):
    S=S-K+1:NEXT
360 Y(L)=X*S(S):NEXT
370 FORK=1TOP:D(IJ)=D(IJ)+X(K)*Y(K):NEXTK,J,I:
380 PRINTAT(11,5);'':=1 SINGLE LINKAGE'':
    PRINTAT(12,5);'':=2 COMPLETE LINKAGE''
390 PRINTAT(13,5);'':=3 AVERAGE LINKAGE(GEW.)
    '':PRINTAT(14,5);'':=4 AVER. LINK.''
400 PRINTAT(15,5);'':=5 MEDIAN'':PRINTAT(16,5);'':=6
    CENTROID LINKAGE''
410 PRINTAT(17,5);'':=7 WARD'':PRINTAT(18,5);'':=8 FLEX.
    STRAT.'':PRINT''MODUS?''
420 INPUTMODE:IFMODE=8THENINPUT''ALPHA?'';AL
430 CLS:IFQQ=ØTHENDIMA(N-1):DIMF(N-1):DIMC(N):DIME(2*N-1):
    DIMI(2*N-1)
440 FORI=1TON:E(I)=1:C(I)=I:I(I)=Ø:NEXT
450 IFMODE<=4ORMODE=8SHENFORI=1TON*(N-1)/2:D(I)=SQR(D(I)):NEXT
460 FORK=1TON-1
470 ZL=N+K:MI=1E38:IJ=Ø
480 FORI=2TON:IFC(I)<ØTHENIJ=IJ+I-1:GOTO52Ø
490 FORJ=1TOI-1
500 IJ=IJ+1:IFC(J)>=ØTHENIFD(IJ)<MITHENMI=D(IJ):ZNR=I:SNR=J
510 NEXT
520 NEXT:IFI(C(ZNR))<=I(C(SNR))THENA(ZL-N)=C(ZNR):F(ZL-N)
    =C(SNR):GOTO54Ø
530 A(ZL-N)=C(SNR):F(ZL-N)=C(ZNR)
```

Programm 2.2

```
540 PK=E(C(ZNR)):PJ=E(C(SNR)):E(ZL)=PK+PJ:I(ZL)=MIN:C(ZNR)=ZL
550 C(SNR)=-ZL
560 FORI=1 TON
570 IFZNR=IORC(I)<0THEN710
580 IFZNR>ITHENIJ=I+(ZNR-1)*(ZNR-2)/2:ELSEIJ=ZNR+(I-1)*(I-2)/2
590 IFSNR>ITHENI1=I+(SNR-1)*(SNR-2)/2:ELSEI1=SNR+(I-1)*(I-2)/2
600 IFD(IJ)<=D(I1)THENMIN=D(IJ):MAX=D(I1):ELSEMIN=D(I1):MAX=D(IJ)
610 ONMODEGOTO620,630,640,650,660,670,680,690
620 D(IJ)=MIN:GOTO710
630 D(IJ)=MAX:GOTO710
640 D(IJ)=.5*(D(IJ)+D(I1)):GOTO710
650 D(IJ)=(PK*D(IJ)+PJ*D(I1))/E(ZL):GOTO710
660 D(IJ)=.5*(D(IJ)+D(I1))-.25*I(ZL):GOTO710
670 D(IJ)=(PK*D(IJ)+PJ*D(I1))/E(ZL)-PK*PJ*I(ZL)/(E(ZL)*E(ZL)):
    GOTO710
680 D(IJ)=(E(C(I))+PK)*D(IJ)+(E(C(I))+PJ)*D(I1)-E(C(I))*I(ZL):
    GOTO700
690 D(IJ)=AL*(D(IJ)+D(I1))+(1-2*AL)*I(ZL):GOTO710
700 IFMODE=7THEND(IJ)=D(IJ)/(E(ZL)+E(C(I)))
710 NEXTI,K
720 PRINT''SCHLEIFE INDEX AELTESTER BENJAMIN EFFEKT''
730 PRINT:PRINT:IJ=0:FORI=N-1TO1STEP-1
740 IJ=IJ+1:PRINTTAB(0);I+N;TAB(10);.001*INT(1000*I(I+N));
    TAB(16);A(I);
750 PRINTTAB(26);F(I);TAB(35);E(N+I)
760 PRINT:IFIJ=10ORI=1THENPRINT''WEITER?'':IJ=0:ELSEGOTO780
770 IFINKEY$=''''THEN770
780 NEXT:IFQQ=0THENDIMT(N):DIMP(2*N-1)
790 P(2*N-1)=N
800 FORI=2*N-1TON+1STEP-1
810 T(P(I))=F(I-N):P(F(I-N))=P(I):P(A(I-N))=P(I)-E(F(I-N))
820 T(P(A(I-N)))=A(I-N):NEXT
830 CLS:PRINT''OBJEKTANORDNUNG'':PRINT:FORI=1TON:
    PRINTT(I);:NEXT:PRINT''WEITER?''
840 IFINKEY$=''''THEN840
850 CLS:H=310/N:FORI=1TON:P(T(I))=H*I:NEXT
860 FORI=N+1TO2*N-1:I(I)=10+220*I(I)/I(2*N-1):I(I-N)=
    10:NEXT:I(N)=10
870 FORS=N+1TO2*N-1
880 FORI=I(F(S-N))TOI(S):PSETP(F(S-N)),I,7:NEXT
```

```
890 FORI=I(A(S-N))TOI(S):PSETP(A(S-N)),I,7:NEXT
900 FORI=P(A(S-N))TOP(F(S-N))PSETI,I(S),7:NEXT
910 P(S)=.5*(P(A(S-N))+P(F(S-N)))
920 NEXT:PRINTAT(1,1);''WIEDERHOLUNG BEI ANDEREM
    MODUS(J/N)?'':INPUTA$
930 IFA$=''J''THENCLS:QQ=1:GOTO240:ELSE END
```

Programm 2.3

HIERAG

8 Verfahren zum Sortieren von Objekten mittels hierarchischer Clusterung mit Dendrogrammausdruck

PC 1715 (TURBO-PASCAL)

```
PROGRAM HIERAG;
(*HIERARCHISCHE AGGLOMERATION
  PROGRAMMAUTOREN: A., R., G. HENRION (1986)*)
LABEL 1;
(*IN DER MIT CONST BEGINNENDEN ZEILE SIND FUER JEDES PROBLEM NEU
  DIE ENTSPRECHENDEN ZAHLEN(!) EINZUSETZEN: N=OBJEKTZAHL;
  P=VARIABLENZAHL; N1=N*(N-1)/2;N2=2*N-1;*)
CONST N=   ;P=   ;N1=   ;N2=   ;
VAR D:ARRAY [1..N1] OF REAL;
    A,B,C:ARRAY [1..N] OF INTEGER;
    Q,E:ARRAY [1..N2] OF INTEGER;
    F:ARRAY [1..N2] OF REAL;
    G:ARRAY [1..N,1..P] OF REAL;
    I,J,IJ1,K,IJ,PII,PJJ,MODE,ZL,ZNR,SNR:INTEGER;
    S,AL,MIN:REAL;
FUNCTION INDEX(A,B:INTEGER):INTEGER;
BEGIN
  IF A>B THEN INDEX:=B+(A-1)*(A-2) DIV 2 ELSE
  INDEX:=A+(B-1)*(B-2) DIV 2
END;
FUNCTION MINIMUM(A,B:REAL):REAL;
BEGIN
  IF A<=B THEN MINIMUM:=A ELSE MINIMUM:=B
END;
BEGIN
  CLRSCR;WRITELN('ZEILENWEISE EINGABE DES DATENSATZES');
  FOR I:=1 TO N DO FOR J:=1 TO P DO READLN(G[I,J]);CLRSCR;
  WRITELN('DATENSTANDARDISIERUNG (JA=1 NEIN=0)');READLN(K);
  FOR J:=1 TO P DO
    BEGIN
      S:=0;
      FOR I:=1 TO N DO S:=S+G[I,J];S:=S/N;
```

10.1. Programme

```
            FOR I:=1 TO N DO G[I,J]:=G[I,J]-S;
            IF K=1 THEN
              BEGIN
                S:=0;FOR I:=1 TO N DO S:=S+G[I,J]*
                G[I,J];S:=SQRT(S/(N-1));
                FOR I:=1 TO N DO G[I,J]:=G[I,J]/S;
              END;
          END;
1:CLRSCR;WRITELN('MODUS-EINGABE');WRITELN;
  WRITELN('MODUS1 - SINGLE LINKAGE');
  WRITELN('MODUS2 - COMPLETE LINKAGE');
  WRITELN('MODUS3 - AVERAGE LINKAGE');
  WRITELN('MODUS4 - AVERAGE LINKAGE (WEIGHTED)');
  WRITELN('MODUS5 - MEDIAN');
  WRITELN('MODUS6 - CENTROID LINKAGE');
  WRITELN('MODUS7 - WARD''S METHOD');
  WRITELN('MODUS8 - FLEXIBLE STRATEGIE NACH LANCE UND WILLIAMS');
  READLN(MODE);
  CLRSCR;
  IF MODE=8 THEN
    BEGIN
      WRITELN('EINGABE ALPHA');READLN(AL);
    END;
  CLRSCR;IJ:=0;
  FOR I:=2 TO N DO
    FOR J:=1 TO I-1 DO
      BEGIN
        IJ:=IJ+1;D[IJ]:=0;
        FOR K:=1 TO P DO D[IJ]:=D[IJ]+(G[I,K]-G[J,K])*(G[I,K]-
        G[J,K]);
        CASE MODE OF 1,2,3,4,8:D[IJ]:=SQRT(D[IJ]) END;
      END;
  FOR I:=1 TO N DO
    BEGIN
      C[I]:=I;E[N+I-1]:=0;E[I]:=1;F[I]:=0;F[N+I-1]:=0;
    END;
  FOR K:=1 TO N-1 DO
    BEGIN
      ZL:=N+K;MIN:=1E30;IJ:=0;
```

Programm 2.3

```
      FOR I:=2 TO N DO
        FOR J:=1 TO I-1 DO
          BEGIN
             IJ:=IJ+1;
             IF(C[I]>=0) AND (C[J]>=0) THEN
                IF D[IJ]<MIN THEN
                   BEGIN
                     MIN:=D[IJ];ZNR:=I;SNR:=J;
                   END;
          END;
    IF F[C[ZNR]]<=F[C[SNR]] THEN
       BEGIN
          A[K]:=C[ZNR];B[K]:=C[SNR];
       END ELSE
       BEGIN
          A[K]:=C[SNR];B[K]:=C[ZNR];
       END;
    PII:=E[C[ZNR]];PJJ:=E[C[SNR]];E[ZL]:=
    PII+PJJ;F[ZL]:=MIN;C[ZNR]:=ZL;C[SNR]:=-ZL;
    FOR I:=1 TO N DO
       IF (ZNR<>I) AND (C[I]>=0) THEN
          BEGIN
             IJ:=INDEX(ZNR,I);IJ1:=INDEX(SNR,I);
             CASE MODE OF
             1:D[IJ]:=MINIMUM(D[IJ],D[IJ1]);
             2:D[IJ]:=-MINIMUM(-D[IJ],-D[IJ1]);
             3:D[IJ]:=0.5*(D[IJ]+D[IJ1]);
             4:D[IJ]:=(PII*D[IJ]+PJJ*D[IJ1])/E[ZL];
             5:D[IJ]:=0.5*(D[IJ]+D[IJ1])-F[ZL]/4;
             6:D[IJ]:=(PII*D[IJ]+PJJ*D[IJ1])/
                E[ZL]-PII*PJJ*F[ZL]/SQR(E[ZL]);
             7:D[IJ]:=((E[C[I]]+PII)*D[IJ]+(E[C[I]]+PJJ)*
                D[IJ1]-E[C[I]]*F[ZL])/(E[ZL]+E[C[I]]);
             8:D[IJ]:=AL*(D[IJ]+D[IJ1])+(1-2*AL)*F[ZL];END;
          END;
END;
WRITELN('SNR        ABSTAND      AELT.      BENJ.     EFF.');
WRITELN('****************************************************');
FOR I:=N-1 DOWNTO 1 DO
   BEGIN
```

```
            IF (N-I) MOD 15=0 THEN
              BEGIN
                WRITELN('WEITER?(=1)');READLN(K);
              END;
            WRITELN(N+I,'     ',F[N+I],A[I]:5,B[I]:6,E[N+I]:6);
          END;
        WRITELN('GRAFIK=1 (FUNKTIONIERT NUR FUER OBJEKTZAHL <=80)');
        READLN(I);
        CLRSCR;Q[2*N-1]:=N;
        FOR I:=2*N-1 DOWNTO N+1 DO
          BEGIN
            C[Q[I]]:=B[I-N];Q[B[I-N]]:=Q[I];
            Q[A[I-N]]:=Q[I]-E[B[I-N]];
            C[Q[A[I-N]]]:=A[I-N];
          END;
        K:=TRUNC(80/N);
        FOR I:=1 TO N DO
          BEGIN
            F[I]:=0;Q[C[I]]:=I*K;
            IF C[I]>9 THEN
              BEGIN
                GOTOXY(K*I,21);WRITELN(C[I]DIV 10)
              END;
            GOTOXY(K*I,22);WRITELN(C[I] MOD 10)
          END;
        FOR I:=N+1 TO 2*N-1 DO
          BEGIN
            F[I]:=18*F[I]/F[2*N-1];
            FOR J:=ROUND(F[B[I-N]]) TO ROUND(F[I]) DO
              BEGIN
                GOTOXY(Q[B[I-N]],20-J);WRITELN('.')
              END;
            FOR J:=ROUND(F[A[I-N]]) TO ROUND(F[I]) DO
              BEGIN
                GOTOXY(Q[A[I-N]],20-J);WRITELN('.')
              END;
            FOR J:=Q[A[I-N]] TO Q[B[I-N]] DO
              BEGIN
                GOTOXY(J,20-ROUND(F[I]));WRITELN('.')
```

Programm 2.3

```
            END;
         Q[I]:=ROUND((Q[A[I-N]]+Q[B[I-N]])/2);
      END;
   GOTOXY(10,1);WRITELN('NEUER MODUS  (1=JA 0=NEIN)');READLN(I);
   IF I=1 THEN GOTO 1
END.
```

10.1. Programme

Programm 3

CLUPOT

Nichthierarchische Potentialmethode zur Clusterung

ZX 81

```
  1 REM CLUPOT
  2 REM PROGRAMMAUTOREN: A., R., G. HENRION (1985)
 10 PRINT ''OBJEKTANZAHL?''
 20 INPUT N1
 30 PRINT ''PARAMETERZAHL?''
 40 INPUT R1
 50 CLS
 60 DIM B(N1,R1)
 70 DIM A(N1*(N1-1)/2)
 80 DIM F(N1)
 90 DIM E(R1)
100 FOR I=1 TO N1
110 PRINT ''MESSWERTE EINLESEN''
120 PRINT AT 4,0;''NR. '';I
130 FOR J=1 TO R1
140 INPUT B(I,J)
150 PRINT AT 20,0;B(I,J);''      ''
160 PRINT AT 7,2*J-2;''*''
170 NEXT J
180 CLS
190 NEXT I
200 PRINT ''STANDARDISIERUNG DER DATEN? (J/N)''
210 INPUT A$
220 CLS
230 FAST
240 IF A$<>''J'' THEN GOTO 400
250 FOR J=1 TO R1
260 LET M=0
270 FOR I=1 TO N1
280 LET M=M+B(I,J)
290 NEXT I
300 LET M=M/N1
```

Programm 3

```
310 LET S=0
320 FOR I=1 TO N1
330 LET S=S+(B(I,J)-M)*(B(I,J)-M)
340 NEXT I
350 LET S=SQR(S/(N1-1))
360 FOR I=1 TO N1
370 LET B(I,J)=(B(I,J)-M)/S
380 NEXT I
390 NEXT J
400 LET IJ=0
410 FOR J=2 TO N1
420 FOR I=1 TO J-1
430 LET IJ=IJ+1
440 FOR L=1 TO R1
450 LET A(IJ)=A(IJ)+(B(I,L)-B(J,L))*(B(I,L)-B(J,L))
460 NEXT L
470 NEXT I
480 NEXT J
490 SLOW
500 PRINT ''ALPHA START= ''
510 INPUT ALSTART
520 PRINT ''ALPHA STOP= ''
530 INPUT ALSTOP
540 PRINT ''SCHRITTWEITE= ''
550 INPUT ALSTEP
560 PRINT ''GAMMA= ''
570 INPUT GAMMA
580 PRINT ''SOLLEN DIE ERGEBNISSE ABGESPEICHERT WERDEN? (J/N)''
590 INPUT A$
600 IF A$<>''J'' THEN GOTO 620
610 DIM W(N1,(ALSTOP-ALSTART)/ALSTEP+1)
620 LETT GAM1=1/GAMMA
630 LET GAM2=(GAMMA-1)*GAM1
640 CLS
650 FOR A=ALSTART TO ALSTOP STEP ALSTEP
660 FAST
670 LET FAK=-1/(2*A*A)
680 FOR I=1 TO N1
690 LET F(I)=1
700 NEXT I
```

```
710 LET IJ=0
720 FOR J=2 TO N1
730 FOR I=1 TO J-1
740 LET IJ=IJ+1
750 LET FIJ=EXP(FAK*A(IJ))
760 LET F(J)=F(J)+FIJ
770 LET F(I)=F(I)+FIJ
780 NEXT I
790 NEXT J
800 LET CLSTP=0
810 DIM C(N1)
820 LET CLSTP=CLSTP+1
830 DIM D(N1)
840 LET M=0
850 FOR I=1 TO N1
860 IF C(I) THEN GOTO 890
870 IF F(I)>M THEN LET M=F(I)
880 IF M=F(I) THEN LET CNTP=I
890 NEXT I
900 LET C(CNTP)=CLSTP
910 LET D(CNTP)=1
920 LET M=1E38
930 FOR I=1 TO N1
940 IF C(I) OR D(I) THEN GOTO 990
950 IF I>CNTP THEN LET IJ=(I-1)*(I-2)/2+CNTP
960 IF I<CNTP THEN LET IJ=(CNTP-1)*(CNTP-2)/2+I
970 IF A(IJ)<M THEN LET M=A(IJ)
980 IF M=A(IJ) THEN LET CL=I
990 NEXT I
1000 IF CL=CNTP THEN GOTO 1290
1010 LET M=1E38
1020 FOR I=1 TO N1
1030 IF D(I)=0 THEN GOTO 1080
1040 IF I>CL THEN LET IJ=(I-1)*(I-2)/2+CL
1050 IF I<CL THEN LET IJ=(CL-1)*(CL-2)/2+I
1060 IF A(IJ)<M THEN LET M=A(IJ)
1070 IF M=A(IJ) THEN LET REF=I
1080 NEXT I
1090 IF C(REF)<>CLSTP THEN GOTO 1220
1100 LET M=0
```

Programm 3

```
1110 FOR I=1 TO R1
1120 LET E(I)=GAM1*B(REF,I)+GAM2*B(CL,I)
1130 NEXT I
1140 FOR I=1 TO N1
1150 LET S=0
1160 FOR J=1 TO R1
1170 LET S=S+(B(I,J)-E(J))*(B(I,J)-E(J))
1180 NEXT J
1190 LET M=M+EXP(FAK*S)
1200 NEXT I
1210 IF M>=F(CL) THEN LET C(CL)=CLSTP
1220 LET D(CL)=1
1230 FOR I=1 TO N1
1240 IF C(I)=0 AND D(I)=0 THEN GOTO 920
1250 NEXT I
1260 FOR I=1 TO N1
1270 IF C(I)=0 THEN GOTO 820
1280 NEXT I
1290 IF A$=''J'' THEN GOTO 1330
1300 GOSUB 1440
1310 NEXT A
1320 GOTO 1600
1330 FOR I=1 TO N1
1340 LET W(I,(A-ALSTART)/ALSTEP+1)=C(I)
1350 NEXT I
1360 NEXT A
1370 FOR A=ALSTART TO ALSTOP STEP ALSTEP
1380 FOR I=1 TO N1
1390 LET C(I)=W(I,(A-ALSTART)/ALSTEP+1)
1400 NEXT I
1410 GOSUB 1440
1420 NEXT A
1430 GOTO 1600
1440 SLOW
1450 CLS
1460 PRINT ''ALPHA= '';A
1470 PRINT
1480 PRINT ''OBJEKT'',''CLUSTER-NR.''
1490 PRINT ''*******************************''
1500 PRINT
```

```
1510 FOR I=1 TO N1
1520 PRINT ''   '';I,C(I)
1530 PRINT
1540 NEXT I
1550 PRINT
1560 PRINT ''WEITER?''
1570 IF INKEY$='''' THEN GOTO 1570
1580 CLS
1590 RETURN
1600 PRINT ''NEUES ALPHA? (J/N)''
1610 INPUT B$
1620 IF B$=''J'' THEN GOTO 490
1630 STOP
```

Programm 4

MINDIST

Nichthierarchische Clusterung unter Verbesserung einer Anfangspartition

ZX 81

```
  1 REM MINDIST (ITERIERTES MINIMALDISTANZVERFAHREN NACH FORGY)
  2 REM PROGRAMMAUTOREN: A., R., G. HENRION (1986)
 10 PRINT ''OBJEKTZAHL?''
 20 INPUT N
 30 PRINT ''MERKMALSZAHL?''
 40 INPUT P
 50 CLS
 60 DIM X(N,P)
 70 PRINT ''EINGABE''
 80 PRINT ''*******''
 90 PRINT
100 PRINT
110 FOR I=1 TO N
120 PRINT ''OBJ. '';I;''  :''
130 FOR J=1 TO P
140 INPUT X(I,J)
150 PRINT X(I,J);'' ; '';
160 NEXT J
170 CLS
180 NEXT I
190 PRINT ''STANDARDISIERUNG DER DATEN (J/N)?''
200 INPUT A$
210 CLS
220 IF A$<>''J'' THEN GOTO  390
230 FOR J=1 TO P
240 LET S=0
250 FOR I=1 TO N
260 LET S=S+X(I,J)
270 NEXT I
280 LET S=S/N
290 LET S1=0
300 FOR I=1 TO N
```

```
310 LET X(I,J)=X(I,J)-S
320 LET S1=X(I,J)*X(I,J)+S1
330 NEXT I
340 LET S1=SQR(S1/(N-1))
350 FOR I=1 TO N
360 LET X(I,J)=X(I,J)/S1
370 NEXT I
380 NEXT J
390 PRINT ''GRUPPENZAHL?''
400 INPUT GZ
410 DIM Z(GZ)
420 DIM G(N)
430 DIM M(GZ,P)
440 PRINT
450 PRINT ''EINGEBEN ANFANGSPARTITION = = = =>''
460 PRINT
470 PRINT ''VERWENDG. STANDARDANFANGSPARTITION = = = =>''
480 INPUT G
490 CLS
500 IF G<>1 THEN GOTO 580
510 FOR I=1 TO N
520 PRINT ''OBJ.'';I;'' = = = => CLNR. '';
530 INPUT G(I)
540 PRINT G(I)
550 NEXT I
560 CLS
570 GOTO 640
580 LET G=0
590 FOR I=1 TO N
600 LET G=G+1
610 LET G(I)=G
620 IF G=GZ THEN LET G=0
630 NEXT I
640 FAST
650 LET SP=1E38
660 FOR I=1 TO GZ
670 LET Z(I)=0
680 FOR J=1 TO P
690 LET M(I,J)=0
700 NEXT J
```

Programm 4

```
710 NEXT I
720 FOR I=1 TO N
730 FOR J=1 TO P
740 LET M(G(I),J)=M(G(I),J)+X(I,J)
750 NEXT J
760 LET Z(G(I))=Z(G(I))+1
770 NEXT I
780 FOR I=1 TO GZ
790 LET G=0
800 IF Z(I)<>0 THEN LET G=1/Z(I)
810 FOR J=1 TO P
820 LET M(I,J)=M(I,J)*G
830 NEXT J
840 NEXT I
850 LET SPURW=0
860 LET ZSHIFT=0
870 FOR I=1 TO N
880 LET G=0
890 LET DV=1E38
900 FOR J=1 TO GZ
910 LET D=0
920 FOR K=1 TO P
930 LET D=D+(M(J,K)-X(I,K))*(M(J,K)-X(I,K))
940 NEXT K
950 IF D<DV THEN LET G=J
960 IF D<DV THEN LET DV=D
970 NEXT J
980 LET SPURW=SPURW+DV
990 IF G(I)<>G THEN LET ZSHIFT=ZSHIFT+1
1000 LET G(I)=G
1010 NEXT I
1020 IF ZSHIFT=0 THEN GOTO 1060
1030 IF SPURW>SP THEN GOTO 1060
1040 LET SP=SPURW
1050 GOTO 660
1060 LET SPURB=0
1070 FOR J=2 TO GZ
1080 FOR I=1 TO J-1
1085 IF Z(I)=0 OR Z(J)=0 THEN GOTO 1140
1090 LET D=0
```

```
1100 FOR L=1 TO P
1110 LET D=D+(M(I,L)-M(J,L))*(M(I,L)-M(J,L))
1120 NEXT L
1130 LET SPURB=SPURB+Z(I)*Z(J)*D
1140 NEXT I
1150 NEXT J
1160 LET SPURB=SPURB/N
1162 LET GY=GZ
1164 FOR I=1 TO GY
1166 IF Z(I)=0 THEN LET GZ=GZ-1
1168 NEXT I
1180 PRINT ''LAUF MIT K= '';GZ;'' CLUSTERN''
1190 PRINT
1200 PRINT ''ABBRUCH BEI: ''
1210 PRINT
1220 PRINT ''ZSHIFT= '';ZSHIFT
1230 PRINT ''SPURW= '';SPURW
1240 PRINT ''SPURB= '';SPURB
1250 PRINT ''F-KRIT= '';SPURB*(N-GZ)/(SPURW*(GZ-1))
1260 PRINT
1270 PRINT ''CLUSTERNUMMERN (FORTLAUFEND):''
1280 PRINT
1290 FOR I=1 TO N
1300 PRINT G(I);'';'';
1310 NEXT I
1320 PRINT
1330 PRINT
1340 PRINT ''GRUPPENSCHWERPUNKTE''
1350 PRINT
1360 FOR I=1 TO GY
1365 IF Z(I)=0 THEN GOTO 1410
1370 FOR J=1 TO P
1380 PRINT INT (M(I,J)*1000)/1000:'';'';
1390 NEXT J
1400 PRINT
1410 NEXT I
1420 PRINT
1430 PRINT ''NEUES K (J/N)?''
```

Programm 4

```
1440 INPUT A$
1450 IF A$=''J'' THEN GOTO 390
1460 STOP
```

Programm 5

MULTIREG

Multiple lineare Regression mit statistischer Bewertung der Ergebnisse

ZX 81

```
  1 REM MULTIREG (MULTIPLE REGRESSION)
  2 REM PROGRAMMAUTOR: A. HENRION (1984)
 10 PRINT ''ZAHL DER BEOBACHTUNGEN?''
 20 INPUT N1
 30 PRINT ''ZAHL DER REGRESSOREN?''
 40 INPUT R1
 50 LET R1=R1+1
 60 DIM B(N1,R1+1)
 70 CLS
 80 PRINT ''DATENSATZ ZEILENWEISE EINLESEN (LETZTE SPALTE=
    REGRESSAND)''
 90 FOR I=1 TO N1
100 LET B(I,1)=1
110 PRINT AT 4,0;''NR.''
120 PRINT AT 8,0;I
130 FOR J=1 TO R1
140 INPUT B(I,J+1)
150 PRINT AT 20,0;B(I,J+1);''       ''
160 PRINT AT 8,4+2*J;''*''
170 NEXT J
180 CLS
190 NEXT I
200 FAST
210 LET R11=R1*(R1+1)/2
220 DIM S(R11)
230 DIM C(R1)
240 LET ANZ=R1
250 DIM Z(R1)
260 FOR I=1 TO R1
270 LET Z(I)=I
280 NEXT I
290 LET IJ=0
```

Programm 5

```
300 FOR I=1 TO R1
310 FOR J=1 TO I
320 LET IJ=IJ+1
330 FOR K=1 TO N1
340 LET S(IJ)=S(IJ)+B(K,I)*B(K,J)
350 NEXT K
360 NEXT J
370 FOR K=1 TO N1
380 LET C(I)=C(I)+B(K,I)*B(K,R1+1)
390 NEXT K
400 NEXT I
410 LET YQ=0
420 FOR I=1 TO N1
430 LET YQ=YQ+B(I,R1+1)
440 NEXT I
450 LET YQ=YQ/N1
460 FOR L=1 TO R1
470 GOSUB 1700
480 NEXT L
490 SLOW
500 PRINT ''REGRESSIONSKOEFFIZIENTEN: ''
510 PRINT
520 FOR I=2 TO ANZ
530 PRINT ''C'';Z(I)-1;''= '';-C(Z(I))
540 PRINT
550 NEXT I
560 PRINT
570 PRINT ''ABSOLUTGLIED C0= '';-C(1)
580 PRINT ''WEITER?''
590 IF INKEY$='''' THEN GOTO 590
600 FAST
610 CLS
620 LET SQY=0
630 LET S2=0
640 LET S4=0
650 LET MAX=0
660 FOR I=1 TO N1
670 LET SQY=SQY+(B(I,R1+1)-YQ)*(B(I,R1+1)-YQ)
680 LET S3=-C(1)
690 FOR J=2 TO ANZ
```

```
700 LET S3=S3-C(Z(J))*B(I,Z(J))
710 NEXT J
720 LET S2=S2+(S3-YQ)*(S3-YQ)
730 LET J=(S3-B(I,R1+1))*(S3-B(I,R1+1))
740 IF J>MAX THEN LET MAX=J
750 IF J=MAX THEN LET MAXI=I
760 LET S4=S4+J
770 NEXT I
780 LET B=S2/SQY
790 PRINT ''BESTIMMTHEITSMASS B= '';B
800 PRINT
810 PRINT ''KORR.-KOEFFIZIENT  R= '';SQR B
820 PRINT
830 LET SD=SQR(S4/(N1-ANZ))
840 IF ANZ=R1 THEN LET SD1=SD
850 PRINT ''STANDARDABWEICHUNG SD= '';SD
860 PRINT
870 PRINT ''EINGABE DER STAT. SICHERHEIT (0<W<1)''
880 INPUT W
890 CLS
900 LET F=N1-ANZ
910 GOSUB  1980
920 FOR I=1 TO ANZ
930 PRINT
940 LET S1=SQR(-S(Z(I)*(Z(I)+1)/2))
950 PRINT ''VERTRAUENSINTERVALL FUER C'';Z(I)-1;
    ''       '';S1*SD*T
960 PRINT ''PRUEFGROESSE '';ABS C(Z(I))/(SD*S1)
970 NEXT I
980 PRINT
990 PRINT ''PRUEFGROESSE FUER B: '';B*(N1-ANZ)/((1-B)*(ANZ-1))
1000 PRINT
1010 PRINT ''KORRIGIERTES MULTIPLES BESTIMMTHEITSMASS''
1020 PRINT ''B* = '';1-(1-B)*(N1-1)/(N1-ANZ)
1030 PRINT
1040 PRINT ''CP-KRITERIUM: CP= '';(1-B)*SQY/(SD1*SD1)-N1+2*ANZ
1050 PRINT
1060 PRINT ''1 = ABBAU EINES REGRESSORS''
1070 PRINT ''2 = AUFBAU EINES REGRESSORS''
1080 PRINT ''3 = WEITER''
```

Programm 5

```
1090 INPUT A
1100 CLS
1110 IF A=3 THEN GOTO 1360
1120 PRINT ''NUMMER DES REGRESSORS?''
1130 INPUT L
1140 CLS
1150 IF A=2 THEN GOTO 1240
1160 LET ANZ=ANZ-1
1170 FOR I=1 TO ANZ
1180 IF Z(I)=L+1 THEN GOTO 1200
1190 NEXT I
1200 FOR K=I TO R1-1
1210 LET Z(K)=Z(K+1)
1220 NEXT K
1230 GOTO 1320
1240 LET ANZ=ANZ+1
1250 FOR I=1 TO R1
1260 IF Z(I)>L THEN GOTO 1280
1270 NEXT I
1280 FOR K=R1 TO I+1 STEP -1
1290 LET Z(K)=Z(K-1)
1300 NEXT K
1310 LET Z(I)=L+1
1320 LET L=L+1
1330 GOSUB 1700
1340 IF ANZ=1 THEN GOTO 1050
1350 GOTO 490
1360 PRINT ''EINGABE PRUEFGROESSE FUER AUSREISSERTEST''
1370 INPUT W
1380 GOSUB 5000
1390 IF MAX<=W THEN GOTO 1530
1400 PRINT ''MESSWERT NR. '';MAXI;'' MIT DER GEGEBENEN STAT.
     SICHERHEIT AUSREISSER''
1410 PRINT
1420 PRINT ''WIEDERHOLUNG DER RECHNUNG NACH ELIMINIERUNG DES
     AUSREISSERS (J/N)?''
1430 INPUT A$
1440 CLS
1450 IF A$<>''J'' THEN GOTO 1550
1460 LET N1=N1-1
```

```
1470 FOR J=1 TO R1+1
1480 FOR I=MAXI TO N1
1490 LET B(I,J)=B(I+1,J)
1500 NEXT I
1510 NEXT J
1520 GOTO 220
1530 PRINT ''KEIN AUSREISSER''
1540 PRINT
1550 PRINT ''STANDARDISIERTE REGRESSIONSKOEFFIZIENTEN:''
1560 FOR J=2 TO ANZ
1570 LET S1=0
1580 LET S2=0
1590 FOR I=1 TO N1
1600 LET S2=S2+B(I,Z(J))
1610 NEXT I
1620 LET S2=S2/N1
1630 FOR I=1 TO N1
1640 LET S1=S1+(B(I,Z(J))-S2)*(B(I,Z(J))-S2)
1650 NEXT I
1660 PRINT
1670 PRINT ''C(STAND)'';Z(J)-1;''= '';-C(Z(J))*SQR (S1/SQY)
1680 NEXT J
1690 STOP
1700 LET II=L*(L+1)/2
1710 LET S(II)=-1/S(II)
1720 FOR J=1 TO R1
1730 IF J=L THEN GOTO 1770
1740 IF J>L THEN LET JI2=J*(J-1)/2+L
1750 IF L>J THEN LET JI2=L*(L-1)/2+J
1760 LET C(J)=C(J)+S(JI2)*C(L)*S(II)
1770 NEXT J
1780 LET C(L)=-C(L)*ABS S(II)
1790 LET IJ=0
1800 FOR I=1 TO R1
1810 FOR J=1 TO I
1820 LET IJ=IJ+1
1830 IF I=L OR J=L THEN GOTO 1890
1840 IF I>L THEN LET II2=I*(I-1)/2+L
1850 IF J>L THEN LET JI2=J*(J-1)/2+L
1860 IF I<L THEN LET II2=L*(L-1)/2+I
```

Programm 5

```
1870 IF J<L THEN LET JI2=L*(L-1)/2+J
1880 LET S(IJ)=S(IJ)+S(II2)*S(JI2)*S(II)
1890 NEXT J
1900 NEXT I
1910 FOR J=1 TO R1
1920 IF J=L THEN GOTO 1960
1930 IF J>L THEN LET JI2=J*(J-1)/2+L
1940 IF L>J THEN LET JI2=L*(L-1)/2+J
1950 LET S(JI2)=-S(JI2)*ABS S(II)
1960 NEXT J
1970 RETURN
1980 LET P1=.5*(1-W)
1990 LET T1=SQR (-2*LN P1)
2000 LET XP=T1-(2.515517+T1*(.802853+T1*.010328))/(1+T1*
     (1.432788+T1*(.189269+T1*.001308)))
2010 LET T=XP+XP*(1+XP*XP)/(4*F)+XP*(3+XP*XP*(16+XP*XP*5))/
     (96*F*F)+XP*(-15+XP*XP*(17+XP*XP*(19+XP*XP*3)))/
     (384*F*F*F)+XP*(-945+XP*XP*(-1920+XP*XP*(1482+XP*XP*
     (776+XP*XP*79))))/(92160*F*F*F*F)
2020 RETURN
5000 DIM Q(R1)
5010 FOR J=1 TO ANZ
5020 LET Q(Z(J))=1
5030 NEXT J
5040 LET MAX=0
5050 FOR I=1 TO N1
5060 LET S2=0
5070 LET S1=0
5080 FOR J=1 TO R1
5090 IF Q(J)=0 THEN GOTO 5240
5100 LET S4=0
5110 LET S3=.5*J*(J-1)
5120 FOR K=1 TO J
5130 IF Q(K)=1 THEN LET S4=S4-B(I,K)*S(K+S3)
5140 NEXT K
5150 LET H=K+S3-1
5160 LET S3=J-1
5170 FOR K=J+1 TO R1
5180 LET S3=S3+1
5190 LET H=S3+H
```

```
5200 IF Q(K)=1 THEN LET S4=S4-B(I,K)*S(H)
5210 NEXT K
5220 LET S2=S2+S4*B(I,J)
5230 LET S1=S1-C(J)*B(I,J)
5240 NEXT J
5250 LET S3=ABS((B(I,R1+1)-S1)/(SD*SQR(1-S2)))
5260 IF MAX>S3 THEN GOTO 5290
5270 LET MAX=S3
5280 LET MAXI=I
5290 NEXT I
5300 RETURN
```

Programm 6.1

HKA

Hauptkomponentenanalyse

ZX 81

```
  1 REM HKA (HAUPTKOMPONENTENANALYSE)
  2 REM PROGRAMMAUTOREN: R., A., G. HENRION (1985)
  3 REM MATRIXDIAGONALISIERUNG MIT QR-VERFAHREN IN ANLEHNUNG
    AN WILKINSON/REINSCH
 10 PRINT ''ZAHL DER OBJEKTE?''
 20 INPUT N1
 30 PRINT ''ZAHL DER PARAMETER?''
 40 INPUT R1
 50 DIM B(N1,R1)
 60 CLS
 70 PRINT ''DATENSATZ ZEILENWEISE EINLESEN''
 80 FOR I=1 TO N1
 90 PRINT AT 4,0;''NR''
100 PRINT AT 7,0;I
110 FOR J=1 TO R1
120 INPUT B(I,J)
130 PRINT AT 20,0;B(I,J);''       ''
140 PRINT AT 7,4+2*J;''*''
150 NEXT J
160 CLS
170 NEXT I
180 PRINT ''VERWENDUNG DER KOVARIANZ- (=1) ODER DER
    KORRELATIONSMATRIX (=2)?''
190 INPUT ENT
200 CLS
210 FAST
220 FOR J=1 TO R1
230 LET M=0
240 FOR I=1 TO N1
250 LET M=M+B(I,J)
260 NEXT I
```

```
270 LET M=M/N1
280 FOR I=1 TO N1
290 LET B(I,J)=B(I,J)-M
300 NEXT I
310 IF ENT=1 THEN GOTO 400
320 LET S=0
330 FOR I=1 TO N1
340 LET S=S+B(I,J)*B(I,J)
350 NEXT I
360 LET S=SQR (S/(N1-1))
370 FOR I=1 TO N1
380 LET B(I,J)=B(I,J)/S
390 NEXT I
400 NEXT J
410 DIM A(R1,R1)
420 FOR I=1 TO R1
430 FOR J=1 TO I
440 FOR K=1 TO N1
450 LET A(I,J)=A(I,J)+B(K,I)*B(K,J)
460 NEXT K
470 LET A(I,J)=A(I,J)/(N1-1)
480 LET A(J,I)=A(I,J)
490 NEXT J
500 NEXT I
510 PRINT ''AUSDRUCK DER KOV.-/KORR.-MATRIX (J/N)?''
520 INPUT A$
530 IF A$<>''J'' THEN GOTO 660
540 SLOW
550 FOR I=1 TO R1
560 PRINT I;'' -TE SPALTE''
570 PRINT
580 FOR J=1 TO R1
590 PRINT A(I,J)
600 NEXT J
610 PRINT
620 NEXT I
630 PRINT ''WEITER?''
640 IF INKEY$='''' THEN GOTO 640
650 FAST
660 DIM Z(R1,R1)
```

Programm 6.1

```
670 DIM D(R1)
680 DIM E(R1)
690 FOR I=1 TO R1
700 FOR J=1 TO I
710 LET Z(I,J)=A(I,J)
720 NEXT J
730 NEXT I
740 FOR I=R1 TO 2 STEP -1
750 LET L=I-2
760 LET F=Z(I,I-1)
770 LET G=0
780 FOR K=1 TO L
790 LET G=G+Z(I,K)*Z(I,K)
800 NEXT K
810 LET H=G+F*F
820 IF G>1E-10 THEN GOTO 860
830 LET E(I)=F
840 LET H=0
850 GOTO 1140
860 LET L=L+1
870 IF F>=0 THEN LET E(I)=-SQR H
880 IF F<0 THEN LET E(I)=SQR H
890 LET G=E(I)
900 LET H=H-F*G
910 LET Z(I,I-1)=F-G
920 LET F=0
930 FOR J=1 TO L
940 LET Z(J,I)=Z(I,J)/H
950 LET G=0
960 FOR K=1 TO J
970 LET G=G+Z(J,K)*Z(I,K)
980 NEXT K
990 FOR K=J+1 TO L
1000 LET G=G+Z(K,J)*Z(I,K)
1010 NEXT K
1020 LET E(J)=G/H
1030 LET F=F+G*Z(J,I)
1040 NEXT J
1050 LET HH=F/(H+H)
1060 FOR J=1 TO L
```

10.1. Programme

```
1070 LET F=Z(I,J)
1080 LET E(J)=E(J)-HH*F
1090 LET G=E(J)
1100 FOR K=1 TO J
1110 LET Z(J,K)=Z(J,K)-F*E(K)-G*Z(I,K)
1120 NEXT K
1130 NEXT J
1140 LET D(I)=H
1150 NEXT I
1160 LET E(1)=0
1170 FOR I=1 TO R1
1180 IF D(I)=0 THEN GOTO 1280
1190 FOR J=1 TO I-1
1200 LET G=0
1210 FOR K=1 TO I-1
1220 LET G=G+Z(I,K)*Z(K,J)
1230 NEXT K
1240 FOR K=1 TO I-1
1250 LET Z(K,J)=Z(K,J)-G*Z(K,I)
1260 NEXT K
1270 NEXT J
1280 LET D(I)=Z(I,I)
1290 LET Z(I,I)=1
1300 FOR J=1 TO I-1
1310 LET Z(J,I)=0
1320 LET Z(I,J)=0
1330 NEXT J
1340 NEXT I
1350 FOR I=2 TO R1
1360 LET E(I-1)=E(I)
1370 NEXT I
1380 LET F=0
1390 LET E(R1)=0
1400 FOR L=1 TO R1
1410 LET F=F+D(L)
1420 FOR I=L+1 TO R1
1430 LET D(I)=D(I)-D(L)
1440 NEXT I
1450 LET D(L)=0
1460 LET P=D(R1)
```

Programm 6.1

```
1470 LET C=1
1480 LET S=0
1490 FOR I=R1-1 TO L STEP -1
1500 LET G=C*E(I)
1510 LET H=C*P
1520 IF ABS P<ABS E(I) THEN GOTO 1590
1530 LET C=E(I)/P
1540 LET R=SQR(1+C*C)
1550 LET E(I+1)=S*P*R
1560 LET S=C/R
1570 LET C=1/R
1580 GOTO 1640
1590 LET C=P/E(I)
1600 LET R=SQR(1+C*C)
1610 LET E(I+1)=S*E(I)*R
1620 LET S=1/R
1630 LET C=C/R
1640 LET P=C*D(I)-S*G
1650 LET D(I+1)=H+S*(C*G+S*D(I))
1660 FOR K=1 TO R1
1670 LET H=Z(K,I+1)
1680 LET Z(K,I+1)=S*Z(K,I)+C*H
1690 LET Z(K,I)=C*Z(K,I)-S*H
1700 NEXT K
1710 IF I=L THEN GOTO 1730
1720 NEXT I
1730 LET E(L)=S*P
1740 LET D(L)=C*P
1750 IF ABS D(L)>1E-12 THEN GOTO 1410
1760 LET D(L)=D(L)+F
1770 NEXT L
1780 FOR I=1 TO R1
1790 LET K=I
1800 LET P=D(I)
1810 FOR J=I+1 TO R1
1820 IF D(J)<=P THEN GOTO 1850
1830 LET K=J
1840 LET P=D(J)
1850 NEXT J
1860 IF K=I THEN GOTO 1940
```

```
1870 LET D(K)=D(I)
1880 LET D(I)=P
1890 FOR J=1 TO R1
1900 LET P=Z(J,I)
1910 LET Z(J,I)=Z(J,K)
1920 LET Z(J,K)=P
1930 NEXT J
1940 NEXT I
1950 CLS
1960 SLOW
1970 PRINT ''EIGENWERTE'',''VARIANZANTEIL''
1980 PRINT
1990 LET H=0
2000 FOR I=1 TO R1
2010 LET H=H+D(I)
2020 NEXT I
2030 FOR I=1 TO R1
2040 PRINT
2050 PRINT ''L'';I;''= '';D(I),.01*INT (10000*D(I)/H);'' PROZENT''
2060 NEXT I
2070 PRINT
2080 PRINT
2090 PRINT ''AUSDRUCK DER EIGENVEKTOREN''
2100 PRINT
2110 FOR I=1 TO R1
2120 PRINT
2130 FOR J=1 TO R1
2140 PRINT ''EV '';J;I;'' ='',Z(J,I)
2150 PRINT
2160 NEXT J
2170 NEXT I
2180 PRINT
2190 PRINT ''WIEVIELE HAUPTKOMPONENTEN SOLLEN BERUECKSICHTIGT
     WERDEN?''
2200 INPUT A1
2210 CLS
2220 PRINT ''OBJEKTDARSTELLUNG''
2230 PRINT
2240 FOR J=1 TO A1
2250 PRINT ''OBJEKT'',J;'' -TE KOORDINATE''
```

```
2260 PRINT ''NR.''
2270 PRINT
2280 FOR I=1 TO N1
2290 LET H=0
2300 FOR K=1 TO R1
2310 LET H=H+B(I,K)*Z(K,J)
2320 NEXT K
2330 PRINT I,H
2340 NEXT I
2350 PRINT
2360 NEXT J
2370 PRINT
2380 PRINT ''VARIABLENDARSTELLUNG''
2390 FOR J=1 TO A1
2400 PRINT ''VARIABLE'',J;'' -TE KOORDINATE''
2410 PRINT ''NR.''
2420 PRINT
2430 FOR I=1 TO R1
2440 PRINT I,Z(I,J)*SQR D(J)
2450 NEXT I
2460 PRINT
2470 NEXT J
2480 STOP
```

Programm 6.2

HKA

Hauptkomponentenanalyse mit Objektdisplay

KC 85/2

```
  1 REM HKA (HAUPTKOMPONENTENANALYSE)
  2 REM PROGRAMMAUTOREN: R., A., G. HENRION (1986)
  3 REM MATRIXDIAGONALISIERUNG MIT
  4 REM QR-VERFAHREN
  5 REM IN ANLEHNUNG AN WILKINSON/REINSCH
 10 INPUT''ZAHL DER OBJEKTE?'';N1:INPUT''ZAHL DER VARIABLEN?'';
    R1:DIMB(N1,R1)
 20 CLS:PRINT''DATENSATZ ZEILENWEISE EINLESEN!'':
    WINDOW20,30,30,39
 30 PAPER2:CLS:PRINTAT(10,10);''OBJEKT'':PRINTAT(10,18);
    ''VARIABLE'':FORI=1TON1
 40 PRINTAT(15,10);I:FORJ=1TOR1:PRINTAT(15,18);
    J:INPUTB(I,J):NEXTJ,I:WINDOW
 50 PAPER1:CLS:INPUT''ZENTRIEREN(=1)ODER STANDARDISIEREN(=2)
    DER DATEN?'';ENT
 60 FORJ=1TOR1:M=0:FORI=1TON1:M=M+B(I,J):NEXT:M=M/N1
 70 FORI=1TON1:B(I,J)=B(I,J)-M:NEXT:IFENT=1THEN100
 80 S=0:FORI=1TON1:S=S+B(I,J)*B(I,J):NEXT:S=SQR(S/(N1-1))
 90 FORI=1TON1:B(I,J)=B(I,J)/S:NEXT
100 NEXT
110 DIMZ(R1,R1):FORI=1TOR1:FORJ=1TOI:FORK=1TON1:Z(I,J)=
    Z(I,J)+B(K,I)*B(K,J)
120 NEXT:Z(I,J)=Z(I,J)/(N1-1):Z(J,I)=Z(I,J):NEXT:NEXT
130 PRINT''AUSDRUCK DER '';
140 IFENT=1THENPRINT''KOVARIANZ'';:ELSEPRINT''KORRELATIONS'';
150 PRINT''MATRIX (J/N)?'':INPUTA$:IFA$<>''J''THEN200
160 FORI=1TOR1:PRINTI;''TE SPALTE'':PRINT:FORJ=1TOR1
    :PRINTZ(I,J):NEXT:PRINT
170 PRINT''WEITER?''
180 IFINKEY$=''''THEN180
190 NEXT
200 DIMD(R1):DIME(R1)
```

Programm 6.2

```
210 FORI=R1TO2STEP-1
220 L=I-2:F=Z(I,I-1):G=0:IFL>=1THENFORK=1TOL:G=G+Z(I,K)*Z(I,K):
    NEXT
230 H=G+F*F:IFG<=1E-10THENE(I)=F:H=0:GOTO350
240 L=L+1:IFF>=0THENE(I)=-SQR(H):ELSEE(I)=SQR(H)
250 G=E(I):H=H-F*G:Z(I,I-1)=F-G:F=0
260 FORJ=1TOL
270 Z(J,I)=Z(I,J)/H:G=0:FORK=1TOJ:G=G+Z(J,K)*Z(I,K):NEXT:IFL<J+
    1THEN290
280 FORK=J+1TOL:G=G+Z(K,J)*Z(I,K):NEXT
290 E(J)=G/H:F=F+G*Z(J,I)
300 NEXTJ:HH=F/(H+H)
310 FORJ=1TOL
320 F=Z(I,J):E(J)=E(J)-HH*F:G=E(J)
330 FORK=1TOJ:Z(J,K)=Z(J,K)-F*E(K)-G*Z(I,K):NEXT
340 NEXT
350 D(I)=H:NEXT:E(1)=0
360 FORI=1TOR1
370 IFD(I)=0ORI=1THEN410
380 FORJ=1TOI-1:G=0
390 FORK=1TOI-1:G=G+Z(I,K)*Z(K,J):NEXT
400 FORK=1TOI-1:Z(K,J)=Z(K,J)-G*Z(K,I):NEXT:NEXT
410 D(I)=Z(I,I):Z(I,I)=1:IFI>=2THENFORJ=1TOI-1:Z(J,I)=0:Z(I,J)=
    0:NEXT
420 NEXT:FORI=2TOR1:E(I-1)=E(I):NEXT:F=0:E(R1)=0
430 FORL=1TOR1
440 F=F+D(L):IFL+1<=R1THENFORI=L+1TOR1:D(I)=D(I)-D(L):NEXT
450 D(L)=0:P=D(R1):C=1:S=0:IFL>R1-1THEN530
460 FORI=R1-1TOLSTEP-1
470 G=C*E(I):H=C*P:IFABS(P)<ABS(E(I))THEN490
480 C=E(I)/P:R=SQR(1+C*C):E(I+1)=S*P*R:S=C/R:C=1/R:GOTO500
490 C=P/E(I):R=SQR(1+C*C):E(I+1)=S*E(I)*R:S=1/R:C=C/R
500 P=C*D(I)-S*G:D(I+1)=H+S*(C*G+S*D(I))
510 FORK=1TOR1:H=Z(K,I+1):Z(K,I+1)=S*Z(K,I)+C*H:Z(K,I)=
    C*Z(K,I)-S*H:NEXT
520 NEXT
530 E(L)=S*P:D(L)=C*P:IFABS(D(L))>1E-12THEN440
540 D(L)=D(L)+F:NEXT
550 FORI=1TOR1
560 K=I:P=D(I):IFI=R1THEN600
```

10.1. Programme

```
570 FORJ=I+1TOR1
580 IFD(J)>PTHENK=J:P=D(J)
590 NEXT
600 IFK=ITHEN620
610 D(K)=D(I):D(I)=P:FORJ=1TOR1:P=Z(J,I):Z(J,I)=Z(J,K):Z(J,K)=
    P:NEXT
620 NEXT:CLS:PRINT''EIGENWERTE'','' VARIANZANTEIL'':PRINT:H=0
630 FORI=1TOR1:H=H+D(I):NEXT
640 FORI=1TOR1:PRINT''L'';I;''= '';D(I);.01*INT(10000*D(I)/
    H);'' PROZENT'':NEXT
650 PRINT:PRINT''EIGENVEKTOREN:'':PRINT
660 FORI=1TOR1
670 PRINT:FORJ=1TOR1:PRINT''EV '';J;I'' ='',Z(J,I):NEXT:
    PRINT''WEITER?''
680 IFINKEY$=''''THEN680
690 NEXT:CLS:PRINT''WIEVIELE HAUPTKOMPONENTEN SOLLEN
    BERUECKSICHTIGT '';
700 PRINT''WERDEN?'':INPUTA1:PRINT:PRINT''OBJEKTDARSTELLUNG'':
    PRINT:G=0
710 FORJ=1TOA1
720 PRINT''OBJEKT'',J;''-TE KOORDINATE'':PRINT''NR.'':PRINT
730 FORI=1TON1:H=0:FORK=1TOR1:H=H+B(I,K)*Z(K,J):NEXT:
    PRINTI,H:G=G+1
740 IFG<15THEN760:ELSEG=0:PRINT''WEITER?''
750 IFINKEY$=''''THEN750
760 NEXT:NEXT:PRINT:PRINT''VARIABLENDARSTELLUNG'':G=0
770 FORJ=1TOA1
780 PRINT''VARIABLE'',J;'' -TE KOORDINATE'':PRINT''NR.'':PRINT
790 FORI=1TOR1:PRINTI,Z(I,J)*SQR(D(J)):G=G+1
800 IFG<15THEN820:ELSEG=0:PRINT''WEITER?''
810 IFINKEY$=''''THEN810
820 NEXT:PRINT:NEXT:PRINT''WEITER?''
830 IF INKEY$=''''THEN830
840 PAPER0:CLS:PRINT''FEINE GRAFIK'':F=1
850 FORI=1TON1
860 H=0:G=0:FORK=1TOR1:H=H+B(I,K)*Z(K,1):G=G+B(I,K)*Z(K,2):NEXT
870 IFQ=0THENH=25*F*H+125:G=25*F*G+125:ELSEH=3*F*H+15:G=3*F*G+15
880 IFQ=1THEN890:ELSEIFH<0ORG<0ORH>318ORG>254THEN900:
    ELSEPSETH,G,7:GOTO900
```

Programm 6.2

```
890 IFH<0ORG<0ORH>38ORG>29THEN900:ELSEG=30-G:PRINTAT(G,H);I
900 NEXT:PRINTAT(1,0);''NEUE VERGROESSERUNG?(1=ORIGINAL;
    0=KEINE)'':INPUTF
910 CLS:IFF>0THEN850:ELSEIFQ=1THEN920:ELSEQ=1:F=1:PRINT
    ''GROBE GRAFIK'':GOTO850
920 ENDE
```

Programm 7

VARDIS

Varianz- und (lineare) Diskriminanzanalyse

ZX 81

```
  1 REM VARDIS (VARIANZ- UND DISKRIMINANZANALYSE)
  2 REM PROGRAMMAUTOREN: R., A., G. HENRION (1986)
 10 PRINT ''GESAMTZAHL DER OBJEKTE?''
 20 INPUT N1
 30 CLS
 40 PRINT ''ZAHL DER MERKMALE?''
 50 INPUT R1
 60 LET R11=R1*(R1+1)/2
 70 DIM B(N1,R1)
 80 CLS
 90 PRINT ''ZAHL DER GRUPPEN?''
100 INPUT G1
110 DIM N(G1+1)
120 DIM S(R11)
130 DIM A(R1,G1+1)
140 CLS
150 LET N(1)=1
160 FOR I=1 TO G1
170 PRINT ''ZAHL DER OBJEKTE IN GRUPPE '';I
180 INPUT J
190 LET N(I+1)=N(I)+J
200 CLS
210 NEXT I
220 PRINT ''ZEILENWEISE EINGABE DES DATENSATZES''
230 FOR I=1 TO N1
240 PRINT AT 4,0;''OBJEKT '';I
250 FOR J=1 TO R1
260 INPUT B(I,J)
270 PRINT AT 20,0;B(I,J);''         ''
280 PRINT AT 10,2*J-2;''*''
290 NEXT J
300 CLS
```

Programm 7

```
310 NEXT I
320 PRINT "SOLLEN NEUE OBJEKTE KLASSIFIZIERT WERDEN (J/N)?"
330 INPUT B$
340 IF B$<>"J" THEN GOTO 470
350 PRINT "ZAHL DER OBJEKTE?"
360 INPUT NN
370 CLS
380 DIM X(NN,R1)
390 PRINT "EINGABE"
400 FOR I=1 TO NN
410 FOR J=1 TO R1
420 PRINT AT 10,0;"X(";I;",";J;")"
430 INPUT X(I,J)
440 NEXT J
450 NEXT I
460 CLS
470 PRINT "DATENSTANDARDISIERUNG (J/N)?"
480 INPUT A$
490 FAST
500 IF A$<>"J" THEN GOTO 770
510 FOR J=1 TO R1
520 LET S=0
530 FOR I=1 TO N1
540 LET S=S+B(I,J)
550 NEXT I
560 LET S=S/N1
570 FOR I=1 TO N1
580 LET B(I,J)=B(I,J)-S
590 NEXT I
600 IF B$<>"J" THEN GOTO 640
610 FOR I=1 TO NN
620 LET X(I,J)=X(I,J)-S
630 NEXT I
640 LET S=0
650 FOR I=1 TO N1
660 LET S=S+B(I,J)*B(I,J)
670 NEXT I
680 LET S=SQR (S/(N1-1))
690 FOR I=1 TO N1
700 LET B(I,J)=B(I,J)/S
```

```
710 NEXT I
720 IF B$<>''J'' THEN GOTO 760
730 FOR I=1 TO NN
740 LET X(I,J)=X(I,J)/S
750 NEXT I
760 NEXT J
770 CLS
780 IF G1<=R1+1 THEN LET TMAX=G1-1
790 IF G1>R1+1 THEN LET TMAX=R1
800 LET NG=N1-G1
810 FOR J=1 TO R1
820 FOR G=1 TO G1
830 FOR I=N(G) TO N(G+1)-1
840 LET A(J,G)=A(J,G)+B(I,J)
850 NEXT I
860 LET A(J,G1+1)=A(J,G1+1)+A(J,G)
870 LET A(J,G)=A(J,G)/(N(G+1)-N(G))
880 NEXT G
890 LET A(J,G1+1)=A(J,G1+1)/N1
900 NEXT J
910 FOR G=1 TO G1
920 LET IJ=0
930 FOR I=1 TO R1
940 FOR J=1 TO I
950 LET IJ=IJ+1
960 FOR K=N(G) TO N(G+1)-1
970 LET S(IJ)=S(IJ)+(B(K,I)-A(I,G))*(B(K,J)-A(J,G))
980 NEXT K
990 NEXT J
1000 NEXT I
1010 NEXT G
1020 FOR I=1 TO R11
1030 LET S(I)=S(I)/NG
1040 NEXT I
1050 FOR J=1 TO R1
1060 FOR G=1 TO G1
1070 LET A(J,G)=A(J,G)-A(J,G1+1)
1080 NEXT G
1090 NEXT J
```

Programm 7

```
1100 LET F1=G1-1
1110 DIM T(R1)
1120 DIM K(R1*(R1-1)/2)
1130 CLS
1140 PRINT ''TRENNMASS DER EINZELMERKMALE:''
1150 PRINT
1160 PRINT ''NR. '';''   TRENNMASS'',''   SIGNIFIKANZ''
1170 PRINT
1180 LET R2=1
1190 GOSUB 5470
1200 FOR J=1 TO R1
1210 LET IJ=J*(J+1)/2
1220 FOR G=1 TO G1
1230 LET T(J)=T(J)+(N(G+1)-N(G))*A(J,G)*A(J,G)
1240 NEXT G
1250 LET T(J)=T(J)/(S(IJ)*NG)
1260 LET PG=FA*T(J)
1270 IF PG<1 THEN LET F=0
1280 IF PG>=1 THEN GOSUB 5570
1290 PRINT J;''     '';T(J);''          '';
1300 IF PG>=1 AND F>= .95 THEN PRINT ''*''
1310 IF F<.95 THEN PRINT
1320 PRINT
1330 NEXT J
1340 PRINT
1350 LET MIN=1E38
1360 LET R2=2
1370 GOSUB 5470
1380 PRINT ''TRENNMASS DER MERKMALSPAARE''
1390 PRINT
1400 PRINT ''M.PAAR '';''   TRENNMASS'';''   SIGNIFIKANZ''
1410 PRINT
1420 LET IJ=0
1430 FOR I=2 TO R1
1440 FOR J=1 TO I-1
1450 LET IJ=IJ+1
1460 LET IJ1=IJ+I-1
1470 LET JJ=J*(J+1)/2
1480 LET II=I*(I+1)/2
1490 FOR G=1 TO G1
```

286   10.1. Programme

```
1500 LET K(IJ)=K(IJ)+(N(G+1)-N(G))*A(J,G)*A(I,G)
1510 NEXT G
1520 LET K(IJ)=(NG*S(II)*S(JJ)*(T(I)+T(J))-2*S(IJ1)*K(IJ))/
     (NG*(S(II)*S(JJ)-S(IJ1)*S(IJ1)))
1530 PRINT '' '';J;'' , '';I;''      '';.001*
     INT (1E3*K(IJ));''          '';
1540 LET PG=FA*K(IJ)
1550 IF PG>=1 THEN GOSUB 5570
1560 IF PG<1 OR PG>=1 AND F<.95 THEN PRINT
1570 IF PG>=1 AND F>=.95 THEN PRINT ''*''
1580 PRINT
1590 LET K(IJ)=2*K(IJ)/(T(J)+T(I))-1
1600 IF K(IJ)<MIN THEN LET MIN=K(IJ)
1610 IF MIN<>K(IJ) THEN GOTO 1640
1620 LET I1=I
1630 LET J1=J
1640 NEXT J
1650 NEXT I
1660 DIM P(R11)
1670 DIM Q(R1,G1)
1680 PRINT ''VARIABLEN-CLUSTERUNG (J/N)?''
1690 INPUT A$
1700 CLS
1710 IF A$<>''J'' THEN GOTO 2480
1720 DIM C(R1)
1730 DIM D(3*R1)
1740 FOR I=1 TO R1
1750 LET C(I)=I
1760 NEXT I
1770 LET C(I1)=-C(J1)
1780 LET T(J1)=.5*(MIN+1)*(T(I1)+T(J1))
1790 LET D(1)=J1
1800 LET D(2)=I1
1810 LET D(3)=MIN
1820 FOR C=1 TO R1-2
1830 LET Q=1
1840 FOR M=1 TO R1
1850 IF ABS C(M)=C(J1) OR C(M)<0 THEN GOTO 2110
1860 IF Q=0 THEN GOTO 1920
1870 GOSUB 5980
```

Programm 7

```
1880 FOR L=1 TO R1
1890 IF ABS C(L)<>C(J1) THEN GOTO 1910
1900 GOSUB 5660
1910 NEXT L
1920 LET T=T(J1)
1930 LET Q=-1
1940 FOR K=1 TO R1
1950 IF Q=-1 THEN LET L=K
1960 IF ABS C(K)=C(M) THEN LET Q=Q+1
1970 NEXT K
1980 IF Q THEN GOTO 2010
1990 GOSUB 6070
2000 GOTO 2080
2010 LET S=0
2020 FOR L=1 TO R1
2030 IF ABS C(L)<>C(M) THEN GOTO 2070
2040 LET S=S+1
2050 GOSUB 6070
2060 IF S<=Q OR C=R1-2 THEN GOSUB 5660
2070 NEXT L
2080 IF J1>M THEN LET LM=(J1-1)*(J1-2)/2+M
2090 IF J1<M THEN LET LM=(M-1)*(M-2)/2+J1
2100 LET K(LM)=2*T/(T(J1)+T(M))-1
2110 NEXT M
2120 LET LM=0
2130 LET MIN=1E38
2140 FOR L=2 TO R1
2150 FOR M=1 TO L-1
2160 LET LM=LM+1
2170 IF C(L)<0 OR C(M)<0 THEN GOTO 2220
2180 IF K(LM)<MIN THEN LET MIN=K(LM)
2190 IF K(LM)<>MIN THEN GOTO 2220
2200 LET I1=L
2210 LET J1=M
2220 NEXT M
2230 NEXT L
2240 LET D(3*C+1)=J1
2250 LET D(3*C+2)=I1
2260 LET D(3*C+3)=MIN
2270 LET T(J1)=.5*(MIN+1)*(T(I1)+T(J1))
```

```
2280 GOSUB 6140
2290 NEXT C
2300 FOR I=1 TO R1
2310 LET C(I)=I
2320 NEXT I
2330 FOR C=0 TO R1-2
2340 PRINT ''ZUSAMMENFASSUNG BEIM AFFINITAETSKOEFFIZIENTEN A= ''
     ;D(3*C+3)
2350 PRINT
2360 PRINT ''VARIABLE'',''CLUSTERNUMMER''
2370 PRINT
2380 LET J1=D(3*C+1)
2390 LET I1=D(3*C+2)
2400 GOSUB 6140
2410 FOR I=1 TO R1
2420 PRINT ''  '';I,''    '';ABS C(I)
2430 PRINT
2440 NEXT I
2450 NEXT C
2480 GOSUB 5980
2490 LET T=0
2500 FOR L=1 TO R1
2510 GOSUB 6070
2520 GOSUB 5660
2530 NEXT L
2540 LET TM=T
2550 PRINT ''VARIABLENREDUKTION UND MITTELWERTVERGLEICHE (J/N)?''
2560 INPUT A$
2570 IF A$<>''J'' THEN GOTO 3380
2580 LET ANZ=R1
2590 DIM C(R1)
2600 CLS
2610 PRINT ''ANZAHL DER NOCH VORHANDENEN VARIABLEN: '';ANZ
2620 PRINT
2630 PRINT ''TRENNMASS: '';TM
2640 PRINT
2650 LET R2=ANZ
2660 GOSUB 5470
2670 LET PG=FA*TM
2680 IF PG>=1 THEN GOSUB 5570
```

Programm 7

```
2690 PRINT ''KOMPLEXER MITTELWERTVERGLEICH:''
2700 PRINT
2710 IF PG<1 OR PG>=1 AND F<.95 THEN PRINT ''KEINE UNTERSCHIEDE''
2720 IF PG>=1 AND F>.95 THEN PRINT ''SIGNIFIKANTER UNTERSCHIED''
2730 PRINT
2740 PRINT ''PRUEFUNG AUF ISOLIERTHEIT UND PAARWEISER
     MITTELWERTVERGLEICH (J/N)?''
2750 INPUT A$
2760 CLS
2770 IF A$<>''J'' THEN GOTO 3090
2780 PRINT ''GRUPPEN'';'' ISOL.'';'' MITTELW.VGL.(0.95=*)''
2790 PRINT
2800 FOR L=2 TO G1
2810 FOR M=1 TO L-1
2820 PRINT '' '';L;'' , '';M;''      '';
2830 LET PG1=0
2840 FOR I=1 TO R1
2850 IF C(I) THEN GOTO 2870
2860 LET PG1=PG1+A(I,L)*Q(I,L)+A(I,M)*Q(I,M)-2*A(I,M)*Q(I,L)
2870 NEXT I
2880 LET NL=N(L+1)-N(L)
2890 LET NM=N(M+1)-N(M)
2900 LET RL=SQR ((NL+1)/NL)
2910 LET RM=SQR ((NM+1)/NM)
2920 LET RL=(RL+RM)*(RL+RM)
2930 LET DF1=TMAX
2940 LET DF2=NG-TMAX+1
2950 LET PG=-PG1*DF2/(DF1*NG*RL)
2960 IF PG>=1 THEN GOSUB 5570
2970 IF PG>=1 AND F>=.95 THEN PRINT ''*'';
2980 PRINT ''          '';
2990 LET PG=PG1*NL*NM*(ANZ-NG-1)/(ANZ*NG*(NL+NM))
3000 IF PG<=0 THEN PRINT
3010 LET DF1=ANZ
3020 LET DF2=NG-ANZ+1
3030 IF PG>=1 THEN GOSUB 5570
3040 IF PG>=1 AND F>=.95 THEN PRINT ''*'';
3050 PRINT
3060 PRINT
3070 NEXT M
```

```
3080 NEXT L
3090 LET MIN=1E38
3100 FOR I=1 TO R1
3110 IF C(I) THEN GOTO 3180
3120 LET T=0
3130 LET L=I
3140 GOSUB 6070
3150 LET T=-T
3160 IF T<MIN THEN LET MIN=T
3170 IF T=MIN THEN LET I1=I
3180 NEXT I
3190 PRINT ''KLEINSTE UNENTBEHRLICHKEIT BEI MERKMAL '';I1;'' :
     '';MIN
3200 PRINT
3210 PRINT ''MERKMAL '';I1;
3220 LET DF1=G1-1
3230 LET DF2=NG-ANZ+1
3240 LET PG=DF2*MIN/(DF1*(1+TM-MIN))
3250 IF PG>=1 THEN GOSUB 5570
3260 IF PG<1 OR PG>=1 AND F<=.95 THEN PRINT '' NICHT SIGNIFIKANT''
3270 IF PG>=1 AND F>=.95 THEN PRINT '' SIGNIFIKANT ( '';
     .1*INT (1E3*F);'' )''
3280 PRINT
3290 PRINT ''HERAUSNAHME (J/N)?''
3300 INPUT A$
3310 IF ANZ=1 OR A$<>''J'' THEN GOTO 3380
3320 LET ANZ=ANZ-1
3330 LET C(I1)=1
3340 LET L=I1
3350 GOSUB 5660
3360 LET TM=TM-MIN
3370 GOTO 2600
3380 CLS
3390 PRINT ''ANZAHL DER BEI DER DISKRIMINATION ZU BENUTZENDEN
     MERKMALE?''
3400 INPUT R3
3410 IF R3>=G1-1 THEN LET TMAX=G1-1
3420 IF G1-1>=R3 THEN LET TMAX=R3
3430 PRINT
3440 DIM C(R3)
```

Programm 7

```
3450 PRINT ''EINGABE DER MERKMALSNUMMERN''
3460 FOR I=1 TO R3
3470 INPUT C(I)
3480 NEXT I
3490 CLS
3500 FAST
3510 GOSUB 5980
3520 FOR M=1 TO R3
3530 LET L=C(M)
3540 GOSUB 5660
3550 NEXT M
3560 PRINT ''BERECHNUNG DER NICHTELEMENTAREN DISKRIMINANZ
      FUNKTIONEN (J/N)?''
3570 INPUT C$
3580 CLS
3590 IF C$<>''J'' THEN GOTO 4570
3600 DIM K(G1,G1)
3610 FOR J=1 TO R3
3620 FOR G=1 TO G1
3630 LET Q(C(J),G)=SQR (N(G+1)-N(G))*Q(C(J),G)
3640 NEXT G
3650 NEXT J
3660 FOR I=1 TO G1
3670 FOR J=1 TO I
3680 FOR K=1 TO R3
3690 LET K(I,J)=K(I,J)+A(C(K),I)*Q(C(K),J)
3700 NEXT K
3710 LET K(I,J)=-SQR (N(I+1)-N(I))*K(I,J)/NG
3720 LET K(J,I)=K(I,J)
3730 NEXT J
3740 NEXT I
3750 GOSUB 6200
3760 LET LS=0
3770 FOR I=1 TO TMAX
3780 LET LS=LS+D(I)
3790 NEXT I
3800 PRINT ''EIGENWERTE'',''TRENNANTEIL''
3810 PRINT
3820 FOR I=1 TO TMAX
3830 PRINT ''L'';I;''= '';D(I),.01*INT (1E4*D(I)/LS);'' PROZENT''
```

```
3840 PRINT
3850 NEXT I
3860 PRINT
3870 DIM T(R3,TMAX)
3880 FOR I=1 TO TMAX
3890 PRINT ''KOEFF. DER '';I;''-TEN NICHTELEM.DISK.FKT.:''
3900 FOR J=1 TO R3
3910 PRINT
3920 FOR K=1 TO G1
3930 LET T(J,I)=T(J,I)+Q(C(J),K)*K(K,I)
3940 NEXT K
3950 LET T(J,I)=T(J,I)/SQR (NG*D(I))
3960 PRINT ''   C('';C(J);'')='',T(J,I)
3970 NEXT J
3980 PRINT
3990 NEXT I
4000 PRINT
4010 LET LS1=LS
4020 LET I1=0
4030 LET R2=R3-I1
4040 LET F1=G1-1-I1
4050 GOSUB 5470
4060 LET PG=FA*LS1
4070 IF PG<1 THEN GOTO 4140
4080 GOSUB 5570
4090 IF F<.95 THEN GOTO 4140
4100 LET I1=I1+1
4110 IF I1=TMAX THEN GOTO 4140
4120 LET LS1=LS1-D(I1)
4130 GOTO 4030
4140 PRINT ''ZAHL DER SIGNIFIKANTEN DISKRIMINANZMERKMALE: '';I1
4150 PRINT
4160 DIM K(TMAX,G1)
4170 FOR G=1 TO G1
4180 FOR I=1 TO TMAX
4190 FOR J=1 TO R3
4200 LET K(I,G)=K(I,G)+T(J,I)*(A(C(J),G)+A(C(J),G1+1))
4210 NEXT J
4220 NEXT I
4230 NEXT G
```

Programm 7

```
4240 PRINT ''KOORDINATEN FUER DISPLAY (J/N)?''
4250 INPUT A$
4260 CLS
4270 IF A$<>''J'' THEN GOTO 4570
4280 LET S=2
4290 IF TMAX=1 THEN LET S=1
4300 PRINT ''EINGABE DES F-QUANTILS F('';S;'','';NG-S+1;'',0.95)''
4310 INPUT F
4320 CLS
4330 PRINT ''GRUPPE '';''STREURADIUS '';''MITTELPUNKT''
4340 PRINT
4350 FOR G=1 TO G1
4360 LET NL=N(G+1)-N(G)
4370 PRINT ''   '';G;''      '';SQR (F*(NL+1)*2*NG/(NL*(NG-1)));
     .01*INT (100*K(1,G));
4380 IF TMAX>=2 THEN PRINT '' , '';.01*INT (100*K(2,G))
4390 PRINT
4400 NEXT G
4410 PRINT
4420 PRINT ''OBJEKT'',''KOORDINATEN''
4430 PRINT
4440 FOR I=1 TO N1
4450 PRINT I,
4460 FOR J=1 TO 2
4470 IF TMAX=1 AND J=2 THEN GOTO 4530
4480 LET S=0
4490 FOR K=1 TO R3
4500 LET S=S+T(K,J)*B(I,C(K))
4510 NEXT K
4520 PRINT .01*INT (100*S);''   '';
4530 NEXT J
4540 PRINT
4550 PRINT
4560 NEXT I
4570 PRINT ''LACHENBRUCHMETHODE (J/N)?''
4580 INPUT A$
4590 CLS
4600 IF A$<>''J'' THEN GOTO 4940
4610 LET N0=0
4620 FOR G=1 TO G1
```

```
4630 LET NA=N(G+1)-N(G)
4640 LET NA=NA/(NA-1)
4650 FOR I=N(G) TO N(G+1)-1
4660 FOR H=1 TO G1
4670 IF H=G THEN GOTO 4890
4680 LET NH=N(H+1)-N(H)
4690 LET NH=NH/(NH+1)
4700 LET S1=0
4710 LET S2=0
4720 LET S3=0
4730 FOR J=1 TO R3
4740 LET S11=0
4750 LET S22=0
4760 FOR K=1 TO R3
4770 IF C(J)>=C(K) THEN LET JK=C(J)*(C(J)-1)/2+C(K)
4780 IF C(J)<C(K) THEN LET JK=C(K)*(C(K)-1)/2+C(J)
4790 LET S11=S11-P(JK)*(B(I,C(K))-A(C(K),G)-A(C(K),G1+1))
4800 LET S22=S22-P(JK)*(B(I,C(K))-A(C(K),H)-A(C(K),G1+1))
4810 NEXT K
4820 LET S1=S1+S11*(B(I,C(J))-A(C(J),G)-A(C(J),G1+1))
4830 LET S2=S2+S11*(B(I,C(J))-A(C(J),H)-A(C(J),G1+1))
4840 LET S3=S3+S22*(B(I,C(J))-A(C(J),H)-A(C(J),G1+1))
4850 NEXT J
4860 IF NA*S1<=NH*S3-NH*NA*(S1*S3-S2*S2)/NG THEN GOTO 4890
4870 LET N0=N0+1
4880 GOTO 4900
4890 NEXT H
4900 NEXT I
4910 NEXT G
4920 PRINT ''FEHLZUORDNUNG BEI '';N0;'' OBJEKTEN''
4930 PRINT ''SCHAETZUNG DES DISKRIMINATIONSFEHLERS NACH
     LACHENBRUCH: '';.01*INT (10000*N0/N1);'' PROZENT''
4940 PRINT
4950 PRINT ''WEITER (J/N)?''
4960 INPUT A$
4970 CLS
4980 IF B$<>''J'' OR C$<>''J'' THEN GOTO 5420
4990 PRINT ''KLASSIFIKATION DER NEUEN OBJEKTE (J/N)?''
5000 INPUT A$
5010 CLS
```

Programm 7

```
5020 IF A$<>"J" THEN GOTO 5420
5030 PRINT "WIEVIELE NICHTELEMENT.DISK.MERKM.SOLLEN BENUTZT
     WERDEN?"
5040 INPUT T11
5050 PRINT "EINGABE F-QUANTIL F(";T11;",";NG+1-T11;",";"
     0.95)"
5060 INPUT F
5070 LET NGG=(NG+1-T11)/(T11*NG)
5080 CLS
5090 PRINT "OBJ. 1.KOO 2.KOO MEHR-/EINDEUT."
5100 PRINT "               ZUORDN. ZU GR."
5110 PRINT
5120 FOR I= 1 TO NN
5130 PRINT I;
5140 DIM D(T11)
5150 FOR T=1 TO T11
5160 FOR J=1 TO R3
5170 LET D(T)=D(T)+T(J,T)*X(I,C(J))
5180 NEXT J
5190 NEXT T
5200 PRINT TAB 5;.01*INT (100*D(1));
5210 IF T11>=2 THEN PRINT TAB 12;.01*INT (100*D(2));
5220 LET MIN=1E38
5225 LET GR=0
5230 PRINT TAB 18;
5240 FOR G=1 TO G1
5250 LET KJ=0
5260 LET NJ=N(G+1)-N(G)
5270 FOR T=1 TO T11
5280 LET KJ=KJ+(K(T,G)-D(T))*(K(T,G)-D(T))
5290 NEXT T
5300 LET KJ=KJ*NGG*NJ/(NJ+1)
5310 IF KJ<=F THEN PRINT G;",";
5320 IF KJ<MIN THEN LET MIN=KJ
5330 IF MIN=KJ THEN LET GR=G
5340 NEXT G
5350 PRINT TAB 25;GR
5360 PRINT
5370 NEXT I
5380 PRINT "NEUE ANZAHL VON NICHTELEM.DISK.MERKM.(J/N)?"
```

10.1. Programme

```
5390 INPUT A$
5400 CLS
5410 IF A$=''J'' THEN GOTO 5030
5420 PRINT ''NEUE MERKMALSZAHL (J/N)?''
5430 INPUT A$
5440 CLS
5450 IF A$=''J'' THEN GOTO 3380
5460 STOP
5470 LET L1=NG-R2+1
5480 LET LFR=L1+F1+R2-F1*R2-2
5490 IF LFR<=0 THEN GOTO 5530
5500 LET DF1=F1*R2*(L1-1)/LFR
5510 LET DF2=L1
5520 GOTO 5550
5530 LET DF1=1E4
5540 LET DF2=L1-(L1-2)*(L1-4)*LFR/((L1+R2-2)*(L1+F1-2))
5550 LET FA=(L1-2)*DF2/(F1*R2*(DF2-2))
5560 RETURN
5570 LET Y1=2/(9*DF1)
5580 LET Z1=2/(9*DF2)
5590 LET U1=ABS ((1-Z1)*PG**(1/3)-1+Y1)/SQR
     (Z1*PG**(2/3)+Y1)
5600 IF DF2<4 THEN GOTO 5630
5610 LET F=1-(.5/(1+U1*(.196854+U1*(.115194+U1*(.000344+
     U1*.019527))))**4)
5620 GOTO 5650
5630 LET U1=U1*(1+.08*U1**4/DF2**3)
5640 GOTO 5610
5650 RETURN
5660 LET II=L*(L+1)/2
5670 LET P(II)=-1/P(II)
5680 FOR J=1 TO R1
5690 IF J=L THEN GOTO 5750
5700 IF J>L THEN LET JI2=J*(J-1)/2+L
5710 IF L>J THEN LET JI2=L*(L-1)/2+J
5720 FOR G=1 TO G1
5730 LET Q(J,G)=Q(J,G)+P(JI2)*Q(L,G)*P(II)
5740 NEXT G
5750 NEXT J
5760 FOR G=1 TO G1
```

Programm 7

```
5770 LET Q(L,G)=-Q(L,G)*ABS P(II)
5780 NEXT G
5790 LET IJ=0
5800 FOR I=1 TO R1
5810 FOR J=1 TO I
5820 LET IJ=IJ+1
5830 IF I=L OR J=L THEN GOTO 5890
5840 IF I>L THEN LET II2=I*(I-1)/2+L
5850 IF J>L THEN LET JI2=J*(J-1)/2+L
5860 IF I<L THEN LET II2=L*(L-1)/2+I
5870 IF J<L THEN LET JI2=L*(L-1)/2+J
5880 LET P(IJ)=P(IJ)+P(II2)*P(JI2)*P(II)
5890 NEXT J
5900 NEXT I
5910 FOR J=1 TO R1
5920 IF J=L THEN GOTO 5960
5930 IF J>L THEN LET JI2=J*(J-1)/2+L
5940 IF L>J THEN LET JI2=L*(L-1)/2+J
5950 LET P(JI2)=-ABS P(II)*P(JI2)
5960 NEXT J
5970 RETURN
5980 FOR I=1 TO R11
5990 LET P(I)=S(I)
6000 NEXT I
6010 FOR G=1 TO G1
6020 FOR J=1 TO R1
6030 LET Q(J,G)=A(J,G)
6040 NEXT J
6050 NEXT G
6060 RETURN
6070 LET II=L*(L+1)/2
6080 LET F=0
6090 FOR G=1 TO G1
6100 LET F=F+(N(G+1)-N(G))*Q(L,G)*Q(L,G)
6110 NEXT G
6120 LET T=T+F/(NG*P(II))
6130 RETURN
6140 LET LM=C(I1)
6150 FOR I=1 TO R1
6160 IF I=J1 THEN GOTO 6180
```

10.1. Programme

```
6170 IF ABS C(I)=C(J1) OR ABS C(I)=LM THEN LET C(I)=-C(J1)
6180 NEXT I
6190 RETURN
6200 DIM D(G1)
6210 LET W2=0
6220 FOR L=1 TO G1
6230 FOR K=1 TO G1
6240 LET W2=W2+K(L,K)*K(L,K)
6250 NEXT K
6260 NEXT L
6270 LET EP=1E-6*W2/G1
6280 LET NI=G1*(G1-1)/2
6290 LET KI=NI
6300 FOR K=1 TO G1-1
6310 FOR M=K+1 TO G1
6320 LET W2=0
6330 LET WW=0
6340 FOR L=1 TO G1
6350 LET W2=W2+K(L,K)*K(L,M)
6360 LET WW=WW+(K(L,K)+K(L,M))*(K(L,K)-K(L,M))
6370 NEXT L
6380 LET W22=W2*2
6390 LET W2A=ABS W22
6400 IF W2A>=EP THEN GOTO 6420
6410 IF WW>=0 THEN GOTO 6660
6420 LET WWA=ABS WW
6430 IF W2A>WWA THEN GOTO 6480
6440 LET TT=W2A/WWA
6450 LET CT=1/SQR (1+TT*TT)
6460 LET ST=TT*CT
6470 GOTO 6510
6480 LET AT=WWA/W2A
6490 LET ST=1/SQR (1+AT*AT)
6500 LET CT=AT*ST
6510 LET CT=SQR ((1+CT)/2)
6520 LET ST=ST/(2*CT)
6530 IF WW>=0 THEN GOTO 6570
6540 LET FL=CT
6550 LET CT=ST
6560 LET ST=FL
```

Programm 7

```
6570 IF W22>=0 THEN GOTO 6590
6580 LET ST=-ST
6590 FOR L=1 TO G1
6600 LET FL=K(L,K)
6610 LET K(L,K)=FL*CT+K(L,M)*ST
6620 LET K(L,M)=-FL*ST+K(L,M)*CT
6630 NEXT L
6640 LET KI=NI
6650 GOTO 6680
6660 LET KI=KI-1
6670 IF KI<=0 THEN GOTO 6710
6680 NEXT M
6690 NEXT K
6700 GOTO 6300
6710 FOR K=1 TO G1
6720 FOR L=1 TO G1
6730 LET D(K)=D(K)+K(L,K)*K(L,K)
6740 NEXT L
6750 LET D(K)=SQR D(K)
6760 NEXT K
6770 FOR K=1 TO G1
6780 FOR L=1 TO G1
6790 LET K(L,K)=K(L,K)/D(K)
6800 NEXT L
6810 NEXT K
6820 RETURN
```

Programm 8

CLASS

Klassifizierungsmethoden (Bayes'sche und k-nächste Nachbarn)

ZX 81

```
  1 REM CLASS (KLASSIFIKATION: LINEARE, QUADRATISCHE, KNN)
  2 REM PROGRAMMAUTOREN: R., A., G. HENRION (1986)
 10 PRINT ''ZAHL DER LERNOBJEKTE?''
 20 INPUT N1
 30 CLS
 40 PRINT ''ZAHL DER MERKMALE?''
 50 INPUT R1
 60 CLS
 70 LET R11=R1*(R1+1)/2
 80 DIM B(N1,R1)
 90 PRINT ''ZAHL DER GRUPPEN?''
100 INPUT G1
110 DIM N(G1+1)
120 DIM S(R11)
130 CLS
140 LET N(1)=1
150 FOR I=1 TO G1
160 PRINT ''ZAHL DER OBJEKTE IN GRUPPE '';I
170 INPUT J
180 LET N(I+1)=N(I)+J
190 CLS
200 NEXT I
210 PRINT ''ZEILENWEISE EINGABE DES LERNDATENSATZES''
220 FOR I=1 TO N1
230 PRINT AT 4,0;''OBJEKT '';I
240 FOR J=1 TO R1
250 INPUT B(I,J)
260 PRINT AT 20,0;B(I,J);''      ''
270 PRINT AT 10,2*J-2;''*''
280 NEXT J
290 CLS
300 NEXT I
```

Programm 8   301

```
310 PRINT ''ZAHL DER TESTOBJEKTE?''
320 INPUT N2
330 DIM X(N2,R1)
340 CLS
350 PRINT ''ZEILENWEISE EINGABE DES TESTDATENSATZES''
360 FOR I=1 TO N2
370 PRINT AT 4,0;''OBJEKT '';I
380 FOR J=1 TO R1
390 INPUT X(I,J)
400 PRINT AT 20,0;X(I,J);''      ''
410 PRINT AT 10,2*J-2;''*''
420 NEXT J
430 CLS
440 NEXT I
450 PRINT ''SOLLEN DIE DATEN STANDARDISIERT WERDEN (J/N)?''
460 INPUT A$
470 CLS
480 FAST
490 IF A$<>''J'' THEN GOTO 730
500 FOR J=1 TO R1
510 LET S=0
520 FOR I=1 TO N1
530 LET S=S+B(I,J)
540 NEXT I
545 LET S=S/N1
550 FOR I=1 TO N1
560 LET B(I,J)=B(I,J)-S
570 NEXT I
580 FOR I=1 TO N2
590 LET X(I,J)=X(I,J)-S
600 NEXT I
610 LET S=0
620 FOR I=1 TO N1
630 LET S=S+B(I,J)*B(I,J)
640 NEXT I
650 LET S=SQR (S/(N1-1))
660 FOR I=1 TO N1
670 LET B(I,J)=B(I,J)/S
680 NEXT I
690 FOR I=1 TO N2
700 LET X(I,J)=X(I,J)/S
```

```
 710 NEXT I
 720 NEXT J
 730 PRINT ''EINGABE DER KLASSIFIKATIONSMETHODE''
 740 PRINT
 750 PRINT ''1 = LINEARE KLASSIFIKATION''
 760 PRINT
 770 PRINT ''2 = QUADRATISCHE KLASSIFIKATION''
 780 PRINT
 790 PRINT ''3 = K-NAECHSTER NACHBAR''
 800 INPUT MODUS
 810 CLS
 820 IF MODUS=3 THEN GOTO 2060
 830 PRINT ''VERWENDUNG VON A PRIORI-WAHRSCHEINLICHKEITEN:''
 840 PRINT
 850 PRINT ''1 = NEIN''
 860 PRINT ''2 = EXTERNE EINGABE''
 870 PRINT ''3 = WICHTUNG NACH MESSWERTANZAHL''
 880 INPUT AP
 890 CLS
 900 DIM P(G1)
 910 IF AP=1 THEN GOTO 980
 920 FOR I=1 TO G1
 930 IF AP=2 THEN PRINT ''EINGABE A PRIORI-WAHRSCHEINLICHKEIT
     VON GRUPPE '';I
 940 IF AP=2 THEN INPUT P(I)
 950 IF AP=3 THEN LET P(I)=(N(I+1)-N(I))/N1
 960 CLS
 970 NEXT I
 980 DIM Y(R1)
 990 DIM D(G1)
1000 DIM T(R11)
1010 DIM M(G1,R1)
1020 FOR G=1 TO G1
1030 FOR J=1 TO R1
1040 FOR I=N(G) TO N(G+1)-1
1050 LET M(G,J)=M(G,J)+B(I,J)
1060 NEXT I
1070 LET M(G,J)=M(G,J)/(N(G+1)-N(G))
1080 NEXT J
1100 NEXT G
```

Programm 8

```
1110 IF MODUS=2 THEN GOTO 1560
1120 FOR G=1 TO G1
1130 LET IJ=0
1140 FOR I=1 TO R1
1150 FOR J=1 TO I
1160 LET IJ=IJ+1
1170 FOR K=N(G) TO N(G+1)-1
1180 LET T(IJ)=T(IJ)+(B(K,I)-M(G,I))*(B(K,J)-M(G,J))
1190 NEXT K
1200 NEXT J
1210 NEXT I
1220 NEXT G
1230 FOR I=1 TO R11
1240 LET T(I)=T(I)/(N1-G1)
1250 NEXT I
1260 GOSUB 2490
1270 FOR G=1 TO G1
1280 FOR I=1 TO R1
1290 LET Y(I)=M(G,I)
1300 NEXT I
1310 GOSUB 2660
1320 FOR I=1 TO R1
1330 LET D(G)=D(G)+M(G,I)*Y(I)
1340 LET M(G,I)=Y(I)
1350 NEXT I
1360 NEXT G
1370 PRINT ''OBJEKT NR. * ZUORDNUNG ZU GRUPPE''
1380 PRINT ''********************************''
1390 FOR O=1 TO N2
1400 PRINT
1410 PRINT TAB 5;O;TAB 11;''*'';
1420 LET MAX=-1E38
1430 FOR G=1 TO G1
1440 LET S=0
1450 FOR I=1 TO R1
1460 LET S=S+M(G,I)*X(O,I)
1470 NEXT I
1480 LET S=S-.5*D(G)
1490 IF AP<>1 THEN LET S=S+LN P(G)
1500 IF S>MAX THEN LET MAX=S
```

```
1510 IF MAX=S THEN LET GR=G
1520 NEXT G
1530 PRINT TAB 20;GR
1540 NEXT O
1550 GOTO 2440
1560 DIM S(G1,R11)
1570 FOR G=1 TO G1
1580 LET IJ=0
1590 FOR I=1 TO R1
1600 FOR J=1 TO I
1610 LET IJ=IJ+1
1620 FOR K=N(G) TO N(G+1)-1
1630 LET S(G,IJ)=S(G,IJ)+(B(K,I)-M(G,I))*(B(K,J)-M(G,J))
1640 NEXT K
1650 LET S(G,IJ)=S(G,IJ)/(N(G+1)-N(G)-1)
1660 LET T(IJ)=S(G,IJ)
1670 NEXT J
1680 NEXT I
1690 GOSUB 2490
1700 LET IJ=0
1710 LET D(G)=1
1720 FOR I=1 TO R1
1730 FOR J=1 TO I
1740 LET IJ=IJ+1
1750 LET S(G,IJ)=T(IJ)
1760 IF I=J THEN LET D(G)=D(G)*T(IJ)
1770 NEXT J
1780 NEXT I
1790 NEXT G
1800 PRINT ''OBJEKT NR. * ZUORDNUNG ZU GRUPPE''
1810 PRINT ''*******************************''
1820 FOR O=1 TO N2
1830 PRINT
1840 PRINT TAB 5;O;TAB 11;''*'';
1850 LET MAX=-1E38
1860 FOR G=1 TO G1
1870 FOR I=1 TO R1
1880 LET Y(I)=X(O,I)-M(G,I)
1890 NEXT I
1900 FOR I=1 TO R11
```

Programm 8

```
1910 LET T(I)=S(G,I)
1920 NEXT I
1930 GOSUB 2660
1940 LET S=0
1950 FOR I=1 TO R1
1960 LET S=S+(X(O,I)-M(G,I))*Y(I)
1970 NEXT I
1980 LET S=-.5*S+LN D(G)
1990 IF AP<>1 THEN LET S=S+P(G)
2000 IF S>MAX THEN LET MAX=S
2010 IF S=MAX THEN LET GR=G
2020 NEXT G
2030 PRINT TAB 20;GR
2040 NEXT O
2050 GOTO 2440
2060 PRINT ''EINGABE K (K-UNGERADE)''
2070 INPUT K
2080 CLS
2090 PRINT ''OBJEKT NR. * ZUORDNUNG ZU GRUPPE''
2100 PRINT ''********************************''
2110 FOR O=1 TO N2
2120 PRINT
2130 PRINT TAB 5;O;TAB 11;''*'';
2140 DIM C(K)
2150 DIM D(K)
2160 FOR I=1 TO K
2170 FOR J=1 TO R1
2180 LET D(I)=D(I)+(B(I,J)-X(O,J))*(B(I,J)-X(O,J))
2190 NEXT J
2200 LET C(I)=I
2210 NEXT I
2220 GOSUB 2890
2230 FOR I=K+1 TO N1
2240 LET S=0
2250 FOR J=1 TO R1
2260 LET S=S+(B(I,J)-X(O,J))*(B(I,J)-X(O,J))
2270 NEXT J
2280 IF S>MAX THEN GOTO 2320
2290 LET C(MI)=I
2300 LET D(MI)=S
```

```
2310 GOSUB 2890
2320 NEXT I
2330 LET MAX=0
2340 FOR G=1 TO G1
2350 LET S=0
2360 FOR I=1 TO K
2370 IF C(I)>=N(G) AND C(I)<N(G+1) THEN LET S=S+1
2380 NEXT I
2390 IF S>MAX THEN LET MAX=S
2400 IF MAX=S THEN LET GR=G
2410 NEXT G
2420 PRINT TAB 20;GR
2430 NEXT O
2440 PRINT
2450 PRINT ''ANDERE KLASSIFIKATIONSMETHODE (J/N)?''
2460 INPUT A$
2470 IF A$=''J'' THEN GOTO 730
2480 STOP
2490 LET P1=0
2500 FOR I=1 TO R1
2510 LET Q=P1+1
2520 LET R=0
2530 FOR J=1 TO I
2540 LET X=T(P1+1)
2550 FOR K=Q TO P1
2560 LET R=R+1
2570 LET X=X-T(K)*T(R)
2580 NEXT K
2590 LET R=R+1
2600 LET P1=P1+1
2610 IF I=J THEN LET T(P1)=1/SQR X
2620 IF I<>J THEN LET T(P1)=X*T(R)
2630 NEXT J
2640 NEXT I
2650 RETURN
2660 LET P1=1
2670 FOR L=1 TO R1
2680 LET Q=L-1
2690 LET X=Y(L)
2700 FOR K=1 TO Q
```

Programm 8

```
2710 LET X=X-T(P1)*Y(K)
2720 LET P1=P1+1
2730 NEXT K
2740 LET Y(L)=X*T(P1)
2750 LET P1=P1+1
2760 NEXT L
2770 FOR L=R1 TO 1 STEP -1
2780 LET P1=P1-1
2790 LET S=P1
2800 LET Q=L+1
2810 LET X=Y(L)
2820 FOR K=R1 TO Q STEP -1
2830 LET X=X-T(S)*Y(K)
2840 LET S=S-K+1
2850 NEXT K
2860 LET Y(L)=X*T(S)
2870 NEXT L
2880 RETURN
2890 LET MAX=0
2900 FOR Z=1 TO K
2910 IF D(Z)>MAX THEN LET MAX=D(Z)
2920 IF D(Z)=MAX THEN LET MI=Z
2930 NEXT Z
2940 RETURN
```

Programm 9

NLM

Nonlinear Mapping zum Display mit optimaler Abstandsübertragung

ZX 81

```
  1 REM NLM (NONLINEAR MAPPING)
  2 REM PROGRAMMAUTOREN: R., A., G. HENRION (1985)
 10 PRINT ''ZAHL DER OBJEKTE?''
 20 INPUT N1
 30 CLS
 40 PRINT ''ZAHL DER VARIABLEN?''
 50 INPUT R1
 60 DIM B(N1,R1)
 70 CLS
 80 PRINT ''DATENSATZ ZEILENWEISE EINGEBEN''
 90 FOR I=1 TO N1
100 PRINT ''NR. '';I
110 FOR J=1 TO R1
120 INPUT B(I,J)
130 PRINT AT 10,2*J;''*''
140 PRINT AT 20,0;B(I,J);''    ''
150 NEXT J
160 CLS
170 NEXT I
180 PRINT ''SOLLEN DIE DATEN STANDARDISIERT WERDEN (J/N)?''
190 INPUT A$
200 FAST
210 IF A$<>''J'' THEN GOTO 380
220 FOR J=1 TO R1
230 LET S=0
240 FOR I=1 TO N1
250 LET S=S+B(I,J)
260 NEXT I
270 LET S=S/N1
280 LET T=0
290 FOR I=1 TO N1
300 LET B(I,J)=B(I,J)-S
```

Programm 9

```
310 LET T=T+B(I,J)*B(I,J)
320 NEXT I
330 LET T=SQR (T/(N1-1))
340 FOR I=1 TO N1
350 LET B(I,J)=B(I,J)/T
360 NEXT I
370 NEXT J
380 CLS
390 DIM D(N1*(N1-1)/2)
400 LET S=0
410 LET IJ=0
420 FOR J=2 TO N1
430 FOR I=1 TO J-1
440 LET IJ=IJ+1
450 FOR K=1 TO R1
460 LET D(IJ)=D(IJ)+(B(I,K)-B(J,K))*(B(I,K)-B(J,K))
470 NEXT K
480 LET D(IJ)=SQR D(IJ)
490 LET S=S+D(IJ)
500 NEXT I
510 NEXT J
520 PRINT ''STARTKONFIGURATION:''
530 PRINT
540 PRINT ''EXTERNE EINGABE'';''   =1''
550 PRINT
560 PRINT ''BENUTZUNG VON 2''
570 PRINT ''AUSGANGSVARIABLEN'';''   =2''
580 INPUT T
590 DIM Y(N1,2)
600 CLS
610 IF T=1 THEN GOTO 700
620 PRINT ''EINGABE DER BEIDEN VARIABLENNUMMERN''
630 INPUT J
640 INPUT K
650 FOR I=1 TO N1
660 LET Y(I,1)=B(I,J)
670 LET Y(I,2)=B(I,K)
680 NEXT I
690 GOTO 750
```

310   10.1. Programme

```
700 PRINT ''EINGABE DER STARTKOORDINATEN (1. UND DANN 2. KOORD.
    VON JEDEM OBJEKT)''
710 FOR I=1 TO N1
720 INPUT Y(I,1)
730 INPUT Y(I,2)
740 NEXT I
750 CLS
760 PRINT ''ZAHL DER AUSZUFUEHRENDEN ITERATIONEN?''
770 INPUT ITMAX
780 CLS
790 LET IT=0
800 LET NORM1=-1
810 DIM R(N1,2)
820 LET K1=.2
830 DIM G(N1,2)
840 LET IT=IT+1
850 LET NORM=0
860 FOR I=1 TO N1
870 LET IJ=(I-1)*(I-2)/2
880 FOR J=1 TO N1
890 IF J<=I THEN LET IJ=IJ+1
900 IF J=I THEN GOTO 980
910 IF J>I THEN LET IJ=IJ+J-2
920 LET YIJ1=Y(I,1)-Y(J,1)
930 LET YIJ2=Y(I,2)-Y(J,2)
940 LET DN=SQR (YIJ1*YIJ1+YIJ2*YIJ2)
950 LET QD=(D(IJ)-DN)/(D(IJ)*DN)
960 LET G(I,1)=G(I,1)+QD*YIJ1
970 LET G(I,2)=G(I,2)+QD*YIJ2
980 NEXT J
990 LET NORM=NORM+G(I,1)*G(I,1)+G(I,2)*G(I,2)
1000 NEXT I
1010 LET AL=NORM/NORM1
1020 LET NORM1=NORM
1030 IF AL>1 THEN LET K1=.5*K1
1040 FOR I=1 TO N1
1050 LET R(I,1)=G(I,1)+AL*R(I,1)
1060 LET R(I,2)=G(I,2)+AL*R(I,2)
1070 LET Y(I,1)=Y(I,1)+K1*R(I,1)
1080 LET Y(I,2)=Y(I,2)+K1*R(I,2)
```

Programm 9

```
1090 NEXT I
1100 IF IT>1 AND IT<ITMAX THEN GOTO 830
1110 IF IT>1 THEN GOTO 1250
1120 GOSUB 1510
1130 LET E2=FW/S
1140 LET T=.1
1150 GOSUB 1460
1160 GOSUB 1510
1170 LET E1=FW/S
1180 GOSUB 1460
1190 GOSUB 1510
1200 LET E0=FW/S
1210 LET K1=.05*(4*(E1-E0)+E0-E2)/(2*(E1-E0)+E0-E2)
1220 LET T=-K1
1230 GOSUB 1460
1240 GOTO 830
1250 GOSUB 1510
1260 PRINT ''ABBILDUNGSFEHLER DER''
1270 PRINT
1280 PRINT ''STARTKONFIG.'',E0
1290 PRINT
1300 PRINT ''ENDKONFIGUR.'',FW/S
1310 PRINT
1320 PRINT ''KOORDINATEN DER ENDKONFIGURATION:''
1330 PRINT
1340 PRINT ''NR.    1.KOORD.'',''2.KOORD.''
1350 PRINT
1360 FOR I=1 TO N1
1370 PRINT I;''      '';1E-5*INT (1E5*Y(I,1)),1E-5*INT
     (1E5*Y(I,2))
1380 NEXT I
1390 PRINT
1400 PRINT ''ANZAHL WEITERER ITERATIONEN? (0=STOP)''
1410 INPUT ITMAX
1420 IF ITMAX=0 THEN GOTO 1450
1430 LET ITMAX=IT+ITMAX
1440 GOTO 830
1450 STOP
1460 FOR I=1 TO N1
1470 LET Y(I,1)=Y(I,1)-T*G(I,1)
```

10.1. Programme

```
1480 LET Y(I,2)=Y(I,2)-T*G(I,2)
1490 NEXT I
1500 RETURN
1510 LET FW=0
1520 LET IJ=0
1530 FOR J=2 TO N1
1540 FOR I=1 TO J-1
1550 LET YIJ1=Y(I,1)-Y(J,1)
1560 LET YIJ2=Y(I,2)-Y(J,2)
1570 LET IJ=IJ+1
1580 LET DN=SQR (YIJ1*YIJ1+YIJ2*YIJ2)
1590 LET FW=FW+(D(IJ)-DN)*(D(IJ)-DN)/D(IJ)
1600 NEXT I
1610 NEXT J
1620 RETURN
```

10.2. Datensätze und statistische Tabellen

Tabelle 10.1
Gerundeter Textumfang und Speicherbedarf für Daten bei den vorliegenden Programmen
(n Objektzahl, p Parameterzahl)

Programmname	Textumfang (K-Bytes)	Speicherbedarf für Daten (Bytes)
EXTRAKT	12	je nach Programmverlauf
HIERAG (ZX 81)	4	$5n(\frac{n}{2} + p + 7)$
HIERAG (KC 85/2)	3,5	$4n(\frac{n}{2} + p + 10)$
MULTIREG	5,5	$5p(n + \frac{5}{2}p) + 5n$
HKA (ZX 81)	4	$5p(2p + n + 2)$
HKA (KC 85/2)	3,5	$4p(p + n + 2)$
CLUPOT	3	$5n(\frac{n}{2} + p + 3)$
MINDIST	3	$10np + 5n$
VARDIS	14	je nach Programmverlauf
CLASS	6	je nach Programmverlauf
NLM	3,5	$5n(\frac{n}{2} + p + 6)$

Tabelle 10.2
Datensatz „Ringanalyse Wasser 1" (s. Abschn. 2.2.3. und 9.1.)

Labor	1	2	3	4	5	6	7	8	9	10	11	12
Ni theoretisch 8100 µg·l⁻¹												
	8130		8600	8500	5000	8030	6500	8120	7860	7950	8100	8000
	8520		7857	8650	5000	8050	7000	8140	7850	7900	7800	8000
	8325		8095	7830	5000	8000	6500	8180	7900	7817	8000	7950
	8210		7692	7750	5000	8030	6500	8180	7870	7900		8000
	8390		8536	8500	5000	7940	7000	7930	7460	8000		8000
Cr theoretisch 8487 µg·l⁻¹												
	8080		8800	8625	3500	8000	6400	8020	9130	9900	8000	8000
	7965		11818	8500	3000	7540	6500	7920	8140	9950	8000	8000
	8410		8000	9000	3000	7290	7000	8060	8310	9750	7800	8000
	8430		8000	8500	2900	7250	5500	8000	6000	9900	7400	8000
	8410		9931	8250	3200	7330	6000	8200	6020	9900		8000

10.2. Datensätze, statistische Tabellen

Tabelle 10.2, 1. Fortsetzung

Labor	1	2	3	4	5	6	7	8	9	10	11	12
Pb theoretisch 10800 $\mu g \cdot l^{-1}$												
	12800	10200	11333	10250	11000	11200	10500	11000	10790	10750	10500	10700
	12925	10400	9500	10750	10600	11100		11000	10600	10690	9500	10700
	11850	10200	11333	11000	10000	11900		11300	10480	10330	9100	10800
	14320	10100	11666	12000	10000	11200		11300	10690	11570	9300	10700
	14090	10300	11892	11000	10600	11100		11000	6600	11550		10800
Zn theoretisch 1080 $\mu g \cdot l^{-1}$												
	1050	2600	1030	1110	1200	1120	950	1020	1310	970	1100	800
	980	2300	1508	1130	900	1120	1000	1050	1200	980	1070	810
	995	2800	1024	1130	900	1180	950	1030	1200	1128	1030	790
	905	2400	976	1110	1000	1140	950	1040	1150	1075		780
	995	2550	1061	1090	1000	1120	1000	1000	1088	975		780

Tabelle 10.2, 2. Fortsetzung

Labor												
1	2	3	4	5	6	7	8	9	10	11	12
Cd theoretisch 900 µg·l^{-1}											
1160	770	889	930	480	910	750	927	940	905		910
965	740	1227	940	420	930	850	921	918	948	920	890
930	770	1000	950	500	950	850	921	905	872	990	890
965	730	882	930	500	910	900	920	909	890	910	885
1040	760	926	940	480	950	800	940	851	925		890
Cu theoretisch 990 µg·l^{-1}											
1020	1000	1274	1020	500	1120	950	1000	1100	892		1010
995	980	1222	1040	520	1090	1000	1000	1100	868	940	1015
1010	1070	1333	980	600	1170	900	970	1100	1020	900	1000
1045	1050	1227	1030	600	1080	900	980	1057	1003	1000	1010
1070	1050	1400	1000	600	1170	950	1000	978	936		1010

Tabelle 10.3
Datensatz „Ringanalyse Wasser 2" (vgl. Abschn. 2.2.3. und 9.1.)

Labor

1	2	3	4	5	6	7	8	9	10	11	12
Cd theoretisch 400 µg·l^{-1}											
380	350	545	430	250	400	350	410	416	397	400	400
410	370	545	420	220	420	350	397	425	386	370	400
410	350	406	420	230	400	300	395	429	380	420	400
420	350	438	410	240	440	350	395	415	383		400
440	340	455	415	200	410	350	395	441	390		400
Cu theoretisch 500 µg·l^{-1}											
470	470	714	500	300	520	500	474	485	430	450	540
470	480	750	520	250	510	450	460	596	438	410	550
480	470	625	450	260	540	450	480	491	464	460	530
500	490	600	510	260	540	500	475	507	428		540
510	480	700	490	250	500	450	480	464	452		530

Tabelle 10.3, 1. Fortsetzung

Labor

1	2	3	4	5	6	7	8	9	10	11	12
Pb											
620	750	1000	900	1000	1330	1200	1000	1860	907	1200	2320
750	770	1800	1060	1000	1330		1000	1380	953	800	2400
920	700	1600	1100	1000	1330		1000	930	1007	1000	2300
860	770	1667	1250	1000	1250		1000	1290	970	1000	2360
945	740	1714	1150	1000	1250		1000	799	957		2300
Zn theoretisch 600 $\mu g \cdot l^{-1}$											
670	570	480	695	500	700	600	623	850	620	660	510
595	570	1094	710	500	690	600	604	830	640	610	520
590	560	675	700	500	750	600	630	835	596	620	510
560	590	738	690	500	700	600	596	680	600		500
620	570	787	650	500	710	600	640	744	611		500

Tabelle 10.3, 2. Fortsetzung

Labor												
1	2	3	4	5	6	7	8	9	10	11	12
Ni theoretisch 4000 µg·l^{-1}											
4020		3750	4070	2500	3940	3500	4050	3910	3983	4000	4000
4160		4583	4000	2500	4000	3400	3980	4000	4025	3800	3950
4125		4000	3900	3000	4050	3500	4040	3970	4058	3900	4000
4120		4230	3950	2900	3930	3500	4000	4000	4008		3950
4100		4231	4100	3000	4050	3500	4000	3800	3960		3950
Cr theoretisch 600 µg·l^{-1}											
560		1500	550	400	670	850	593	700	553	700	560
625		800	500	500	580	900	577	690	560	650	550
695		583	550	400	520	900	580	602	548	600	590
685		625	500	500	560	1000	570	560	521	660	560
710		1000	495	400	580	1000	573	599	550		580

10.2. Datensätze, statistische Tabellen

Tabelle 10.4
Datensatz „15 Kopfhaare" (s. Abschn. 3.5., Kap. 6 und Kap. 8; Angaben in ppm)[1]

Objekt-Nr.	Proband	I	Cu	Mn	Br	Cl
1		1,46	12,9	0,20	90,3	2036
2	1	4,88	10,3	0,29	64,8	2020
3		3,49	10,8	0,36	72,0	2218
4		1,04	10,0	0,41	8,0	1727
5	2	0,71	13,3	0,33	7,2	1918
6		0,91	14,5	0,37	8,1	1931
7		1,63	8,3	0,44	3,2	1540
8	3	1,40	10,8	0,44	3,0	1194
9		2,51	8,3	0,45	3,5	1039
10		0,64	10,8	0,34	4,4	2156
11	4	0,89	10,8	0,39	5,6	2830
12		1,06	10,8	0,20	6,3	1886
13		0,29	6,6	0,29	6,0	961
14	5	0,29	6,6	0,29	4,0	1201
15		0,29	6,6	0,29	5,5	1360

1) entnommen aus: Mielke, G. [6.1]

10.2. Datensätze, statistische Tabellen

Tabelle 10.5
Datensatz „67 APW (Ammoniumparawolframatpulver)" (s. Abschn. 3.5.2. und 8.2.;
Angaben in ppm)

Nr.	Mo	K	Na	Ca	Fe	Si	Al	Ti	Cu	Mn	Mg
1	90	73	6	10	7	4	5	2,1	0,4	0,5	0,3
2	90	90	14	8	5	2	6	2,3	4,1	0,2	0,1
3	120	78	8	11	7	2	5	2,3	0,4	0,4	0,2
4	80	45	13	9	6	3	5	2,1	4,9	0,4	0,2
5	80	80	14	25	7	5	6	2,2	8	0,6	0,4
6	100	26	8	5	7	3	5	2,1	0,3	0,2	0,2
7	180	34	7	4	10	3	5	2,9	0,3	0,2	0,1
8	220	35	5	3	10	3	6	2,8	0,2	0,2	0,1
9	210	38	8	4	11	3	7	3	0,2	0,2	0,2
10	120	24	11	5	7	4	5	2,3	0,2	0,2	0,3
11	200	34	7	3	11	3	6	3,1	0,2	0,2	0,2
12	100	24	13	4	6	2	5	2,1	0,1	0,2	0,2
13	210	34	7	3	11	4	8	2,9	0,2	0,2	0,1
14	200	33	7	3	11	3	5	3,1	0,2	0,2	0,1
15	205	35	8	4	10	3	7	2,9	0,2	0,2	0,2
16	50	24	7	3	6	5	4	1,6	0,1	0,1	0,3
17	50	22	7	3	7	4	5	1,7	0,1	0,1	0,2
18	50	21	8	3	5	3	8	1,5	0,1	0,1	0,2
19	70	30	13	6	5	4	7	1,8	0,1	0,1	0,3
20	60	21	7	3	5	2	3	1,5	0,1	0,1	0,2
21	90	30	12	4	5	2	4	1,5	0,1	0,1	0,1
22	40	68	7	5	7	2	6	4,1	0,2	0,1	0,1
23	80	29	12	5	5	2	4	2,0	0,1	0,1	0,1
24	80	30	13	4	5	2	6	2,0	0,1	0,2	0,1
25	40	68	6	4	7	2	7	3,7	0,3	0,1	0,1
26	60	15	8	3	4	2	5	1,8	0,2	0,1	0,1
27	45	24	12	4	4	2	7	1,5	0,1	0,1	0,1
28	40	22	11	4	4	2	3	1,6	0,3	0,1	0,1
29	60	18	8	4	4	2	4	1,5	0,2	0,2	0,2
30	50	25	13	4	3	2	4	1,6	0,2	0,2	0,1
31	69	24	17	3	7	7	5	2,1	0,9	0,2	0,2
32	122	34	31	4	6	6	5	1,8	0,7	0,2	0,1
33	132	30	8	6	9	4	5	1,9	0,3	0,2	0,1
34	411	42	4	2	4	4	5	2,2	1,9	0,3	0,1
35	209	45	4	5	4	5	6	2,3	8,8	0,3	0,4

Tabelle 10.5, Fortsetzung

Nr.	Mo	K	Na	Ca	Fe	Si	Al	Ti	Cu	Mn	Mg
36	254	36	6	4	4	5	4	2,2	2,9	0,2	0,2
37	254	41	4	2	4	6	5	2,2	0,6	0,2	0,1
38	170	32	4	3	4	5	5	2,2	1,3	0,2	0,1
39	160	29	5	4	6	3	4	1,9	2,1	0,2	0,2
40	195	34	4	4	5	5	6	1,9	2,2	0,2	0,1
41	177	30	4	3	8	2	5	1,9	0,6	0,2	0,1
42	115	30	19	3	5	2	8	1,5	0,5	0,2	0,2
43	73	29	23	3	8	4	6	1,7	0,4	0,2	0,2
44	77	34	36	3	5	4	6	1,6	0,5	0,2	0,1
45	259	25	5	13	6	2	7	2,2	1,0	0,3	0,3
46	173	21	5	11	7	3	5	2,0	1,0	0,2	0,1
47	181	34	5	3	6	2	8	2,8	2,7	0,1	0,2
48	225	34	5	6	7	3	5	2,2	1,0	0,2	0,3
49	255	37	5	4	7	4	6	2,1	1,4	0,2	0,4
50	31	30	6	10	11	3	3	2,0	0,3	0,1	0,2
51	35	30	7	8	14	3	4	1,8	0,2	0,1	0,2
52	40	30	6	4	13	4	9	2,2	0,9	0,1	0,3
53	39	32	7	8	11	2	5	2,0	0,3	0,1	0,2
54	21	27	5	8	11	2	4	2,2	0,5	0,1	0,1
55	29	31	6	8	9	2	5	2,1	0,4	0,1	0,1
56	36	32	4	2	11	3	5	2,1	0,7	0,1	0,2
57	36	37	5	2	8	2	6	2,1	0,4	0,1	0,2
58	39	32	4	2	8	4	6	1,9	0,3	0,1	0,1
59	43	37	5	2	7	2	7	2,0	0,2	0,1	0,1
60	42	38	5	2	5	2	4	1,8	0,2	0,1	0,1
61	42	39	5	2	6	2	5	2,0	0,4	0,1	0,1
62	45	43	6	2	7	2	5	2,1	0,5	0,1	0,3
63	43	37	5	2	7	2	5	1,6	0,3	0,1	0,1
64	34	38	5	2	8	2	5	2,0	0,4	0,1	0,1
65	38	36	5	3	9	2	7	2,4	0,5	0,1	0,1
66	38	38	4	3	7	2	5	1,9	0,4	0,1	0,15
67	36	38	3	3	7	2	6	2,0	0,4	0,1	0,1

10.2. Datensätze, statistische Tabellen

Tabelle 10.6
Datensatz „Wolframpulver" (s. Abschn. 4.3.; Angaben in ppm)

Mo	Fe	Al	Ca	Ni	Cr	Cu	Mg	Si
240	54,1	58,6	13,4	5,9	6,7	4,5	1,3	203
242	51,2	71,1	14,2	5,4	7,7	3,7	1,8	189
228	47,3	64,3	12,1	4,2	4,4	3,7	1,3	188
229	53,8	58,3	10,8	5,7	7,8	3,9	1,2	169
219	55,4	62,5	12,3	5,9	8,3	3,7	0,7	198
240	52,5	68,4	12,7	4,2	5,4	3,9	1,2	168
210	55,3	64,4	11,1	4,5	8,3	3,5	1,4	185
183	52,3	67,5	11,1	5,8	9,7	3,5	1,3	164
207	49,5	51,8	11,1	6,9	8,3	3,7	1,2	198
200	49,0	62,2	11,5	4,4	6,0	4,2	0,4	156
221	49,1	53,3	15,5	7,2	8,7	5,2	0,35	183
220	39,1	36,4	15,5	6,1	7,3	2,8	0,19	145
235	51,7	64,4	18,3	6,5	9,6	3,8	0,55	152
211	48,8	54,2	14,6	6,1	8,2	3,8	0,57	175
221	49,4	53,4	14,0	7,1	9,0	3,8	0,45	186
205	45,6	47,5	13,7	6,1	7,9	3,5	0,26	139
252	63,9	63,0	14,2	10,0	11,8	4,4	0,59	189
214	48,4	56,3	15,9	6,3	8,3	3,6	0,49	152
236	45,6	47,5	14,2	6,5	8,0	3,5	0,25	169
213	56,6	53,6	15,4	5,6	8,2	3,3	0,44	197
210	48,6	44,9	10,8	6,2	6,8	3,5	0,26	176
178	51,5	63,9	16,9	5,7	7,9	3,8	0,53	165
168	42,2	44,0	13,1	4,4	7,0	3,5	0,30	141
206	46,7	54,9	15,5	6,0	9,2	3,5	0,83	164
175	49,9	55,7	15,6	7,7	10,5	2,8	0,42	160
244	34,3	43,0	11,6	3,5	7,7	2,1	0,53	152
210	38,3	47,3	9,7	2,9	5,7	2,4	0,37	202
239	60,2	82,2	13,7	7,8	12,7	3,0	0,50	215
205	41,6	47,7	9,6	3,6	6,1	3,0	0,34	151
197	48,4	59,7	12,3	5,7	10,7	2,7	0,45	189
253	43,7	53,3	9,3	4,8	7,3	2,7	0,26	175
212	43,5	52,2	9,7	3,2	6,6	3,5	0,33	164
215	34,3	39,5	8,8	2,7	5,0	2,4	0,33	174
191	34,4	45,2	10,3	2,9	7,4	2,4	0,28	160
226	48,9	60,1	11,6	3,9	7,8	3,6	0,38	189

Tabelle 10.6, Fortsetzung

Mo	Fe	Al	Ca	Ni	Cr	Cu	Mg	Si
194	38,7	40,5	7,4	4,0	6,5	2,8	0,18	166
187	42,3	51,0	9,5	3,5	6,9	3,2	0,32	199
227	41,3	53,1	9,7	3,7	6,0	3,3	0,26	149
235	43,7	57,9	11,5	3,8	6,7	3,2	0,34	203
211	47,0	63,1	10,8	3,9	7,9	4,4	0,54	214
229	54,6	62,2	12,5	7,3	8,3	3,2	0,19	171
247	37,8	50,7	11,9	4,0	4,4	3,3	0,13	167
239	53,9	77,2	16,2	8,1	11,2	4,4	0,37	238
241	55,4	83,5	17,8	5,3	7,7	4,4	0,60	239
220	40,6	66,5	9,4	4,5	5,3	3,3	0,25	172

10.2. Datensätze, statistische Tabellen

Tabelle 10.7
Datensatz „Iris" (s. Abschn. 5.2. und 7.2.). Der Datensatz untergliedert sich in einen Lernteil (die ersten 75 Objekte) und einen Testteil (die übrigen 75 Objekte). Die in jedem Teil aufeinanderfolgenden 3 Iris-Spezies (á 25 Objekte) sind:
Iris setosa, Iris versicolor und Iris virginica.

Nr.				
1	5,1	3,5	1,4	0,2
2	4,9	3,0	1,4	0,2
3	4,7	3,2	1,3	0,2
4	4,6	3,1	1,5	0,2
5	5,0	3,6	1,4	0,2
6	5,4	3,9	1,7	0,4
7	4,6	3,4	1,4	0,3
8	5,0	3,4	1,5	0,2
9	4,4	2,9	1,4	0,2
10	4,9	3,1	1,5	0,1
11	5,4	3,7	1,5	0,2
12	4,8	3,4	1,6	0,2
13	4,8	3,0	1,4	0,1
14	4,3	3,0	1,1	0,1
15	5,8	4,0	1,2	0,2
16	5,7	4,4	1,5	0,4
17	5,4	3,9	1,3	0,4
18	5,1	3,5	1,4	0,3
19	5,7	3,8	1,7	0,3
20	5,1	3,8	1,5	0,3
21	5,4	3,4	1,7	0,2
22	5,1	3,7	1,5	0,4
23	4,6	3,6	1,0	0,2
24	5,1	3,3	1,7	0,5
25	4,8	3,4	1,9	0,2
51	7,0	3,2	4,7	1,4
52	6,4	3,2	4,5	1,5
53	6,9	3,1	4,9	1,5
54	5,5	2,3	4,0	1,3
55	6,5	2,8	4,6	1,5
56	5,7	2,8	4,5	1,3
57	6,3	3,3	4,7	1,6
58	4,9	2,4	3,3	1,0

Tabelle 10.7, 1. Fortsetzung

Nr.				
59	6,6	2,9	4,6	1,3
60	5,2	2,7	3,9	1,4
61	5,0	2,0	3,5	1,0
62	5,9	3,0	4,2	1,5
63	6,0	2,2	4,0	1,0
64	6,1	2,9	4,7	1,4
65	5,6	2,9	3,6	1,3
66	6,7	3,1	4,4	1,4
67	5,6	3,0	4,5	1,5
68	5,8	2,7	4,1	1,0
69	6,2	2,2	4,5	1,5
70	5,6	2,5	3,9	1,1
71	5,9	3,2	4,8	1,8
72	6,1	2,8	4,0	1,3
73	6,3	2,5	4,9	1,5
74	6,1	2,8	4,7	1,2
75	6,4	2,9	4,3	1,3
101	6,3	3,3	6,0	2,5
102	5,8	2,7	5,1	1,9
103	7,1	3,0	5,9	2,1
104	6,3	2,9	5,6	1,8
105	6,5	3,0	5,8	2,2
106	7,6	3,0	6,6	2,1
107	4,9	2,5	4,5	1,7
108	7,3	2,9	6,3	1,8
109	6,7	2,5	5,8	1,8
110	7,2	3,6	6,1	2,5
111	6,5	3,2	5,1	2,0
112	6,4	2,7	5,3	1,9
113	6,8	3,0	5,5	2,1
114	5,7	2,5	5,0	2,0
115	5,8	2,8	5,1	2,4
116	6,4	3,2	5,3	2,3
117	6,5	3,0	5,5	1,8
118	7,7	3,8	6,7	2,2
119	7,7	2,6	6,9	2,3

Tabelle 10.7, 2. Fortsetzung

Nr.				
120	6,0	2,2	5,0	1,5
121	6,9	3,2	5,7	2,3
122	5,6	2,8	4,9	2,0
123	7,7	2,8	6,7	2,0
124	6,3	2,7	4,9	1,8
125	6,7	3,3	5,7	2,1
26	5,0	3,0	1,6	0,2
27	5,0	3,4	1,6	0,4
28	5,2	3,5	1,5	0,2
29	5,2	3,4	1,4	0,2
30	4,7	3,2	1,6	0,2
31	4,8	3,1	1,6	0,2
32	5,4	3,4	1,5	0,4
33	5,2	4,1	1,5	0,1
34	5,5	4,2	1,4	0,2
35	4,9	3,1	1,5	0,2
36	5,0	3,2	1,2	0,2
37	5,5	3,5	1,3	0,2
38	4,9	3,6	1,4	0,1
39	4,4	3,0	1,3	0,2
40	5,1	3,4	1,5	0,2
41	5,0	3,5	1,3	0,3
42	4,5	2,3	1,3	0,3
43	4,4	3,2	1,3	0,2
44	5,0	3,5	1,6	0,6
45	5,1	3,8	1,9	0,4
46	4,8	3,0	1,4	0,3
47	5,1	3,8	1,6	0,2
48	4,6	3,2	1,4	0,2
49	5,3	3,7	1,5	0,2
50	5,0	3,3	1,4	0,2
76	6,6	3,0	4,4	1,4
77	6,8	2,8	4,8	1,4
78	6,7	3,0	5,0	1,7
79	6,0	2,9	4,5	1,5
80	5,7	2,6	3,5	1,0

Tabelle 10.7, 3. Fortsetzung

Nr.				
81	5,5	2,4	3,8	1,1
82	5,5	2,4	3,7	1,0
83	5,8	2,7	3,9	1,2
84	6,0	2,7	5,1	1,6
85	5,4	3,0	4,5	1,5
86	6,0	3,4	4,5	1,6
87	6,7	3,1	4,7	1,5
88	6,3	2,3	4,4	1,3
89	5,6	3,0	4,1	1,3
90	5,5	2,5	4,0	1,3
91	5,5	2,6	4,4	1,2
92	6,1	3,0	4,6	1,4
93	5,8	2,6	4,0	1,2
94	5,0	2,3	3,3	1,0
95	5,6	2,7	4,2	1,3
96	5,7	3,0	4,2	1,2
97	5,7	2,9	4,2	1,3
98	6,2	2,9	4,3	1,3
99	5,1	2,5	3,0	1,1
100	5,7	2,8	4,1	1,3
126	7,2	3,2	6,0	1,8
127	6,2	2,8	4,8	1,8
128	6,1	3,0	4,9	1,8
129	6,4	2,8	5,6	2,1
130	7,2	3,0	5,8	1,6
131	7,4	2,8	6,1	1,9
132	7,9	3,8	6,4	2,0
133	6,4	2,8	5,6	2,2
134	6,3	2,8	5,1	1,5
135	6,1	2,6	5,6	1,4
136	7,7	3,0	6,1	2,3
137	6,3	3,4	5,6	2,4
138	6,4	3,1	5,5	1,8
139	6,0	3,0	4,8	1,8
140	6,9	3,1	5,4	2,1
141	6,7	3,1	5,6	2,4

Tabelle 10.7, 4. Fortsetzung

Nr.				
142	6,9	3,1	5,1	2,3
143	5,8	2,7	5,1	1,9
144	6,8	3,2	5,9	2,3
145	6,7	3,3	5,7	2,5
146	6,7	3,0	5,2	2,3
147	6,3	2,5	5,0	1,9
148	6,5	3,0	5,2	2,0
149	6,2	3,4	5,4	2,3
150	5,9	3,0	5,1	1,8

Tabelle 10.8
Datensatz „Getreide" (s. Abschn. 2.2.1. und 9.2.; Angaben in ppm)

Weizen

naß				trocken				PTFE-Bombe			
Zn	Cd	Pb	Cu	Zn	Cd	Pb	Cu	Zn	Cd	Pb	Cu
38,8	0,07	0,23	6,6	36,4	0,09	0,22	5,3	30,5	0,14	0,13	5,3
42,7	0,06	0,17	6,4	33,6	0,09	0,20	5,1	32,5	0,09	0,10	5,3
41,1	0,09	0,13	6,5	35,7	0,08	0,12	3,4	34,8	0,11	0,18	5,0
42,8	0,10	0,18	3,4	37,1	0,10	0,24	4,6	37,9	0,09	0,19	5,0
55,3	0,09	0,17	4,4	36,0	0,10	0,22	5,7	37,0	0,12	0,18	6,1
41,6	0,09	0,20	4,1	31,8	0,08	0,19	5,2	37,9	0,13	0,17	4,8
				32,6	0,11	0,23	5,5	38,9	0,11	0,19	4,5
				32,9	0,08	0,21	5,9	38,9	0,09	0,20	5,7
				40,6	0,09	0,20	5,2	37,2	0,11	0,20	4,8
				34,6	0,08	0,17	4,9	34,8	0,12	0,18	4,9
				39,3	0,08	0,20	4,8	36,2	0,12	0,18	5,6
								36,9	0,11	0,28	5,1
								31,9	0,09	0,20	6,2
								39,9	0,09	0,25	5,3
								41,9	0,10	0,09	4,8

10.2. Datensätze, statistische Tabellen

Tabelle 10.8, Fortsetzung

Gerste

naß				trocken				PTFE-Bombe			
Zn	Cd	Pb	Cu	Zn	Cd	Pb	Cu	Zn	Cd	Pb	Cu
31,6	0,09	0,46	6,1	41,1	0,04	0,18	5,1	41,5	0,05	0,27	3,8
33,8	0,08	0,35	5,2	43,3	0,03	0,17	4,4	40,2	0,06	0,23	4,1
32,4	0,06	0,32	7,0	39,2	0,04	0,16	5,5	36,5	0,06	0,26	7,3
33,4	0,06	0,25	6,1	42,3	0,05	0,20	5,0	41,0	0,06	0,25	4,7
32,1	0,06	0,18	6,4	42,8	0,04	0,14	4,9	40,0	0,05	0,14	4,0
24,6	0,06	0,21	3,8	44,8	0,04	0,24	5,0	33,0	0,05	0,21	5,2
27,5	0,03	0,24	4,4	41,5	0,03	0,19	4,6	40,5	0,03	0,06	5,5
31,2	0,03	0,11	4,2	36,6	0,03	0,14	4,6	40,5	0,07	0,21	5,1
39,0	0,03	0,13	4,6	32,9	0,04	0,12	5,6	40,5	0,06	0,23	6,9
				35,4	0,08	0,22	3,8	34,0	0,05	0,34	3,9
				45,5	0,06	0,17	6,5	32,0	0,08	0,37	5,2
				31,8	0,05	0,17	4,1	34,0	0,04	0,13	4,7
				42,0	0,04	0,12	5,7	34,4	0,07	0,23	5,5

Hafer

naß				trocken				PTFE-Bombe			
Zn	Cd	Pb	Cu	Zn	Cd	Pb	Cu	Zn	Cd	Pb	Cu
37,0	0,14	0,26	4,1	40,6	0,10	0,18	4,2	36,5	0,16	0,21	3,8
38,6	0,14	0,37	4,8	38,1	0,10	0,18	4,7	38,5	0,22	0,26	3,8
38,5	0,17	0,34	5,2	36,5	0,09	0,16	3,6	37,2	0,06	0,41	3,3
				43,3	0,08	0,21	5,3	39,2	0,16	0,21	4,3
				44,9	0,10	0,16	5,3	34,2	0,17	0,18	3,0
				40,4	0,13	0,26	6,3	39,1	0,12	0,25	6,2
				40,0	0,10	0,21	5,7	39,1	0,22	0,29	6,8
				58,9	0,18	0,25	5,4	41,3	0,36	0,18	4,9
				45,6	0,11	0,20	6,7	40,3	0,21	0,25	6,3
								41,3	0,16	0,34	5,5
								40,5	0,17	0,26	5,2
								37,5	0,14	0,27	4,9

Tabelle 10.9
Datensatz „Weinbrände" (s. Abschn. 9.3.)

A				B			
Peak-Nr.				Peak-Nr.			
2	3	4	5	2	3	4	5
22,54	0,42	75,17	1,87	24,53	0,59	70,22	4,66
22,71	0,28	72,73	4,28	23,18	0,60	71,01	5,21
24,00	0,82	72,76	2,41	25,21	0,60	69,29	4,92
22,84	0,40	74,44	2,32	23,34	0,60	71,25	4,82
22,25	0,30	74,67	2,78	24,58	0,62	69,70	5,10
23,04	0,34	73,83	2,79	23,47	0,60	70,34	5,32
20,49	0,33	76,24	2,95	23,65	0,61	71,45	4,29
20,20	0,87	75,32	3,60	23,94	0,57	70,86	4,63
14,58	0,58	82,09	2,75	22,86	0,58	71,63	4,93
20,91	0,60	75,57	2,92	24,74	0,66	69,42	5,18
21,54	0,61	73,78	4,07	24,36	0,52	69,87	5,25
18,95	0,80	76,40	3,86	20,99	0,63	73,25	5,13
19,74	0,39	76,35	3,52	21,27	0,54	72,61	5,58
21,28	0,50	74,52	3,69	21,53	0,58	72,86	5,02
20,29	0,51	75,86	3,35	21,17	0,54	72,59	5,69

10.2. Datensätze, statistische Tabellen

Tabelle 10.9, 1. Fortsetzung

C				D			
Peak-Nr.				Peak-Nr.			
2	3	4	5	2	3	4	5
24,33	0,30	67,48	7,89	27,44	0,24	70,41	1,92
26,75	0,30	64,38	8,57	28,09	0,14	69,73	2,03
23,62	0,37	67,57	8,44	28,21	0,096	69,61	2,08
24,62	0,39	67,02	7,98	27,80	0,20	69,79	2,20
25,67	0,44	64,82	9,07	28,86	0,16	69,14	1,84
25,98	0,29	64,95	8,78	31,81	0,596	65,50	2,08
24,17	0,37	67,47	8,00	27,02	0,18	70,72	2,07
26,76	0,48	64,60	8,17	29,39	0,18	68,37	2,06
23,33	1,21	67,59	7,87	32,35	0,73	65,03	1,88
26,58	0,24	65,32	7,85	29,10	0,14	68,59	2,16
23,42	0,20	67,63	8,76	29,37	0,12	68,51	1,99
21,80	0,26	66,96	10,98	26,34	0,14	71,75	1,77
19,89	0,10	70,19	9,82	27,21	0,16	70,56	2,07
18,06	0,18	68,56	13,20	28,74	0,15	69,30	1,81
17,97	0,16	65,06	16,81	28,27	0,18	69,44	2,11

Tabelle 10.9, 2. Fortsetzung

E				F			
Peak-Nr.				Peak-Nr.			
2	3	4	5	2	3	4	5
26,22	0,251	70,67	2,86	18,86	0,60	78,79	1,75
27,77	0,34	68,51	3,38	19,80	0,69	77,44	2,07
29,66	0,33	67,03	2,99	19,45	0,49	78,54	1,52
27,30	0,34	69,29	3,06	18,84	0,70	78,71	1,76
27,07	0,33	69,32	3,27	18,90	0,80	78,38	1,92
30,76	0,40	65,79	3,05	19,92	0,68	77,52	1,89
26,63	0,26	70,35	2,76	19,34	0,62	78,20	1,84
27,73	0,32	68,95	3,01	21,04	0,67	76,82	1,48
29,55	0,56	67,12	2,77	16,38	0,57	81,39	1,67
27,23	0,37	69,57	2,82	17,62	0,58	79,83	1,97
28,59	0,30	68,03	3,07	19,55	0,58	77,85	2,02
30,04	0,336	66,51	3,12	18,53	0,51	78,99	1,98
26,38	0,17	70,41	3,04	19,59	0,54	77,96	1,91
28,61	0,20	68,12	3,07	19,24	0,59	78,03	2,14
25,78	0,23	71,09	2,89	19,83	0,63	77,33	2,22

10.2. Datensätze, statistische Tabellen

Tabelle 10.9, 3. Fortsetzung

G				H			
	Peak-Nr.				Peak-Nr.		
2	3	4	5	2	3	4	5
22,08	0,50	74,72	2,70	22,10	0,39	74,45	3,06
22,57	0,59	74,16	2,67	23,37	0,33	72,96	3,34
22,30	0,48	74,62	2,60	22,86	0,28	73,49	3,37
22,02	0,43	74,18	3,38	23,83	0,33	72,56	3,29
22,33	0,41	74,49	2,78	22,78	0,41	73,67	3,13
22,17	0,44	74,09	3,31	24,08	0,37	72,39	3,17
21,47	0,35	75,02	3,16	23,88	0,44	71,97	3,71
21,56	0,35	74,81	3,28	23,44	0,39	72,97	3,20
21,04	0,40	75,39	3,17	21,96	0,34	74,41	3,29
21,98	0,41	74,33	3,28	23,91	0,31	72,53	3,25
23,84	0,30	72,51	3,34	23,17	0,31	72,97	3,56
21,97	0,38	74,22	3,44	22,77	0,29	73,15	3,79
22,89	0,49	72,67	3,95	21,96	0,35	74,30	3,40
21,37	0,48	74,71	3,44	23,04	0,33	72,69	3,93
21,59	0,42	74,33	3,66	20,73	0,28	75,40	3,60

Tabelle 10.9, 4. Fortsetzung

I				K			
Peak-Nr.				Peak-Nr.			
2	3	4	5	2	3	4	5
26,24	0,35	70,41	3,00	25,21	0,80	70,12	3,87
25,74	1,61	69,48	3,17	26,22	0,63	71,78	1,36
25,44	1,64	70,20	2,72	27,48	0,72	67,98	3,83
22,78	1,62	72,65	2,95	26,38	0,69	68,70	4,24
26,07	1,93	68,91	3,09	26,10	0,66	69,21	4,02
25,88	1,59	69,99	2,54	27,91	0,73	67,47	3,89
25,17	1,62	70,10	3,11	24,68	0,86	70,32	4,14
26,35	1,59	68,91	3,16	25,52	0,84	69,45	4,18
27,43	1,59	67,46	3,52	27,89	0,88	67,09	4,13
26,79	1,35	68,66	3,20	25,06	0,80	70,23	3,92
24,60	1,01	71,13	3,26	27,96	0,65	67,64	3,74
24,52	1,32	70,92	3,25	23,07	0,57	73,05	3,31
25,27	1,16	70,56	3,02	24,12	0,65	71,52	3,71
26,19	1,31	69,26	3,24	25,89	0,66	69,68	3,78
25,49	1,19	70,12	3,19	25,58	0,74	69,56	4,11

Tabelle 10.10
F-Werte der F-Verteilung ($P = 95\%$, $P = 99\%$, $P = 99{,}9\%$)

$P = 95\%$

f_2 \ $f_1 \rightarrow$	1	2	3	4	5	6	7	8	9
1	161,4	199,5	215,7	224,6	230,2	234,0	236,8	238,9	240,9
2	18,51	19,00	19,16	19,25	19,30	19,33	19,35	19,37	19,38
3	10,13	9,55	9,28	9,12	9,01	8,94	8,88	8,84	8,81
4	7,71	6,94	6,59	6,39	6,26	6,16	6,09	6,04	6,00
5	6,61	5,79	5,41	5,19	5,05	4,95	4,88	4,82	4,77
6	5,99	5,14	4,76	4,53	4,39	4,28	4,21	4,15	4,10
7	5,59	4,74	4,35	4,12	3,97	3,87	3,79	3,73	3,68
8	5,32	4,46	4,07	3,84	3,69	3,58	3,50	3,44	3,39
9	5,12	4,26	3,86	3,63	3,48	3,37	3,29	3,23	3,18
10	4,96	4,10	3,71	3,48	3,33	3,22	3,13	3,07	3,02
11	4,84	3,98	3,59	3,36	3,20	3,09	3,01	2,95	2,90
12	4,75	3,88	3,49	3,26	3,11	3,00	2,91	2,85	2,80
13	4,67	3,80	3,41	3,18	3,02	2,92	2,83	2,77	2,71
14	4,60	2,74	3,34	3,11	2,96	2,85	2,76	2,70	2,64
15	4,54	3,68	3,29	3,06	2,90	2,79	2,70	2,64	2,59
16	4,49	3,63	3,24	3,01	2,85	2,74	2,65	2,59	2,53
17	4,45	3,59	3,20	2,96	2,81	2,70	2,61	2,55	2,49
18	4,41	3,55	3,16	2,93	2,77	2,66	2,57	2,51	2,45
19	4,38	3,52	3,13	2,90	2,74	2,63	2,54	2,48	2,42
20	4,35	3,49	3,10	2,87	2,71	2,60	2,51	2,45	2,39
21	4,32	3,47	3,07	2,84	2,68	2,57	2,48	2,42	2,36
22	4,30	3,44	3,05	2,82	2,66	2,55	2,46	2,40	2,34
23	4,28	3,42	3,03	2,80	2,64	2,53	2,44	2,38	2,32
24	4,26	3,40	3,01	2,78	2,62	2,51	2,42	2,36	2,30
25	4,24	3,38	2,99	2,76	2,60	2,49	2,40	2,34	2,28
26	4,22	3,37	2,98	2,74	2,59	2,47	2,38	2,32	2,26
27	4,21	3,35	2,96	2,73	2,57	2,46	2,37	2,30	2,24
28	4,20	3,34	2,95	2,71	2,56	2,44	2,35	2,29	2,23
29	4,18	3,33	2,93	2,70	2,54	2,43	2,34	2,28	2,22
30	4,17	3,32	2,92	2,69	2,53	2,42	2,33	2,27	2,21
40	4,08	3,23	2,84	2,61	2,45	2,34	2,25	2,18	2,12
60	4,00	3,15	2,76	2,52	2,37	2,25	2,16	2,10	2,04
120	3,92	3,07	2,68	2,45	2,29	2,17	2,08	2,02	1,96
∞	3,84	2,99	2,60	2,37	2,21	2,09	2,00	1,94	1,88

10.2. Datensätze, statistische Tabellen

Tabelle 10.10, 1. Fortsetzung

$P = 95\ \%$

$f_2 \downarrow$ \ $f_1 \rightarrow$	10	12	14	16	18	20	22	24	∞
1	241,9	243,9	245,4	246,5	247,3	248,0	248,5	249,0	254,3
2	19,39	19,41	19,42	19,43	19,44	19,44	19,45	19,45	19,50
3	8,78	8,74	8,71	8,69	8,67	8,66	8,65	8,64	8,53
4	5,96	5,91	5,87	5,84	5,82	5,80	5,78	5,77	5,63
5	4,74	4,68	4,64	4,60	4,58	4,56	4,54	4,53	4,36
6	4,06	4,00	3,96	3,92	3,90	3,87	3,85	3,84	3,67
7	3,63	3,57	3,53	3,49	3,47	3,44	3,42	3,41	3,23
8	3,34	3,28	3,24	3,20	3,17	3,15	3,13	3,12	2,93
9	3,13	3,07	3,03	2,99	2,96	2,94	2,92	2,90	2,71
10	2,97	2,91	2,86	2,83	2,80	2,77	2,75	2,74	2,54
11	2,85	2,79	2,74	2,70	2,67	2,65	2,63	2,61	2,40
12	2,75	2,69	2,64	2,60	2,57	2,54	2,52	2,50	2,30
13	2,67	2,60	2,55	2,51	2,48	2,46	2,44	2,42	2,21
14	2,60	2,53	2,48	2,44	2,41	2,39	2,37	2,35	2,13
15	2,54	2,48	2,42	2,38	2,35	2,33	2,31	2,29	2,07
16	2,49	2,42	2,37	2,33	2,30	2,28	2,26	2,24	2,01
17	2,45	2,38	2,33	2,29	2,26	2,23	2,21	2,19	1,96
18	2,41	2,34	2,29	2,25	2,22	2,19	2,17	2,15	1,92
19	2,38	2,31	2,26	2,21	2,18	2,16	2,13	2,11	1,88
20	2,35	2,28	2,22	2,18	2,15	2,12	2,10	2,08	1,84
21	2,32	2,25	2,19	2,15	2,12	2,09	2,07	2,05	1,81
22	2,30	2,23	2,17	2,13	2,10	2,07	2,05	2,03	1,78
23	2,27	2,20	2,15	2,11	2,07	2,05	2,02	2,00	1,76
24	2,25	2,18	2,13	2,09	2,05	2,03	2,00	1,98	1,73
25	2,23	2,16	2,11	2,07	2,03	2,01	1,98	1,96	1,71
26	2,22	2,15	2,09	2,05	2,02	1,99	1,97	1,95	1,69
27	2,20	2,13	2,07	2,03	2,00	1,97	1,95	1,93	1,67
28	2,19	2,12	2,06	2,02	1,99	1,96	1,93	1,91	1,65
29	2,17	2,10	2,05	2,02	1,97	1,94	1,92	1,90	1,64
30	2,16	2,09	2,04	1,99	1,96	1,93	1,91	1,89	1,62
40	2,07	2,00	1,95	1,90	1,87	1,84	1,81	1,79	1,51
60	1,99	1,92	1,86	1,82	1,78	1,75	1,72	1,70	1,39
120	1,91	1,83	1,77	1,72	1,68	1,65	1,63	1,61	1,25
∞	1,83	1,75	1,69	1,64	1,60	1,57	1,54	1,52	1,00

10.2. Datensätze, statistische Tabellen

Tabelle 10.10, 2. Fortsetzung

$P = 99\ \%$

f_2 \ $f_1 \rightarrow$	1	2	3	4	5	6	7	8	9
1	4052	4999	5403	5625	5764	5859	5929	5981	6023
2	98,49	99,00	99,17	99,25	99,30	99,33	99,35	99,36	99,38
3	34,12	30,81	29,46	28,71	28,24	27,91	27,67	27,49	27,34
4	21,20	18,00	16,69	15,98	15,52	15,21	14,98	14,80	14,66
5	16,26	13,27	12,06	11,39	10,97	10,67	10,44	10,27	10,14
6	13,74	10,92	9,78	9,15	8,75	8,47	8,26	8,10	7,98
7	12,25	9,55	8,45	7,85	7,46	7,19	6,99	6,84	6,72
8	11,26	8,65	7,59	7,01	6,63	6,37	6,18	6,03	5,91
9	10,56	8,02	6,99	6,42	6,06	5,80	5,61	5,47	5,35
10	10,04	7,56	6,55	5,99	5,64	5,39	5,20	5,06	4,94
11	9,65	7,21	6,22	5,67	5,32	5,07	4,89	4,74	4,63
12	9,33	6,93	5,95	5,41	5,06	4,82	4,64	4,50	4,39
13	9,07	6,70	5,74	5,21	4,86	4,62	4,44	4,30	4,19
14	8,86	6,51	5,56	5,04	4,70	4,46	4,28	4,14	4,03
15	8,68	6,36	5,42	4,89	4,56	4,32	4,14	4,00	3,89
16	8,53	6,23	5,29	4,77	4,44	4,20	4,03	3,89	3,78
17	8,40	6,11	5,18	4,67	4,34	4,10	3,93	3,79	3,68
18	8,29	6,01	5,09	4,58	4,25	4,01	3,84	3,71	3,60
19	8,18	5,93	5,01	4,50	4,17	3,94	3,77	3,63	3,52
20	8,10	5,85	4,94	4,43	4,10	3,87	3,70	3,56	3,46
21	8,02	5,78	4,87	4,37	4,04	3,81	3,64	3,51	3,40
22	7,94	5,72	4,82	4,31	3,99	3,76	3,58	3,45	3,34
23	7,88	5,66	4,76	4,26	3,94	3,71	3,54	3,41	3,30
24	7,82	5,61	4,72	4,22	3,90	3,67	3,49	3,36	3,25
25	7,77	5,57	4,68	4,18	3,86	3,63	3,45	3,32	3,21
26	7,72	5,53	4,64	4,14	3,82	3,59	3,42	3,29	3,18
27	7,68	5,49	4,60	4,11	3,78	3,56	3,39	3,26	3,15
28	7,64	5,45	4,57	4,07	3,75	3,53	3,36	3,23	3,12
29	7,60	5,42	4,54	4,04	3,73	3,50	3,33	3,20	3,09
30	7,56	5,39	4,51	4,02	3,70	3,47	3,30	3,17	3,06
40	7,31	5,18	4,31	3,83	3,51	3,29	3,12	2,99	2,89
60	7,08	4,98	4,13	3,65	3,34	3,12	2,95	2,82	2,72
120	6,85	4,79	3,95	3,48	3,17	2,96	2,79	2,66	2,55
∞	6,64	4,60	3,78	3,32	3,02	2,80	2,63	2,51	2,40

10.2. Datensätze, statistische Tabellen

Tabelle 10.10, 3. Fortsetzung

$P = 99\%$

f_2 \ $f_1 \rightarrow$	10	12	14	16	18	20	22	24	∞
1	6056	6106	6143	6165	6191	6208	6222	6234	6366
2	99,40	99,42	99,43	99,44	99,45	99,45	99,46	99,46	99,50
3	27,23	27,05	26,92	26,82	26,75	26,69	26,64	26,60	26,12
4	14,54	14,37	14,24	14,15	14,08	14,02	13,97	13,93	13,46
5	10,04	9,89	9,77	9,68	9,61	9,55	9,51	9,47	9,02
6	7,87	7,72	7,60	7,52	7,45	7,40	7,35	7,31	6,88
7	6,62	6,47	6,36	6,27	6,21	6,16	6,11	6,07	5,65
8	5,81	5,67	5,56	5,48	5,41	5,36	5,32	5,28	4,88
9	5,26	5,11	5,00	4,92	4,86	4,81	4,77	4,73	4,31
10	4,85	4,71	4,60	4,52	4,46	4,41	4,37	4,33	3,91
11	4,54	4,40	4,29	4,21	4,15	4,10	4,06	4,02	3,60
12	4,30	4,16	4,05	3,97	3,91	3,86	3,82	3,78	3,36
13	4,10	3,96	3,86	3,78	3,72	3,66	3,62	3,59	3,17
14	3,94	3,80	3,70	3,62	3,56	3,51	3,47	3,43	3,00
15	3,80	3,67	3,56	3,49	3,42	3,37	3,33	3,29	2,87
16	3,69	3,55	3,45	3,37	3,31	3,26	3,22	3,18	2,75
17	3,59	3,46	3,35	3,27	3,21	3,16	3,12	3,08	2,65
18	3,51	3,37	3,27	3,19	3,13	3,08	3,04	3,00	2,57
19	3,43	3,30	3,19	3,12	3,05	3,00	2,96	2,92	2,49
20	3,37	3,23	3,13	3,05	2,99	2,94	2,90	2,86	2,42
21	3,31	3,17	3,07	2,98	2,93	2,88	2,84	2,80	2,36
22	3,25	3,12	3,02	2,94	2,88	2,83	2,79	2,75	2,31
23	3,21	3,07	2,97	2,89	2,83	2,78	2,74	2,70	2,26
24	3,16	3,03	2,93	2,85	2,79	2,74	2,70	2,66	2,21
25	3,12	2,99	2,89	2,81	2,75	2,70	2,66	2,62	2,17
26	3,09	2,96	2,86	2,78	2,72	2,66	2,62	2,58	2,13
27	3,06	2,93	2,82	2,75	2,68	2,63	2,59	2,55	2,10
28	3,03	2,90	2,79	2,72	2,65	2,60	2,56	2,52	2,06
29	3,00	2,87	2,76	2,69	2,62	2,57	2,53	2,49	2,03
30	2,97	2,84	2,74	2,66	2,60	2,55	2,51	2,47	2,01
40	2,80	2,66	2,56	2,48	2,42	2,37	2,33	2,29	1,80
60	2,63	2,50	2,39	2,31	2,25	2,20	2,16	2,12	1,60
120	2,47	2,34	2,23	2,14	2,08	2,03	1,99	1,95	1,38
∞	2,31	2,18	2,07	1,99	1,92	1,87	1,83	1,79	1,00

10.2. Datensätze, statistische Tabellen

Tabelle 10.10, 4. Fortsetzung

$P = 99{,}9\ \%$

f_2 \ $f_1 \to$	1	2	3	4	5	6	7	8	9
1	4,05 $\cdot 10^5$	5,00 $\cdot 10^5$	5,40 $\cdot 10^5$	5,63 $\cdot 10^5$	5,76 $\cdot 10^5$	5,86 $\cdot 10^5$	5,93 $\cdot 10^5$	5,98 $\cdot 10^5$	6,02 $\cdot 10^5$
2	998,5	999,0	999,2	999,2	999,3	999,3	999,3	999,4	999,4
3	167,5	148,5	141,1	137,1	134,6	132,8	131,5	130,6	129,8
4	74,14	61,25	56,18	53,44	51,71	50,53	49,66	49,00	48,47
5	47,04	36,61	33,20	31,09	29,75	28,84	28,15	27,64	27,23
6	35,51	27,00	23,70	21,90	20,81	20,03	19,46	19,03	18,68
7	29,22	21,69	18,77	17,19	16,21	15,52	15,01	14,63	14,32
8	25,42	18,49	15,83	14,39	13,49	12,86	12,39	12,04	11,76
9	22,86	16,39	13,90	12,56	11,71	11,13	10,70	10,37	10,10
10	21,04	14,41	12,55	11,28	10,48	9,92	9,51	9,20	8,95
11	19,69	13,81	11,56	10,35	9,58	9,05	8,65	8,35	8,11
12	18,64	12,97	10,80	9,63	8,89	8,38	8,00	7,71	7,47
13	17,81	12,31	10,21	9,07	8,35	7,86	7,49	7,21	6,98
14	17,14	11,78	9,73	8,62	7,92	7,43	7,07	6,80	6,58
15	16,59	11,34	9,34	8,25	7,57	7,09	6,74	6,37	6,25
16	16,12	10,97	9,00	7,94	7,27	6,81	6,46	6,19	5,98
17	15,72	10,66	8,73	7,68	7,02	6,56	6,22	5,96	5,75
18	15,38	10,39	8,49	7,46	6,81	6,35	6,01	5,76	5,55
19	15,08	10,16	8,28	7,26	6,61	6,18	5,84	5,59	5,38
20	14,82	9,95	8,10	7,10	6,46	6,02	5,69	5,44	5,23
21	14,59	9,77	7,94	6,95	6,32	5,88	5,55	5,31	5,11
22	14,38	9,61	7,80	6,81	6,19	5,76	5,43	5,19	4,99
23	14,19	9,47	7,67	6,69	6,08	5,65	5,33	5,09	4,89
24	14,03	9,34	7,55	6,59	5,98	5,55	5,23	4,99	4,79
25	13,88	9,22	7,45	6,49	5,88	5,46	5,15	4,91	4,71
26	13,74	9,12	7,36	6,41	5,80	5,38	5,07	4,83	4,63
27	13,61	9,02	7,27	6,33	5,73	5,31	5,00	4,76	4,56
28	13,50	8,93	7,19	6,25	5,66	5,24	4,93	4,69	4,50
29	13,39	8,85	7,12	6,19	5,59	5,18	4,86	4,64	4,44
30	13,29	8,77	7,05	6,12	5,53	5,12	4,81	4,58	4,39
40	12,61	8,25	6,60	5,70	5,13	4,73	4,43	4,21	4,02
60	11,97	7,76	6,17	5,31	4,76	4,37	4,08	3,87	3,68
120	11,38	7,31	5,79	4,95	4,42	4,04	3,76	3,55	3,37
∞	10,83	6,91	5,42	4,62	4,10	3,74	3,47	3,27	3,11

Tabelle 10.10, 5. Fortsetzung

$P = 99,9\%$

f_2 \ $f_1 \rightarrow$	10	12	14	16	18	20	22	24	∞
1	6,06 $\cdot 10^5$	6,11 $\cdot 10^5$	6,14 $\cdot 10^5$	6,17 $\cdot 10^5$	6,19 $\cdot 10^5$	6,21 $\cdot 10^5$	6,22 $\cdot 10^5$	6,23 $\cdot 10^5$	6,37 $\cdot 10^5$
2	999,4	999,4	999,4	999,5	999,5	999,5	999,5	999,5	999,5
3	129,2	128,3	127,6	127,1	126,7	126,5	126,2	125,9	123,5
4	48,05	47,71	47,16	46,74	46,42	46,16	45,95	45,77	44,05
5	26,91	26,42	26,05	25,83	25,57	25,40	25,26	25,14	23,78
6	18,41	17,99	17,68	17,44	17,26	17,11	16,99	16,89	15,75
7	14,08	13,71	13,43	13,22	13,06	12,93	12,82	12,73	11,69
8	11,53	11,19	10,94	10,74	10,60	10,48	10,38	10,30	9,34
9	9,89	9,57	9,33	9,14	9,00	8,89	8,80	8,72	7,81
10	8,75	8,45	8,22	8,03	7,91	7,80	7,71	7,64	6,76
11	7,92	7,63	7,41	7,24	7,11	7,01	6,92	6,85	6,00
12	7,28	7,00	6,79	6,62	6,50	6,40	6,32	6,25	5,42
13	6,80	6,52	6,31	6,15	6,03	5,93	5,85	5,78	4,97
14	6,40	6,13	5,92	5,77	5,65	5,55	5,48	5,41	4,60
15	6,07	5,81	5,61	5,45	5,34	5,24	5,16	5,10	4,31
16	5,81	5,55	5,35	5,20	5,08	4,99	4,91	4,85	4,06
17	5,58	5,32	5,12	4,97	4,86	4,77	4,69	4,63	3,85
18	5,38	5,13	4,94	4,79	4,68	4,59	4,51	4,45	3,67
19	5,22	4,97	4,78	4,63	4,52	4,43	4,35	4,29	3,52
20	5,07	4,82	4,63	4,48	4,37	4,28	4,21	4,15	3,38
21	4,94	4,70	4,51	4,36	4,25	4,16	4,09	4,03	3,26
22	4,82	4,58	4,39	4,25	4,14	4,05	3,98	3,92	3,15
23	4,72	4,48	4,29	4,15	4,04	3,95	3,88	3,82	3,05
24	4,63	4,39	4,20	4,06	3,96	3,87	3,80	3,74	2,97
25	4,55	4,31	4,12	3,98	3,88	3,79	3,72	3,66	2,89
26	4,48	4,24	4,05	3,91	3,81	3,72	3,65	3,59	2,82
27	4,41	4,17	3,98	3,84	3,74	3,65	3,58	3,52	2,75
28	4,34	4,11	3,92	3,78	3,68	3,59	3,52	3,46	2,70
29	4,29	4,05	3,87	3,73	3,62	3,54	3,47	3,41	2,64
30	4,23	4,00	3,82	3,68	3,57	3,49	3,42	3,36	2,59
40	3,87	3,64	3,46	3,32	3,22	3,14	3,07	3,01	2,23
60	3,53	3,31	3,13	3,00	2,90	2,81	2,75	2,69	1,90
120	3,23	3,02	2,84	2,71	2,61	2,52	2,46	2,40	1,56
∞	2,95	2,74	2,57	2,43	2,33	2,25	2,19	2,13	1,00

Tabelle 10.11
t-Werte der t-Verteilung

f ↓ P→	Zweiseitige Fragestellung					
	90 %	95 %	98 %	99 %	99,8 %	99,9 %
1	6,314	12,706	31,821	63,657	318,309	636,619
2	2,920	4,303	6,965	9,925	22,327	31,598
3	2,353	3,128	4,541	5,841	10,214	12,924
4	2,132	2,776	3,747	4,604	7,173	8,610
5	2,015	2,571	3,365	4,032	5,893	6,869
6	1,943	2,447	3,143	3,707	5,208	5,959
7	1,895	2,365	2,998	3,499	4,785	5,408
8	1,860	2,306	2,896	3,355	4,501	5,041
9	1,833	2,262	2,821	3,250	4,297	4,781
10	−1,812	2,282	2,764	3,169	4,144	4,587
11	1,796	2,201	2,718	3,106	4,025	4,437
12	1,782	2,179	2,681	3,055	3,930	4,318
13	1,771	2,160	2,650	3,016	3,852	4,221
14	1,761	2,145	2,624	2,977	3,787	4,140
15	1,753	2,131	2,602	2,947	3,733	4,073
16	1,746	2,120	2,583	2,921	3,686	4,015
17	1,740	2,110	2,567	2,898	3,646	3,965
18	1,734	2,101	2,552	2,878	3,610	3,922
19	1,729	2,093	2,539	2,861	3,579	3,883
20	1,725	2,086	2,528	2,845	3,552	3,850
21	1,721	2,080	2,518	2,831	3,527	3,819
22	1,717	2,074	2,508	2,819	3,505	3,792
23	1,714	2,069	2,500	2,807	3,485	3,767
24	1,711	2,064	2,492	2,797	3,467	3,745
25	1,708	2,060	2,485	2,787	3,450	3,725
26	1,706	2,056	2,479	2,779	3,435	3,707
27	1,703	2,052	2,473	2,771	3,421	3,690
28	1,701	2,048	2,467	2,763	3,408	3,674
29	1,699	2,045	2,462	2,756	3,396	3,659
30	1,697	2,042	2,457	2,750	3,385	3,646
35	1,690	2,030	2,438	2,724	3,340	3,590
40	1,684	2,021	2,423	2,704	3,307	3,551
45	1,679	2,014	2,412	2,690	3,281	3,520
50	1,676	2,009	2,403	2,678	3,261	3,496
60	1,671	2,000	2,390	2,660	3,232	3,460
70	1,667	1,994	2,381	2,648	3,211	3,435
80	1,664	1,990	2,374	2,639	3,195	3,416
90	1,662	1,987	2,368	2,632	3,183	3,402
100	1,660	1,984	2,364	2,626	3,174	3,390
120	1,658	1,980	2,358	2,617	3,160	3,373
200	1,653	1,972	2,345	2,601	3,131	3,340
500	1,648	1,965	2,334	2,586	3,107	3,310
1000	1,646	1,962	2,330	2,581	3,098	3,300
∞	1,645	1,960	2,326	2,576	3,090	3,290

10.2. Datensätze, statistische Tabellen

Tabelle 10.12
χ^2-Werte der Chi-Quadrat-Verteilung (P = 95 %)

f	1	2	3	4	5	6	7	8	9	10
χ^2	3,841	5,991	7,815	9,488	11,07	12,59	14,07	15,51	16,92	18,31
f	11	12	13	14	15	16	17	18	19	20
χ^2	19,68	21,03	22,36	23,69	25,00	26,30	27,59	28,87	30,14	31,41
f	21	22	23	24	25	26	27	28	29	30
χ^2	32,67	33,92	35,17	36,42	37,65	38,89	40,11	41,34	42,56	43,77

10.2. Datensätze, statistische Tabellen

Tabelle 10.13
Ausreißertest nach GRUBBS

n	P = 90 %	P = 95 %	P = 99 %	n	P = 90 %	P = 95 %	P = 99 %
3	1,148	1,153	1,155	30	2,563	2,745	3,103
4	1,425	1,463	1,492	31	2,577	2,759	3,119
5	1,602	1,672	1,749	32	2,591	2,773	3,135
6	1,729	1,822	1,944	33	2,604	2,786	3,150
7	1,828	1,938	2,097	34	2,616	2,799	3,164
8	1,909	2,032	2,221	35	2,628	2,811	3,178
9	1,977	2,110	2,323	36	2,639	2,823	3,191
				37	2,650	2,835	3,204
10	2,036	2,176	2,410	38	2,661	2,846	3,216
11	2,088	2,234	2,485	39	2,671	2,857	3,228
12	2,134	2,285	2,550				
13	2,175	2,331	2,607	40	2,682	2,866	3,240
14	2,213	2,371	2,659	41	2,692	2,877	3,251
15	2,247	2,409	2,705	42	2,700	2,887	3,261
16	2,279	2,443	2,747	43	2,710	2,896	3,271
17	2,309	2,475	2,785	44	2,719	2,905	3,282
18	2,335	2,504	2,821	45	2,727	2,914	3,292
19	2,361	2,532	2,854	46	2,736	2,923	3,302
20	2,385	2,557	2,884	47	2,744	2,931	3,310
				48	2,753	2,940	3,319
21	2,408	2,580	2,912	49	2,760	2,948	3,329
22	2,429	2,603	2,939				
23	2,448	2,624	2,963	50	2,768	2,956	3,336
24	2,467	2,644	2,987	60	2,837	3,025	3,411
25	2,486	2,663	3,009	70	2,893	3,082	3,471
26	2,502	2,681	3,029	80	2,940	3,130	3,521
27	2,519	2,698	3,049	90	2,981	3,171	3,563
28	2,534	2,714	3,068	100	3,017	3,207	3,600
29	2,549	2,730	3,085	140	3,129	3,318	3,712

Tabelle 10.14
Trendtest

n	P = 95 %	P = 99 %	P = 99,9 %	n	P = 95 %	P = 99 %	P = 99,9 %
4	0,7805	0,6256	0,5898	33	1,4434	1,2283	1,0055
5	0,8204	0,5379	0,4161	34	1,4511	1,2386	1,0180
6	0,8902	0,5615	0,3634	35	1,4585	1,2485	1,0300
7	0,9359	0,6140	0,3695	36	1,4656	1,2581	1,0416
8	0,9825	0,6628	0,4036	37	1,4726	1,2673	1,0529
9	1,0244	0,7088	0,4420	38	1,4793	1,2763	1,0639
				39	1.4858	1,2850	1,0746
10	1,0623	0,7518	0,4816				
11	1,0965	0,7915	0,5197	40	1,4921	1,2934	1,0850
12	1,1276	0,8280	0,5557	41	1,4982	1,3017	1,0950
13	1,1558	0,8618	0,5898	42	1,5041	1,3096	1,1048
14	1,1816	0,8931	0,6223	43	1,5098	1,3172	1,1142
15	1,2053	0,9221	0,6532	44	1,5154	1,3246	1,1233
16	1,2272	0,9491	0,6826	45	1,5206	1,3317	1,1320
17	1,2473	0,9743	0,7104	46	1,5257	1,3387	1,1404
18	1,2660	0,9979	0,7368	47	1,5305	1,3453	1,1484
19	1,2834	1,0199	0,7617	48	1,5351	1,3515	1,1561
				49	1,5395	1,3573	1,1635
20	1,2996	1,0406	0,7852				
21	1,3148	1,0601	0,8073	50	1,5437	1,3629	1,1705
22	1,3290	1,0785	0,8283	51	1,5477	1,3683	1,1774
23	1,3425	1,0958	0,8481	52	1,5518	1,3738	1,1843
24	1,3552	1,1122	0,8668	53	1,5557	1,3792	1,1910
25	0,3671	1,1278	0,8846	54	1,5596	1,3846	1,1976
26	1,3785	1,1426	0,9017	55	1,5634	1,3899	1,2041
27	1,3892	1,1567	0,9182	56	1,5670	1,3949	1,2104
28	1,3994	1,1702	0,9341	57	1,5707	1,3999	1,2166
29	1,4091	1,1830	0,9496	58	1,5743	1,4048	1,2227
				59	1,5779	1,4096	1,2288
30	1,4183	1,1951	0,9645				
31	1,4270	1,2067	0,9789	60	1,5814	1,4144	1,2349
32	1,4354	1,2177	0,9925	∞	2,0000	2,0000	2,0000

Tabelle 10.15
Schranken β_u und β_o zum Test von Normalität (P = 90 %)

n	β_u	β_o	n	β_u	β_o	n	β_u	β_o
3	1,78	2,00	16	3,12	4,09	65	4,14	5,35
4	2,04	2,41	17	3,17	4,15	70	4,19	5,41
5	2,22	2,71	18	3,21	4,21	75	4,24	5,46
6	2,37	2,95	19	3,25	4,27	80	4,28	5,51
7	2,49	3,14	20	3,29	4,32	85	4,33	5,56
8	2,54	3,31				90	4,36	5,60
9	2,68	3,45	25	3,45	4,53	95	4,40	5,64
10	2,76	3,57	30	3,59	4,70	100	4,44	5,68
			35	3,70	4,84			
11	2,84	3,68	40	3,79	4,96	150	4,72	5,96
12	2,90	3,78	45	3,88	5,06	200	4,90	6,15
13	2,96	3,87	50	3,95	5,14			
14	3,02	3,95	55	4,02	5,22	500	5,49	6,72
15	3,07	4,02	60	4,08	5,29	1000	5,92	7,11

Tabelle 10.16
Kritische Werte von U für den Test von WILCOXON, MANN und WHITNEY
(P = 90 %, P = 95 %, P = 99 %, P = 99,8 %)

P = 90 %

m \ n	1	2	3	4	5	6	7	8	9	10	11	12	13	14	15	16	17	18	19	20
1	–																			
2	–	–																		
3	–	–	0																	
4	–	–	0	1																
5	–	0	1	2	4															
6	–	0	2	3	5	7														
7	–	0	2	4	6	8	11													
8	–	1	3	5	8	10	13	15												
9	–	1	4	6	9	12	15	18	21											
10	–	1	4	7	11	14	17	20	24	27										
11	–	1	5	8	12	16	19	23	27	31	34									
12	–	2	5	9	13	17	21	26	30	34	38	42								
13	–	2	6	10	15	19	24	28	33	37	42	47	51							
14	–	3	7	11	16	21	26	31	36	41	46	51	56	61						
15	–	3	7	12	18	23	28	33	39	44	50	55	61	66	72					
16	–	3	8	14	19	25	30	36	42	48	54	60	65	71	77	83				
17	–	3	9	15	20	26	33	39	45	51	57	64	70	77	83	89	96			
18	–	4	9	16	22	28	35	41	48	55	61	68	75	82	88	95	102	109		
19	0	4	10	17	23	30	37	44	51	58	65	72	80	87	94	101	109	116	123	
20	0	4	11	18	25	32	39	47	54	62	69	77	84	92	100	107	115	123	130	138
21	0	5	11	19	26	34	41	49	57	65	73	81	89	97	105	113	121	130	138	146
22	0	5	12	20	28	36	44	52	60	68	77	85	94	102	111	119	128	136	145	154
23	0	5	13	21	29	37	46	54	63	72	81	90	98	107	116	125	134	143	152	161
24	0	6	13	22	30	39	48	57	66	75	85	94	103	113	122	131	141	150	160	169
25	0	6	14	23	32	41	50	60	69	79	89	98	108	118	128	137	147	157	167	177
26	0	6	15	24	33	43	53	62	72	82	92	103	113	123	133	143	154	164	174	185
27	0	7	15	25	35	45	55	65	75	86	96	107	117	128	139	149	160	171	182	192
28	0	7	16	26	36	46	57	68	78	89	100	111	122	133	144	156	167	178	189	200
29	0	7	17	27	38	48	59	70	82	93	104	116	127	138	150	162	173	185	196	208
30	0	7	17	28	39	50	61	73	85	96	108	120	132	144	156	168	180	192	204	216
31	0	8	18	29	40	52	64	76	88	100	112	124	136	149	161	174	186	199	211	224
32	0	8	19	30	42	54	66	78	91	103	116	128	141	154	167	180	193	206	218	231
33	0	8	19	31	43	56	68	81	94	107	120	133	146	159	172	186	199	212	226	239
34	0	9	20	32	45	57	70	84	97	110	124	137	151	164	178	192	206	219	233	247
35	0	9	21	33	46	59	73	86	100	114	128	141	156	170	184	198	212	226	241	255
36	0	9	21	34	48	61	75	89	103	117	131	146	160	175	189	204	219	233	248	263
37	0	10	22	35	49	63	77	91	106	121	135	150	165	180	195	210	225	240	255	271
38	0	10	23	36	50	65	79	94	109	124	139	154	170	185	201	216	232	247	263	278
39	1	10	23	38	52	67	82	97	112	128	143	159	175	190	206	222	238	254	270	286*
40	1	11	24	39	53	68	84	99	115	131	147	163	179	196	212	228	245	261	278	294*

* anhand der Normalverteilung approximierte Werte

10.2. Datensätze, statistische Tabellen

Tabelle 10.16, 1. Fortsetzung

$P = 95\ \%$

m \ n	1	2	3	4	5	6	7	8	9	10	11	12	13	14	15	16	17	18	19	20
1	–																			
2	–	–																		
3	–	–	–																	
4	–	–	–	0																
5	–	–	0	1	2															
6	–	–	1	2	3	5														
7	–	–	1	3	5	6	8													
8	–	0	2	4	6	8	10	13												
9	–	0	2	4	7	10	12	15	17											
10	–	0	3	5	8	11	14	17	20	23										
11	–	0	3	6	9	13	16	19	23	26	30									
12	–	1	4	7	11	14	18	22	26	29	33	37								
13	–	1	4	8	12	16	20	24	28	33	37	41	45							
14	–	1	5	9	13	17	22	26	31	36	40	45	50	55						
15	–	1	5	10	14	19	24	29	34	39	44	49	54	59	64					
16	–	1	6	11	15	21	26	31	37	42	47	53	59	64	70	75				
17	–	2	6	11	17	22	28	34	39	45	51	57	63	69	75	81	87			
18	–	2	7	12	18	24	30	36	42	48	55	61	67	74	80	86	93	99		
19	–	2	7	13	19	25	32	38	45	52	58	65	72	78	85	92	99	106	113	
20	–	2	8	14	20	27	34	41	48	55	62	69	76	83	90	98	105	112	119	127
21	–	3	8	15	22	29	36	43	50	58	65	73	80	88	96	103	111	119	126	134
22	–	3	9	16	23	30	38	45	53	61	69	77	85	93	101	109	117	125	133	141
23	–	3	9	17	24	32	40	48	56	64	73	81	89	98	106	115	123	132	140	149
24	–	3	10	17	25	33	42	50	59	67	76	85	94	102	111	120	129	138	147	156
25	–	3	10	18	27	35	44	53	62	71	80	89	98	107	117	126	135	145	154	163
26	–	4	11	19	28	37	46	55	64	74	83	93	102	112	122	132	141	151	161	171
27	–	4	11	20	29	38	48	57	67	77	87	97	107	117	127	137	147	158	168	178
28	–	4	12	21	30	40	50	60	70	80	90	101	111	122	132	143	154	164	175	186
29	–	4	13	22	32	42	52	62	73	83	94	105	116	127	138	149	160	171	182	193
30	–	5	13	23	33	43	54	65	76	87	98	109	120	131	143	154	166	177	189	200
31	–	5	14	24	34	45	56	67	78	90	101	113	125	136	148	160	172	184	196	208
32	–	5	14	24	35	46	58	69	81	93	105	117	129	141	153	166	178	190	203	215
33	–	5	15	25	37	48	60	72	84	96	108	121	133	146	159	171	184	197	210	222
34	–	5	15	26	38	50	62	74	87	99	112	125	138	151	164	177	190	203	217	230
35	–	6	16	27	39	51	64	77	89	103	116	129	142	156	169	183	196	210	224	237
36	–	6	16	28	40	53	66	79	92	106	119	133	147	161	174	188	202	216	231	245
37	–	6	17	29	41	55	68	81	95	109	123	137	151	165	180	194	209	223	238	252
38	–	6	17	30	43	56	70	84	98	112	127	141	156	170	185	200	215	230	245	259
39	0	7	18	31	44	58	72	86	101	115	130	145	160	175	190	206	221	236	252	267
40	0	7	18	31	45	59	74	89	103	119	134	149	165	180	196	211	227	243	258	274

Tabelle 10.16, 2. Fortsetzung

$P = 99\ \%$

m \ n	1	2	3	4	5	6	7	8	9	10	11	12	13	14	15	16	17	18	19	20
1	–																			
2	–	–																		
3	–	–	–																	
4	–	–	–	–																
5	–	–	–	–	0															
6	–	–	–	0	1	2														
7	–	–	–	0	1	3	4													
8	–	–	–	1	2	4	6	7												
9	–	–	0	1	3	5	7	9	11											
10	–	–	0	2	4	6	9	11	13	16										
11	–	–	0	2	5	7	10	13	16	18	21									
12	–	–	1	3	6	9	12	15	18	21	24	27								
13	–	–	1	3	7	10	13	17	20	24	27	31	34							
14	–	–	1	4	7	11	15	18	22	26	30	34	38	42						
15	–	–	2	5	8	12	16	20	24	29	33	37	42	46	51					
16	–	–	2	5	9	13	18	22	27	31	36	41	45	50	55	60				
17	–	–	2	6	10	15	19	24	29	34	39	44	49	54	60	65	70			
18	–	–	2	6	11	16	21	26	31	37	42	47	53	58	64	70	75	81		
19	–	0	3	7	12	17	22	28	33	39	45	51	57	63	69	74	81	87	93	
20	–	0	3	8	13	18	24	30	36	42	48	54	60	67	73	79	86	92	99	105
21	–	0	3	8	14	19	25	32	38	44	51	58	64	71	78	84	91	98	105	112
22	–	0	4	9	14	21	27	34	40	47	54	61	68	75	82	89	96	104	111	118
23	–	0	4	9	15	22	29	35	43	50	57	64	72	79	87	94	102	109	117	125
24	–	0	4	10	16	23	30	37	45	52	60	68	75	83	91	99	107	115	123	131
25	–	0	5	10	17	24	32	39	47	55	63	71	79	87	96	104	112	121	129	138
26	–	0	5	11	18	25	33	41	49	58	66	74	83	92	100	109	118	127	135	144
27	–	1	5	12	19	27	35	43	52	60	69	78	87	96	105	114	123	132	142	151
28	–	1	5	12	20	28	36	45	54	63	72	81	91	100	109	119	128	138	148	157
29	–	1	6	13	21	29	38	47	56	66	75	85	94	104	114	124	134	144	154	164
30	–	1	6	13	22	30	40	49	58	68	78	88	98	108	119	129	139	150	160	170
31	–	1	6	14	22	32	41	51	61	71	81	92	102	113	123	134	145	155	166	177
32	–	1	7	14	23	33	43	53	63	74	84	95	106	117	128	139	150	161	172	184
33	–	1	7	15	24	34	44	55	65	76	87	98	110	121	132	144	155	167	179	190
34	–	1	7	16	25	35	46	57	68	79	90	102	113	125	137	149	161	173	185	197
35	–	1	8	16	26	37	47	59	70	82	93	105	117	129	142	154	166	179	191	203
36	–	1	8	17	27	38	49	60	72	84	96	109	121	134	146	159	172	184	197	210
37	–	1	8	17	28	39	51	62	75	87	99	112	125	138	151	164	177	190	203	217
38	–	1	9	18	29	40	52	64	77	90	102	116	129	142	155	169	182	196	210	223
39	–	2	9	19	30	41	54	66	79	92	106	119	133	146	160	174	188	202	216	230
40	–	2	9	19	31	43	55	68	81	95	109	122	136	150	165	179	193	208	222	237

10.2. Datensätze, statistische Tabellen

Tabelle 10.16, 3. Fortsetzung

$P = 99,8\ \%$

m	1	2	3	4	5	6	7	8	9	10	11	12	13	14	15	16	17	18	19	20
1	-																			
2	-	-																		
3	-	-	-																	
4	-	-	-	-																
5	-	-	-	-	-															
6	-	-	-	-	-	-														
7	-	-	-	-	-	0	1													
8	-	-	-	-	0	1	2	4												
9	-	-	-	-	1	2	3	5	7											
10	-	-	-	0	1	3	5	6	8	10										
11	-	-	-	0	2	4	6	8	10	12	15									
12	-	-	-	0	2	4	7	9	12	14	17	20								
13	-	-	-	1	3	5	8	11	14	17	20	23	26							
14	-	-	-	1	3	6	9	12	15	19	22	25	29	32						
15	-	-	-	1	4	7	10	14	17	21	24	28	32	36	40					
16	-	-	-	2	5	8	11	15	19	23	27	31	35	39	43	48				
17	-	-	0	2	5	9	13	17	21	25	29	34	38	43	47	52	57			
18	-	-	0	3	6	10	14	18	23	27	32	37	42	46	51	56	61	66		
19	-	-	0	3	7	11	15	20	25	29	34	40	45	50	55	60	66	71	77	
20	-	-	0	3	7	12	16	21	26	32	37	42	48	54	59	65	70	76	82	88
21	-	-	1	4	8	12	18	23	28	34	40	45	51	57	63	69	75	81	87	94
22	-	-	1	4	8	13	19	24	30	36	42	48	54	61	67	73	80	86	93	99
23	-	-	1	4	9	14	20	26	32	38	45	51	58	64	71	78	85	91	98	105
24	-	-	1	5	10	15	21	27	34	40	47	54	61	68	75	82	89	96	104	111
25	-	-	1	5	10	16	22	29	36	43	50	57	64	72	79	86	94	102	109	117
26	-	-	1	6	11	17	24	31	38	45	52	60	68	75	83	91	99	107	115	123
27	-	-	2	6	12	18	25	32	40	47	55	63	71	79	87	95	104	112	120	129
28	-	-	2	6	12	19	26	34	41	49	57	66	74	83	91	100	108	117	126	135
29	-	-	2	7	13	20	27	35	43	52	60	69	77	86	95	104	113	122	131	140
30	-	-	2	7	14	21	29	37	45	54	63	72	81	90	99	108	118	127	137	146
31	-	-	2	7	14	22	30	38	47	56	65	75	84	94	103	113	123	132	142	152
32	-	-	2	8	15	23	31	40	49	58	68	77	87	97	107	117	127	138	148	158
33	-	-	3	8	15	24	32	41	51	61	70	80	91	101	111	122	132	143	153	164
34	-	-	3	9	16	25	34	43	53	63	73	83	94	105	115	126	137	148	159	170
35	-	-	3	9	17	25	35	45	55	65	76	86	97	108	119	131	142	153	165	176
36	-	-	3	9	17	26	36	46	57	67	78	89	101	112	123	135	147	158	170	182
37	-	-	3	10	18	27	37	48	58	70	81	92	104	116	127	139	151	164	176	188
38	-	-	3	10	19	28	39	49	60	72	83	95	107	119	131	144	156	169	181	194
39	-	-	4	11	19	29	40	51	62	74	86	98	110	123	136	148	161	174	187	200
40	-	-	4	11	20	30	41	52	64	76	89	101	114	127	140	153	166	179	192	206

10.2. Datensätze, statistische Tabellen

Tabelle 10.17
Ausreißertest nach LUND[1] ($\alpha = 0{,}05$; $\alpha = 0{,}01$)

N	q = 1	2	3	4	5	7	9	14	24
6	1,93								
7	2,08	1,94							
8	2,20	2,10	1,94						
9	2,29	2,21	2,10	1,95					
10	2,37	2,31	2,22	2,11	1,95				
12	2,49	2,45	2,39	2,33	2,24	1,96			
14	2,58	2,55	2,51	2,47	2,41	2,25	1,96		
16	2,66	2,63	2,60	2,57	2,53	2,43	2,26		
18	2,72	2,70	2,68	2,65	2,62	2,55	2,44		
20	2,77	2,76	2,74	2,72	2,70	2,64	2,57	2,15	
25	2,88	2,87	2,86	2,84	2,83	2,80	2,76	2,60	
30	2,96	2,95	2,94	2,93	2,93	2,90	2,88	2,79	2,17
35	3,02	3,02	3,01	3,00	3,00	2,93	2,97	2,91	2,64
40	3,08	3,07	3,07	3,06	3,06	3,05	3,03	3,00	2,84
45	3,12	3,12	3,12	3,11	3,11	3,10	3,09	3,06	2,96
50	3,16	3,16	3,16	3,15	3,15	3,14	3,14	3,11	3,04
60	3,23	3,23	3,23	3,22	3,22	3,22	3,21	3,20	3,15
70	3,29	3,28	3,28	3,28	3,28	3,27	3,27	3,26	3,23
80	3,33	3,33	3,33	3,33	3,33	3,32	3,32	3,31	3,29
90	3,37	3,37	3,37	3,37	3,37	3,36	3,36	3,36	3,34
100	3,41	3,40	3,40	3,40	3,40	3,40	3,40	3,39	3,38

Tabelle 10.17, Fortsetzung

N	q = 1	2	3	4	5	7	9	14	24
6	1,98								
7	2,17	1,98							
8	2,32	2,18	1,98						
9	2,44	2,33	2,18	1,99					
10	2,55	2,45	2,33	2,18	1,99				
12	2,70	2,64	2,56	2,46	2,34	1,99			
14	2,82	2,78	2,72	2,65	2,57	2,35	1,99		
16	2,92	2,88	2,84	2,79	2,73	2,58	2,35		
18	3,00	2,97	2,94	2,90	2,85	2,75	2,59		
20	3,06	3,04	3,01	2,98	2,95	2,87	2,76	2,20	
25	3,19	3,18	3,16	3,14	3,12	3,07	3,01	2,78	
30	3,29	3,28	3,26	3,25	3,24	3,21	3,17	3,04	2,21
35	3,36	3,35	3,34	3,34	3,33	3,30	3,28	3,19	2,81
40	3,42	3,42	3,41	3,40	3,40	3,38	3,36	3,30	3,08
45	3,47	3,47	3,46	3,46	3,45	3,44	3,43	3,38	3,23
50	3,52	3,51	3,51	3,51	3,50	3,49	3,48	3,45	3,34
60	3,59	3,59	3,59	3,58	3,58	3,57	3,56	3,54	3,48
70	3,65	3,65	3,65	3,64	3,64	3,64	3,63	3,61	3,57
80	3,70	3,70	3,70	3,69	3,69	3,69	3,68	3,67	3,64
90	3,74	3,74	3,74	3,74	3,74	3,73	3,73	3,72	3,70
100	3,78	3,78	3,77	3,77	3,77	3,77	3,77	3,76	3,74

1) Lund, R. E. - In: Technometrics 17 (1975), S. 473-476

Literatur

Kapitel 2: Statistische Auswertung univariater Analysendaten

[2.1] GOTTSCHALK, G.: Auswertung quantitativer Analysenergebnisse. — Berlin: Akademie-Verlag, 1980. — (Analytiker-Taschenbuch; 1)
[2.2] DOERFFEL, K.: Statistik in der analytischen Chemie. — Leipzig: Deutscher Verlag für Grundstoffindustrie, 1983
[2.3] ECKSCHLAGER, K.: Fehler bei chemischen Analysen. — Leipzig: Akademische Verlagsgesellschaft Geest und Portig, 1965
[2.4] DOERFFEL, K.; ECKSCHLAGER, K.: Optimale Strategien in der Analytik. — Leipzig: Deutscher Verlag für Grundstoffindustrie, 1981
[2.5] Analytikum / K. DOERFFEL u. a. — 6. Aufl. — Leipzig: Deutscher Verlag für Grundstoffindustrie, 1984
[2.6] DANZER, K.; THAN, E.; MOLCH, D.: Analytik. — Leipzig: Akademische Verlagsgesellschaft Geest und Portig, 1976
[2.7] HENRION, G.; HENRION, R.; HENRION, A.: BASIC-Programm EXTRAKT zur statistischen Auswertung univariater Analysendaten. — In: Acta hydrochim. et hydrobiol. **15** (1987). — S. 243—261
[2.8] SACHS, L.: Angewandte Statistik. — 6. Aufl. — Berlin, Heidelberg, New York: Springer-Verlag, 1984
[2.9] DANZER, K.; DOERFFEL, K.; ERHARDT, H.; GEISSLER, M.; EHRLICH, G.; GADOW, P.: Investigations of the Chemical Homogeneity of Solids. — In: Anal. Chim. Acta **105** (1979). — S. 1—7
[2.10] WILSON, D.: The Sampling of Silicate Rock Powders for Chemical Analysis. — In: Analyst **89** (1964). — S. 18
[2.11] RUBEL, S.; STRYJEWSKA, E.; HENRION, A.; HENRION, G.: Statistical Estimation of the Influence of Mineralization Methods on the Results of Heavy Metals Determination in Cereals by DPASV Method. — In: Z. anal. Chemie, **327** (1987). — S. 679—683
[2.12] HEININGER, P.; STEPPUHN, G.; HENRION, G.; URBAN, P.: Ergebnisse einer Ringanalyse zur Bestimmung von Schwermetallen. — In: Acta hydrochim. et hydrobiol., im Druck
[2.13] HENRION, R.; HENRION, G.; DIETRICH, T.; HEININGER, P.: Multivariate Auswertung einer Ringanalyse zur Bestimmung von Schwermetallen in Wasser. — In: Z. Chemie, im Druck

Kapitel 3: Clusteranalyse

[3.1] FUKUNAGA, K.: Introduction to Statistical Pattern Recognition. — New York: Academic Press, 1972
[3.2] MEISEL, W. S.: Computer-oriented Approaches to Pattern Recognition. — New York: Academic Press, 1972
[3.3] BOW, S. T.: Pattern Recognition. Application to large Data-Set Problems. — New York: Marcel Dekker, 1984
[3.4] BEZDEK, J. C.: Pattern Recognition with Fuzzy Objective Function Algorithms. — New York: Plenum Press, 1981
[3.5] VARMUZA, K.: Pattern Recognition in Chemistry. — Berlin, Heidelberg, New York: Springer-Verlag, 1980
[3.6] SNEATH, P. H. A.: Some Thoughts on Bacterial Classification. — In: J. gen. Microbiol. **17** (1957). — S. 184—200
[3.7] SNEATH, P. H. A.: The Application of Computers to Taxonomie. — In: J. gen. Microbiol. **17** (1957). — S. 201—226
[3.8] ANDERBERG, M. R.: Cluster Analysis for Applications. — New York: Academic Press, 1973
[3.9] SPÄTH, H.: Cluster-Analyse-Algorithmen zur Objektklassifizierung und Datenreduktion. — München: R. Oldenbourg Verlag, 1975
[3.10] STEINHAUSEN, D.; LANGER, K.: Clusteranalyse. Einführung in Methoden und Verfahren der automatischen Klassifikation. — Berlin: Walter de Gruyter, 1977
[3.11] MASSART, D. L.; KAUFMAN, L.: The Interpretation of Analytical Chemical Data by the Use of Cluster Analysis. — New York: John Wiley, 1983
[3.12] MACNAUGHTON-SMITH, P.; WILLIAMS, W. T.; DALE, M. B.; MOCKETT, L. G.: Dissimilarity Analysis: A New Technique of Hierarchical Sub-division. — In: Nature **202** (1964). — S. 1034—1035
[3.13] LANCE, G. N.; WILLIAMS, W. T.: A General Theory of Classificatory Sorting Strategies. 1. Hierarchical systems. — In: Comp. J. **9** (1966). — S. 373—380
[3.14] JARDINE, N.; SIBSON, R.: The Construction of Hierarchic and Nonhierarchic Classifications. — In: Comp. J. **11** (1968). — S. 177—184
[3.15] FLOREK, K.; ŁUKASZEWICZ, J.; STEINHAUS, H.; ZUBRZYCKI, S.: Sur la Liaison et la Division des Points d'un Ensemble fini. — In: Colloq. Math. **2** (1951). — S. 282—285
[3.16] GOWER, J. C.; ROSS, G. J. S.: Minimum Spanning Trees and Single Linkage Cluster Analysis. — In: Appl. Statistics **18** (1969). — S. 54—64
[3.17] ZAHN, C. T.: Graph-Theoretical Methods for Detecting and Describing Gestalt Clusters. — In: IEEE Trans. Comput. **C—20** (1971). — S. 68—86
[3.18] WILLIAMS, W. T.; LANCE, G. N.; DALE, M. B.; CLIFFORD, H. T.: Controversy Concerning the Criteria for Taxonometric Strategies. — In: Comp. J. **14** (1971). — S. 162—165
[3.19] EVERITT, B. S.: Unresolved Problems in Cluster Analysis. — In: Biometrics **35** (1979). — S. 169—181

[3.20] JOHNSON, S. C.: Hierarchical Clustering Schemes. — In: Psychometrica **32** (1967). — S. 241—254
[3.21] LEBART, L.; MORINEAU, A.; FÉNELON, J.-P.: Statistische Datenanalyse. — Berlin: Akademie-Verlag, 1984
[3.22] HENRION, G.; HENRION, R.; LUNK, H.-J.; DALLY, H.: Mustererkennung bei Wolframmaterialien mittels multivariater Statistik. — In: Neue Hütte **7** (1986). — S. 263—267
[3.23] HENRION, G.; HENRION, R.; LUNK, H.-J.; RIEDEL, V.: Kombination von Non-Supervised- und Supervised-Pattern-Recognition-Methoden zur Klassifizierung von Wolframmaterialien. — In: Chem. Technik **38** (1986)
[3.24] MASSART, D. L.; KAUFMAN, L.: Hierarchical and Non-hierarchical Clustering Strategy and Application to Classification of Iron Meteorites According to their Trace Element Patterns. — In: Anal. Chem. **54** (1982). — S. 911—917
[3.25] HENRION, A.; HENRION, R.; HENRION, G.: Die Anwendung von Clusteranalysen zum Mustervergleich. BASIC-Programmierung der Potentialmethode CLUPOT. — In: Acta hydrochim. et hydrobiol. **15** (1987)
[3.26] COOMANS, D.; MASSART, D. L.: Potential Methods in Pattern Recognition. Part 2. CLUPOT — an Unsupervised Pattern Recognition Technique. — In: Anal. Chim. Acta **133** (1981). — S. 225—239
[3.27] HEININGER, P.; HENRION, A.; HENRION, G.: Multivariate analytische Bewertung von Schwermetalleinleitungen in die Kanalisation. — In: Chem. Technik **38** (1986). — S. 400—402
[3.28] FORGY, E. W.: Cluster Analysis of Multivariate Data: Efficiency vs. Interpretability of Classifications. — In: Biometrics **21** (1965). — S. 768—769

Kapitel 4: Multiple lineare Regression

[4.1] JOHNSON, R. A.; WICHERN, D. W.: Applied Multivariate Statistical Analysis. — New Jersey: Prentice Hall, 1982
[4.2] MAGER, H.: Moderne Regressionsanalyse. — Frankfurt a. M.: Salle; Sauerländer, 1982
[4.3] HENRION, A.: Diplomarbeit, Sektion Chemie der Humboldt-Universität zu Berlin, 1983
[4.4] KAMLET, M. J.; ABBOUD, J. L. M.; TAFT, R. W.: Progr. phys. org. Chem. **13** (1981). — S. 485
[4.5] KUPFER, M.; ABRAHAM, W.: On the Interpretation of the Solvent Influence on Spectroscopic and Photophysical Parameters by Means of Multiparameter Models. — In: J. prakt. Chemie **325** (1983). — S. 95
[4.6] HENRION, G.; LUNK, H.-J.; HENRION, A.; HENRION, R.: Klassifizierung von sehr ähnlichen Wolframmaterialien durch multivariate Interpretation umfangreicher Analysenserien der Spurenelemente. — In: Z. Chemie **25** (1985). — S. 393—397

Kapitel 5: Hauptkomponentenanalyse

[5.1] JOHNSON, R. A.; WICHERN, D. W.: Applied Multivariate Statistical Analysis. — New Jersey: Prentice Hall, 1982

[5.2] STOER, J.; BULIRSCH, R.: Einführung in die numerische Mathematik. — Berlin, Heidelberg, New York: Springer, 1973

[5.3] WILKINSON, J. H.; REINSCH, C.: Handbook for Automatic Computation. Linear Algebra. — Berlin, Heidelberg, New York: Springer, 1971

[5.4] LEBART, L.; MORINEAU, A.; FÉNELON, J.-P.: Statistische Datenanalyse. — Berlin: Akademie-Verlag, 1984

[5.5] MAGER, H.: Moderne Regressionsanalyse. — Frankfurt a. M.: Salle; Sauerländer, 1982

[5.6] FUKUNAGA, K.: Introduction to Statistical Pattern Recognition. — New York: Academic Press, 1972

[5.7] DUNN, W. J.; WOLD, S.; EDLUND, K.; HELLBERG, S.; GASTEIGER, J.: Multivariate Structure-Activity Relationships Between Data from a Battery of Biological Tests and an Ensemble of Structure Descriptors: The PLS Method. — In: Quant. Struct.-Act. Relat. **3** (1984). — S. 131—137

[5.8] WOLD, S.: Pattern Recognition by Means of Disjoint Principal Components Models. — In: Pattern Recogn. **8** (1975). — S. 127—139

[5.9] WOLD, S.; ALBANO, C.; DUNN, W. J.; ESBENSEN, K.; HELLBERG, S.; JOHANNSON, E.; SJÖSTRÖM, M.: Multivariate Analytical Chemical Data Evaluation Using SIMCA and MACUP. — In: Pattern Recognition in Analytical Chemistry, Scientific Symposium, Mátrafüred. — Budapest: Akademiai Kiado, 1983. — S. 157—158

[5.10] SCOTT, D. R.: Determination of Chemical Classes from Mass Spectra of Toxic Organic Compounds by SIMCA Pattern Recognition and Information Theory. — In: Analyt. Chem. — (1986). — S. 881—890

[5.11] WOLD, S.: Cross-Validatory Estimation of the Number of Components in Factor and Principal Components Models. — In: Technometrics **4** (1978). — S. 397—405

Kapitel 6: Varianz- und Diskriminanzanalyse

[6.1] MIELKE, G.: Zur kriminalistischen Bedeutung von Menschenhaaren. — Dissertation A, Humboldt-Universität zu Berlin, 1982

[6.2] AHRENS, H.; LÄUTER, J.: Mehrdimensionale Varianzanalyse. — 2. Aufl. — Berlin: Akademie-Verlag, 1981

[6.3] STEINHORST, R. K.; WILLIAMS, R. E.: Discrimination of Groundwater Sources Using Cluster Analysis, MANOVA, Canonical Analysis and Discriminant Analysis. — In: Water Resources Res. **8** (1985). — S. 1149—1156

[6.4] JOHNSON, R. A.; WICHERN, D. W.: Applied Multivariate Statistical Analysis. — New Jersey: Prentice Hall, 1982

[6.5] LEBART, L.; MORINEAU, A.; FÉNELON, J. P.: Statistische Datenanalyse. — Berlin: Akademie-Verlag, 1984
[6.6] KAISER, H. F.: Comp. J. **15** (1972). — S. 271—273

Kapitel 7: Klassifizierungsmethoden

[7.1] LACHENBRUCH, P. A.: Discriminant Analysis. — New York: Haffner Press, 1975
[7.2] JOHNSON, R. A.; WICHERN, D. W.: Applied Multivariate Statistical Analysis. — New Jersey: Prentice Hall, 1982
[7.3] FUKUNAGA, K.: Introduction to Statistical Pattern Recognition. — New York: Academic Press, 1972
[7.4] PARZEN, E.: On Estimation of a Prohability Density Function and Mode. — In: Ann. Meth. Statist. **33** (1962). — S. 1065—1076
[7.5] COOMANS, D.; BROECKAERT, I.: Potential Pattern Recognition in Chemical and Medical Decision Making. — New York: John Wiley & Sons, 1985

Kapitel 8: Display-Methoden

[8.1] LEBART, L.; MORINEAU, A.; FÉNELON, J.-P.: Statistische Datenanalyse. — Berlin: Akademie-Verlag, 1984
[8.2] HEININGER, P.; HENRION, A.; HENRION, G.: Multivariate analytische Bewertung von Schwermetalleinleitungen in die Kanalisation. — In: Chem. Technik **9** (1986). — S. 400—402
[8.3] SAMMON, J. W.: A Nonlinear Mapping for Data Structure Analysis. — In: IEEE Trans. Comput. **5** (1969). — S. 401—409
[8.4] KOWALSKI, B. R.; BENDER, C. F.: Pattern Recognition. A Powerful Approach to Interpreting Chemical Data. — In: J. Amer. chem. Soc. (1972). — S. 686—693
[8.5] HENRION, G.; HENRION, R.; LUNK, H.-J.; DALLY, H.: Mustererkennung bei Wolframmaterialien mittels multivariater Statistik. — In: Neue Hütte **7** (1986). — S. 263—267
[8.6] MASSART D. L.; KAUFMANN, L.: The Interpretation of Analytical Chemical Data by the Use of Cluster Analysis. — New York: John Wiley & Sons, 1983
[8.7] FORINA, M.; ARMANINO, C.; LAUTER, S.; CALGNO, C.: Simplified Nonlinear Mapping of Analytical Data. — In: Ann. Chim. (Rome) **73** (1983). — S. 641

Kapitel 9: Komplexe Anwendungsbeispiele

[9.1] ACKERMANN, F.; BERGMANN, H.; SCHLEICHERT, U.: Trace Metal Analyses. Results of Intercomparison Analyses of Sediments. — In: Z. analyt. Chemie **296** (1979). — S. 270

[9.2] KNÖCHEL, A.; PETERSEN, W.: Ergebnisse einer Ringanalyse von Elbwasser auf Schwermetalle. — In: Z. analyt. Chemie **314** (1983). — S. 105

[9.3] VONDERHEID, C., u. a.: Statistische Methoden und Kenndaten zur Beurteilung und zum Vergleich von Analysenverfahren. Ein Standardisierungskonzept. — In: Vom Wasser **57** (1981). — S. 59

[9.4] KOCH, R.; LIENIG, D.: Voraussetzung und Grenzen der Qualitätssicherung in der Wasseranalytik. — In: Acta hydrochim. et hydrobiol. **13** (1985). — S. 271

[9.5] DÜRR, W.; MERZ, W.: Auswertung des ISO-TOC-Ringversuches und Diskussion der Ergebnisse. — In: Vom Wasser **55** (1980). — S. 288

[9.6] HEININGER, P.; STEPPUHN, G.; HENRION, G.; URBAN, P.: Ergebnisse einer Ringanalyse zur Bestimmung von Schwermetallen. — In: Acta hydrochim. et hydrobiol., im Druck

[9.7] DINKLOH, H., u. a.: Ringversuche in der Wasseranalytik. — Teil I, II, III. — In: Z. Wasser- & Abwasser-Forsch. **13** (1980). — S. 54—58, 174—187, 209—212

[9.8] PSZONICKI, L.; HANNA, N.; SUSCHNY, O.: Report on Intercomparison IAEA/W-4 of the Determination of Trace Elements in Simulated Fresh Water. — Wien: International Atomic Energy Agency, May 1985

[9.9] LESCHBER, R.; MUNTAU, H.: Ergebnisse eines Ringversuches zur Bestimmung von Schwermetallen. — In: Korr. Abwasser **28** (1980). — S. 200—203

[9.10] ZWANZIGER, D.: Multivariate Auswertung von Ringversuchen. — 3. Diskussionstreffen der AG Chemometrik der Chemischen Gesellschaft der DDR, Leipzig, 29. Januar 1986

[9.11] HENRION, R.; HENRION, G.; DIETRICH, T.; HEININGER, P.: Multivariate Auswertung einer Ringanalyse zur Bestimmung von Schwermetallen in Wasser. — In: Z. Chemie, im Druck

[9.12] BOCK, R.: A Handbook of Decomposition Methods in Analytical Chemistry. — London: Internat. Textbook Comp., 1979

[9.13] KNAPP, G.: Decomposition Methods in Elemental Trace Analysis. — In: Trends anal. Chem. **3** (1984). — S. 182

[9.14] HEANES, D. L.: Determination of Trace Elements in Plant Materials by Dry-ashing Procedure. Part II, Copper, Manganese and Zinc. — In: Analyst **106** (1980). — S. 182

[9.15] BORUS-BOSZORMENYI, N.: Bestimmung von Kupfer, Blei, Cadmium, Zink und Zinn in Lebensmitteln mittels Square-wave-Polarographie. — In: Nahrung **24** (1980). — S. 295

[9.16] FEINBERG, M.; DUCAUZE, CH.: High Temperature Dry Ashing of Foods for Atomic Absorption Spectrometric Determination of Lead, Cadmium and Copper. — In: Anal. Chem. **52** (1980). — S. 207

[9.17] STOEPPLER, M.; VALENTA, P.; NÜRNBERG, H. W.: Application of Independent Methods and Standard Materials: An Effective Approach to Reliable Trace and Ultratrace Analysis of Metals and Metalloids in Environmental and Biological Matrices. — In: Z. analyt. Chemie **297** (1979). — S. 22

[9.18] UHRBERG, R.: Acid Digestion Bomb for Biological Samples. — In: Anal. Chem. **54** (1982). — S. 1906

[9.19] NÜRNBERG, H. W.: Potentialities and Applications of Advanced Polarographic and Voltammetric Methods in Environmental Research and Surveillance of Toxic Metals. — In: Electrochim. Acta **22** (1977). — S. 935

[9.20] MECKE, R.; DEVRIES, M.: Gaschromatographische Untersuchung von alkoholischen Getränken. — In: Z. analyt. Chemie **170** (1959). — S. 326—332

[9.21] HENNIG, K.; VILLFORTH, F.: Die Aromastoffe der Weine. — In: Vorratspflege u. Lebensmittelforsch. **5** (1942) 5, S. 181—199 (Teil I); **5** (1942) 6, S. 313—333 (Teil II)

[9.22] FREY, E., WEGENER, D.: Trennung und Identifizierung von Aromastoffen in Weindestillaten. — In: Z. Lebensmitteluntersuchung u. Lebensmittelforsch. **104** (1956). — S. 127

[9.23] NYKÄNEN, L.; SUOMALAINEN, H.: Handbuch der Aromaforschung. — Berlin: Akademie-Verlag, 1983

[9.24] DONÁTH-JOBBÁGY, A.; FRANK, I.; HOLLÉ, J.: Pattern Recognition Applied to Brandy Quality Control. — In: Nahrung **26** (1982). — S. 903

[9.25] PFENNINGER, H.: Gaschromatographische Untersuchung von Fuselölen aus verschiedenen Gärprodukten. — In: Z. Lebensmitteluntersuchung u. Lebensmittelforsch. **119** (1962). — S. 401—415

[9.26] DRAWERT, F.; HEIMANN, W.; TSANTALIS, G.: Gaschromatographischer Vergleich verschiedener Branntweine. — In: Z. analyt. Chemie **228** (1967). — S. 170—180

[9.27] BINDER, F.; LAUGEL, P.: New Test to identify Fruit Brandies. — In: Dt. Lebensmittel-Rundsch. **81** (1985). — S. 350—356

[9.28] SANTA-MARIA, G.; CARRIDO, J. L.; DIEZ, C.: The Use of Phenol Compounds Parameters for Distinguished Red and Rose Wines from Pale Wines in Multivariate Analysis. — In: Z. Lebensmitteluntersuchung u. Lebensmittelforsch. **182** (1986). — S. 112—114

[9.29] TAMAKI, T.; TAKAMIYA, Y.; TAKAESU, CH.; SHIMOJI, M.: The Classification of Unaged and Matured Awamori by Principal Component Analysis. — In: Hakko Kogaku Kaishi **64** (2) (1986). — S. 65—70

[9.30] STRYJEWSKA, E.; RUBEL, S.; HENRION, A.; HENRION, G.: Statistical estimation of the influence of mineralization methods on the results of heavy metals determination in cereals by the DPASV method. — In: Fresenius Z. anal. Chemie **327** (1987). — S. 679—683

Sachverzeichnis

Abbildungsfehler 158
Abstand 39, **42**ff.
    euklidischer 42, **44**
    Mahalanobis- 46
    Manhattan (City-Block-)- 45
    Minkowski- 45
Abstandsfunktion 42
Abstandsmatrix 43
agglomerative Clusterverfahren 50ff.
Ähnlichkeit 42ff.
Ähnlichkeitsfunktion 43
Ähnlichkeitsmatrix 43
Affinitätskoeffizient 124
A-priori-Wahrscheinlichkeit **136**, 142
arithmetisches Mittel 21
Ausreißertest (nach GRUBBS) 21
automatische Klassifikation 37
Autoskalierung s. auch Standardisierung 45, **106**
Average Linkage 51ff.

Bartlett-Test 23
Bayessche Klassifikation 136ff.
    geometrische Veranschaulichung 139ff.
Bestimmtheitsmaß
    korrigiertes multiples 95
    multiples 93
binäre Variable **41**, 46ff.

Centroid Linkage **52**ff., 60
Centrotype 73
City-Block-Abstand s. Manhattan-Abstand 45

CLUPOT 73ff.
Clusteranalyse 17, **36**ff.
Clusterverfahren
    agglomerative 50ff.
    divisive 50
    hierarchische 38, **50**ff.
    nichthierarchische 38
    optimierende 77ff.
Complete Linkage 51ff.
C_p-Statistik **95**, 99, 103

Dendrogramm **38**, 63ff.
    Konstruktion 59
Diskriminanzanalyse, lineare 19, **128**ff.
Diskriminanzmerkmale
    elementare 128
    nichtelementare 128ff.
Diskriminationsfehler 133ff.
Display-Methoden 148ff.
    veranschaulichender Vergleich 156ff.
divisive Clusterverfahren 50

Elementardarstellung **149**, 156
elementare Diskriminanzmerkmale 128
euklidischer Abstand 42, **44**

F-Kriterium 85ff.
F-Test **24**, 25
flexible Strategie (nach LANCE und WILLIAMS) 52ff., **55**
Formfaktor 110

gemischte Variable 50

Sachverzeichnis

Hauptkomponente 19, 91, **107**ff., 111, 113ff.
Hauptkomponentenanalyse 19, **105**ff.
   geometrische Veranschaulichung 110ff.
Hauptkomponentendarstellung 16, 19, **149**ff., 156ff., 160ff.
Hauptkomponentenmodell 116
Hauptkomponentenregressionsanalyse 19, 105, **113**ff.
hierarchische Clusterverfahren 38, **50**ff.

intervallskalierte Variable 41
Inversion 60

Ketteneffekt 71
Klassifizierung 19, **130**ff.
Klassifizierungsmethoden 136ff.
   nichtparametrische 136, **143**
   parametrische 136
Klassifizierungsregel
   lineare 139
   quadratische 138
KNN-Methode s. Methode der k-nächsten Nachbarn
Kollinearität **91**, 113
Korrelationskoeffizient 149, **164**
   p-Korrelationskoeffizient 49
Korrelationsmatrix **106**, 149
korrigiertes multiples Bestimmtheitsmaß 95
Kovarianzmatrix 105, **106**, 121, 137ff.

Lachenbruch-Methode 134
LDA-Display 16, **130**, 148, 156ff.
lineare Diskriminanzanalyse 19, **128**ff.
lineare Klassifizierungsregel 139
lineare Regression s. multiple lineare Regression 19, 37, 89ff.

Mahalanobis-Abstand 46
Manhattan-Abstand 45
Median (Mittelwertschätzung) 20
Median (Clustermethode) **52**ff., 60
Merkmal (s. auch Variable) **11**ff., 120ff.
Merkmalsarten 40ff.

Merkmalsreduktion 124ff.
Methode der k-nächsten Nachbarn 136, **143**ff.
metrische Variable 15, **41**, 44ff.
Minimaldistanzverfahren 83ff.
Minkowski-Abstand 45
Mittelwert 137
Mittelwert-t-Test **24**, 25
Mittelwertvergleich 124ff.
multiple lineare Regression 19, 37, 89ff.
multipler Korrelationskoeffizient 94
multiples Bestimmtheitsmaß 93
multivariate Datenauswertung 11ff.
multivariates Trennmaß 121ff.
Muster 12ff.
Mustererkennung 12ff.
Musterklasse 12ff.

nichtelementare Diskriminanzmerkmale 128ff.
nichthierarchische Clusterverfahren 38
nichtparametrische Klassifizierungsmethoden 136, **143**
nominale Variable 15, **40**ff., 46ff.
Nonlinear Mapping 71, 148, **158**ff.
nonsupervised learning 19, **38**
Normalitätstest (nach DAVID, HARTLEY und PEARSON) 22

Objekt 11ff.
Objektdarstellung **149**ff.
Objektklasse 13ff.
OLS-Schätzer **92**, 113
optimierende Clusterverfahren 77ff.
ordinale Variable 15, **41**, 48ff.

Parameter (s. auch Variable) 11
parametrische Klassifizierungsmethoden 136
Parzen-Schätzer 73, **147**
Pattern Recognition, s. Mustererkennung 12ff.
PC-Modell 116ff.
Potentialclusterung 73

Sachverzeichnis

Projektionsfehler 158
Punktdichteclusterung 73

quadratische Klassifizierungsregel 138
qualitatives Merkmal 15

rationale Variable 41
Regressand **89**ff., 113ff.
Regressionskoeffizient **89**ff., 113ff.
   standardisierter 100
Regressor **89**ff., 113ff.
Resubstitution 133ff.
Richtigkeitsstandardabweichung 24
Ringanalyse 24, **33**, **166**ff.

SIMCA 116ff.
Simple Matching 49
Single Linkage 51ff.
Skalenniveau s. auch Merkmalsarten 40ff.
Spannweite 20
Sphärentest nach BARTLETT 111ff.
SPURB 84ff.
SPURW 84ff.
Standardabweichung 21
Standardanfangspartition 84ff.
standardisierter Regressionskoeffizient
   100
Standardisierung 45, **106**
Subsetauswahl 96
supervised learning **17**, 38

Tanimotokoeffizient 49
Test auf Normalität s. Normalitätstest
totale Enumeration 83

Trendtest (nach NEUMANN und
   MOORE) 22
Trennmaß, multivariates 121ff.

Ultrametrik 57
Umfangsfaktor 110
univariate Datenauswertung 11, 20ff.
U-Test (nach WILCOXON, MANN und
   WHITNEY) 21, **27**

Variable 11ff., **40**ff.
   binäre **41**, 46ff.
   gemischte 50
   intervallskalierte 41
   metrische **41**, 44ff.
   nominale **40**ff., 46ff.
   ordinale **41**, 48ff.
   rationale 41
Variablendarstellung 19, **149**ff., 163
Varianzanalyse 17, 120ff.
Varianzkriterium 77
Verfahrensstandardabweichung 21ff.
Vergleichsstandardabweichung 24
Vertrauensintervall
   für Regressionskoeffizienten 21ff.
   für univariate Mittelwerte 94

Wards Methode 52ff.
Wiederholstandardabweichung 23ff.

Zentrierung 106
z-Transformation s. auch Standardi-
   sierung 45, **106**
Zusammenfassung von Mittelwerten 24